Andrei Anissimov

Das große Handbuch der Optionsstrategien

Andrei Anissimov

DAS GROSSE HANDBUCH DER OPTIONS STRATEGIEN

Die Schritt-für-Schritt-Anleitung für ein stabiles Einkommen an der Börse

FBV

Bibliografische Information der Deutschen Nationalbibliothek
Die Deutsche Nationalbibliothek verzeichnet diese Publikation in der Deutschen Nationalbibliografie; detaillierte bibliografische Daten sind im Internet über **http://dnb.de** abrufbar.

Für Fragen und Anregungen:
info@m-vg.de

6. Auflage der überarbeiteten und aktualisierten Neuausgabe, 2024

ein Imprint der Münchner Verlagsgruppe GmbH,
Türkenstraße 89
80799 München
Tel.: 089 651285-0

Redaktion: Judith Engst
Korrektorat: Leonie Zimmermann, Manuela Kahle
Umschlaggestaltung: Pamela Machleidt, München
Bildquelle und -bearbeitung: Shutterstock, Pamela Machleidt
Satz: Daniel Förster, Belgern, Helmut Schaffer, Hofheim a.Ts.
Druck: Florjancic Tisk d.o.o., Slowenien
Printed in the EU

ISBN Print 978-3-95972-289-6
ISBN E-Book (EPUB, Mobi) 978-3-96092-537-8

INHALT

VORWORT ZUR ZWEITEN AUFLAGE

Letztes Wochenende verbrachte ich mit meinen Studenten. In einem Intensivtraining beschäftigten wir uns mit Einkommensstrategien, Risikomanagement und fortgeschrittenen Optionsstrategien. Über 1.000 meiner Studenten sind mittlerweile Optionshändler geworden und setzen die Strategien aus diesem Buch mit Erfolg um. In meinen Trainings treffe ich unterschiedlichste Charaktere – gestandene Börsianer, Freizeit-Investoren, absolute Börsenneulinge – aber auch Vermögensverwalter und Vollblutinvestoren. Meinen besonderen Respekt haben die jungen Leute – Schüler und Studenten, die ihr ganzes Leben von diesem Wissen profitieren werden.

Ein 25-Jähriger ergriff das Wort. Er wollte sich bedanken, denn das, was er mit dem Optionshandel erreicht hat, hat sein Leben verändert. Als er vor zwei Jahren dieses Buch kennenlernte war er Student, mitten in den Prüfungen für sein Staatsexamen. Sein Ziel war es, in einer Anwaltskanzlei zu arbeiten.

Mittlerweile ist er mit seinem Studium fertig. Um einen Job hat er sich jedoch niemals beworben – denn der Optionshandel hat alle seine finanziellen Wünsche mehr als erfüllt. Mit nur wenig Zeitaufwand bekommt er um ein Vielfaches mehr, als seine Ex-Kommilitonen verdienen. Er hat seine Einlage von knapp 25.000 € mittlerweile versechsfacht, und es würde viel schneller gehen, wenn er nicht monatlich »einen fünfstelligen Betrag« abheben würde, um sich alles Mögliche zu leisten.

Werden auch Sie Teil der Erfolgsstory

Seit der Erstauflage dieses Buches sind vier Jahre vergangen, und ich blicke auf eine Vielzahl von Erfolgsstorys unter den Lesern und Workshop-Teilnehmern, die mein Herz mit Freude und Dankbarkeit erfüllen. Menschen, die dem Ruf dieses Buches folgen und die vorgestellten Strategien umsetzen, alleine oder gemeinsam mit mir, erreichen phänomenale Resultate. Ich lade Sie ganz herzlich ein, Teil der Stillhalter-Community zu werden und mit eigenem Erfolg zu beweisen, dass unser Geld mehr kann als die Mickrig-Zinsen bei den Banken.

Stellen Sie sich vor, Sie investieren an der Börse mit einem System, dass Ihnen Gewinne produziert, unabhängig von den Kursbewegungen der Märkte. Sie halten wertvolle, stabile Aktien, die Ihnen Dividenden zahlen. Zusätzlich kassieren Sie monatliche Renditen – planbare, sichere »Mieteinnahmen« aus Optionsprämien. Obendrauf haben Sie Ihre Aktien gut versichert – falls ein Crash kommt, sind Sie absolut entspannt. Das ist nur eine der in diesem Buch vorgestellten Strategien.

Auch für Sie ist es möglich, an der Börse mit diesem System regelmäßige Kapitalerträge zu kassieren. Die Anleger, die die Philosophie dieses Buches verstehen und die Strategien umsetzen, berichten von Ergebnissen, die den meisten Anlegern unseriös erscheinen. Daher danke ich Ihnen dafür, dass Sie dieses Buch in den Händen halten, und lade Sie ein, sich selbst ein Bild von den vorgestellten Möglichkeiten zu machen. Sehr gerne unterstützen ich und das Team meiner Investoren-Akademie Sie bei der Umsetzung.

Paradigmenwechsel

Nach einem Vortrag auf der Anlegermesse »Invest« kam ein Mann auf mich zu und umarmte mich – was wirklich überraschend war. Er sagte: »Das, was Sie vermitteln, sollte jeder einzelne Anleger anwenden. Ich bin schon seit 10 Jahren mit diesen Strategien erfolgreich und höre das erste Mal, dass jemand öffentlich darüber spricht. Das ist ein Paradigmenwechsel, der über Erfolg oder Misserfolg an der Börse entscheidet.«

In der Tat: Die meisten Anleger setzen ausschließlich auf die Strategie »Kaufe günstig, verkaufe teuer«. Sie machen ihren gesamten Erfolg von ihrer Fähigkeit abhängig, die Zukunft vorauszusagen und steigende Aktien zu finden. Ihr Risiko streuen sie über mehrere Unternehmen, deren Aktien sie kaufen. Sie erwarten einen Kursanstieg und wollen die Anteile möglichst schnell – natürlich mit Gewinn – verkaufen. Geht ihre Einschätzung der Kursentwicklung nicht auf, verlieren sie Geld. Sie hoffen quasi darauf, dass der Aktienkurs steigt – und gewinnen nur dann, wenn sie rechtzeitig verkaufen. Dieser Ansatz grenzt an »Wahrsagerei« und bringt den meisten Anlegern nur Verluste ein.

80 Prozent der Privatanleger verlieren Geld mit diesem Ansatz, zeigen die Statistiken der Broker. Kaum einer schafft es mit seinem Depot, den breiten Markt zu übertreffen. Früher oder später führt der aktive Anleger sein Depot zu einem schmerzhaften Verlust. Das scheinen die meisten sogar billigend in Kauf zu nehmen. Oft ist es mir so, als ob die Anleger an der Börse in erster Linie den Adrenalinkick des Glücksspiels suchen – und die Verluste als den Preis hinnehmen. Wenn Sie auf der Suche nach Adrenalin sind, dann ist dieses Buch nichts für Sie – meine Regel Nummer 1 lautet: »Verliere kein Geld!«

Die Bank gewinnt immer

Wenn Sie hingegen auf der Suche nach einer Strategie sind, die Sie frei macht – also regelmäßige Kapitalerträge aus Investitionen bringt, mit minimalem Risiko und geringem Zeitaufwand, dann werden Sie positiv überrascht sein – die Wegbeschreibung zu diesem Ziel halten Sie in der Hand.

Der Schlüssel zum nachhaltigen Börsenerfolg ist das Investieren. Ein Investor kauft gute Vermögenswerte mit Rabatt ein, und statt sofort wieder zu verkaufen, hält er seine Aktien langfristig – und erhält regelmäßige Kapitalerträge – Zinsen, Mieten, Dividenden – und Optionsprämien.

Mit dem System der Stillhalter nehmen Sie wortwörtlich die Rolle der Bank ein: Sie sind unabhängig vom Auf und Ab der Märkte und verdienen Geld am »Ticken der Uhr«. Das Beste: Sie handeln maximal einmal die Woche, täglich Kurse checken oder kurzfristiges Handeln gehört der Vergangenheit an.

Ihre Tür zum Börsenerfolg

Sie werden sehen – regelmäßige Börsenrenditen sind auch für Sie möglich. Es ist nicht schwer. Dieses einfache, aber effektive Börsensystem erlaubt es Ihnen, mit minimalem Zeiteinsatz Ihr Geld für sich arbeiten zu lassen. Tausende meiner Studenten haben es bereits mit Erfolg umgesetzt und beweisen immer wieder aufs Neue, dass Börsenerfolg erlernbar und duplizierbar ist. Ich selbst bin mit Vorträgen zu Stillhalterstrategien auf Börsentagen und Anlegermessen regelmäßig persönlich vor Ort und freue mich, Sie persönlich kennenzulernen!

Die einzige Voraussetzung für Ihren Börsenerfolg ist ein gutes Handelssystem und die Bereitschaft, es umzusetzen. Das Erste bekommen Sie in diesem Buch, das Zweite hängt von Ihnen ab. Setzen Sie dieses System um – Sie werden von den Resultaten begeistert sein!

Wahrscheinlich werden Sie sich nach dem Lesen ärgern, dass Sie nicht viel früher angefangen haben, als Investor einfache, sichere und effektive Anlagestrategien zu nutzen. Nun, es ist nie zu spät anzufangen, und der beste Zeitpunkt ist: jetzt.

Ich wünsche Ihnen viel Spaß bei der Lektüre und nachhaltigen Investment-Erfolg!

Herzlich Ihr

Andrei Anissimov

DANKSAGUNGEN

Mein Leben ist gesegnet. Ich habe das Glück, mein Leben selbst bestimmen zu können. Wo und wann ich arbeite oder nicht, ist meine eigene Entscheidung. Wann ich aufstehe oder ausschlafe, wann ich arbeite, trade oder Zeit mit meiner Familie verbringe, entscheide ich jeden Tag selber. Wenn Sie glauben, dass Glück im Leben bedeutet, Tag ein Tag aus unter Palmen zu liegen, muss ich Sie enttäuschen. Das ist ganz schön langweilig. Wenn Sie jedoch Ihrer Berufung nachgehen und etwas aus Ihrer Sicht sehr Wichtiges umsetzen können, erreichen Sie das höchste Maß an Zufriedenheit: Glück.

Ich habe die Ehre, in meiner Investoren-Akademie mit Menschen zusammenzuarbeiten, die etwas Besonderes erreichen wollen. Sie sind motiviert, Gas zu geben, und glauben an ihre Möglichkeiten. Diese Menschen werden erfolgreich sein. Solche Menschen verändern die Welt. Mit eigenem Beispiel voranzugehen und als Lehrer zuzusehen, wie die Studenten sich entfalten, ihre eigenen Grenzen sprengen und erfolgreich werden, ist eine Genugtuung, die mit Geld nicht aufzuwiegen ist. Die Dankbarkeit meiner Studenten ist die größte Belohnung. Dafür danke ich jeden Tag dem Universum und unserem Schöpfer, der alles möglich macht und uns den Weg weist. Danke!

Dieses Buch wäre nie entstanden, wenn nicht eine ganze Reihe von Menschen mich angeleitet, unterstützt und motiviert hätte, dieses Wissen zu teilen. Ich danke vom ganzen Herzen meinem Team, das im Laufe der Zeit Einiges einstecken musste, und meinen Arbeitseinsatz in der Firma kompensiert und aufgefangen hat. Die Teammitglieder haben mir den Rücken frei gehalten, damit dieses Buch entstehen konnte. Vielen Dank für euren Support und die Denkanstöße, die dieses Buch zu dem gemacht haben, was es geworden ist.

Mein besonderer Dank gilt Walter Grothkopp, der den Kontakt zum FinanzBuch Verlag hergestellt hat. Er erkannte das Potenzial der Idee, die in meinem Kopf fast zwei Jahre lang herumgeisterte, und trug dadurch dazu bei, sie in die Realität umzusetzen. Ich danke dem FinanzBuch Verlag und Georg Hodolitsch für die Chance, mein Wissen mit den Lesern zu teilen, sowie dem gesamten Lektorenteam, das dieses Buch leserlich gemacht hat. Vielen Dank auch für die Geduld mit mir.

Natürlich danke ich auch meiner Familie, die lange Zeit auf mich verzichten musste und mich dabei unterstützte, mich jeden Morgen aufs Neue dem Schreiben zu widmen. Ihr alle habt mich motiviert, mir geholfen und Kraft gegeben. Ich liebe euch!

Und ich danke Ihnen, liebe Leser, dafür, dass Sie mir Ihre Zeit und Ihr Vertrauen schenken und dieses Buch lesen. Wenn ich dazu beitragen kann, Ihr Leben damit ein kleines Stück zu verbessern, unterstützen Sie mich dabei, meine Mission und meine Pflicht gegenüber dem Universum zu erfüllen. Vielen herzlichen Dank und viel Erfolg!

ZUR MOTIVATION, MIT OPTIONEN ZU HANDELN

In diesem Buch werden Sie ein System kennenlernen, das Ihr Leben verändern kann. Es ist ein einfaches, aber sehr wirkungsvolles System oder besser gesagt: ein Prozess. Wenn Sie diesen Prozess verstehen und anwenden, können Sie Ihre finanziellen Ziele mit Leichtigkeit erreichen.

Ich weiß, dass sich das zu schön anhört, um glaubwürdig zu sein. Glauben Sie mir: Auf meiner Reise zum finanziellen Erfolg habe ich viele Systeme kennengelernt und viele Versprechungen gehört, die sich als wertlos oder falsch herausstellten. Als Trader habe ich mehrere Jahre gebraucht und viele Disziplinen ausprobiert, bevor ich meinen »heiligen Gral« gefunden habe. Dieses Buch ist das Ergebnis eines langen Lernprozesses und vieler Fehler, die mich fast in den finanziellen Ruin getrieben hätten. Der Weg zum Erfolg liegt – insbesondere bei einem Selbststudium – im Experimentieren. Scheitern, Anpassen und aus Fehlern lernen gehört zum Erfolgsweg fest dazu. Die Frage ist nur, ob man die anfänglichen Schwierigkeiten wegstecken kann und finanziell, aber auch emotional durchhält, bis das Training Früchte trägt und sich der Erfolg einstellt. Man kann aus eigenen Fehlern lernen (so wie ich) oder aus den Fehlern anderer (so wie hoffentlich Sie). Sie können von meinen Erfahrungen und Erkenntnissen profitieren, und ich wünsche Ihnen von Herzen, dass Sie meine Fehler nicht wiederholen. Wenn Sie sich an die in diesem Buch beschriebenen Prozesse und Rezepte halten, kommen Sie viel schneller ans Ziel als ich.

Die hier beschriebenen Strategien funktionieren seit Jahren für mich und meine Studenten. Alles, worum ich Sie bitte, ist: Lassen Sie sich auf die hier dargestellte Philosophie von Investoren ein. Gehen Sie den Lernprozess mit der notwendigen Sorgfalt und einer gewissen Leidenschaft an. Probieren Sie die gewonnenen Erkenntnisse aus und Sie werden Erfolge verbuchen, die Sie motivieren werden, weiter zu gehen und mehr zu erreichen.

Mein Ziel ist es, Ihnen ein System an die Hand zu geben, das Ihnen erlauben wird, Ihr Leben frei von finanziellen Sorgen zu leben. Ich habe es zu meiner Mission gemacht, Menschen Know-how zu vermitteln, damit sie finanziellen Erfolg erreichen können. Wenden Sie diese Strategien an, und Sie werden jeden Morgen mit Freude den neuen Tag angehen und sich an den Früchten Ihres Kapitals erfreuen. Endlich arbeitet Ihr Geld für Sie. Nachdem Sie dafür gearbeitet, es gespart und angelegt haben, können Sie nun Kapitalerträge kassieren, die Ihr Portemonnaie spürbar entlasten werden.

Mit dem Lesen dieses Buches öffnet sich Ihnen die Tür zu einer neuen Welt. Es ist eine faszinierende Welt voller Möglichkeiten, von denen die meisten Menschen, Anleger und Sparer noch nie gehört haben. Sie haben diese Tür zur finanziellen Freiheit gefunden. Werden Sie durchgehen? Das hängt nun von Ihnen ab.

Ich erzähle Ihnen meine Geschichte nicht, um damit anzugeben, sondern damit Sie sehen, wie mächtig diese Möglichkeiten sind und wie wirkungsvoll Sie das Leben verändern können. Der Schlüssel zum Erfolg ist nicht nur eine gute Strategie, sondern auch der Glaube daran. Nur wenn Sie an die Möglichkeiten des Optionshandels glauben, werden Sie die notwendige Energie aufbringen, dieses Wissen anzuwenden.

Seit mittlerweile über zehn Jahren lebe ich vom Handel an den Börsen. Ich verdiene heute pro Woche mehr als früher in einem Monat als Angestellter, und das mit weniger als einer Stunde Arbeit pro Tag. Circa eine Stunde investiere ich täglich, um mein Portfolio zu managen – und kann mich den Rest des Tages dem widmen, was für mich persönlich wichtig ist.

Heute kann ich mir ein Leben ohne einen Boss leisten. Meine Rechnungen werden von den Märkten bezahlt. Dafür musste ich mich mit ihnen anfreunden. Ich musste lernen, ihre Sprache zu sprechen und ihnen zuzuhören. Und Sie können das auch! Denn jeder fängt irgendwann an und auch für mich war das Leben nicht immer so.

Vielleicht kennen Sie diese Situation mehr oder weniger: Sie haben einen Job, der Sie komplett beansprucht. Sie leben fast nur für diesen Job. Sie kommen spät nach Hause. Die Zeit reicht gerade noch, um etwas zu essen, bevor Sie auf der Couch vor dem Fernseher eindösen. Sie haben einen Boss, der darüber entscheidet, was Sie tun und wann Sie es tun, wann Sie Urlaub nehmen und wann Sie telefonisch erreichbar zu sein haben. Ihre Aussicht ist jahrzehntelanges Arbeiten in Abhängigkeit. So lebte ich nach meinem BWL-Studium viele Jahre als Angestellter. Ich konnte mir viel leisten, keine Frage, aber das kompensierte nicht die Zeit, die durch die vielen verkauften Lebensstunden verloren ging und nie wieder zurückkommen wird. Ich habe, wir alle haben, einen Beruf gelernt, und dieser Beruf führt uns in den meisten Fällen in ein Hamsterrad aus Job, Eigenheim, Krediten und lächerlicher Rente. Ich habe in der Schule und an der Uni nicht gelernt, Vermögen aufzubauen und es für mich arbeiten zu lassen. Ich habe einen Beruf gelernt, um bis zur Rente Sklave eines Jobs zu sein.

Mittlerweile habe ich sehr viel Geld und Zeit in meine Weiterbildung investiert. Fast jedes Wochenende bin ich auf Workshops. Entweder lerne ich als Teilnehmer dazu oder ich leite meine eigenen Investoren-Trainings. Das kann ich mir nur leisten, weil ich keinen Angestellten-Job brauche. Ich bin Trainer aus Überzeugung geworden, führe Trading-Seminare durch und coache meine Studenten bei der Umsetzung.

Viele fragen mich: Wenn du an der Börse Geld verdienen kannst, warum verschwendest du deine Zeit damit, anderen etwas beizubringen? Eine wichtige Lektion, die ich gelernt und verstanden habe, ist: Wenn ich jemand anderem etwas beibringen will, muss ich es selbst verstehen. Dadurch, dass ich andere lehre, entwickle ich mich selbst weiter, bin quasi gezwungen, mich ständig weiterzuentwickeln, Neues zu lernen, aufzunehmen und wiederzugeben. Ich bin gezwungen, besser zu werden, um andere besser zu machen. Meine Studenten sind die größte Bereicherung für mein Trading und meine Persönlichkeit. Sie werden immer eine Inspiration für mich sein. Danke!

Wir bekommen im Leben genau das, was wir geben. Je nützlicher wir uns machen, desto besser ist die Welt zu uns. Ich liebe es, Menschen zu helfen, ihre finanzielle Abhängigkeit zu überwinden, damit sie mehr freie Zeit haben und ihre Talente ausleben können. Jeder Mensch hat eine ganz besondere Gabe. Nur wird diese allzu oft gegen einen vermeintlich sicheren Job eingetauscht. Jeder Mensch hat es verdient, die Freiheit zu genießen, etwas Inspirierendes mit seinem Leben anzufangen, sein Talent zu entfalten, zu fördern und mit anderen zu teilen, statt in einem nicht erfüllenden Job gefangen zu sein.

Jeder kann das Traden lernen und finanziell unabhängig werden! Unzählige Versuche und Experimente haben gezeigt: Wer die Regeln erlernt, ein objektives, bewährtes System umsetzt und Disziplin bewahrt, wird erfolgreich – auch ohne Vorkenntnisse. Genau wie Sie es auch können. Ich wünsche Ihnen, dass Sie das Wissen aus diesem Buch anwenden und an den Märkten erfolgreich werden. Glauben Sie mir: Mit diesem Wissen können Sie sehr, sehr reich werden und viele Verluste vermeiden.

Eine meiner Teilnehmerinnen kommt ab und zu zu uns ins Büro. Sie kommt, um von ihren Erfahrungen zu erzählen, mit unseren Tradern zu plaudern und sich mit uns auszutauschen. Als ich sie von zwei Jahren kennenlernte, hatte sie einen Führungsjob in einem großen Unternehmen. Sie arbeitete hart, sie sparte und sie vertraute ihr Geld Banken und Versicherungen an, so wie es die meisten Menschen hierzulande tun. Sie kam mit ihren Finanzen aber nicht weiter. Die Ersparnisse warfen keine Rendite ab und ihr war klar, dass ihr Geld durch die Inflation an Kaufkraft verliert. Sie wandte sich an mich und besuchte meine Trainings zum Traden und Investieren.

Heute kommt sie vor allem zu mir ins Büro, um sich zu bedanken. Sie hat mittlerweile ein stabiles Einkommen aus ihrer Tätigkeit an den Börsen. Den alten Job hat sie inzwischen aufgegeben. Heute ist sie Geschäftsführerin ihrer eigenen Trading GmbH. Sie hat diese GmbH gegründet und handelt Optionsstrategien. Mit ihrem Kapital ist sie in der Lage, einen monatlichen Cashflow zu generieren, der ihre Lebenshaltungskosten komplett deckt. Damit kann sie gut leben und genießt die gewonnene Freiheit abseits eines anstrengenden beruflichen Alltags.

Können Sie sich das auch für sich vorstellen? Das Beste an dieser Geschichte ist, dass sie jeden Morgen glücklich aufwacht, mit dem Wissen, den Tag nach ihren eigenen Vorstellungen gestalten zu können. Sie arbeitet viel weniger als früher und geht Projekte an, die sie ihr Leben lang aufgeschoben hat.

Sie sehen, jeder Mensch hat sein Schicksal in den eigenen Händen. Sie können den Erfolg produzieren, den Sie verdienen. Dieses Buch ist dafür da, Sie auf Ihrer Reise zu unterstützen. Nutzen Sie dieses Wissen, nutzen Sie die Online-Ressourcen auf www.optioneniq.com, um die hier dargestellten Konzepte bei der Umsetzung in der Praxis kennenzulernen und Ihren Lernerfolg zu kontrollieren. Glauben Sie an sich und Sie werden alles in Ihrem Leben erreichen!

EINLEITUNG

Lassen Sie mich Ihnen eine Frage stellen: Haben Sie schon einmal davon gehört, dass Menschen an der Börse reich werden? Und haben Sie von Menschen gehört, die Geld an der Börse verloren haben? Was ist der Unterschied? Und zu welcher Gruppe gehören Sie? Oder schauen Sie diesem Spiel nur von der Seitenlinie aus zu?

Ich bin froh, dass Sie Ihre Zeit in die Lektüre dieses Buches investieren. Ich finde, dass Zeit wesentlich wichtiger ist als Geld. Geld kann kommen und gehen, aber die Zeit, die wir einmal verloren haben, kommt nie wieder zurück. Umso trauriger werde ich, wenn ich sehe, wie Menschen hart arbeiten, ihre kostbare Zeit verkaufen, nur um dann das ersparte Geld an den Märkten zu verlieren. Immer wieder höre ich solche Geschichten und ich weiß, dass die Fehler, die diese Anleger gemacht haben, vorhersehbar waren und mit richtigem Knowhow hätten vermieden werden können.

Hoffentlich haben Sie dieses Buch aufgeschlagen, bevor Sie an der Börse Geld investiert haben! Denn Geld an der Börse zu verlieren – genau das passiert den meisten Anlegern. Über 80 Prozent aller Kleinanleger verlieren viel Geld oder pulverisieren ihr Depot. Sie machen sich nicht die Mühe, die Regeln zu erlernen, bevor sie anfangen, ihr Kapital zu riskieren. Ihnen möchte ich helfen, dieses Schicksal zu vermeiden. Sie erhalten von mir das Rüstzeug, bei jedem »Wetter« an den Börsen profitabel zu investieren. In diesem Buch werden Sie erfahren:

- wie Sie mit Optionshandel eine völlig neue Möglichkeit erschließen, Geld an der Börse zu machen,
- wie das System der besten Investoren dieser Welt funktioniert und wie Sie es anwenden,
- wie Sie unabhängig vom Auf und Ab der Märkte an der Börse Geld verdienen,

- wie Sie diverse Optionsstrategien anwenden, um am Ticken der Uhr Geld zu verdienen,
- wie Sie Ihr Depot für maximale Renditen und minimales Risiko strukturieren und managen.

Dieses Buch ist eine Schritt-für-Schritt-Anleitung zu Ihrem Erfolg an den Börsen, zu einem stabilen Einkommen aus den Märkten. Trader und Investor zu sein ist eine der spannendsten Möglichkeiten, wortwörtlich auf Knopfdruck Geld zu machen. Sie können damit mehr verdienen als ein Angestellter, und das mit viel weniger Zeitaufwand. Ein gut ausgebildeter Investor ist in der Lage, mehr Geld zu machen, als er je ausgeben kann. Trading transformiert Ihre Persönlichkeit und lässt Sie schnell Erfahrungen als Investor sammeln.

Trading erlaubt es Ihnen, überall in der Welt Geld zu verdienen, ob im Büro, zu Hause oder in einem Strandcafé in einem fernen Land. Der technologische Wandel hat uns die Möglichkeit eröffnet, mit einem Laptop und einer Internetverbindung ein Geschäft von überall in der Welt aus auszubauen. Vor wenigen Jahrzehnten stand die Möglichkeit des Börsenhandels nur wenigen privilegierten Insidern und ausgebildeten Börsenhändlern zur Verfügung. Durch die Verbreitung des Internets und den damit möglichen Zugang zur Börse haben Sie heute erstmals als Privatanleger Ressourcen, die früher nicht verfügbar waren.

Ich liebe die Möglichkeit, überall in der Welt traden zu können, und nutze diese Freiheit. Ich brauche kein Büro, kein Lager, keine Mitarbeiter, keinen Vertrieb und keine Logistik, um meinem Business, dem Börsenhandel, nachzugehen. Und Sie können das auch! Trading kann Ihnen die Freiheit geben, von der Sie schon immer geträumt haben. Freiheit, das zu tun, was sie wollen, und es dann zu tun, wenn es Ihnen passt. Sorgen über die Finanzen sind damit passé. Ich spreche von finanzieller Freiheit als Stillhalter, für die ich in vielen Jahren ein genaues Rezept entwickelt habe. Das Rezept dafür gebe ich nun an Sie weiter. Stillhalter zu sein ist das genaue Gegenteil vom Daytrading, bei dem Sie den ganzen Tag vor Ihrem Computer sitzen müssen. Stillhalter zu sein bedeutet, ein Investor zu sein, anders als ein klassischer Trader, der als Spekulant agiert und nur dann gewinnt, wenn er die zukünftige Kursentwicklung richtig voraussagt. Als Stillhalter können Sie Ihren Börsenhandel mit weniger als 15 Minuten pro Tag bestreiten. Bei diesen Strategien verdienen Sie Geld unabhängig davon, ob Ihre Einschätzung der zukünftigen Preisentwicklung richtig war. Als Options-

Verkäufer nehmen wir wortwörtlich die Rolle des Emittenten ein und profitieren als Stillhalter vom Zeitwertverfall, dem jede Option unterliegt.

Folgendes Beispiel kann das Konzept verdeutlichen: Wenn eine Fußballmannschaft auf das Feld geht, dann ist es ihre Aufgabe, Tore zu schießen. Sie gewinnt das Spiel nur, wenn sie besser ist als der Gegner und es schafft, »das Runde in das Eckige« zu bekommen. Als Mannschaft müssen wir normalerweise ein Tor schießen, um das Spiel zu gewinnen. In Bezug auf die Börse bedeutet das: Wir müssen die Kursentwicklung der Aktie richtig voraussagen und sie zum richtigen Zeitpunkt kaufen und verkaufen, um Gewinne zu machen.

Beim klassischen Börsenhandel verdienen wir nur dann Geld, wenn unsere Markteinschätzung richtig war. Haben wir auf steigende Kurse gesetzt, verdienen wir nur Geld, wenn die Kurse tatsächlich steigen. Fallen oder stagnieren die Kurse, verdienen wir kein Geld. Der größte Teil der Fachliteratur und auch die Aufmerksamkeit von Anlegern und Tradern widmet sich daher der Aufgabe, die zukünftige Preisentwicklung richtig vorherzusagen. Alle Indikatoren und Modelle drehen sich um die eine Frage: »Wie wird sich der Preis in der Zukunft entwickeln?« Zwar gibt es durchaus sehr gute Ansätze, um die zukünftige Preisentwicklung einzuschätzen. Dennoch müssen wir anerkennen, dass wir keine Kristallkugel haben, mit der sich die Zukunft exakt voraussagen ließe.

Stellen Sie sich bitte nun ein anderes Szenario vor. Sie spielen in der Champions League und haben das Hinspiel bereits gewonnen. Sie brauchen im Rückspiel kein Tor zu schießen, um zu gewinnen. Sie müssen lediglich verhindern, dass der Gegner ein Tor schießt. Ihnen reicht ein Unentschieden. Auch wenn es am Ende des Spiels 0:0 steht, haben Sie gewonnen. Würden Sie Ihre Mannschaft dann anders aufstellen? Würden Sie weniger Risiko eingehen, um ein Tor zu erzwingen? Würden Sie defensiver spielen? Und ist die Wahrscheinlichkeit, dass Sie den Sieg davontragen, höher, als wenn Sie unbedingt ein Tor schießen müssen? Drei Szenarien sind für den Spielausgang denkbar: Sie liegen vorne, der Gegner liegt vorne oder das Spiel endet mit einem Unentschieden. Wenn Sie nun in zwei von drei Szenarien gewinnen, ist das eine weitaus bessere Ausgangslage, als nur dann zu gewinnen, wenn Sie wirklich ein Tor schießen.

Herzlich Willkommen in der Welt der Optionsverkäufer! Wenn Sie dieses Buch gelesen haben, werden Sie Strategien kennengelernt haben, die Ihnen genau das ermöglichen: zu gewinnen, ohne die zukünftige Kursentwicklung exakt vorherzusagen. Als Optionsverkäufer müssen wir kein Tor schießen, um zu gewinnen. Wir müssen nur verhindern, dass der Gegner ein Tor schießt.

Zurück zur Welt der Börsen und Kapitalmärkte: Wenn wir eine Aktie oder ein anderes Wertpapier anschauen, wie hoch ist dann die Wahrscheinlichkeit, dass der Kurs steigt? Rein statistisch liegt die Wahrscheinlichkeit bei 33 Prozent: In einem Drittel der Fälle wird der Kurs steigen, in einem Drittel der Fälle wird er sinken und in einem Drittel der Fälle wird der Kurs seitwärts laufen. Ihre Chance zu gewinnen, wenn Sie die Kursentwicklung richtig vorhersagen müssen, liegt also zunächst bei 33 Prozent.

Anders sieht es beim Optionshandel aus: Wenn Sie Optionen verkaufen, verdienen Sie Geld in zwei von drei möglichen Szenarien: Sie sind eine bullische Position eingegangen, also eine, die von höheren Kursen ausgeht? Dann erhalten Sie den Gewinn unabhängig davon, ob der Kurs steigt oder stagniert. Sie brauchen nicht recht zu haben mit Ihrer Markteinschätzung. Ihnen reicht auch ein Unentschieden. Statt in 33 Prozent aller Fälle gewinnen Sie nun in 66 Prozent aller Fälle. Die Wahrscheinlichkeiten verändern sich zu Ihren Gunsten.

Ist es nun so wichtig, ob Ihre Erfolgswahrscheinlichkeit bei 33 Prozent oder 66 Prozent liegt? Trading ist ein Spiel der Wahrscheinlichkeiten. Es macht bereits einen Unterscheid aus, wenn Sie die Gewinnwahrscheinlichkeit einer Handelsstrategie nur um ein paar Prozentpunkte zu Ihren Gunsten verändern können. Wenn Sie die Wahrscheinlichkeit auf Ihrer Seite haben, können Sie ein Vermögen machen, wenn Sie das Spiel lange genug spielen. Das Gesetz der großen Zahlen ist das Geheimnis der Casinos. Damit finanzieren sie sich seit Jahrhunderten und bauen die reinsten Paläste. Und das alles aufgrund der geringfügigen Verschiebung der Wahrscheinlichkeiten zu ihren eigenen Gunsten.

Das Geheimnis der Casinos ist die grüne Null auf dem Roulette-Tisch: Die Chance, dass die Kugel auf der grünen Null landet, liegt gerade mal bei 2,7 Prozent (nur 1 Feld von 37 ist grün). Solange die Kugel auf den 36 anderen Feldern landet, erhalten die Spieler das eingesetzte Geld. Landet die Kugel aber auf der grünen Null, kassiert das Casino alle Einsätze. Diese geringfügige Wahrscheinlichkeit reicht aus, um ein Milliarden-Business aufzubauen, wie die Wüstenstadt Las Vegas eindrucksvoll beweist.

Auf welcher Seite möchten Sie nun spielen, liebe Leser? Wollen Sie der Spieler sein, der darauf setzt, dass er die richtige Zahl tippt? Oder wollen Sie das Casino sein, dem es egal sein kann, wie die Spieler tippen, weil es weiß, dass es langfristig auf jeden Fall gewinnen wird? »Das Haus gewinnt immer«, lautet ein alter Spruch, und obwohl das Casino gar nicht spielt, gewinnt es. Würden Sie gerne die Rolle des Casinos beim Spiel der Börse einnehmen? Dann halten Sie mit diesem Buch genau die richtige Anleitung in den Händen.

Unabhängig davon, ob Sie Anfänger an der Börse sind oder ein gestandener Anleger mit vielen Jahren Markterfahrung: Sie werden in diesem Buch Strategien kennenlernen, die Ihre Wahrnehmung des Spiels an der Börse revolutionieren und die Wahrscheinlichkeiten zu Ihren Gunsten verschieben wird.

Vielen Dank für Ihre Bereitschaft, ein neues Konzept zu erlernen. Ein Konzept für solides Einkommen an den Börsen, das Sie mit minimalem Zeitinvestment umsetzen können: Ein halber Tag pro Woche reicht völlig aus, um als Stillhalter die eigenen Positionen zu managen und hohe Renditen zu bekommen.

Bitte beantworten Sie für sich selbst folgende Fragen, bevor Sie sich entscheiden, sich das Wissen um den Optionshandel anzueignen: Wie wäre es für Sie, beim Börsenhandel nicht recht haben zu müssen in Bezug auf die zukünftige Preisentwicklung? Wie wäre es, mit einem Vorteil ins Spiel zu gehen und nur diesen Vorteil über die Zeit verteidigen zu müssen? Wie wäre es, die Zeit als Freund auf Ihrer Seite zu haben und davon zu profitieren, dass der Uhrzeiger sich bewegt? Können Sie sich vorstellen, ein Spiel zu spielen, bei dem die Wahrscheinlichkeiten auf Ihrer Seite sind? Falls der Gegner doch noch ein Tor schießt, könnten Sie jederzeit in die Verlängerung gehen, solange und so oft Sie wollen. Und Sie würden dafür auch noch bezahlt werden. Was halten Sie von dieser Aussicht?

Ich kann eine Voraussage treffen, die zu 100 Prozent richtig sein wird: Morgen wird ein neuer Tag anfangen und die Uhr wird 24 Stunden gezählt haben. Wir wissen exakt, wie die Zeit vergeht, sie ist eine absolute Konstante. Wie wäre es für Sie, mit diesem Prinzip Geld an der Börse zu machen? Wie wäre es, Geld zu verdienen nur dadurch, dass die Zeit vergeht? Genau darum geht es bei Stillhalterstrategien. Als Optionsverkäufer profitieren wir vom Zeitwertverfall, dem jede Option unterliegt. Wir wissen genau, wann der Verfallstermin ist und haben absolute Gewissheit darüber, wann wir wie viel Gewinn vom Tisch nehmen können.

Wenn man die Wahrscheinlichkeiten auf seiner Seite hat, kann sich das Ergebnis des eigenen Handelns sehen lassen: Einer der erfolgreichsten Optionsverkäufer aller Zeiten ist Warren Buffett. Seine Firma Berkshire Hathaway ist gerade deswegen so erfolgreich, weil Warren Buffett seit Jahrzehnten Optionen verkauft. Der Aktienkurs von Berkshire Hathaway beweist diesen Erfolg eindrucksvoll. Aber nicht nur Warren Buffett ist ein Beispiel für den Erfolg des Stillhalters. Der Verkauf von Optionen wird seit Jahrhunderten unter anderen vom Vatikan, von André Kostolany und von vielen institutionellen Investoren, etwa von Investmentfonds oder Versicherungen, betrieben. Gerade weil die Gewinnwahrscheinlichkeit sehr hoch und die Renditen exzellent sind, wenden die »großen Jungs« der Branche diese Strategie konsequent an. Und die gute Nachricht lautet: Wir können es ihnen gleichtun und die gleichen Prinzipien und Strategien anwenden wie die besten und reichsten Investoren der Welt.

In Deutschland ist der Optionshandel noch ein Randthema. Es existieren nur wenige Bücher, die sich diesem Thema widmen, insbesondere aus Sicht der Optionsverkäufer, der Stillhalter. In den USA sind Stillhalterstrategien eine Brot-und-Butter-Strategie für viele private Anleger. Sie können zum Beispiel Optionen auf Ihre Aktien verkaufen, um die Rendite zu steigern. Ich hoffe, mit diesem Buch etwas dazu beizutragen, dass der Optionshandel auch im deutschsprachigen Raum an Popularität gewinnt.

Ich habe mich bewusst dafür entschieden, auf komplexe mathematische Modelle zu verzichten, die in anderen Büchern über den Optionshandel oft zu finden sind. Dieses Buch ist eine Praxisanleitung. Sie richtet sich an Anfänger und Profis gleichermaßen. Sie beschreibt in einfacher Sprache die durchaus komplexe Welt der Optionen. Ich habe es mir zur Aufgabe gemacht, Menschen dabei zu unterstützen, den Zugang zum Optionshandel zu finden, unabhängig von ihrem Bildungsgrad oder Erfahrungshintergrund. Ich stelle mein Wissen und meine Erfahrungen in einer einfachen, für jeden verständlichen Sprache dar, die dem gesprochenen Wort sehr nahekommt. Das Buch soll eine spannende und aufregende Reise für Sie werden, liebe Leser!

Sie werden im Folgenden auch Grafiken und Diagramme finden. Ich habe mich auf solche beschränkt, die die vermittelten Konzepte anschaulich darstellen und zum besseren Verständnis beitragen. Strategien bildlich darzustellen hat mir sehr geholfen, ein besseres, tieferes Verständnis zu bekommen. Ich möchte dadurch auch sicherstellen, dass Sie die Welt der Optionen besser verstehen und damit Ihre finanziellen Ziele besser und schneller erreichen.

Sie werden zudem feststellen, dass ich in diesem Buch viele Fragen an Sie stellen werde. Seit vielen Jahren vermittle ich Börsenwissen in Seminaren und Workshops. Dabei habe ich gelernt, durch Fragetechniken ein viel besseres und tieferes Verständnis in meinen Zuhörern zu wecken. Lernen macht am meisten Spaß, wenn es interaktiv ist. Deswegen habe ich eine Online-Lernplattform entwickelt, zu der Sie als Leser dieses Buches kostenlosen Zugang haben. Sie werden auf dieser Webseite Videos finden, in denen ich die Inhalte der einzelnen Kapitel mit Ihnen zusammen durcharbeite. Es erwarten Sie dort außerdem spannende Zusatzinformationen, Anwendungsbeispiele und Verständnistests, anhand deren Sie Ihren eigenen Lernerfolg überprüfen können. Schauen Sie am besten gleich auf die Webseite! Sie finden uns unter: www.optioneniq.com.

Dieses Buch und unsere Webseite liefern Ihnen viele Beispiele, welche die vorgestellten Konzepte verdeutlichen und Ihnen die Umsetzung einfach machen. Sie brauchen also kein Diplom in Mathematik oder Statistik, um die Strategien zu verstehen und anzuwenden. Die Zahlen in meinen Beispielen sind extra so gewählt, dass die Konzepte einfach und verständlich sind. Optionen sind nicht komplex, wenn man einen guten Lehrer hat, der es versteht, in einfacher Sprache zu sprechen. Ich hatte einen solchen Lehrer, dem ich heute noch zutiefst dankbar bin. Und ich hoffe, ein solcher Lehrer für Sie zu werden.

Das Buch ist in drei Teile aufgeteilt: Der erste Teil behandelt die Grundlagen der Optionen und ist wahrscheinlich derjenige mit dem größten Theorieanteil. Halten Sie durch! Sie brauchen dieses Verständnis, um zu verstehen, wie der Preis einer Option zustande kommt, um auf dieser Grundlage die später vorgestellten Strategien nachzuvollziehen. Wenn Sie bereits mit Optionen Erfahrungen gesammelt haben und wissen, welche Faktoren den Optionspreis in welcher Weise beeinflussen, können Sie den ersten Teil überspringen und sofort mit den Strategien (zweiter Teil) anfangen. Falls Sie jedoch noch wenig Erfahrung mit dem Optionshandel haben, empfehle ich Ihnen sehr, das Buch von vorne bis hinten durchzulesen.

Der zweite Teil behandelt die wichtigsten Strategien, die uns im Optionshandel zur Verfügung stehen. Es gibt eine unendliche Vielzahl an unterschiedlichen Strategien, die mit Optionen konstruiert werden können. Es wäre allerdings nicht sinnvoll, alle Strategien gleichzeitig beschreiben zu wollen. Stattdessen habe ich mich auf die wichtigsten Basisstrategien beschränkt sowie auf diejenigen, bei denen der Optionsverkauf im Vordergrund steht. Wie bereits gesagt: Ich bin ein leidenschaftlicher Optionsverkäufer und befinde mich in bester Gesellschaft mit Warren Buffett und Co. Ich hätte genauso gut ein Buch über Trendfolgestrategien schreiben können. Aber gerade der Verkauf von Optionen bietet all die beschriebenen Vorteile. Sie werden daher im Verlauf des Buches in die faszinierende Welt der Stillhalter eintauchen und sich auf eine Entdeckungsreise begeben. Sie werden Möglichkeiten entdecken, um die Sie viele Anleger beneiden werden. Natürlich gehören auch Optionskäuferstrategien in ein »großes Handbuch«. Sie werden also auch lernen, wie Sie als Optionskäufer den Märkten Gewinne abverlangen können.

Den dritten Teil des Buches zu schreiben hat am meisten Spaß gemacht. Nachdem Sie die Grundlagen und die Strategien kennengelernt haben, geht es hier um die Anwendung. Sie werden erfahren, wie Sie die richtigen Basiswerte finden, wie Sie Ihr Portfolio strukturieren, wie Sie das Risiko senken und wie Sie Positionen reparieren können, falls sich der Preis anders entwickelt als ursprünglich geplant. Die Möglichkeit, eine Strategie entsprechend der Marktentwicklung anzupassen und sogar mehr Geld dadurch zu machen, als ursprünglich geplant, fasziniert mich nach wie vor. Sie werden meine Begeisterung für das Thema mit Sicherheit mitbekommen. Hoffentlich springt der Funke über!

Sie werden bald feststellen: Dieses Buch ist eine Anleitung zum Gelddrucken, wenn Sie die Ratschläge befolgen und die hier vorgestellten Strategien konsequent anwenden.

Die Strategien und Ansätze sind nicht nur theoretisch profitabel. Die Gewinne sind ganz real. Meine Firma, die Trader IQ, betreibt einen Trading-Club, in dem wir mit unseren Mitgliedern die Strategien praktisch in einem Real-Depot anwenden. Sie können sich selbst von der Profitabilität der Strategien überzeugen, uns über die Schulter schauen und mitverfolgen, wie wir die Trades auswählen, aufsetzen und managen. Alle Informationen zu unserem Trading-Club finden Sie auf der bereits genannten Webseite: www.optioneniq.com.

Genießen Sie das Lesen, genießen Sie das Lernen und genießen Sie die Tatsache, dass die Lektüre Ihnen eine Tür zu den Strategien der erfolgreichsten Investoren dieser Welt öffnet. Es wird ein wichtiger Baustein zu Ihrem finanziellen Erfolg sein. Der Optionshandel ist keine »Werde reich über Nacht«-Strategie. Aber er ist ein Weg zu mehr Einkommen, mehr Erfolg und mehr finanziellem Wohlstand für Sie!

TEIL I: OPTIONSGRUNDLAGEN

Kapitel 1: Was sind Optionen?

Ein Optionskontrakt, auch als »Option« bezeichnet, ist eine Vereinbarung zwischen zwei Parteien über ein Geschäft in der Zukunft. Es geht hier stets um den Austausch eines Wirtschaftsguts. Der Austauschpreis für das Wirtschaftsgut ist für die Laufzeit des Kontraktes festgeschrieben. Das Wort »Option« beschreibt bereits den Kern der Vereinbarung: Der Besitzer der Option hat ein Recht, über das er frei verfügt und das er ausüben kann oder auch nicht. Eine Option hat eine Laufzeit, innerhalb derer der Besitzer der Option sein Recht ausüben kann.

Optionen sind Termingeschäfte. Sie beziehen sich auf einen bestimmten Basiswert. Gemeint ist damit das Wirtschaftsgut, dessen Austausch geregelt wird. Damit sind Optionen Derivate. Ein Derivat ist eine Ableitung des unterliegenden Wirtschaftsguts: einer Aktie, eines Rohstoffes, Indexes oder eines anderen Basiswertes. Optionen sind Produkte, die auf bestimmte Basiswerte (Underlyings) emittiert werden. Sie regeln die Rechte und Pflichten der beiden beteiligten Parteien, des Käufers und des Verkäufers.

Ein Optionskontrakt beinhaltet zwei Komponenten: Die Laufzeit der Vereinbarung und den sogenannten Strike, den Preis, zu dem das Geschäft stattfinden soll. So kann ich heute das Recht kaufen, in einem Monat eine Aktie zu einem bestimmten Preis zu erwerben. Wichtig ist, dass ich als Optionskäufer ein Recht habe, diese Aktie zu erwerben. Aber ich habe nicht die Pflicht dazu. Dem Optionsbesitzer steht es frei, sein Recht auszuüben oder die Option verfallen zu lassen.

Ein Call gibt dem Besitzer das Recht, innerhalb eines festgelegten Zeitraumes den Basiswert zum festgelegten Preis (Strike) zu kaufen. Ein Put gibt dem Besitzer das Recht, zum festgelegten Preis innerhalb der Laufzeit zu verkaufen. Ein Optionskontrakt hat üblicherweise ein Bezugsverhältnis von 1:100. Eine Option regelt also das Recht, 100 Einheiten des Wirtschaftsgutes (zum Beispiel 100 Aktien) zu einem vorab festgelegten Preis zu kaufen beziehungsweise zu verkaufen.

Alle Optionen haben eine asymmetrische Funktion. Was bedeutet das? Ein Call zum Beispiel gibt dem Besitzer das Recht, eine Aktie zu einem bestimmten Preis zu kaufen, jedoch nicht die Pflicht. Was passiert am Ende der Laufzeit? Folgendes Beispiel soll uns helfen, das Konzept der Asymmetrie besser zu verstehen. Wenn wir einen Call mit einem Strike von $ 50 besitzen, haben wir das Recht, die Aktie für $ 50 zu erwerben, unabhängig vom aktuellen Marktpreis.

Wir werden uns nur entscheiden, dieses Recht auszuüben, wenn der Aktienkurs über $ 50 liegt. Liegt der Aktienkurs bei $ 60, ist der wirtschaftliche Vorteil aus dem Besitz der Option $ 10. Dieser Vorteil wird als der »innere Wert« einer Option bezeichnet. Der innere Wert repräsentiert den wirtschaftlichen Vorteil des Besitzers, sein Recht auszuüben. In diesem Falle würden wir die Aktie für $ 50 kaufen und sofort für $ 60 auf dem Markt verkaufen, was einen Gewinn von $ 10 bringt. Liegt der Aktienkurs bei $ 70, so ist unser Gewinn $ 20 und so weiter.

Liegt der Preis hingegen unter $ 50, haben wir keinen wirtschaftlichen Vorteil davon, das Recht auszuüben. Wir können die Aktie am Markt jederzeit günstiger erwerben. Die Option ist damit wertlos oder anders gesagt: Sie ist »aus dem Geld« (Englisch: »Out of The Money«, abgekürzt »OTM«). Wir sind besser dran, das Recht nicht wahrzunehmen und die Option verfallen zu lassen. Genau das ist das Prinzip der Asymmetrie: Der Optionsbesitzer hat das Recht, aber keine Verpflichtung, den Wert innerhalb dieser Laufzeit zum vorher festgelegten Preis zu kaufen.

Die Laufzeit einer Option regelt die Geltungsdauer der Vereinbarung. Optionen können eine sehr kurze Laufzeit von wenigen Tagen haben. Sie können aber auch eine sehr lange Laufzeit von mehreren Jahren besitzen. Gerade bei prominenten, viel gehandelten Aktien können wir aus einer Vielzahl von unterschiedlichen Laufzeiten auswählen, je nachdem, wie unsere Strategie aussieht.

Warum Optionen handeln?

Optionen sind eines der ältesten Instrumente, um Risiken zu senken und Austauschpreise für Wirtschaftsgüter für die Zukunft zu vereinbaren. Insbesondere dem produzierenden Gewerbe ist es sehr wichtig, planbare Materialkosten oder auch Abgabepreise festzulegen.

Ursprünglich sind Optionen nicht als Spekulationsobjekt entwickelt worden, sondern vielmehr, um zwei Vertragsparteien Planbarkeit für die Zukunft zu geben. Wenn wir etwas produzieren wollen, dann brauchen wir Sicherheit. Das betrifft zum einen die Rohstoffkosten, zum anderen die Preise, die wir mit unseren Produkten erzielen können. Wenn sich ein Unternehmen ein Angebot von einem Zulieferer einholt, ist das nichts anderes als eine Option: Ich frage an, wie teuer es sein wird, zum Beispiel eine Tonne Sand geliefert zu bekommen. Die Antwort lautet: Wir können Ihnen eine Tonne Sand zum Preis von xy Dollar liefern. Meistens steht auf dem Angebot: »Dieses Angebot ist zwei Wochen gültig« oder »Wir sehen uns 14 Tage an das Angebot gebunden«. Schon haben wir unsere erste Option erworben: Unabhängig davon, wie sich der Preis für Sand entwickeln wird, haben wir nun die Möglichkeit, den gewünschten Sand zum angebotenen Preis geliefert zu bekommen. Müssen wir diese Option nutzen? Mit Sicherheit nicht!

Wir können selbst entscheiden, ob wir unsere Option ausüben und das Angebot wahrnehmen oder nicht. Die Option auf die Lieferung mit kurzer Laufzeit wird meistens vom Unternehmen kostenfrei gegeben. Wenn wir nun aber ein Angebot haben möchten, das nicht zwei Wochen, sondern zwei Jahre gilt, wird der Lieferant eine Prämie dafür verlangen, dass er uns den Preis und die Verfügbarkeit für eine so lange Zeit garantiert. Je länger die Laufzeit des Angebots, desto höher die Prämie, die der Lieferant von uns haben will. Nun haben Sie die Funktionsweise von Optionen begriffen!

Direkt nach dem Studium arbeitete ich als Angestellter für einen Hersteller von Getränken. Im Einkauf ging es darum, langfristige Planbarkeit für den Einkauf von Rohstoffen zu bekommen. Es wurden Optionskontrakte für Lieferungen von Orangensaft, Aromen und anderen Rohstoffen ausgehandelt. In der Finanzabteilung ging es darum, Währungsrisiken abzusichern. Denn wir kauften unsere Rohstoffe in aller Welt ein, produzierten in Deutschland und belieferten unsererseits die gesamte Welt. Es wurden Optionen auf den Dollarpreis gekauft, die es uns erlaubten, die Währungsrisiken für unsere Produktion auszuschalten. Im Vertrieb wurden wiederum Optionen mit Kunden vereinbart, denen wir zusicherten, zu einem festgelegten Preis innerhalb einer bestimmten Laufzeit zu liefern, denn unsere Kunden, die Abfüller, wollten ebenfalls Planungssicherheit haben.

Historisch reicht die Geschichte der Optionsgeschäfte sehr lange zurück: Noch bevor es Börsenblasen oder Spekulanten gab, hatten die Bauern, die Müller und die Bäcker in einer landwirtschaftlich geprägten Wirtschaft das Bedürfnis, ihre Risiken zu senken, indem sie feste Lieferpreise für die Zukunft vereinbarten. Denn während der Bauer sein Land bestellt, weiß er nicht, wie gut seine Ernte sein wird. Sein Problem: Fällt die Ernte sehr gut aus, fällt der Preis aufgrund des Überangebotes. Ist die Ernte aber schlecht, hat der Bauer kaum genug Waren zum Verkauf. Der Müller auf der anderen Seite kauft das Korn vom Bauern, mahlt es und verkauft dann sein Mehl an den Bäcker.

Die Beteiligten möchten am liebsten im Vorfeld wissen, wie teuer die Rohstoffe sein werden und wie viel Geld sie für ihre Erzeugnisse bekommen werden. Die Bauern und die Müller treffen also noch vor der Ernte eine Vereinbarung darüber, dass der Bauer sein Getreide zu einem bestimmten Preis an den Müller abgeben kann. Da der Bauer noch nicht wissen kann, wie hoch seine Ernte sein wird, kann er nicht garantieren, eine bestimmte Menge zu liefern. Er hat aber die Möglichkeit, sich gegen Preisschwankungen abzusichern und einen festgelegten Preis pro Tonne zu erhalten. Eine ähnliche Vereinbarung kann der Müller mit dem Bäcker treffen.

Dieses natürliche Bedürfnis nach Absicherung macht den ursprünglichen Charakter von Optionsgeschäften als Absicherungsgeschäfte deutlich. Erst viel später kamen die Händler, die von Dorf zu Dorf wanderten und die lokalen Preise verglichen. Es kam vor, dass in einem Dorf Korn günstiger gehandelt wurde als in einem anderen, zum Beispiel aufgrund des Überangebotes. So konnten die Händler die Optionskontrakte zwischen zwei Dörfern handeln und dadurch Preisdifferenzen und damit Marktineffizienzen beseitigen. Heutzutage gibt es die elektronischen Börsen und es gibt Spekulanten, die Optionen weniger als Absicherung begreifen, sondern als Spekulationsobjekt. Jedoch wird auch heute der größte Teil des Optionsvolumens vom produzierenden Gewerbe erzeugt.

Optionen eignen sich hervorragend als Spekulationsobjekte. Ein Spekulant kauft eine Option in der Erwartung, dass eine vorhergesagte Kursentwicklung innerhalb einer festgelegten Frist eintreten wird. Er investiert nur einen Bruchteil des Kapitals, das er einsetzen müsste, um gleich den Basiswert, also das gewünschte Wirtschaftsgut, in der benötigten Menge zu erhalten. Dadurch erzielt er eine Hebelwirkung und kann innerhalb kürzester Zeit sein Kapital vervielfachen – oder komplett verlieren, wenn er falschliegt.

Bestandteile einer Option

Eine Option ist eine Vereinbarung

- zwischen zwei Parteien (dem Käufer und dem Verkäufer der Option),
- eine bestimmte Menge eines Gutes (Basiswert oder Underlying)
- innerhalb eines bestimmten Zeitraums (Laufzeit)
- zu einem bestimmten Preis (Strike)

abzuwickeln. Anders als bei Futures haben wir bei Optionen eine asymmetrische Pflichtenverteilung: Der Besitzer einer Option hat das Recht, jedoch nicht die Pflicht, seine Option wahrzunehmen. Der Verkäufer der Option hingegen übernimmt die Verpflichtung und hat keine Rechte. Dafür bekommt er von dem Optionskäufer üblicherweise eine Entschädigung, die sogenannte Prämie. Es gibt Optionen auf die unterschiedlichsten Basiswerte.

Beispiele

- Rohstoffe (Edelmetalle, Erdöl, Industriemetalle)
- Agrarprodukte (Getreide, Fleisch, Orangensaft)
- einzelne Aktien und Indexe (Dax, S&P 500, Dow Jones, MDax)
- ETFs (Exchange Traded Funds)
- Währungen (EUR, USD, AUD, CHF, CAD usw.)
- Futures

Heute werden die Optionsgeschäfte an speziellen Börsen abgewickelt, in Europa unter anderem an der Eurex, in den USA unter anderem an der CBOE (Chicago Board Options Exchange). Diese Börsen sind streng reguliert und standardisiert, sodass eine seriöse Geschäftsabwicklung garantiert ist.

Rollen beim Optionshandel

Bei einem Optionsgeschäft gibt es immer zwei Parteien: den Optionskäufer und den Optionsverkäufer (Emittent). Beim Optionshandel können wir beide Positionen einnehmen: Wir können Optionen sowohl kaufen als auch verkaufen (emittieren). Damit ist bereits eine deutliche Abgrenzung zu den weitverbreiteten Optionsscheinen gegeben: Optionsscheine können nur von lizenzierten Emittenten herausgebracht werden (wie zum Beispiel Banken). Hierfür benötigt das Geldinstitut eine spezielle Zulassung.

Der Optionshandel hingegen ist viel liberaler und steht jedem Privatanleger zur Verfügung. In den USA geht der Optionshandel auf eine weitreichende Tradition zurück. Hier ist es für Privatanleger üblich, die Position des Emittenten einzunehmen, während in Europa der liberale Optionshandel durch Optionsscheine überschattet wurde. Die Emission von Optionsscheinen ist demnach lediglich zugelassenen Geldhäusern vorbehalten, während Optionen von jedem Privatanleger ausgegeben (geschrieben) werden können.

Jeder Marktteilnehmer kann eine Option verkaufen, solange er über genug Kapital verfügt, das abgegebene Leistungsversprechen zu erfüllen. Das Kapital dafür wird dann von dem Broker geblockt. Es dient als Kaution auf die verkaufte Verpflichtung. Muss die Verpflichtung erfüllt werden, ist auf diese Weise sichergestellt, dass genug Kapital vorhanden ist. Damit entfällt das viel besprochene Emittentenrisiko. Laut CBOE, der weltgrößten Terminbörse, sind bis heute 100 Prozent aller Optionen korrekt ausgeführt worden – ohne eine einzige Ausnahme.

Ein **Optionskäufer** hat meistens die Motivation, einen Kapitalzuwachs mit der Option zu erreichen. Ein **Optionsverkäufer** hingegen hat vor allem die Motivation, Cashflow zu produzieren, indem er jemandem das Recht verkauft, mit seinen Aktien oder einem anderen Basiswert zu spekulieren. Ein Optionskäufer erwirbt also ein Recht und bezahlt dem Verkäufer eine Prämie für die Option. Er hat dadurch ein viel kleineres Investment für die Kontrolle über ein großes Aktienpaket. Geht seine Markterwartung auf, kann er überdurchschnittlich große Renditen auf sein eingesetztes Kapital erzielen.

Ein **Options-Käufer** erwirbt das Recht, innerhalb eines bestimmten Zeitraums (Laufzeit) das Wirtschaftsgut (Underlying) zu einem bestimmten Preis (Strike) zu kaufen (Call) oder zu verkaufen (Put).

Ein **Options-Verkäufer** übernimmt die Verpflichtung, innerhalb eines bestimmten Zeitraums (Laufzeit) das Wirtschaftsgut (Underlying) zu einem festgelegten Preis (Strike) zu liefern (Call-Verkauf) oder abzukaufen (Put-Verkauf).

Calls und Puts

Bei Optionskontrakten unterscheiden wir zwischen zwei grundlegenden Optionstypen: Die Kaufoption (Call), die dem Besitzer das Recht einräumt, den Basiswert zu kaufen, und die Verkaufsoption (Put), die dem Besitzer das Recht einräumt, den Basiswert zu verkaufen.

Merke:

- Die Bezeichnung »Call« gibt an, dass es sich um eine Kaufoption handelt.
- Die Bezeichnung »Put« gibt an, dass es sich um eine Verkaufsoption handelt.

Ein Call sichert dem Besitzer das Recht zu, zu einem bestimmten Preis zu kaufen. So sieht ein typischer Call-Kontrakt aus:

Beispiel für einen typischen Call

EBAY Jan20‘22 40 CALL
Basiswert/Laufzeit/Strike/Typ

Ein Put sichert dem Besitzer das Recht zu, zu einem bestimmten Preis zu verkaufen. So sieht ein typischer Put-Kontrakt aus:

Beispiel für einen typischen Put

EBAY Jan20’22 40 PUT
Basiswert/Laufzeit/Strike/Typ

Diese Darstellung beinhaltet folgende Informationen: den Basiswert (eBay), die Laufzeit des Kontraktes (20.01.2022), den Strike ($ 40) und den Kontrakttyp (Call oder Put). Der Reihe nach: Wir haben hier einen Call auf eBay, also das Recht, die eBay-Aktie zum Strike zu kaufen. Bei einem Put haben wir das Recht, die Aktie zum Strike zu verkaufen.

Ein Optionskontrakt unterstellt standardmäßig den Bezug von 100 Einheiten. Oder anders gesagt: Er hat ein Bezugsverhältnis von 1:100. Ein Optionskontrakt bezieht sich damit, wenn nicht ausdrücklich anders geregelt, auf 100

Aktien. Eine Option regelt also die Kontrolle über ein Paket von 100 Aktien. Mittlerweile gibt es unter Optionen aber auch die sogenannten Minis, die sich jeweils auf 10 Aktien beziehen. Gerade bei teureren Aktien kommen sie oft zum Einsatz. Insbesondere bei sehr teuren Basiswerten (Google, Amazon und so weiter) kann es sinnvoll sein, auf einen Mini zurückzugreifen und die eigene Kasse zu schonen. Ich werde mich im Weiteren immer auf Standardkontrakte beziehen, die ein Paket von 100 Einheiten beinhalten.

Die Laufzeit der Option gibt den Zeitraum an, für den diese Vereinbarung gilt. Historisch gab es zunächst Optionen, die eine Laufzeit zum dritten Freitag des Monats hatten. Die meisten Optionen haben immer noch standardmäßig den Verfallstag am dritten Freitag eines Monats. Dieser Verfallsfreitag wird auch der Hexensabbat genannt, denn die Kurse neigen an diesem Tag dazu, besonders stark zu schwanken. Mittlerweile wurde das Sortiment erweitert und es gibt die sogenannten Weekly-Optionen, die als Verfallstermin einen jeden Freitag des Monats haben. Gerade bei viel gehandelten Aktien finden wir somit eine große Auswahl von Laufzeiten, die es uns erlauben, unsere Strategien flexibel zu gestalten.

Die dritte Information in der Kontraktbezeichnung ist der vereinbarte Strike. Das ist der Preis, zu dem der Optionsbesitzer sein Recht ausüben kann. Meistens haben wir jeden vollen Betrag als Strike zur Auswahl, also $ 10, 11, 12, 13, 14 und so weiter. Bei viel gehandelten Basiswerten können die Strikes auch $ 0,5 auseinanderliegen, bei wenig gehandelten oder teuren Basiswerten aber auch $ 2,5 oder sogar $ 5.

Einen Call zu kaufen ist sinnvoll, wenn wir von steigenden Märkten ausgehen. Er sichert uns das Recht, zum festgelegten Preis eine Aktie oder ein sonstiges Wirtschaftsgut in der Zukunft zu erwerben, in diesem Fall die eBay-Aktie zum Preis von $ 40. Diese Preisgarantie gilt unabhängig davon, wie sich der Aktienkurs tatsächlich entwickeln wird. Steigt nun der Kurs innerhalb der Laufzeit auf beispielsweise $ 50, so haben wir die Möglichkeit, die Aktie zu $ 40 vom Optionsverkäufer zu erwerben, sie dann zu $ 50 auf dem Markt zu veräußern und einen Gewinn von $ 10 zu machen.

Einen Put zu kaufen ist sinnvoll, wenn wir von fallenden Märkten ausgehen. Er sichert uns das Recht, zum festgelegten Preis die Akte in der Zukunft zu verkaufen, in unserem Fall die eBay-Aktie zum Preis von $ 40. Dieser Preis gilt ebenfalls unabhängig davon, wie sich der Aktienkurs entwickeln wird. Fällt nun der Kurs innerhalb der Laufzeit auf zum Beispiel $ 30, so haben wir die Möglichkeit, die Aktie zu $ 30 auf dem Markt zu erwerben. Wir besitzen das Recht aus der Put-Option, diese Aktie für $ 40 zu verkaufen, womit wir einen Gewinn von $ 10 machen.

Genau dieser erwartete Gewinn ist in den meisten Fällen die Motivation eines Optionskäufers, der als Spekulant agiert: Er erwartet einen Kursanstieg und kauft einen Call (wenn er einen Kursverfall erwartet, erwirbt er einen Put). Dabei rechnet er damit, durch den Besitz der Option einen wirtschaftlichen Vorteil zu bekommen. Wenn die Option dem Besitzer einen wirtschaftlichen Vorteil bringt, bezeichnet man die Option als »im Geld« oder im Englischen »In The Money«, abgekürzt ITM. Sie hat dann einen »inneren Wert«, das heißt, es gibt einen geldwerten Unterschied zwischen dem Strike und dem Kurs (in unseren beiden Beispielen $ 10). Genaueres dazu und zu weiteren Bestandteilen des Optionspreises lesen Sie im nächsten Abschnitt.

Bestandteile des Optionspreises

Der Preis einer Option setzt sich aus drei Bestandteilen zusammen. Das sind:

- der innere Wert
- der Zeitwert
- die implizite Volatilität

Innerer Wert und Moneyness

Eine Option hat einen inneren Wert, wenn sie ihrem Besitzer einen wirtschaftlichen Vorteil verschafft. Der innere Wert eines Optionskontraktes errechnet sich aus dem Unterschied zwischen dem Strike und dem Marktpreis.

Ein Call ist im Geld (und hat damit einen inneren Wert), wenn der Marktpreis über dem Strike liegt. Um den inneren Wert eines Calls zu bestimmen, ziehen wir den Strike vom Marktpreis ab. Ist das Ergebnis positiv, so ist der Call im Geld. Ist das Ergebnis hingegen negativ, ist die Option aus dem Geld und hat einen inneren Wert von null (er kann nicht negativ werden). Liegt der innere

Wert einer Option über null, verschafft der Besitz dieser Option dem Besitzer einen finanziellen Vorteil.

Fällt der Kurs des Basiswertes, läuft der Call »aus dem Geld« (»Out of The Money«, abgekürzt OTM) und ist somit für den Besitzer nutzlos. Das Recht, die Aktie von eBay für $ 40 zu kaufen, bringt dem Besitzer der Option keinen wirtschaftlichen Vorteil, wenn er die Aktie auf dem Markt günstiger bekommen kann.

Übrigens spricht man bei der Frage, ob eine Option im Geld oder aus dem Geld ist, von »Moneyness«. Denn auf Englisch heißt »im Geld« so viel wie »In The Money« (ITM) und »aus dem Geld« so viel wie »Out of The Money« (OTM).

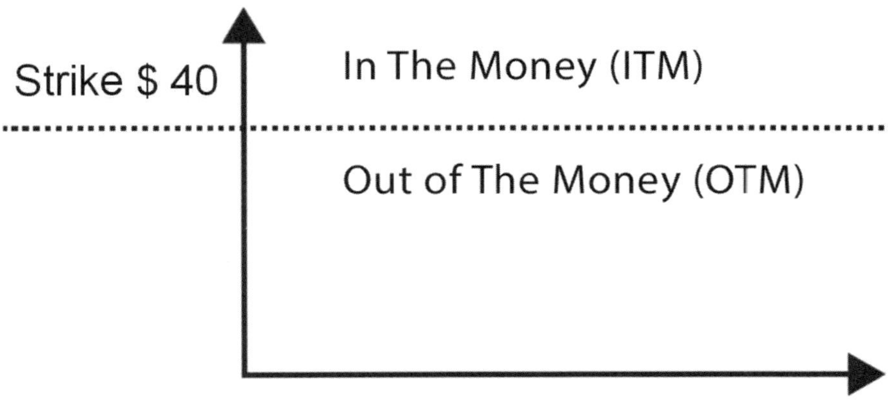

Abb. 1: Moneyness eines Calls. Ein Call ist ITM, falls Kurs > Strike. Er ist OTM, falls Kurs < Strike.

Es spielt keine Rolle für diese Einordnung, ob der Call nur 1 Cent oder $ 10 im Geld ist: Entscheidend ist, ob der Besitzer einen wirtschaftlichen Vorteil durch den Besitz hat. Ist der Kurs des Basiswertes genau gleich dem Strike, spricht man von »At The Money«, ATM, also direkt am Geld. Folgendes Beispiel soll den Rechenweg zur Bestimmung des inneren Wertes verdeutlichen:

Beispiel

Wir besitzen folgenden Optionskontrakt: **EBAY Jan20'22 40 CALL**

- Wenn der Marktpreis von eBay aktuell bei $ 50 liegt, heißt das: Der innere Wert beträgt $ 10 (Marktpreis Strike = $ 50 - $ 40).
- Wenn der Marktpreis von eBay dagegen aktuell bei $ 30 liegt, beträgt der innere Wert $ 0 (Marktpreis minus Strike, $ 30 - $ 40, Ergebnis < 0).

Ein Put ist im Geld (und hat damit einen inneren Wert), wenn der Marktpreis unter dem Strike liegt. Der Put sichert uns das Recht, eine Aktie oder ein sonstiges Wirtschaftsgut zu einem bestimmten Preis zu verkaufen. Er ist genau das Spiegelbild von einem Call. Wie können wir mit einem Put Geld verdienen? Der Put-Besitzer profitiert von fallenden Kursen. Wer davon ausgeht, dass der Kurs eines Basiswertes fallen wird, kann einen Put erwerben und sich das Recht verschaffen, die Aktie für $ 40 zu verkaufen. Fällt nun der Preis dieser Aktien wie erwartet auf $ 30, hat der Put-Käufer die Möglichkeit, die Aktie für $ 30 auf dem Markt zu kaufen und sofort für $ 40 an den Put-Verkäufer wieder zu verkaufen. Dadurch realisiert er einen Gewinn von $ 10. Ein Put ist also im Geld, bietet einen wirtschaftlichen Vorteil, wenn der Kurs niedriger ist als der Strike. Sobald das der Fall ist, haben wir als Besitzer einen wirtschaftlichen Vorteil aus dem Put. Die Option ist im Geld.

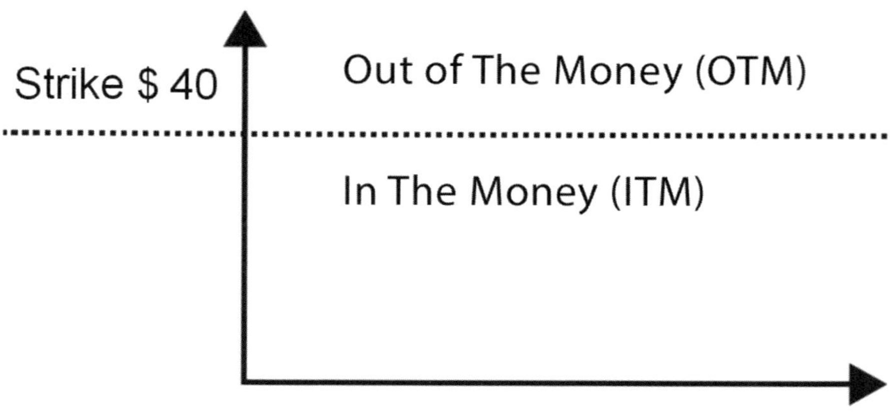

Abb. 2: Moneyness eines Put. Ein Put ist ITM, falls Kurs < Strike. Er ist OTM, falls Kurs > Strik.e

Der Besitzer eines Puts macht also bei fallenden Kursen Gewinne. Die meisten Anleger kennen die Möglichkeit, mit Leerverkäufen von fallenden Märkten zu profitieren. Die Herausforderung besteht allerdings tatsächlich darin, Aktien leerzuhandeln. Der Erwerb einer Put-Option kann eine einfachere Alternative bieten, an fallenden Preisen zu verdienen. Ein Put ist auch eine günstigere Alternative, die weniger Risiko mit sich bringt. Wir können einen Put für überschaubares Geld erwerben, um unser Depot abzusichern oder auf fallende Märkte zu setzen.

Um den inneren Wert eines Puts zu bestimmen, ziehen wir den Marktpreis vom Strike ab. Ist das Ergebnis positiv, so ist der Put im Geld. Folgendes Beispiel soll den Rechenweg verdeutlichen.

Beispiel

Wir besitzen folgenden Optionskontrakt: **EBAY Jan20'22 40 PUT**:

- Angenommen, der Marktpreis von eBay liegt aktuell bei $ 50. Dann beläuft sich der innere Wert auf $ 0 (Strike Marktpreis = $ 40 - $ 50, Ergebnis < 0).
- Angenommen, der Marktpreis von eBay liegt aktuell bei $ 30. Dann beläuft sich der innere Wert auf $ 10 (Strike Marktpreis = $ 40 - $ 30).

Zeitwert

Jeder Optionskontrakt hat eine Laufzeit. Je länger die Laufzeit der Option, desto höher ist der Zeitwert, der darin enthalten ist, und umso teurer wird sie sein. Es macht einen Unterschied, ob die Vereinbarung eine Woche oder ein Jahr gilt. In einem Jahr kann viel passieren, daher wird der Zeitwert einer langlaufenden Option viel höher sein als der einer kurzlaufenden. In dieser Zeit kann sich der Kurs massiv verändern und der Emittent der Option trägt das Risiko jeder denkbaren Kursentwicklung. Das lässt er sich auch entsprechend bezahlen.

Jeden Tag wird die Laufzeit und damit der Zeitwert der Option kleiner. Man spricht in diesem Zusammenhang vom Zeitwertverfall. Der Zeitwertverfall nimmt zum Ende der Laufzeit zu. Ein Beispiel, um uns den Zeitwertverfall zugänglich zu machen, können wir in einem Kühlregal finden. Frischfleisch, das nur fünf Tage haltbar ist, verliert am ersten Tag ein Fünftel des Preises. Ist das Fleisch nur noch zwei Tage haltbar, verliert es pro Tag die Hälfte des Preises.

Am letzten Tag verliert das Produkt 100 Prozent seines Preises und ist nach dem Verfallstag wertlos. Wenn wir nun aber eine Konserve nehmen, die zwei Jahre haltbar ist, ist der Verlust des Wertes pro Tag, den diese Konserve in den Regalen steht, extrem gering.

Am Verfallstag der Option beträgt der Zeitwert null. Die Option hat am Verfallstag nur den inneren Wert, der sich aus dem Unterschied zwischen dem aktuellen Marktpreis und dem Strike berechnet. Hat die Option keinen inneren Wert, ist sie wertlos und verfällt entsprechend. Laut der Statistik des CBOE verfallen 70 bis 80 Prozent aller Optionen wertlos. Das bietet dem Optionsverkäufer ein breites Spielfeld für vielfältige Strategien, die auf den wertlosen Verfall von Optionen setzen. Ist die Option am Verfallstag aus dem Geld, liegen der innere Wert und der Zeitwert bei null. Die Option ist wertlos und wird durch den Broker automatisch am Tag nach dem Verfall aus dem Depot ausgebucht.

Ist die Option jedoch im Geld und halten wir diese Option über den Verfallstag, so wird die Option automatisch vom Broker ausgeübt. Wir bekommen die Aktien zum Strike-Preis eingebucht, falls wir einen Call gekauft haben, oder die Aktien ausgebucht, falls wir einen Call verkauft haben. Halten wir einen Put, und ist dieser im Geld, so werden die Aktien verkauft, haben wir einen Put verkauft, werden uns die Aktien eingebucht. Um der Ausübung zu entgehen, müssen wir die Optionsposition vor dem Verfall schließen (verkaufen, wenn wir long sind, beziehungsweise zurückkaufen, wenn wir short sind).

Im Fall des Call-Verkaufes bekommen wir den Kaufpreis (also den vereinbarten Strike) für die Aktien, die wir verkauft haben, in unserem Depot gutgeschrieben und müssen die Aktien liefern. Halten wir hingegen einen Call, der im Geld ist und fällig wird, so bekommen wir die Aktien zum Strike eingebucht. Hierfür muss genug Liquidität in unserem Depot vorhanden sein, um die Aktien kaufen zu können. Was geschieht, wenn wir nicht genug liquide Mittel im Depot zur Verfügung haben, um den Kaufpreis zu zahlen? Dann sollten wir die Option vor dem Verfall wieder verkaufen, und sei es nur einen Tag vorher. Wir bekommen ja trotzdem den gesamten inneren Wert und damit den Gewinn, der im Optionspreis enthalten ist.

Halten wir nun einen Put und ist dieser am Verfallstag im Geld, wird der Broker automatisch die Aktien zum genannten Strike verkaufen, wenn die Option verfällt. Die Position wird demnach aus dem Konto ausgebucht, der Anleger bekommt die Gutschrift für den Verkauf der Position zum vereinbarten Preis (dem Strike der Option). Sind wir hingegen einen Put short (das heißt, haben wir einen Put verkauft), so müssen wir uns darauf einstellen, dass wir die Aktien zum Strike »geputtet« bekommen, falls wir eine ITM-Option über den Verfallstag halten. Im Klartext heißt das: Haben wir einen Put verkauft, müssen wir die Aktien zum vereinbarten Preis (dem Strike) kaufen, die der Optionskäufer zum vereinbarten Strike verkaufen will. Um diese Verpflichtung zu erfüllen, sollten wir genug liquide Mittel zur Verfügung haben.

Implizite Volatilität

Ein weiterer Bestandteil des Optionspreises ist die implizite Volatilität. Die implizite Volatilität gibt an, wie die zukünftige Schwankung des Basiswertes von den Marktteilnehmern eingeschätzt wird. Da wir tatsächlich nicht wissen, wie die Volatilität (Schwankung eines Kurses) in Zukunft aussehen wird, ist dies ein Schätzwert, der aus der Zahlungsbereitschaft der Anleger abgeleitet wird.

Die implizite Volatilität lässt sich am leichtesten als Risikoaufschlag verstehen. Der Optionspreis besteht aus drei Elementen: dem inneren Wert, dem Zeitwert und der impliziten Volatilität. Den inneren Wert kann man ganz einfach ausrechnen, wie wir gerade gesehen haben. Auch der Zeitwert lässt sich exakt bestimmen. Was ist aber dafür verantwortlich, dass die Option dennoch teurer oder günstiger ist als die Summe der beiden Bestandteile? Es ist die implizite Volatilität, quasi die Risikoprämie. Diese kann man nicht exakt messen, sehr wohl aber berechnen, wenn alle anderen Variablen bekannt sind.

Die implizite Volatilität ergibt sich aus dem Optionspreis minus dem inneren Wert und minus dem Zeitwert der Option. Damit ist die implizite Volatilität die Risikoprämie, die auf dem Markt für eine Preisgarantie bezahlt wird. Die implizite Volatilität bestimmt damit den Zeitwert, und damit den Marktpreis des Kontraktes. Wenn wir den Gesamtpreis der Option kennen und die beiden bekannten Variablen abziehen, bekommen wir die Risikoprämie, eben diese implizite Volatilität. Die implizite Volatilität kann den Optionspreis maßgeblich beeinflussen.

Da die implizite Volatilität als Risikoaufschlag verstanden werden kann, können wir an dieser Variablen sehen, wie viel Unsicherheit im Markt ist. Je mehr Risiko die Marktteilnehmer in der aktuellen Entwicklung des Marktes sehen, desto höher ist die implizite Volatilität. Sie ist im Optionspreis enthalten. Die implizite Volatilität wird durch den VIX (Volatilitätsindex der CBOE) abgebildet. Üblicherweise sinkt die implizite Volatilität mit steigenden Preisen: Wenn es den Märkten gut geht, haben die Anleger nur wenig Bedarf, sich abzusichern. Sie sehen nur ein geringes Risiko und sind nicht bereit, hohe Risikoaufschläge zu zahlen. Ganz anders verhält es sich, wenn die Märkte fallen: Die Marktteilnehmer werden zunehmend besorgt, der VIX steigt und die Risikoprämien werden höher.

Modellierung des »fairen« Optionspreises

Der theoretisch faire Preis einer Option kann anhand eines mathematischen Modells bestimmt werden. Dieses Modell nutzt den Aktienpreis sowie die einzelnen Elemente des Optionspreises, um diese Berechnung durchzuführen. Es gibt eine Reihe von Ressourcen im Internet, die kostenfrei einen solchen Optionspreisrechner zur Verfügung stellen.

Wir können also den theoretisch fairen Wert der Option bestimmen und anschließend mit dem Marktpreis vergleichen. So können wir einschätzen, ob die gewünschte Option aktuell relativ günstig oder relativ teuer ist. Der Unterschied zwischen dem Preis, den der Optionspreisrechner kalkuliert, und dem aktuellen Marktpreis ist der Unterschied zwischen der historischen und der impliziten Volatilität. Der Optionsrechner kalkuliert den Preis anhand der historischen Volatilität. Er legt also die in der Vergangenheit beobachtbare Schwankungsbreite des Basiswertes zugrunde. Dagegen berücksichtigt der Marktpreis die implizite Volatilität, also die aktuelle beziehungsweise für die Zukunft angenommene Schwankungsbreite. Es kann gut sein, dass es einen Grund dafür gibt, dass die implizite Volatilität und damit der aktuelle Optionspreis höher ist, als vom Modell berechnet: Das passiert zum Beispiel im Vorfeld von Nachrichten oder Quartalszahlen. Eine günstige Option ist also nicht zwangsläufig besser. Gute Software berechnet automatisch die Volatilitäten und gibt diese grafisch wieder. Entsprechende Softwareempfehlungen und Schulungsvideos finden Sie auf www.optioneniq.com.

Das erste Modell zur Berechnung des Optionspreises wurde von Fischer Black und Myron Scholes entwickelt, die dafür 1997 sogar den Nobelpreis erhielten. Wir müssen uns hier jedoch nicht mit den mathematischen Details auseinandersetzen. Gott sei Dank gibt es entsprechende Software. Zudem ist der Marktpreis, der für uns eh ausschlaggebend ist, ja ohnehin bekannt. Wir werden uns jedoch im Folgenden noch intensiv mit der Volatilität auseinandersetzen. Sie beeinflusst in vielerlei Hinsicht unsere Entscheidungen und Strategien. So können wir mit Optionen Strategien verfolgen, die Veränderungen der impliziten Volatilität ausnutzen und zu Geld machen.

Optionenmärkte

In den USA werden die Optionsgeschäfte unter anderem über die CBOE (Chicago Board of Options Exchange) abgewickelt. Die CBOE ist weltweit das größte Drehkreuz zur Abwicklung von Optionsgeschäften. 1973 gegründet, wickelt sie heute über 1 Million Optionskontrakte pro Tag ab. Das Volumen der Derivatemärkte wurde vom *Wall Street Journal* 2007 auf $ 450 Milliarden pro Jahr geschätzt. Zusammen mit der OCC (Options Clearing Corporation) überwacht die CBOE auch die Abwicklung der Optionen (Clearing) und stellt sicher, dass die Rechte und Pflichten, die aus den Optionen entstehen, korrekt umgesetzt werden.

Für den Handel von Optionen in Europa ist unter anderem die Eurex (European Exchange) zuständig. Die Eurex wurde im Dezember 1996 gemeinsam von der Deutschen Börse AG und der Schweizer Börse gegründet. Durch die Fusion der DTB (Deutsche Terminbörse) und SOFFEX (Swiss Options and Financial Futures Exchange) entstand 1998 diese Terminbörse in ihrer heutigen Form. Ziel dieser Fusion war die Entwicklung und Umsetzung einer gemeinsamen Plattform der beiden Terminmärkte sowie die Harmonisierung der Produktpalette. Die Eurex bietet einen grenzüberschreitenden Markt. Als weltweit größte elektronische Handels- und Clearing-Plattform bietet die Eurex eine einheitliche Palette standardisierter Produkte auf Basis eines harmonisierten Regelwerks an.

Die Marktstruktur dieser Börse zeichnet sich durch drei Elemente aus:

Die Eurex ist eine reine Computerbörse. Die Händler treffen sich nicht mehr im altbekannten Börsensaal, sondern wickeln den gesamten Handel über ein Computersystem ab. So wird ein elektronisches System geschaffen, auf das die Händler weltweit über ihren Bildschirm jederzeit Zugriff haben. Die Angebote, die früher an der Börse laut ausgerufen wurden, werden jetzt über eine Computertastatur in das System eingestellt. Dann laufen all diese Informationen (Englisch: »quotes«) in den Zentralrechner in Frankfurt ein, wo sofort geprüft wird, welche Aufträge zusammengeführt werden können.

Eine weitere Eigenheit der Eurex ist das sogenannte Marketmaker-System. Es gibt an dieser Terminbörse zwei Teilnehmergruppen. Die erste Gruppe besteht aus Teilnehmern, die lediglich Eigen- und Kundengeschäfte ausführen. Darüber hinaus gibt es die Gruppe der Marketmaker. Sie stellen Kurse für Optionen und Futures, die nicht so häufig gehandelt werden, und haben die Aufgabe, auch hier für einen liquiden Markt zu sorgen. Sie sind verpflichtet, jederzeit auf Anforderung (quote request) verbindliche Geld- und Briefkurse zu stellen. Auf dieser Basis müssen sie auch Geschäfte abschließen. Marketmaker sind nur für genau festgelegte Werte zuständig. Zum Beispiel kann ein Händler Marketmaker für Optionen auf Siemens und SAP sein. Positiv aus Anlegersicht ist, dass es pro Basiswert mehrere Marketmaker gibt. So entsteht ein intensiver Wettbewerb. Damit ist garantiert, dass der Markt liquide ist und faire Kurse gestellt werden.

Die letzte Eigenheit der Eurex ist, dass sie selbst als Clearing-Stelle in jedem Geschäft fungiert. Sie ist damit verantwortlich für die Erfüllung aller Verpflichtungen aus dem Termingeschäft, das heißt für die Lieferung und Bezahlung. Somit braucht der Anleger, der über die Eurex operiert, nicht zu befürchten, es mit einem zahlungsunfähigen Vertragspartner zu tun zu haben. Die Clearing-Stelle sorgt für eine reibungslose Abwicklung aller Verpflichtungen, die Optionsverkäufer beziehungsweise -käufer eingegangen sind.

»American Style«- und »European Style«-Optionen

Ein Unterschied prägt die Welt der Optionen. Es ist der Unterschied zwischen einer »American Style«-Option (auch amerikanische Option genannt) und »European Style«-Option (auch europäische Option genannt): Eine amerikanische Option kann jederzeit während der Laufzeit ausgeübt werden. Sie kann also jederzeit innerhalb der Laufzeit genutzt werden. Erinnern Sie sich an das Angebot mit dem Sand. So ähnlich funktioniert das: Der Käufer kann bis zum Gültigkeitsende des Angebots jederzeit sagen: Jetzt will ich den Sand zum angebotenen Preis haben. Tatsächlich werden jedoch weniger als 5 Prozent aller Optionen vor Ende der Laufzeit ausgeübt. Dies liegt daran, dass der Zeitwert der Option verloren geht, sobald das Recht ausgeübt wird. Es lohnt sich wirtschaftlich nur in den seltensten Fällen, die Option vor der Laufzeit zu nutzen.

Wir stehen in den meisten Fällen wirtschaftlich besser da, wenn wir die Option vor der Laufzeit wieder verkaufen und sowohl den inneren Wert als auch den Zeitwert realisieren. Ist die Option im Geld, so hat sie auch einen entsprechenden Marktpreis. Dieser Marktpreis wird höher sein als nur der innere Wert, denn wie Sie bereits wissen, sind im Preis der Option zwei weitere Elemente inbegriffen: der Zeitwert und die implizite Volatilität.

Eine europäische Option hat hingegen die Eigenschaft, nur am Laufzeitende ausgeübt werden zu können. Hier kann der Inhaber das mit der Option verbundene Recht nur zum Zeitpunkt der Fälligkeit für sich in Anspruch nehmen.

Stellt es nun einen Nachteil dar, dass europäische Optionen vor Laufzeitende nicht ausgeübt werden können? Sollte eine Option überhaupt vor Laufzeitende ausgeübt werden, wenn sie im Geld ist, um damit Gewinne zu realisieren?

Wir haben gesehen, dass der Preis einer Option sich im Wesentlichen aus zwei Bestandteilen zusammensetzt, dem inneren Wert und dem Zeitwert. Ist nun eine Option im Geld, haben wir die Möglichkeit, sie auszuüben und unser Recht wahrzunehmen, den Basiswert zum Strike zu erwerben (Call) beziehungsweise zu verkaufen (Put). Dadurch erhalten wir die Aktie zum vereinbarten Preis gekauft beziehungsweise verkauft und realisieren den inneren Wert der Option. Üben wir diese Option vor Laufzeitende aus, erhalten wir lediglich den inneren Wert, verlieren aber den Zeitwert, der noch in diesem Kontrakt enthalten ist. Dieser löst sich durch die Ausübung buchstäblich in Luft auf. Lassen Sie mich diese Überlegungen anhand eines Beispiels verdeutlichen.

Beispiel

Wir besitzen folgenden Call auf eBay mit Strike von $ 40. Diese Option haben wir vor einiger Zeit erworben, da wir vom Kurspotenzial der Aktie überzeugt waren. Die Aktie hat sich entsprechend unserer Erwartung entwickelt und steht aktuell bei $ 50. Wir möchten die Gewinne realisieren und stehen vor der Wahl, ob wir die Option ausüben oder verkaufen sollten.

EBAY Jan20'22 40 CALL
Preis der Option: $ 13
Kurs der eBay-Aktie: $ 50

Der innere Wert dieser Option ist $ 10 (Preis des Basiswertes – Strike), und sie hat einen Zeitwert von $ 3 (Preis der Option minus innerer Wert). Üben wir nun die Option aus, dann setzen wir unser Recht um, die Aktie zum Strike für $ 40 zu erwerben. Wir halten nun die

Aktie, die $ 50 wert ist und die wir für $ 40 erworben haben. Wir können nun die Aktie verkaufen und den Gewinn von $ 10 realisieren. Halten wir fest: Üben wir diese Option aus, so ist unser Gewinn $ 10.

Wie schaut nun die Auszahlung aus, wenn wir die Option verkaufen, anstatt sie auszuüben? Der Marktpreis der Option ist $ 13, und wenn wir die Option verkaufen, ist unser Gewinn $ 13. Wir sehen auf den ersten Blick, dass es die bessere Alternative ist, denn unsere Auszahlung ist höher. Das liegt daran, dass wir nicht nur den inneren Wert realisieren, sondern auch den Zeitwert verkaufen. Würden wir hingegen die Option ausüben, würde sich der Zeitwert in Luft auflösen!

Laut CBOE werden gerade mal 3-5 Prozent aller Optionen vor Laufzeitende ausgeübt. Es ist in den allermeisten Fällen nicht ratsam, die Option vor Laufzeitende auszuüben, weil wir dadurch den Zeitwert verlieren und uns wirtschaftlich schlechter stellen. Eine seltene Ausnahme besteht dann, wenn der Zeitwert nur noch minimal ist (die Option hat nur noch wenige Tage Laufzeit) und wir die Aktie haben wollen, etwa um von den Dividenden zu profitieren, die demnächst ausgezahlt werden. Ist die erwartete Dividendenzahlung größer als der verbleibende Zeitwert, kann es sinnvoll sein, die Option vor Laufzeitende auszuüben.

Halten wir fest: Üben wir eine Option vor Laufzeitende aus, verlieren wir den Zeitwert. Verkaufen wir die Option hingegen, erhalten wir ein besseres Ergebnis, da wir durch den Verkauf der Option auch den Zeitwert realisieren konnten.

Exakt das gleiche Prinzip gilt auch für **Put-Optionen**. In der Regel macht es keinen Sinn, eine Option vor ihrer Fälligkeit auszuüben. Es ist profitabler, sie zu verkaufen, um auch den **Zeitwert der Option** zu erhalten. Lediglich bei Optionen, die tief im Geld liegen und daher kaum noch einen Zeitwert aufweisen, kann es unter bestimmten Umständen sinnvoll sein, sie auszuüben.

Umsatz und Liquidität von Optionen: der »Open Interest«

Wo es einen Käufer gibt, muss es auch einen Verkäufer geben und umgekehrt. Wir haben bereits gesehen, welche Motive es gibt, eine Option zu kaufen beziehungsweise zu verkaufen. Wie stellen wir aber fest, ob es genug Handelspartner beziehungsweise Volumen im Markt gibt? Das ist schließlich die Voraussetzung für eine erfolgreiche Transaktion.

Zunächst wollen wir uns zum besseren Verständnis noch einmal die grundsätzliche Funktionsweise einer Optionentransaktion anschauen: Bei einem Optionskontrakt vereinbaren zwei Parteien ein Geschäft für die Zukunft. Dabei kauft die eine Partei die Option, die andere Partei verkauft diese.

Wenn ein Kontrakt gehandelt wird, dann beläuft sich die Anzahl der Transaktionen immer auf zwei, also auf eine Kauf- und eine Verkaufstransaktion. Dadurch entspricht die Anzahl der Verkaufspositionen immer der Anzahl der Kaufpositionen. Das führt uns direkt zum »Open Interest«.

Der »Open Interest« gibt die Zahl aller zu einem gegebenen Zeitpunkt ausstehenden Terminkontraktgeschäfte eines Marktes wieder. Gemeint ist die Gesamtzahl der Kontrakte, die an diesem Markt bislang noch nicht durch ein Gegengeschäft, durch die physische Lieferung des zugrunde liegenden Basiswertes oder durch einen Barausgleich glattgestellt beziehungsweise erfüllt wurden.

Damit steht der »Open Interest« im direkten Zusammenhang mit der Liquidität eines Marktes: Sind viele Bestellungen »offen«, so können wir davon ausgehen, dass das Interesse der Marktteilnehmer groß ist. Es ist dann keine große Herausforderung, einen Gegenpart für unser Geschäft zu finden

Ist der Open Interest hingegen nur gering beziehungsweise gar nicht vorhanden, können wir womöglich nicht oder nur zu einem schlechten Preis an dem Markt handeln. Als Optionshändler sollten wir daher immer darauf achten, Märkte und Kontrakte zu handeln, die über eine hohe Liquidität verfügen, sprich häufig gehandelt werden. Der Open Interest wird von jeder guten Software angezeigt.

Der Spread

Für jeden Optionskontrakt werden immer zwei Preise angezeigt: der Kaufkurs (Geldkurs, im Englischen »Bid«) und der Verkaufskurs (Briefkurs, im Englischen »Ask«). Es gelten für uns also unterschiedliche Preise, je nachdem, ob wir als Käufer oder als Verkäufer auftreten. Der Unterschied zwischen dem Geldkurs und dem Briefkurs wird als »Spread« bezeichnet. Als Trader bekommen wir immer den ungünstigeren Kurs (also den höheren Preis, wenn wir kaufen, und den niedrigeren, wenn wir verkaufen). Aus dem Spread finanziert sich die Geschäftstätigkeit der Broker, der Börse, der Marketmaker und so weiter.

Egal, welches Instrument wir handeln, zunächst müssen wir die Kosten des Spreads mit unserem Trade wettmachen. Erst dann kommen wir in die Gewinnzone. Liegt der Spread zum Beispiel bei 2 Cent, heißt das: Wir können den Kontrakt für $ 10 kaufen und für $ 10,02 verkaufen. Dann müssen wir mit unserer Position 2 Cent im Plus sein, um mindestens den Break-even-Punkt zu erreichen, also keinen Verlust zu machen. Liegt der Spread dagegen bei 50 Cent, so muss der Basiswert schon ordentlich steigen, bevor wir Gewinne machen.

Üblicherweise ist der Spread umso kleiner, je liquider die Märkte sind. Es macht also umso mehr Sinn, auf häufig gehandelte Optionen zuzugreifen, wenn wir nicht unnötig viel Geld ausgeben wollen. Der Spread kann aber auch durch besondere Ereignisse beeinflusst werden. So ist es üblich, dass die Spreads im Vorfeld von wichtigen Nachrichten (Quartalszahlen, Wirtschaftsnews et cetera) steigen.

Die griechischen Kennzahlen

Die griechischen Kennzahlen, im Fachjargon »Greeks« (»die Griechen«) genannt, sind wahrscheinlich der Grund, warum nur so wenige Anleger überhaupt Optionen handeln. Viele scheuen davor zurück, sich mit diesen theoretischen Begriffen auseinanderzusetzen, und lassen sich auf diese Weise exzellente Einkommensmöglichkeiten entgehen. Die griechischen Kennzahlen zu verstehen ist wahrscheinlich der komplizierteste Teil der Ausbildung. Ein tiefes Verständnis dafür ist aber notwendig, um erfolgreich mit Optionen handeln zu können. Die meisten Fachbücher machen dieses Thema unnötig kompliziert. Sie stellen »die Griechen« mit einer Vielzahl von Kurven, statistischen Normalverteilungen und komplizierten Formeln dar. Ich möchte Sie ermutigen, sich damit intensiv auseinanderzusetzen, und werde daher dieses Kapitel so einfach wie möglich halten.

Mit dem Begriff »Greeks« werden die einzelnen Einflussfaktoren auf den Optionspreis bezeichnet. Wir haben bisher drei kennengelernt: die Moneyness, den Zeitwert und die Volatilität. Genau diese Einflussfaktoren sowie einige weitere, weniger relevante werden durch »die Griechen« dargestellt. Sobald Sie die Funktionsweise und die Prinzipien der Optionen einmal verstanden haben, eröffnen sich Ihnen völlig neue Möglichkeiten. Ich persönlich möchte sie nicht mehr missen. Und Ihnen wird es genauso gehen, wenn Sie sie erst einmal kennengelernt und begriffen haben.

Während bei Aktien die Preisfunktionen linear sind, beeinflussen bei Optionen mehrere Einflussfaktoren den Preis. Der innere Wert ist relativ leicht zu berechnen. Zur Einschätzung des fairen Zeitwerts werden komplexe Formeln eingebunden, unter anderem das Black-Scholes-Modell. In der Praxis ist das genaue Verständnis dieser Formel nicht allzu wichtig. Wichtig ist aber: Welche Faktoren beeinflussen den Optionspreis? Und auf welche Weise tun sie das? Das will ich Ihnen nachfolgend in leicht verständlicher Form darstellen.

Der Preis einer Option hängt von folgenden Variablen ab:

- vom aktuellen Kurs des Basiswertes
- von der restlichen Laufzeit
- von der Volatilität des Basiswertes
- von den Marktzinsen
- von eventuellen Dividenden des Basiswertes

Die wichtigsten Kennziffern sind dabei:

- **Delta:** der Zusammenhang zwischen der Veränderung des Kurses und dem Optionswert
- **Gamma:** der Zusammenhang zwischen der Veränderung des Kurses und dem Delta
- **Theta:** der Zusammenhang zwischen dem Wert einer Option und der Restlaufzeit
- **Vega:** der Zusammenhang zwischen dem Wert einer Option und der Volatilität
- **Rho:** der Zusammenhang zwischen dem Wert einer Option und den Veränderungen des risikolosen Zinssatzes

Diese Kennzahlen haben im Handel von Optionen eine große Bedeutung. Denn bei komplexen Strategien, bestehend aus zwei oder mehr Optionen, geben sie an, wie sich eine Position verhält, wenn bestimmte Parameter sich verändern. Beispielsweise könnten wir uns entscheiden, einen Call auf eBay zu kaufen. Angenommen, nach einiger Zeit stellen wir fest: Der Markt hat sich zwar entsprechend unserer Erwartung entwickelt, aber dennoch hat die Position deutlich an Wert eingebüßt. Bei solchen Phänomenen kann es sich um den Zeitwertverfall der Option handeln oder auch um Änderungen der impliziten Volatilität. Um im Vorfeld zu wissen, wie sich eine Option unter veränderten Rahmenbedingungen verhalten wird, ist es hilfreich, sich mit den Kennzahlen auseinanderzusetzen. Sie lassen sich dann bei Handelsentscheidungen aktiv nutzen.

Delta

Als Delta bezeichnet man die Empfindlichkeit des Optionspreises in Bezug auf die Veränderung des Preises beim Basiswert. Das Delta einer Option gibt somit an, um wie viel sich der Optionspreis ändert, wenn sich der Preis des Basiswertes um eine Einheit ändert. Mathematisch gesehen handelt es sich beim Delta also um die erste Ableitung des Preises des Basiswertes.

Wenn wir ein Delta von 0,5 haben, wird sich der Optionspreis um $ 0,50 verändern, wenn sich der Preis des Basiswertes um $ 1 verändert. Hat der Optionskontrakt ein Delta von 0,7 und der Preis des Basiswertes verändert sich um $ 1, so wird sich der Preis der Option um $ 0,70 verändern. Das Delta bestimmt damit, wie sensibel der Preis der Option auf eine Preisänderung des Basiswertes reagiert.

Das Delta als Kennzahl ist zentral für jeden Optionshändler. Denn wir wollen natürlich wissen, wie sich unsere Option entwickeln wird, wenn der zugrunde liegende Basiswert steigt oder fällt. Auch wenn wir sonst den anderen Kennzahlen keine Beachtung schenken: Über das Delta seines Investments sollte sich jeder Trader bewusst sein, denn dieses bestimmt direkt, in welchem Maß die Option an den Kursschwankungen partizipiert und wie viel der Investor folglich mit seiner Position verdient (oder verliert).

Bei einem Call kann das Delta einen Wert zwischen 0 und 1 einnehmen. Beträgt das Delta 1, so bedeutet das, dass die Option die Preisbewegungen des Basiswertes eins zu eins mitmacht. Steigt der Basiswert um $ 1, steigt auch der Preis des Optionskontraktes um $ 1. Hätten wir nun ein Delta von null, würde das bedeuten, dass die Veränderung des Preises des Basiswerts keinerlei Einfluss auf den Optionspreis hat. Der logische Schluss daraus lautet: Achten Sie darauf, ein möglichst hohes Delta zu haben, wenn Sie eine Option als direktionales Investment handeln, sprich, wenn Sie mit Ihrer Option von einer bestimmten Kursentwicklung ausgehen.

Grundsätzlich gilt: Je tiefer die Option im Geld ist, desto höher ist das Delta. Je weiter die Option aus dem Geld ist, desto kleiner das Delta. Ist der Strike gleich dem Kurs des Basiswertes (die Option ist am Geld), liegt das Delta bei 0,5. Wenn wir folglich eine Option haben, deren Strike gleich dem aktuellen Preis ist, werden wir ein Delta von 0,5 vorfinden. Je weiter wir aus dem Geld gehen (je weiter also der Strike von dem aktuellen Preis entfernt ist), desto geringer wird das Delta. Der Optionspreis wird somit ebenfalls geringer. Je weiter wir ins Geld gehen, desto höher wird auch das Delta sein.

Call										
Last	Verä...	Bid	Ask	Ope...	Implied Vol. %	Delta	Vega	Theta	Zeitwert (%)	Beschreibung
										▾JAN 20 '17
c0.26		0.10	0.36	1.74K	24.218%	0.0543	0.0692	-0.0011	0.10 (0.14%)	70
c0.34		0.12	0.54	750	22.871%	0.0714	0.0679	-0.0013	0.12 (0.16%)	65
c0.50		0.45	0.65	2.58K	21.892%	0.1027	0.0907	-0.0016	0.45 (0.61%)	60
c0.61		0.50	1.02	351	21.328%	0.1231	0.1175	-0.0018	0.50 (0.68%)	57.5
0.85	-0.01	0.78	1.00	9.09K	21.596%	0.1620	0.1394	-0.0023	0.78 (1.06%)	55
c1.15		0.90	1.53	1.26K	21.587%	0.2065	0.1432	-0.0026	0.90 (1.22%)	52.5
c1.68		1.45	2.00	13.0K	22.436%	0.2712	0.1691	-0.0032	1.45 (1.96%)	50
c2.21		2.20	2.61	11.4K	21.912%	0.3397	0.1900	-0.0035	2.20 (2.98%)	47
2.95	-0.01	2.78	2.96	14.5K	22.981%	0.4079	0.2051	-0.0040	2.78 (3.76%)	45
3.65	-0.13	3.50	3.70	7.08K	23.347%	0.4714	0.2113	-0.0042	3.50 (4.74%)	43
4.85	-0.20	4.85	5.05	8.70K	23.387%	0.5714	0.2040	-0.0043	3.56 (4.82%)	40
c6.25		5.80	6.15	2.05K	25.177%	0.6399	0.1944	-0.0045	2.51 (3.40%)	38
c8.20		7.65	8.20	3.27K	27.359%	0.7307	0.1732	-0.0046	1.36 (1.84%)	35
c9.62		9.10	9.65	912	28.294%	0.7866	0.1498	-0.0044	0.81 (1.10%)	33
c11.95		10.90	13.40	2.21K	29.874%	0.8634	0.1146	-0.0042	-0.39 (-0.53%)	30
c16.85		14.50	18.75	221	40.661%	0.9091	0.0784	-0.0044	-1.79 (-2.42%)	25
c18.80		16.15	20.65	96	45.353%	0.9235	0.0721	-0.0045	-2.14 (-2.90%)	23

Abb. 3: Das Delta bei einem Call

Bei einem Put liegt das Delta zwischen den Werten 0 und -1. Bei den Puts ist das Delta immer negativ, denn eine Put-Option entwickelt sich entgegengesetzt zum Kurs des Basiswertes: Steigt der Kurs des Basiswertes, wird der Put an Wert verlieren und bei fallenden Kursen steigt der Preis eines Puts. Ein Delta von -0,3 bedeutet daher, dass der Put um $ 0,30 günstiger wird, wenn der Basiswert um $ 1 steigt. Fällt der Basiswert hingegen um $ 1, so wird der Put um $ 0,30 teurer. Ein Delta von -0,7 würde daher bedeuten, dass der Put um $ 0,70 teurer wird, wenn der Basiswert um $ 1 fällt. Auch hier gilt das Prinzip: Je weiter die Option aus dem Geld ist, desto geringer das Delta. Je tiefer die Option im Geld ist, desto höher das Delta.

Wir halten fest: Je höher das Delta, desto sensibler reagiert die Option auf jede Preisänderung des Basiswertes. Als Optionskäufer möchten wir natürlich ein möglichst hohes Delta haben, um an den Veränderungen des Basiswertes zu partizipieren. Als Richtgröße sollten Sie als Optionskäufer nach einem Delta von mindestens 0,7 Ausschau halten. Als Optionsverkäufer ist es dagegen un-

Beschreibung	Put									
	Last	Verä...	Bid	Ask	Ope...	Implied Vol. %	Delta	Vega	Theta	Zeitwert (%)
▾ JAN 20 '17										
70	c28.98		27.30	31.20	26	N/A	-1.0000	0.0000	0.0000	-1.41 (-1.91%)
65	c24.10		22.90	26.25	317	N/A	-1.0000	0.0000	0.0000	-0.81 (-1.10%)
60	c19.70		18.55	21.35	90	N/A	-1.0000	0.0000	0.0000	-0.16 (-0.22%)
57.5	c17.42		16.25	19.00	17	N/A	-1.0000	0.0000	0.0000	0.04 (0.05%)
55	c15.55		14.00	17.15	1.54K	16.884%	-0.9113	0.0874	-0.0001	0.29 (0.39%)
52.5	c13.35		12.95	13.70	211	17.710%	-0.8592	0.1129	-0.0007	1.74 (2.36%)
50	c11.30		10.90	11.90	1.83K	18.695%	-0.7919	0.1526	-0.0013	2.19 (2.96%)
47	c9.02		8.65	9.55	1.20K	19.590%	-0.7004	0.1901	-0.0020	2.94 (3.98%)
45	c7.62		7.30	8.10	3.35K	20.141%	-0.6342	0.2057	-0.0024	3.59 (4.86%)
43	c6.28		6.05	6.80	7.45K	20.321%	-0.5669	0.2003	-0.0027	4.34 (5.88%)
40	c4.72		4.45	5.05	22.2K	21.664%	-0.4562	0.2085	-0.0030	4.45 (6.02%)
38	c3.67		3.60	4.15	7.40K	21.755%	-0.3868	0.2018	-0.0030	3.60 (4.87%)
35	c2.68		2.55	2.90	15.2K	23.556%	-0.2909	0.1752	-0.0030	2.55 (3.45%)
33	c2.08		1.85	2.36	2.67K	24.449%	-0.2346	0.1688	-0.0028	1.85 (2.50%)
30	1.38	0.00	1.07	1.53	2.69K	25.794%	-0.1634	0.1227	-0.0024	1.07 (1.45%)
25	c0.67		0.60	0.90	1.37K	28.912%	-0.0823	0.0895	-0.0017	0.60 (0.81%)
23	c0.46		0.27	0.72	693	29.762%	-0.0583	0.0666	-0.0013	0.27 (0.37%)

Abb. 4: Das Delta bei einem Put

ser Ziel, ein möglichst geringes Delta zu haben. Denn wir partizipieren nicht an den Preisbewegungen. Bei marktneutralen Positionen haben wir das Ziel, ein Delta von 0 zu bekommen. Das lässt sich auch mit einer Kombination von mehreren Optionen erreichen. Als Richtwert sollte man als Optionsverkäufer ein Delta von 0,3 oder geringer suchen.

Viele Trader nutzen das Delta, um die Wahrscheinlichkeit einzuschätzen, mit der die Option am Verfallstag im Geld sein wird. Es ist eine schnelle Schätzmethode, die gewiss ihre Berechtigung hat. Folgen wir dieser Logik, so bedeutet ein Delta von 0,5 (das heißt, die Option ist direkt am Geld): Mit einer Wahrscheinlichkeit von 50 Prozent liegt die betreffende Option am Verfallstag im Geld. Die Statistik kennt keine Trends oder Chartanalysen. Sie sagt lediglich: Die Wahrscheinlichkeit dafür, dass der Markt steigt, liegt bei 50 Prozent und mit einer Wahrscheinlichkeit von 50 Prozent wird der Markt fallen. Steigt der Markt, wird der Call im Geld sein und die Wahrscheinlichkeit dafür ist 50 Prozent. Fällt der Kurs, so ist der Call aus dem Geld, und auch hierfür ist die Wahrscheinlichkeit 50 Prozent.

Je weiter die Option im Geld ist, desto höher ist die Wahrscheinlichkeit, dass sie auch am Verfallstag einen inneren Wert besitzt (im Geld ist). Das Delta ist in diesem Fall größer. Dies bedeutet: Wir haben bei einer Option mit hohem Delta eine höhere Wahrscheinlichkeit dafür, dass diese am Verfallstag im Geld ist. Ein Delta von 0,1 würde hingegen bedeuten: Die Chance, dass die Option am Verfallstag im Geld ist, liegt bei lediglich 10 Prozent. Das sind hervorragende Nachrichten, wenn wir diese Option verkaufen wollen und auf einen wertlosen

Verfall setzen. Sollten wir jedoch in dieser Position long sein, so sind die Aussichten auf Erfolg gering. Dementsprechend ist auch der Preis für eine Option sehr klein, weil deren Wahrscheinlichkeit nur sehr gering ist, am Verfallstag im Geld zu liegen. Da die Chancen sehr schlecht sind, ist diese Option am Markt kaum etwas wert.

Das Delta ist somit unser »Tanzpartner«: Je größer, desto sensibler reagiert die Option auf Veränderungen des Preises des Basiswertes, aber umso teurer wird es auch. Wollen wir einen guten Tanzpartner haben, so müssen wir entsprechend investieren. Wenn wir nur wenig Kapital zur Verfügung haben, können wir uns ebenfalls einen Tanzpartner leisten. Dieser wird aber nicht so gut sein und die Bewegungen des Basiswertes nur zu einem geringen Grad mitmachen. Je weiter wir ins Geld gehen, desto höher wird der Preis der Option sein und desto höher wird auch das Delta sein. Wollen wir ein höheres Delta haben, so müssen wir tiefer ins Geld gehen und mehr investieren. Wir müssen das Delta nicht von Hand ausrechnen, es wird in jedem Handelsprogramm standardmäßig angegeben. Wichtig ist es, die Bedeutung dieser Kennzahl für uns als Händler zu verstehen.

Haben wir nun mehrere Optionskontrakte auf dem gleichen Basiswert in unserem Depot, können die Deltas dieser Positionen miteinander verrechnet werden, um unsere Gesamtrichtung wiederzugeben. Dieser Wert entsteht durch einfaches Addieren der Deltas von verschiedenen Positionen mit ein und demselben Basiswert. Das Ergebnis gibt an, wie bullisch (optimistisch) oder bärisch (pessimistisch) wir die Entwicklung eines Basiswertes einschätzen. Wir können zum Beispiel einen Call mit einem Delta von 0,5 und einen Put mit einem Delta von +0,5 kaufen. Egal, wie sich der Markt entwickelt: Wir werden weder gewinnen noch verlieren. Das Delta der gesamten Position ist gleich null. Damit kann sie auch als Delta-neutral oder marktneutral bezeichnet werden. Bei kleinen Veränderungen des Kurses reagiert die Position damit gar nicht auf die Preisänderungen des Basiswertes. Denn die Kurszuwächse der einen Option werden von den Kursverlusten der anderen Option ausgeglichen.

Das Delta bleibt jedoch nicht konstant. Es verändert sich mit jeder Änderung im Preis des Basiswertes. Fällt zum Beispiel der Preis des Basiswertes deutlich, verändert sich die Moneyness unserer Option und somit auch das Delta. Die Veränderung des Deltas in Abhängigkeit von der Änderung des Preises des Basiswertes wird mit der Kennzahl Gamma angegeben.

Merke

- Je höher das Delta, desto stärker partizipiert die Option an den Preisbewegungen des Basispreises.
- Das Delta verändert sich, wenn sich der Preis des Basiswertes verändert.
- Ein Call hat ein positives Delta, ein Put hat ein negatives Delta.
- Wollen wir eine Option kaufen, suchen wir ein möglichst hohes Delta.
- Sind wir Optionsverkäufer, ist es unser Ziel, das Delta möglichst gering zu halten.
- Das Delta kann auch genutzt werden, um die Wahrscheinlichkeit dafür einzuschätzen, dass die Option am Verfallstag im Geld ist.

Gamma

Das Gamma bezeichnet die Veränderung von Delta in Abhängigkeit von der Preisveränderung des Basiswertes. Da das Delta für jeden Optionshändler so wichtig ist, wollen wir wissen, wie empfindlich es auf Preisschwankungen des Basiswertes reagiert. Die Veränderungsrate des Deltas wird mit der Kennzahl Gamma bezeichnet. Mathematisch gesehen ist Gamma die zweite Ableitung des Preises des Basiswertes.

Das Gamma gibt also an, wie stark sich das Delta ändert, wenn sich der Kurs des Basiswertes um eine Einheit nach oben oder unten bewegt. Folgendes Beispiel soll die Abhängigkeit verdeutlichen. Nehmen wir einen Call mit einem Delta von 0,5 und einem Gamma von 0,05. Bei einem Kursanstieg um $ 1 ergeben sich folgende Änderungen:

Kursanstieg: $ 1

Veränderung des Optionspreises: $ 1 x 0,5 = $ 0,5. Der Preis der Option steigt um 50 Cent.

Veränderung des Deltas: 0,5 + 0,05 = 0,55

Das neue Delta ist also 0,55, die Option reagiert somit sensibler auf Preisveränderungen. Würde der Preis des Basiswertes in diesem Beispiel um einen weiteren Dollar steigen, würde die Option um 55 Cent steigen und so weiter.

Merke

- Das Gamma misst die Veränderung des Deltas.
- Das höchste Gamma liegt bei einer Option vor, die tief im Geld ist.
- Je weiter eine Option aus dem Geld ist, desto kleiner ist das Gamma.

Vega

Der Einfluss der Volatilität des Basiswertes auf den Optionspreis ist ebenfalls von zentraler Bedeutung für jeden Optionshändler. Dieser Einfluss wird leider oft unterschätzt oder nicht verstanden. Wer aber die Volatilität und ihren Einfluss auf den Optionspreis nicht versteht, erhält fast unweigerlich schlechtere Ergebnisse als jemand, der sie berücksichtigt. Die implizite Volatilität hat einen hohen direkten Einfluss auf den Optionspreis und wird durch die Kennzahl Vega wiedergegeben. Sie drückt die Erwartung der Marktteilnehmer hinsichtlich der zukünftigen Volatilität aus und hat einen direkten Einfluss auf das Risiko und damit den Preis der Option. Dementsprechend fließt die Erwartung zur künftigen Volatilität in die Bewertung einer Option ein.

Wie bereits besprochen kann die Volatilität als Schwankungsfreudigkeit eines Basiswertes verstanden werden. Je höher die Volatilität, desto mehr schwankt dessen Kurs. Damit ist die Volatilität ein Parameter zur Bestimmung der Unsicherheit über die zukünftige Marktentwicklung. Das Vega einer Option gibt an, wie sich der Optionspreis ändert, wenn sich die implizite Volatilität um 1 Prozent verändert.

Merke

Je höher die Volatilität des Basiswertes, desto höher das Vega und damit der Zeitwert der Option.

Mathematisch lässt sich die Volatilität aus der Standardabweichung berechnen (Standardabweichung ist ein statistisches Maß für die Schwankungsbreite). Allerdings können wir nur die Vergangenheit analysieren, denn wir kennen nur die Daten der Vergangenheit. Daher unterscheiden wir zwischen der historischen Volatilität (vergangenheitsorientiert) und der impliziten Volatilität (zukunftsorientiert).

Da wir die Zukunft nicht kennen, können wir die künftige Volatilität (implizite Volatilität) nur anhand der Vergangenheitsdaten schätzen. Man kann die Volatilität durch komplexe Rechenmodelle kalkulieren, doch welchen Mehrwert bringt uns das? An der Börse wird der tatsächliche Preis einer Option durch Angebot und Nachfrage bestimmt. Wie bereits besprochen, hängt die Bereitschaft der Marktteilnehmer, eine Risikoprämie zu zahlen, von der Markteinschätzung ab. Wir können also aus dem aktuellen Preis einer Option Rückschlüsse auf die Erwartungen der Marktteilnehmer bezüglich der zukünftigen Volatilität ziehen.

Die implizite Volatilität ist keine statische Größe, sondern ein psychologischer Indikator:

- Sind die Kurse über einen längeren Zeitraum gestiegen, sinkt die implizite Volatilität. Die Gier der Marktteilnehmer lässt sie die Absicherungen als wenig interessant bewerten.
- Fallen die Kurse plötzlich, wird die implizite Volatilität stark ansteigen. Jetzt ist es die Angst, welche die Optionspreise in die Höhe treibt.

Die implizite Volatilität ist damit ein Maß für die Nervosität der Marktteilnehmer, also für die psychische Verfassung des Marktes.

Je höher die implizite Volatilität, desto höher der Preis einer Option. Sind wir eine Option long, so profitieren wir auch von der steigenden Volatilität, denn sie lässt den Preis unseres Kontraktes steigen. Als Optionsverkäufer profitieren wir von fallender Volatilität, denn sie lässt den Kontrakt, den wir verkauft haben, günstiger werden. Je höher die Volatilität ist, je stärker also der Basiswert schwankt, desto teurer wird die Option sein. Wenn der Basiswert nur gering schwankt, ist die Chance relativ gering, dass ein Strike erreicht wird. Die Option wird daher auch vergleichsweise wenig kosten. Ein größeres Vega, also eine höhere Volatilität, bedeutet: Die Wahrscheinlichkeit, dass der Strike erreicht wird, ist höher. Deswegen müssen wir für den Kontrakt mehr zahlen. Die implizite Volatilität beeinflusst damit den Optionspreis direkt.

Merke

Je höher die Volatilität, desto teurer der Kontrakt.

Theta

Das Theta bezieht sich auf den Zeitwert einer Option. Jede Option hat eine festgelegte Laufzeit. Das Theta gibt an, um wie viel sich der Preis der Option ändert, wenn sich die Restlaufzeit um einen Tag verkürzt. Der Zeitwertverfall nimmt zum Ende der Laufzeit zu. Folgende Grafik zeigt den Zeitwertverfall in dem Verfallsmonat sowie in den Monaten davor. Sie sehen, dass die schraffierte Fläche immer größer wird, je näher das Verfallsdatum rückt:

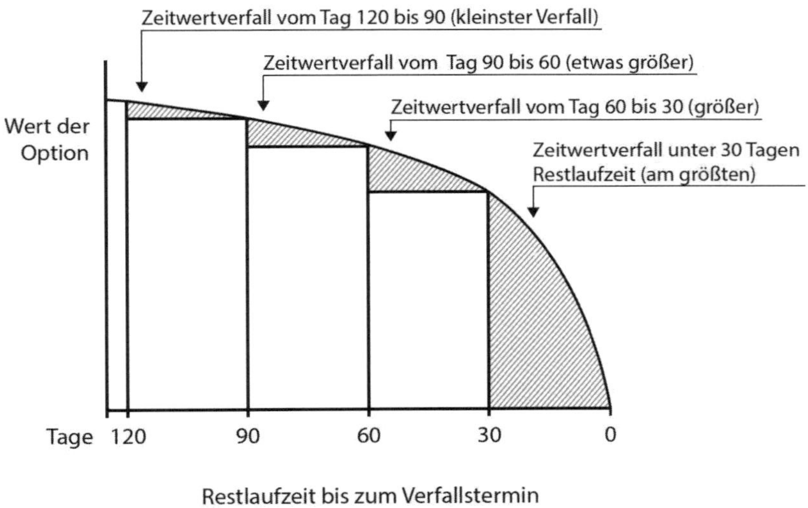

Abb. 5: Zeitwertverfall (schematische Darstellung)

Sie sehen: Sind es noch viele Tage bis zum Verfall, verändert sich der Wert der Option pro Tag nur gering. Je näher wir dem Verfallstag kommen, desto mehr verliert die Option pro Tag an Wert. Der größte Verlust tritt kurz vor dem Verfall ein, jeder Tag bedeutet hier einen enormen Wertverlust für die Option. Die Zeit arbeitet immer gegen den Optionskäufer. Denn seine Vorhersage muss innerhalb der vorgegebenen Laufzeit eintreten. Bei Optionsverkäufen ist es genau umgekehrt: Die Zeit arbeitet für den Verkäufer, denn jeder Tag, der vergeht, lässt die verkaufte Option günstiger werden. Dieses Konzept können wir uns mit einer Reihe von Strategien zunutze machen.

Merke

- Der Zeitwertverfall nimmt zum Ende der Laufzeit zu.
- Als Optionskäufer wollen wir Optionen kaufen, die eine lange Laufzeit haben.
- Als Optionsverkäufer wollen wir Optionen verkaufen, die nur noch eine kurze Laufzeit haben.

Zusammenfassung

Optionen sind Termingeschäfte. Sie beziehen sich auf einen bestimmten Basiswert, dessen Austausch mit diesem Kontrakt geregelt wird. Alle Optionen haben eine asymmetrische Funktion: Der Optionsbesitzer hat ein Recht, aber keine Pflicht, den Kontrakt auszuüben. Ein Optionskontrakt beinhaltet zwei wichtige Komponenten: Die Laufzeit der Vereinbarung und den sogenannten Strike, den Preis, zu dem das Geschäft stattfinden soll. Es gibt Optionen auf die unterschiedlichsten Basiswerte, sie werden über spezielle Börsen abgewickelt. Jeder Marktteilnehmer kann Optionen emittieren und auch kaufen.

Wir unterscheiden zwischen Kaufoptionen (Calls) und Verkaufsoptionen (Puts). Eine Option ist im Geld und hat einen inneren Wert, wenn sie dem Besitzer bessere Konditionen verschafft als die Abwicklung zum Marktpreis. Neben dem inneren Wert hat jede Option einen Zeitwert, der während der Laufzeit immer kleiner wird und am Ende der Laufzeit null beträgt. Der Preis einer Option wird von mehreren Faktoren beeinflusst, die durch »die Griechen« (griechische Kennzahlen) modelliert werden. Der Preis von Optionen hängt unter anderem vom aktuellen Kurs des Basiswertes, der restlichen Laufzeit und der Volatilität des Basiswertes ab.

Auf diese Kennzahlen sollten Optionshändler achten

Delta: Wie stark ändert sich der Optionspreis, wenn der Basiswert steigt oder fällt?

- Als Optionskäufer suchen wir ein möglichst hohes Delta
- Als Optionsverkäufer suchen wir ein möglichst geringes Delta

Theta: Wie stark ändert sich der Optionspreis, wenn die Laufzeit der Option sich um einen Tag verkürzt?

- Als Optionskäufer suchen wir ein möglichst kleines Theta
- Als Optionsverkäufer suchen wir ein möglichst hohes Theta

Vega: Wie stark ändert sich der Optionspreis, wenn die Volatilität sich verändert?

- Als Optionskäufer suchen wir eine möglichst geringe Volatilität
- Als Optionsverkäufer suchen wir eine möglichst hohe Volatilität

Besuchen Sie unsere Webseite www.optioneniq.com und testen Sie ihr Wissen, bevor Sie mit den weiteren Kapiteln fortfahren. Sie finden in unserem Portal Anwendungsbeispiele und Schulungsvideos, die ihr Verständnis vertiefen werden.

Kapitel 2: Sind Optionen besser als Aktien?

Wir haben gesehen, wie sich der Optionspreis zusammensetzt und verändert, und die unterschiedlichen Kennzahlen besprochen. Vielleicht haben Sie nach dem Lesen des Kapitels die Hände über dem Kopf zusammengeschlagen und gedacht: »Warum in aller Welt sollte jemand Optionen handeln und all die komplexen Zusammenhänge beachten, wenn es doch so viel einfachere Instrumente gibt?« Um diese Frage zu beantworten, schauen wir uns in diesem Kapitel an, welche Vorteile der Optionshandel bringt, gerade im Vergleich zum Aktienhandel. Warum sollten Sie sich die Zeit nehmen und die Arbeit machen, sich in die komplexe Materie einzuarbeiten? Sehen Sie selbst.

Optionen sind günstiger als Aktien

Der erste Vorteil ist: Optionen sind günstiger als Aktien. Es kostet uns $ 5000, um 100 Aktien zu je $ 50 zu kaufen. Für eine Option auf den gleichen Basiswert zahlen wir wenige Hundert Dollar. Den Kaufpreis und damit die Höhe der Investition bestimmen wir selbst. Indem wir einen Strike näher am Geld oder weiter aus dem Geld wählen, entscheiden wir, wie hoch die Investition sein wird. Damit bestimmen wir das maximale Risiko der Position. Die Nähe zum Geld wird entscheiden, wie groß das Delta ist und wie stark folglich der Optionspreis auf Preisänderungen des Basiswertes reagiert.

Um das beste Preis-Leistungs-Verhältnis zu bekommen, können wir als Faustregel festlegen, dass wir eine Option mit einem Strike kaufen wollen, der im Geld ist. Diese Option wird ein Delta von circa 0,6 bis 0,7 haben. Wir können jederzeit aber auch aus dem Geld gehen und ein Delta von 0,3 oder 0,2 kaufen. So können wir Optionen kaufen, die sehr günstig sind. Wir können eine Option für $ 50 finden, wenn wir bereit sind, ein geringeres Delta zu akzeptieren. Natürlich muss sich der Preis des Basiswertes dann stark bewegen, damit wir mit der Option Geld verdienen.

Folgender Zusammenhang muss uns jederzeit bewusst sein. Das ist einer der kritischen Momente, in dem viele Anleger Fehler machen:

Angenommen, es kostet uns $ 100, um die Option zu kaufen, und sie hat eine Laufzeit von zwei Monaten. Der Strike ist $ 10 entfernt, liegt also zum Beispiel bei $ 60, wenn der Kurs bei $ 50 steht. Wie hoch ist die Wahrscheinlichkeit, dass wir damit Geld verdienen? Halten wir die Option bis zum Verfallstag, muss die Aktie auf 61 steigen, damit wir Gewinne machen. Die Wahrscheinlichkeit dafür ist sehr gering. Die Gefahr ist groß, dass die Option wertlos verfallen wird.

Ist das Delta also gering, wird die Option am Verfallstag aus dem Geld sein und wir können damit kein Geld verdienen, richtig? Falsch! Diese Aussage ist nur am letzten Handelstag richtig! Warum?

Wir haben diese weit aus dem Geld liegende Option mit Strike $ 60 gekauft und das Delta liegt bei 0,1. Das Delta zeigt, wie stark der Optionspreis auf die Aktienbewegung reagiert. Was passiert, wenn der Aktienpreis von $ 50 auf $ 51 steigt? Wie verändert sich der Wert der Option? Wir haben die Option für $ 1 gekauft, und einen Tag später steigt der Aktienpreis von $ 50 auf $ 51. Der Preis steigt um $ 1, der Optionswert verändert sich um das Delta von $ 1 auf $ 1,10, steigt folglich um 10 Prozent. Das bedeutet, wir haben 10 Prozent Gewinn an nur einem Tag gemacht.

Die Option wird natürlich jeden Tag an Zeitwert verlieren. Dieser Faktor muss uns ebenfalls immer bewusst sein. Wenn wir $ 1 verdient haben, dann wird uns der Zeitwertverlust ein paar Cent kosten. Wir verdienen damit insgesamt nur $ 9, halten jetzt aber eine Option mit höherem Delta. Das Delta ist nicht mehr 0,10, sondern 0,11, die Option reagiert folglich stärker auf weitere Kurssteigerungen der Aktie.

Wir müssen die Option nicht bis zum Verfall halten: Wenn wir eine Option kaufen, gehen wir nie davon aus, dass wir sie bis zum Verfallstag halten. Wir wollen die Option wieder verkaufen, bevor der Zeitwertverfall die Gewinne wieder aufzehrt. Sind nun die Aktien auf $ 55 gestiegen, haben wir um die 50 Prozent Gewinn mit dem Investment gemacht, und das mit einer Option, die weit aus dem Geld liegt. Wir verkaufen dann die Option, um Gewinne zu realisieren und dem Zeitwertverfall zu entkommen. Sie sehen: Es ist ausgesprochen klug, eine Option zu verkaufen, bevor der Zeitwertverfall unsere Gewinne wieder aufzehrt.

Dass eine Option weit aus dem Geld ist, bedeutet lange noch nicht, dass wir damit keine Gewinne machen könnten. Tatsächlich muss der Kurs des Basiswertes noch nicht einmal stark steigen, damit wir einen Gewinn machen. Wie wir gesehen haben, muss der Kurs der Aktie sich nur um $ 1 bewegen, damit wir 10 Prozent Rendite erzielen. Optionen sind ein dynamisches Instrument und sollten auch entsprechend betrachtet und gehandelt werden.

Wir sollten niemals den Denkfehler machen, bei Optionen nur an den Verfallstag zu denken und sie bis zu diesem Zeitpunkt zu halten. Die Zeit arbeitet gegen den Optionsbesitzer. Sobald die Aktie sich nicht mehr dynamisch bewegt, sollte die Position geschlossen werden. Jeder Tag, den wir eine Option halten, kostet Geld.

Jeder kann es sich leisten, in Optionen zu investieren, aber nicht jeder kann es sich leisten, in Aktien zu investieren. Wir müssen in der Lage sein, eine gewisse Anzahl an Aktien zu kaufen, um einen Trade sinnvoll zu gestalten, denn wir müssen die Transaktionskosten decken. Es ist daher ein Vorteil, eine Option für ein kleines Investment kaufen zu können, insbesondere wenn das eigene Depot noch klein ist.

Anleger mit kleinen Depots können nicht alle Aktien kaufen. Sie müssen Aktien handeln, die einen niedrigen Preis haben, und können bei teureren Werten nicht investieren. Indem wir Optionen nutzen, können wir eine beliebige Aktie, auch eine sehr teure, handeln. Natürlich sind nicht alle Aktien überhaupt mit Optionen handelbar, aber für die großen Aktien existiert genug Liquidität, um Optionen zu handeln. Somit kann mit $ 1000 oder $ 2000 gehandelt werden, und zwar mit allen Aktien und allen Märkten.

Anleger mit größeren Konten haben durch Optionen ebenfalls einen Vorteil: Sie können diversifizieren, mehrere Positionen im Depot haben und eine breite Palette von Märkten abdecken. Sie brauchen sich um den Stop-Loss nicht zu kümmern, denn die Risiken sind begrenzt. Sie müssen sich um die Liquidität weniger Gedanken machen und können sehr breit diversifizieren. Ohne Optionen können Sie auch bei großem Konto vielleicht maximal fünf bis sechs Positionen halten. Mit Optionen können Sie viel stärker diversifizieren und das bietet Ihnen die Möglichkeit, Risiken zu senken.

Diversifikation

Das Konzept der Diversifikation in diesem Buch unterscheidet sich grundlegend von dem Konzept, das in den meisten Büchern zum Aktienhandel beschrieben wird. Die meisten Anleger verstehen unter Diversifikation, viele unterschiedliche Aktien im Depot zu halten. Sie teilen ihr Depot beziehungsweise Konto in mehrere Teile auf und investieren in 20 oder 30 unterschiedliche Aktien.

Das ist eine Strategie für Anleger, die überhaupt keine Ahnung von Aktienmärkten haben. Sie wissen nicht, wie sie überdurchschnittlich gute Aktien identifizieren, und kaufen deshalb einfach ganz viele ganz unterschiedliche Werte. Dadurch wird aber nur ein Teil des Gesamtrisikos ausgeschaltet, nämlich das nicht systematische Risiko.

In den Kapitalmärkten wird das Gesamtrisiko einer Anlage in das unsystematische und das systematische Risiko aufgeteilt. Das unsystematische Risiko bezieht sich auf das unternehmensspezifische Risiko. Es lässt sich in der Tat durch Diversifikation reduzieren. Das systematische Risiko bezeichnet dagegen das Restrisiko, das selbst bei optimaler Mischung der Einzelwerte im Portfolio nicht minimiert werden kann (Marktrisiko).

Das systematische Risiko wird auch als Marktrisiko bezeichnet. Es ist auf Faktoren zurückzuführen, die sämtliche Wertpapiere gleichermaßen betreffen. Die Risikoursachen können unter anderem in allgemeinen Marktereignissen, in politischen Ereignissen oder in Naturkatastrophen liegen. Das systematische Risiko kann im Gegensatz zum unsystematischen Risiko nicht durch Diversifikation verringert werden.

Das unvermeidbare Risiko einer Investition in Aktien liegt also im systematischen Risiko. Deshalb ist es für einen Investor besonders wichtig, diese Art des Risikos zu identifizieren und sich dessen bewusst zu sein. Die Größe, die den Grad der Abhängigkeit einer Investition vom systematischen Risiko angibt, nennt man Beta-Faktor. Dieser Beta-Faktor gibt an, inwieweit eine Aktie die Marktbewegungen, gemessen beispielsweise an einem Aktienindex, nachvollzieht. Je höher der Beta-Faktor, desto stärker reagiert die Aktie auf Veränderungen des Aktienindex.

Durch Investitionen in viele unterschiedliche Aktien können wir nur den unsystematischen Teil des Risikos ausschalten. Das systematische Marktrisiko beeinflusst jedoch nach wie vor jede Aktie. Auch wenn das Portfolio noch so groß ist, haben wir dennoch immer noch das Risiko des Gesamtmarktes.

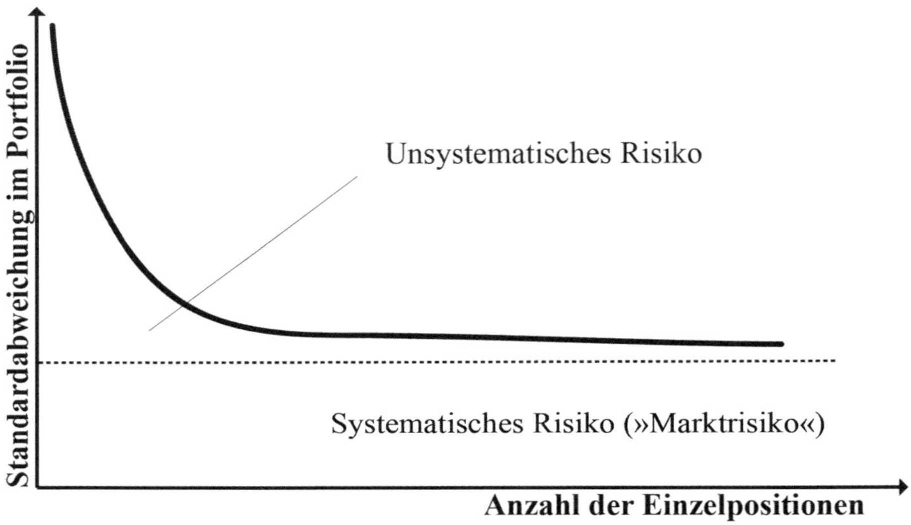

Abb. 6: Mit Diversifikation lässt sich das unsystematische Risiko ausschalten, nicht aber das Marktrisiko.

Ich mag das unsystematische Risiko. Dieses kann ich kontrollieren, das Marktrisiko nicht. Ich glaube daran, dass wir eine Aktie finden können, die besser ist als der Durchschnitt. Das heißt, wir können mit dem unsystematischen Risiko Geld verdienen und wir können es durch gezielte Aktienauswahl kontrollieren. Das Risiko des Gesamtmarktes können wir hingegen nur schwer beherrschen. Dieses sollten wir durch Streuung auf unterschiedliche Zeitebenen, Märkte und bullische und bärische Positionen diversifizieren. Diversifikation durch Käufe von Aktien mehrerer Unternehmen im gleichen Markt oder sogar der gleichen Branche bedeutet, das Depot schlechter zu machen. Warren Buffett sagt dazu: »Diversifikation ist Schutz vor Dummheit.« Wir wollen Aktien finden, die besser sind als der breite Markt, und wir möchten ein Portfolio aus Positionen aufbauen, die untereinander nicht korrelieren.

Wenn wir diversifizieren, dann innerhalb der Champions. Um diese Champions zu finden, nehmen wir Marktproben. Wir testen den Markt, indem wir am

Anfang 30 Optionen kaufen. Wir wissen nicht, welche davon sich gut und welche sich schlecht entwickeln werden. Wir haben aber 30 unterschiedliche Positionen im Markt. Was wird passieren? Lassen Sie uns annehmen, an 10 von ihnen werden wir Geld verlieren. Wir verlieren immer nur einen kleinen Prozentsatz des Depots, den wir mit dem Risikomanagement festgelegt haben. In diesem Fall würden die Optionen wertlos verfallen. Oder wir schließen die Position, wenn ein technisches Verkaufssignal entsteht. Dann halten wir 10 Positionen, die uns ein bisschen Geld einbringen, genauso viel, um die Verluste zu bezahlen. Immerhin haben wir auf diese Weise 10 Positionen identifiziert, die besser performen.

Was tun wir also? Wir nehmen das aus der ersten und der zweiten Kategorie frei gewordene Kapital und fangen an, dieses Kapital in die verbliebenen guten Positionen zu investieren. Wir bauen also die Gewinnpositionen aus. Das frei gewordene Kapital lässt sich auch einsetzen, um weitere Proben zu nehmen und damit weitere Gewinner zu finden. Einige Positionen werden Verlierer sein, die anderen Gewinner. Ab und zu werden wir sogar einen großen Fisch fangen.

Wir beginnen also mit 30 Positionen, aber nicht, um das Risiko zu streuen, wie das der normale Anleger machen würde, sondern ganz im Gegenteil, um das Risiko zu konzentrieren! Wir wollen unser Geld aus langweiligen Aktien abziehen und in gute Positionen investieren. Dafür müssen wir Marktproben nehmen, um zu sehen, ob der Markt uns zustimmt oder nicht. Was hat das alles nun mit Optionen zu tun?

Mit Optionen können wir diese Proben für einen geringen Preis bekommen. Für ein paar Hundert Dollar kontrollieren wir 100 Aktien. Wir haben keine Garantie, aber wenn wir genügend Proben halten, landen wir ab und zu auch einen Treffer: Aktien, die durch die Decke gehen. In diesem Fall können wir eine Position ausbauen und mehr Kapital in diese Position verschieben. So haben wir eine große Wahrscheinlichkeit, dass die Investition sich nicht nur verdoppelt, sondern vervielfacht.

Für mich bedeutet Diversifikation nicht, 30 unterschiedliche Aktien zu halten. Es geht mir vielmehr darum, unterschiedliche Marktproben zu nehmen, die schwachen Positionen zu schließen und das Kapital dort zu konzentrieren, wo der Markt das belohnt. Je größer das Konto ist, desto mehr Proben können wir nehmen. Mit einem kleinen Konto können wir nur ein paar Proben nehmen, eine davon kann dennoch zu einem Gewinner werden und die Verluste überkompensieren.

Handel ohne Stop-Loss-Marken

Ein weiterer Vorteil von Optionen ist die Möglichkeit, ohne Stop-Loss-Marken zu handeln. Es ist möglich, einen Put zu kaufen, statt einen Stop-Loss zu setzen. Wenn wir einen Put zur Absicherung kaufen, sollten wir davon ausgehen, dass wir die gesamte Investition, also die Prämie, verlieren werden. Die Zeitprämie ist der Preis, den wir für die Absicherung bezahlen. Wir überlegen vor dem Trade, wie viel Geld wir für die Prämie ausgeben und wie viele Puts wir dafür erwerben.

Sind wir bereit, $ 300 zu riskieren, können wir einen Put für $ 300 oder drei Puts für $ 100 kaufen. Wenn wir einen Trade eingehen und einen Stop-Loss setzen, beenden wir den Trade mit Verlust, wenn der Stop-Loss erreicht wird. Das Kapital, das wir zu riskieren bereit sind, können wir stattdessen einsetzen, um Optionen zu kaufen. Wir kaufen Puts und bezahlen die Zeitprämie aus dem Risikokapital. Wir riskieren damit immer noch die gleichen $ 300 und ersetzen damit den Stop-Loss.

Dieses Vorgehen hat mehrere Vorteile:

- Wir haben die Möglichkeit, von steigenden Kursen zu profitieren.
- Wir haben unser Verlustrisiko für den gesamten Trade definiert; dieses Risiko ist nun in die Prämie investiert.
- Wir können durch fallende Kurse nicht ausgestoppt werden.

Sollte dagegen bei einer Aktie mit Stop-Loss der Preis fallen, werden wir normalerweise ausgestoppt und haben einen Verlust. Ist es da nicht besser, eine Möglichkeit zu haben, im Trade zu bleiben, falls der Preis fällt und anschließend wieder steigt? Mit einem Put erreichen wir genau das. Bei einem regulären Stop-Loss werden wir ausgestoppt, wenn der Markt fällt. Damit ist der Trade beendet. Wenn wir aber einen Put nutzen, dann werden wir nicht ausgestoppt. Wenn der Preis später wieder steigt, können wir mit dieser Position doch noch Geld verdienen.

Stellen wir uns ein anderes Szenario vor: Wir sind in eine Aktie investiert und sichern sie mit einem Put ab. Der Preis der Aktie fällt und wir brauchen nicht zu verkaufen, weil wir durch den Put einen garantierten Verkaufspreis haben. Angenommen, der Gesamtmarkt wird bullisch. Wir kommen daher zu der Einschätzung, dass die Aktie jetzt steigen wird. Wir können jederzeit den Put verkaufen und einen Gewinn realisieren. Dadurch senken wir den Einstiegspreis in die Aktie und können die Verluste senken oder sogar neutralisieren.

Wir können aber auch jederzeit den Put ausüben und die Aktie zum vereinbarten Strike verkaufen. Aus meiner Sicht ist ein Put meistens die bessere Wahl als ein Stop-Loss, vorausgesetzt, es ist genug Liquidität vorhanden und es gibt überhaupt Optionen auf die Aktie. Der Put kann wie ein Gummiband fungieren. Er katapultiert uns zurück in die Gewinnzone, wenn der Preis der Aktie wieder steigt.

Wenn wir diese Strategie anwenden und konsequent die Stop-Loss-Kurse durch Puts ersetzen, können wir unsere Verluste minimieren und eine bessere Trading-Bilanz bekommen. Mit dem Kauf von Puts Stop-Loss-Orders zu ersetzen ist meistens eine gute Vorgehensweise. Das gilt immer, solange die investierte Prämie dem riskierten Kapital entspricht, die wir beim Erreichen des Stop-Loss-Kurses verloren hätten.

Unterschiedliche Möglichkeiten zu handeln

Wenn wir eine Aktie kaufen: Welche Möglichkeiten haben wir, damit Geld zu verdienen? Der Kurs steigt um $ 1 und wir verdienen. Wenn der Kurs um $ 1 fällt, verlieren wir. Optionen bieten uns mehr Möglichkeiten, Geld zu verdienen. Einer der Gründe, warum der Optionshandel wenig verbreitet ist, ist gerade die Vielfalt der Möglichkeiten.

Wir müssen überlegen, welche Strategie wir anwenden. Denn wir haben unterschiedliche Möglichkeiten, mit der Kursbewegung oder mit der Volatilität Geld zu verdienen. Wir können mehrere Strategien anwenden und feintunen.

Wenn wir eine Aktie kaufen, dann aufgrund einer bestimmten Annahme über deren zukünftige Kursentwicklung. Ein Optionstrader muss mehr Parameter bei seiner Entscheidung berücksichtigen. Statt »Der Kurs wird steigen« wird ein Optionstrader eine komplexere Aussage treffen: »Ich glaube, der Markt wird innerhalb der nächsten 60 Tage um $ 10 steigen.« Es kommt darauf an, zusätzliche Prognosen zur Dauer und Höhe des Anstiegs zu treffen. Als normaler Trader interessiert uns der zeitliche Faktor weniger. Wir treffen eine Aussage wie: »Die Aktie wird steigen.« Das reicht. Der Optionshändler aber muss Zwischenüberlegungen anstellen: »Wie hoch steigt der Kurs? Innerhalb welcher Zeit geschieht das? Mit welchem Instrument kann ich mit dieser Bewegung am besten Geld verdienen?« Angenommen, wir haben zwei unterschiedliche Aktien. Bei einer erwarten wir eine schnelle Bewegung und bei der anderen eine langsame. Zwei unterschiedliche Märkte, zwei unterschiedliche Szenarien sollten auch in zwei unterschiedliche Strategien münden. Das können wir mit Optionen erreichen, aber nicht mit Aktien.

Wenn wir erwarten, dass eine Aktie langfristig steigen wird, können wir zum Beispiel einen Covered Call eingehen. Wir kaufen die Aktie und verkaufen Calls, während wir auf den Kursanstieg warten. Wenn die Aktie langsam im Wert steigt, verdienen wir Geld am Kursanstieg und an den Calls, die wir laufend verkaufen, während wir auf einen weiteren Kursanstieg warten. Wir können also die Gewinne erhöhen und das Risiko gleichzeitig senken. Wenn wir diese Strategie richtig anwenden, wird sie uns höhere Gewinne bringen, als nur die Aktien oder nur den Call zu besitzen.

Ist das der Heilige Gral: höhere Gewinne bei kleinerem Risiko? Glauben wir, dass der Aktienkurs explodieren wird, sind gedeckte Calls keine gute Strategie. Denn wir werden die Gewinne begrenzen und das ist ein Nachteil bei stark ansteigenden Märkten. Indem wir mehrere Strategien anwenden, haben wir aber mehrere Möglichkeiten, die Profitabilität zu erhöhen. Wir müssen nur wissen, wann uns welche Strategie nützt und wie unsere Erwartung in Bezug auf den Markt ist. Mit der richtigen Strategie können wir das Risiko senken und gleichzeitig die Gewinne erhöhen.

Was nun, wenn wir mit der Markteinschätzung falschliegen? Solange wir erkennen, dass wir falschlagen, schnell genug reagieren und die Strategie anpassen, tut das nicht weh. Wenn wir falschliegen, steigen wir schnell aus und verlieren nur einen kleinen Teil unseres Einsatzes. Der Punkt ist: Wir können das Chance-Risiko-Verhältnis zu unseren Gunsten verändern, indem wir Anpassungen vornehmen und uns laufend Gedanken dazu machen, wie schnell und wie hoch ein Basiswert steigen wird.

Volatilität handeln

Wir können mit Optionen direktional Geld verdienen, indem wir die Marktentwicklung richtig einschätzen und dementsprechend Calls (bei steigenden Kursen) oder Puts (bei fallenden Kursen) kaufen. Hier ist die Vorgehensweise genau wie bei Aktien. Gleichwohl haben wir mehr Möglichkeiten, auf die Marktereignisse zu reagieren und den Trade anzupassen. Wir müssen aber nicht unbedingt die Richtung der Preisbewegung handeln. Wir können auch die Volatilität handeln, ohne uns eine Meinung über die Richtung der Preisbewegung gebildet zu haben.

Bei einer Delta-neutralen Strategie handeln wir die implizite Volatilität des Basiswertes. Damit hat der Preis keinen Einfluss auf die Position. In diesem Fall ist es uns egal, was der Preis macht. Wir schauen uns nur die implizite Volatilität an. Das Besondere an der Volatilität ist, dass sie sich fast immer innerhalb einer bestimmten Spanne (Range) bewegt. Das bedeutet, sie bewegt sich zwischen zwei Niveaus. Das gibt uns eine ganze Reihe von Möglichkeiten, interessante Trades aufzusetzen.

Statt die Richtung der Bewegung zu handeln, handeln wir die Bewegung der Volatilität. Wir kaufen geringe Volatilität und verkaufen hohe Volatilität. Das ist eine fantastische Strategie für viele Aktien. Diese Strategie können wir mehrmals in der Woche oder mehrmals im Monat anwenden. Wir interessieren uns nicht für die Marktbewegung, sondern nur für die Bewegung der Volatilität. Die Volatilität kann niemals auf null fallen. Wenn wir erkennen, dass wir an einem Tiefpunkt sind, können wir auf steigende Volatilität setzen und umgekehrt. Wir können also verschiedene Strategien anwenden, um von steigender Volatilität zu profitieren.

In Aktienmärkten unterscheiden wir mehrere Vermögensklassen und die Volatilität ist eine Klasse für sich. Wenn wir Leute fragen, welche unterschiedlichen Vermögensklassen sie kennen, werden wir hören: »Aktien sind eine Vermögensklasse, Immobilien sind eine Vermögensklasse, Anleihen können eine Vermögensklasse sein.« Mit Optionen haben wir gerade eine neue Anlageklasse geschaffen, eine mit dem Namen »Volatilität«. Wir haben nun eine neue Vermögensklasse, die auch der Diversifizierung dient.

Mit der impliziten Volatilität können wir Trades aufsetzen, die von der allgemeinen Marktentwicklung unabhängig sind. Der Markt kann steigen oder fallen, wir sind neutral, was die Marktbewegung anbetrifft. Von der Volatilität wissen wir, dass sie zum Mittelpunkt zurückkehrt. Damit können wir Strategien anwenden, die dieser Eigenschaft gerecht werden. Es gibt eine Reihe von Strategien, die von der Rückkehr zum Mittelwert profitieren. Die wenigsten Aktien bieten uns die Möglichkeit, solche mittelwertbasierten Strategien anzuwenden.

Es muss uns bewusst sein, dass gerade die großen Marktteilnehmer, welche die Grundlagen der Optionen verstanden haben, häufig die Volatilität handeln. Sie interessieren sich nicht für die Marktbewegungen, das ist nicht das Ziel der großen Institutionen. Große Investoren wollen marktneutral sein, um in jeder Marktphase Geld zu verdienen. Wenn wir die relativ geringe implizite Volatilität kaufen und hohe implizite Volatilität verkaufen, machen wir Geld in der gleichen Art und Weise wie die institutionellen Anleger.

Marktneutrale Strategien mit Zeitwertverfall

Eine weitere interessante Strategie ist, Trades zu konstruieren, die unabhängig von der Marktbewegung sind und sich allein auf den Zeitwertverfall konzentrieren. Dieser Zeitwertverfall ist eine Konstante. Wir wissen, dass Optionen über ihre Laufzeit an Wert verlieren, denn sie haben eine begrenzte Laufzeit. Die Zeitprämie sinkt mit jedem Kalendertag, ob Wochenende oder Handelstag. Insbesondere in den letzten Wochen und Tagen vor Fälligkeit der Option nimmt der Zeitwertverfall exponentiell zu.

Diese Mechanik bietet uns interessante Möglichkeiten. Was, wenn wir eine Option verkaufen, die nur noch eine kurze Restlaufzeit hat, und sie als Absicherung kombinieren mit einer Option, die eine lange Laufzeit hat? Durch die Kombination dieser beiden Optionen kann eine Strategie aufgesetzt werden, die von dem unterschiedlichen Zeitwertverfall in unterschiedlichen Laufzeiten profitiert. Wir können Strategien handeln, die das Risiko der Marktbewegung größtenteils ausschalten.

Alles, was wir tun, ist, den Zeitwertverfall zu handeln. An jedem einzelnen Tag verlieren die Optionen an Wert. Wenn wir Optionen verkaufen, die kurz vor dem Verfall stehen, erhöht sich der Zeitwertverfall zusätzlich. Allerdings sind wir nicht komplett unabhängig von der Preisbewegung: Wenn der Preis sich verändert, wird das Delta der einen Option schneller steigen als das der anderen und wir müssen die Position anpassen.

Wir können uns mit Zeit-Trades eine weitere Anlageklasse erschließen und haben damit eine weitere Möglichkeit zu diversifizieren. Wahre Diversifikation bedeutet, Anlageklassen im Portfolio zu haben, die nicht miteinander korreliert sind.

Die Fähigkeit, die Strategie an jede Veränderung der Markteinschätzung anzupassen, ist ein mächtiges Instrument. Nicht jede Markterwartung können wir mit Aktien handeln. Mit Optionen haben wir eine breitere Palette von Möglichkeiten, eine Strategie zu wählen, die zu unserer Einschätzung passt. Der Aktienmarkt ist binär: Wir gewinnen, wenn der Kurs steigt, und verlieren, wenn der Kurs fällt. Er erlaubt uns keine Strategien, die von anderen Einflussfaktoren als der Preisbewegung profitieren. Als Optionshändler können wir hingegen Veränderungen der impliziten Volatilität oder der Laufzeit handeln.

Mit Optionen können wir Strategien verfolgen, die folgende Markterwartungen abbilden: »Wir glauben, diese Aktien werden kurzfristig fallen, wir sehen aber langfristig eine gute Perspektive für Kurssteigerungen.« Welches auch immer unsere Erwartung ist, wir können eine Strategie eingehen, die diesem Szenario entspricht und die Vorhersage kapitalisiert. Das ist nur mit Optionen möglich, eben weil deren Risikoprofile nicht linear sind.

Bedarf der Handel mit Optionen einer komplexeren Denkweise? Zweifellos. Wir müssen mehr und tiefer nachdenken. Und das ist auch gut so. Wir benötigen vielleicht mehr Zeit, uns einzuarbeiten. Es ist aber keine harte Arbeit, sondern eine, die auf unserem Know-how basiert. Wir müssen lediglich unseren Werkzeugkoffer anschauen und das entsprechende Instrument auswählen. Es ist ein logischer Prozess.

Dass wir eine Aktie nun in mehreren Dimensionen anschauen müssen, zwingt uns, darüber nachzudenken, was in den Märkten vorgeht. Das wiederum hat bestimmte Vorteile. Wenn wir komplexer denken, ergeben sich neue Gelegenheiten, mit dem Aktienmarkt Geld zu verdienen. Das sind oft exzellente Gelegenheiten, die wir ohne Optionen nicht nutzen könnten.

Beherrschen wir mehrere Strategien, können wir die Trades entsprechend der Marktbewegung anpassen und brauchen die jeweilige Position nicht zu schließen. Wir passen den Trade nur an und bauen ihn aus, je nachdem, wie sich der Markt verhält. Wenn wir heute eine Veränderung in der Markterwartung haben, können wir entsprechend reagieren, ohne die Position schließen zu müssen. Wir können, ausgehend von jeder Überlegung, schlichtweg eine Anpassung vornehmen.

Wir setzen uns an den Bildschirm und analysieren den Markt. Wie ist unsere Einschätzung? Wie schätzen wir das Potenzial der jeweiligen Aktie ein? Wann und wie schnell wird sie steigen oder fallen? Wie lautet unsere Meinung zu ihrer Volatilität? Und wie lautet unsere Meinung zum Zeitwertverfall? Manchmal sind wir bereit, den Zeitwertverfall zu bezahlen, gerade bei direktionalen Strategien kann das vorteilhaft sein. Ob es so ist, hängt von der Marktentwicklung ab.

Optionen erlauben uns, neue Gelegenheiten zu erschaffen, jegliche Szenarien und Strategien zu handeln. Das geht auch ohne eine genaue Meinung zur zukünftigen Entwicklung des Marktes. Die Marktrichtung, die Volatilität und der Zeitwertverfall sind drei Komponenten, die wir jederzeit verändern können. Wir können eine oder mehrere Komponenten neutralisieren oder übergewichten, wenn sich unsere Meinung geändert hat. Durch die Veränderung der Netto-Positionierung schauen wir uns jetzt nicht nur die Aktie aus dem einfachen »Steigt oder fällt«-Ansatz an. Wir haben eine viel weitergehende Analysemöglichkeit, bei der wir sowohl die Volatilität als auch die Zeit einbeziehen.

Wir müssen nur noch die richtige Option finden, die unserer Einschätzung entspricht und dieses Szenario zu handeln ermöglicht. Die Suche kann vielleicht einige Zeit in Anspruch nehmen, denn wir haben eine Reihe von Möglichkeiten. Aber wenn wir etwas Erfahrung damit gesammelt haben, bekommen wir ein gutes Gefühl für die Zusammenhänge und der Zeitaufwand sinkt.

Wenn wir uns zur Gewohnheit machen, die Aktie eingehender zu analysieren und dabei nicht nur den »Steigt oder fällt«-Aspekt berücksichtigen, haben wir ein größeres Spielfeld. Sobald wir die Bestandteile einer Option analysieren, bekommen wir eine Vielzahl von Möglichkeiten, die wir mit steigender Erfahrung immer weiter nutzen können. Mit der Fähigkeit, den Trade anzupassen, müssen wir die Position nicht schließen. Wir können durch Anpassungen immer weitere Strategien aufbauen und auf Marktveränderungen reagieren.

Wenn ich mir als Optionstrader heute den Markt anschaue und ein Szenario erkenne, stelle ich mir stets die Frage, ob es eine bessere Strategie gibt, als einfach die Aktie zu kaufen. Fast immer ist das der Fall. Solange Liquidität vorhanden ist, habe ich eine Vielzahl von Möglichkeiten, die ich nicht mehr missen möchte. Fast immer ist eine Option beziehungsweise eine Kombination aus mehreren Optionen dem reinen Aktienkauf überlegen.

Zusammenfassung

Optionen haben im Vergleich zu Aktien mehrere Vorteile, die eine Auseinandersetzung mit den Grundlagen rechtfertigen. Wir können mit einem geringeren Investment ein Aktienpaket kontrollieren als bei einem direkten Aktienkauf. Zudem ist dabei unser Risiko in Bezug auf das Investment begrenzt. Dadurch können wir unser Risiko skalieren und ein Portfolio aus mehreren Positionen aufbauen. Der Einsatz von Optionen ermöglicht es uns, Kurslückenrisiken komplett auszuschließen. Da in einem Optionskontrakt der Stop-Loss bereits eingebaut ist, können wir nicht durch eine abrupte Kursbewegung ausgestoppt werden. Indem wir unsere Positionen mit langlaufenden Puts absichern, umgehen wir zudem psychologische Risiken. Wir geben dem Basiswert die Chance, sich zu erholen, ohne unsere Position schließen zu müssen. Optionen eröffnen uns die Möglichkeit, nicht nur die Preisbewegung zu handeln, sondern auch Volatilität und die Zeit. Wir können marktneutrale Strategien konstruieren, die allein von Veränderungen in der Volatilität oder der Zeit profitieren und unabhängig sind von der Kursbewegung. Der Handel mit Optionen zwingt uns dazu, mehrdimensional zu denken und schnell Erfahrungen zu sammeln.

Besuchen Sie unsere Webseite www.optioneniq.com und testen Sie Ihr Wissen, bevor Sie mit den weiteren Kapiteln fortfahren. Sie finden in unserem Portal Anwendungsbeispiele und Schulungsvideos, die Ihr Verständnis vertiefen.

Kapitel 3: Kapitalzuwachs versus Cashflow

Für die weitere Auseinandersetzung mit den verschiedenen Strategien brauchen wir eine klare Abgrenzung zwischen Kapitalzuwachs und Cashflow. Diese Unterscheidung ist ein Grundelement aller weiteren Überlegungen und trennt die Strategien deutlich voneinander. Bevor wir einen Trade platzieren, müssen wir eine Entscheidung darüber getroffen haben, ob er dem Kapitalzuwachs dient oder der Erzeugung von Cashflow. Kapitalzuwachs entsteht immer dann, wenn wir einen Gewinn aus dem Unterschied zwischen dem Einkaufs- und Verkaufspreis erzielen. Indem wir etwas günstig kaufen und teurer verkaufen, realisieren wir einen Kapitalzuwachs.

Das gilt natürlich auch für Leerverkaufsstrategien, bei denen wir ebenfalls durch die richtige Einschätzung der Marktbewegung einen Kapitalzuwachs realisieren. Ich habe eine Aktie für $ 10 gekauft und sie für $ 20 verkauft: Mein Kapitalzuwachs liegt bei $ 10. Das bedeutet aber auch, dass es sich um eine direktionale Strategie handelt. Kapitalzuwachs bekommen wir immer dann, wenn wir die Marktentwicklung richtig vorhersagen. Dieses Prinzip gilt gleichermaßen für alle Investitions- oder Spekulationsobjekte: für Immobilien, für Rohstoffe, ja sogar für Unternehmensbeteiligungen.

Im Zusammenhang mit den Wertpapiermärkten sprechen wir vom »direktionalen Handel«. Das zugrunde liegende englische Wort lautet »direction«, also Richtung. Wir verdienen Geld, wenn wir mit der Einschätzung der Marktrichtung richtigliegen. Wenn wir falschliegen, machen wir Verluste. Um den Markt richtig einzuschätzen, nutzen wir die Chart- und die Fundamentalanalyse sowie eine Vielzahl von Indikatoren. Auf diesen Handelsansatz konzentriert sich ein Großteil der Literatur. Und auch die Mehrzahl der Anleger und Spekulanten verfolgt in aller Regel einen direktionalen Ansatz. Auch mit Optionen können wir eine Vielzahl von direktionalen Strategien abbilden, sogar mit einem besseren Chance-Risiko-Verhältnis als mit Aktien.

Auf der anderen Seite haben wir den Gedanken der konstanten Einnahmen, etwa als Mieteinnahmen eines Immobilieninvestments. Wenn wir ein Haus erwerben, um es zu vermieten, ist unser Ziel nicht, später den höchsten Verkaufspreis zu erzielen. Vielmehr sind wir daran interessiert, die Mieteinnahmen zu maximieren. Wir bekommen regelmäßige Zahlungen durch den Besitz der Immobilie, ohne sie verkaufen zu müssen. In dem Moment, in dem wir uns entscheiden, die Immobilie als Mietobjekt zu nutzen, geben wir den Gedanken aber auf, die Immobilie schnell wieder zu verkaufen. Entsprechend interessiert uns die kurzfristige Marktentwicklung zunächst nur zweitrangig. Denn unser Fokus liegt auf den Mieteinnahmen. Da wir diese theoretisch unendlich lange kassieren können, können wir auch die Immobilie so lange behalten, wie die Mieteinnahmen fließen. Der Marktpreis, der zwischendurch durchaus steigen oder fallen kann, hat keine Auswirkung auf unsere Auszahlungen. Zwar beeinflusst der Buchgewinn oder Verlust unser Vermögen auf dem Papier. Solange wir unserer Strategie aber treu sind und die Immobilie nicht verkaufen, haben die Preisschwankungen keine Auswirkungen auf unser finanzielles Wohlergehen. Wir nennen deshalb solche Cashflow-Strategien auch »marktneutrale Strategien«, denn unser Einkommen ist nicht von der Marktentwicklung abhängig.

Während der großen Immobilienkrise 2007/2008 gingen vor allem diejenigen Spekulanten pleite, die Immobilien mit Verkaufsabsichten erworben hatten. Die Einschätzung, dass der Markt weiter steigen wird, erwies sich als falsch. Spekulanten, die von diesem Szenario ausgegangen waren, erlitten Verluste. Vermieter hingegen, die mit ihren Immobilien einfach nur Mieteinnahmen erzielen wollten, konnten die Krise relativ gelassen überstehen. Der Preisverfall an den Märkten störte sie nicht weiter. Sie konnten diesen Preisverfall quasi aussitzen und sind auch heute noch immun in Bezug auf die Preisschwankungen am Immobilienmarkt. Gleiches gilt für Aktienbesitzer, die ihre Positionen für Cashflow aufgebaut haben: Sie können auch während größter Marktschwankungen Dividendeneinnahmen bekommen, ohne ihre Positionen aufzulösen. Und genau wie bei Immobilien können Sie auch auf Aktien-Positionen Versicherungen abschließen, um sich gegen fallende Preise zu schützen.

Marktneutrale Einkommensstrategien mit Optionen sind aus einem sehr einfachen Grund so beliebt: Damit lässt sich gutes Geld verdienen, ohne eine Annahme über die Marktentwicklung zu treffen. Marktneutral zu sein bedeutet, dass wir in unserer Markteinschätzung weder bullisch noch bärisch sind. Marktneutrale oder nicht direktionale Strategien leisten sehr gute Ergebnisse unabhängig davon, ob die zugrunde liegenden Wertpapiere im Preis steigen oder fallen.

Dieser Ansatz weist im Vergleich zu direktionalen Strategien sehr große Unterschiede auf. Denn Letztere liefern nur dann positive Ergebnisse, wenn die Einschätzung des Marktes durch den Anleger vor dem Trade richtig war und der Preis sich in die vorhergesagte Richtung bewegt. Die meisten Trader konzentrieren sich ausschließlich auf direktionale Strategien. Diese mögen sich in den Haltezeiten unterscheiden, in den gehandelten Märkten, in der Auswahl durch technische oder fundamentale Ansätze. Am meisten Aufmerksamkeit und am meisten Kapital werden dennoch in Strategien eingesetzt, die auf der richtigen Markteinschätzung beruhen und Ergebnisse liefern, wenn die Einschätzung des Investors richtig war.

Die unter privaten Investoren kaum beachteten marktneutralen Strategien bieten jedoch große Vorteile, sowohl in Bezug auf eine gewünschte Diversifikation als auch in Bezug auf die zukünftige Marktentwicklung. Wenn der Markt starke Trends aufweist, liegen die Gewinnerwartungen einer direktionalen Strategie höher; die Cashflow-Strategien sind in diesen Phasen unterlegen. Mit der richtigen Markteinschätzung und dem entsprechenden Instrument können Sie damit einen höheren Gewinn erwarten, ja. Die Wahrscheinlichkeit dafür ist jedoch geringer. Die Anforderungen an eine zuverlässige Prognose aufgrund der technischen und fundamentalen Analyse sind dadurch ebenfalls sehr hoch.

Insbesondere in Seitwärtsmärkten und wenig stark ausgeprägten Bewegungen am Markt lassen sich mit direktionalen Strategien jedoch nur geringe Ergebnisse erzielen. Die wenigsten Anleger und Trader schaffen es, während der Seitwärtsphasen mit ihren direktionalen Strategien Geld zu verdienen. Insbesondere die Anforderung an die richtige Einschätzung der Marktbewegung lässt viele direktionale Handelsansätze während dieser Zeit weit hinter den Erwartungen zurückbleiben. Marktneutrale Optionsstrategien liefern in dieser Zeit hingegen sehr gute Ergebnisse. Als Schlussfolgerung lässt sich festhalten: Mit dem Ansatz, das eigene Kapital sowohl in direktionale als auch in marktneutrale Strategien zu investieren, steigern wir die Ergebnisse und reduzieren gleichzeitig die Risiken.

Dieser Ansatz scheint für viele zunächst sehr ungewöhnlich zu sein. Im Zusammenhang mit dem Trading ist ein Marktteilnehmer gewohnt, ausschließlich mit der Marktbewegung Geld zu verdienen. Wenn die Marktbewegung ausbleibt, wo sollen dann die Gewinne herkommen? Mit marktneutralen Optionsstrategien lässt sich aber auch dann Geld verdienen, wenn der Markt seitwärts läuft. Sie lesen richtig: Am Markt passiert nichts und wir verdienen trotzdem Geld.

Für die meisten Anleger sind entsprechende Optionsstrategien unbekannt oder sie erscheinen ihnen zu kompliziert. Tatsächlich muss man sich mit der Materie beschäftigen, um mit Optionen auch in einem Seitwärtsmarkt erfolgreich zu sein. Wenn Sie allerdings bereit sind, diesen Schritt zu gehen, erschließt sich Ihnen eine neue Welt von Möglichkeiten. Sie werden mit höherer Wahrscheinlichkeit richtigliegen und unabhängig von einer korrekten Kursprognose Geld verdienen.

Wer mit Optionen handelt, muss nicht recht haben, wenn es über die zukünftige Kursentwicklung geht. Voraussetzung ist einfach nur, sich von den vielen neuen exotischen Begriffen dabei nicht abschrecken zu lassen und sich dennoch mit der Vielzahl von Strategien zu befassen, die im Optionshandel zur Verfügung stehen: Calls und Puts, Deltas und Gammas, Condors und Spreads sowie viele andere. Jede dieser Strategien kann sich wiederum aus mehreren unterschiedlichen Optionen zusammensetzen, Optionen mit unterschiedlichen Laufzeiten und unterschiedlichen Strikes. Das alles führt zu einer Fülle von Auswahlmöglichkeiten, die einen Einsteiger in den Optionshandel zunächst überfordern.

Wir müssen eine Vielzahl von Entscheidungen treffen, bevor wir einen Trade platzieren. Welchen Basiswert sollten wir nehmen? Welche Strategie ist die beste? Welche Laufzeit und welchen Strike nehmen wir? Wann sollten wir die Strategie anpassen? Und wie oft? Wie beeinflussen Marktveränderungen das Risiko unserer Position?

Dieses Buch wird Sie mit einem Werkzeugkasten ausstatten, der Ihnen hilft, die richtigen Entscheidungen zu treffen. Darin finden Sie alles, was Sie brauchen, um die verschiedenen Strategien objektiv zu vergleichen, auszuwählen, umzusetzen und zu managen.

Grenzen marktneutraler Strategien

Auch wenn die Vorteile der Cashflow-Strategien auf der Hand liegen, müssen wir uns bewusst sein: Mit dieser Art von Strategien lassen sich eben keine direktionalen Gewinne realisieren. Wir verkaufen bei diesen Strategien lediglich die Schwankungsrisiken. Entsprechend partizipieren wir damit nicht oder höchstens im begrenzten Maße an den Marktschwankungen. Wenn wir marktneutrale Strategien anwenden, haben wir keine Vorteile durch eventuell auftretende Marktschwankungen. Ja, unser Ziel ist sogar, dass der Markt seitwärts läuft, damit wir den maximal möglichen Gewinn realisieren. In dieser Hinsicht ähneln wir als Optionshändler einem Immobilieneigentümer: Solange wir die Position (das Haus) nicht verkaufen wollen, ist uns der Marktpreis egal.

Andererseits haben wir tatsächlich die Möglichkeit, einen höheren Gewinn zu erzielen, wenn wir die Marktrichtung richtig einschätzen und mit direktionalen Trades Geld verdienen. Angenommen, die Einschätzung in Bezug auf einen Trade erweist sich als richtig: Der potenzielle Kapitalzuwachs aus einer solchen Position mag um ein Vielfaches höher sein als bei einer Cashflow-Strategie. Daher verdienen die direktionalen Trades einen angemessenen Anteil im Depot. Es ist somit durchaus sinnvoll, beide Strategien anzuwenden und zu kombinieren.

Der Optionshandel bietet die Möglichkeit, eine bestehende Position anzupassen, je nachdem, wie sich der Markt entwickelt. Eine Position kann zunächst marktneutral sein. Mit der entsprechenden Entwicklung des Marktes können wir sie dann direktional anpassen. Natürlich funktioniert das Spiel auch umgekehrt: Wir beginnen mit einer direktionalen Position. Falls sich der Markt wider Erwarten neutral verhält, wandeln wir die Position in einen marktneutralen Trade um. Diese Möglichkeit des »Reparierens« ist eine der spannendsten Möglichkeiten, die sich einem Optionshändler eröffnen. Das »Leg In« beziehungsweise »Leg Out« ist eine oft genutzte Strategie im Rahmen des Positionsmanagements. Sie erlaubt es uns, auch dann Geld zu verdienen, wenn der Markt sich anders entwickelt, als ursprünglich eingeschätzt. Durch das gezielte Positionsmanagement kann am Ende des Trades sogar ein besseres Ergebnis erzielt werden, als ursprünglich geplant.

Wenn wir also direktionale Strategien mit Cashflow-Strategien kombinieren, können wir viel flexibler auf die Marktschwankungen reagieren und unsere Positionierung anpassen. Dabei erzielen wir mit direktionalen Gewinnen eine Erhöhung unserer Kapitalbasis. Diese können wir dann entsprechend mit dem Cashflow-Ansatz verzinsen. Dabei reagieren wir auf Marktbewegungen nicht durch die Auflösung von Positionen, wie es bei einem Stop-Loss der Fall wäre, sondern durch die Anpassung der jeweiligen Positionierung: Wir wechseln zwischen einer Long-, einer Short- und einer marktneutralen Positionierung hin und her.

Die Zeit vergeht – garantiert!

Eine alte Börsenweisheit besagt: An der Börse ist nichts gewiss, außer dass nach dem Heute ein Morgen kommen wird. Hier ist viel Wahres dran. Wir können in der Tat nicht mit Gewissheit sagen, wie sich der Markt entwickeln wird. Auch die beste Analyse gibt keine Garantien. Wenngleich viele Anleger und Börsenprofis meinen, eine Kristallkugel zu haben, so liegen auch sie oft genug falsch. Das Einzige, was wir mit Sicherheit wissen, ist, dass die Zeit vergeht. Das ist eine der Konstanten im Universum und kann durch nichts und niemanden beeinflusst werden. Und diese konstante Kraft können wir mit Optionen zu unserem Vorteil nutzen.

Ein Mieter weiß, dass er im nächsten Monat seine Miete bezahlen muss. Egal, was passiert, jeder Tag kostet Geld, an dem er in der angemieteten Wohnung wohnt. Und im nächsten Monat wird die nächste Miete fällig. Der Vermieter hingegen weiß mit Sicherheit, dass er mit einer sicheren und stabilen Mietzahlung rechnen kann (falls sich keine Mietnomaden einquartiert haben, aber das ist eine ganz andere Geschichte). Nichts anderes geschieht an der Börse.

Gerade wenn wir mit dem Trading finanziell unabhängig sein wollen, müssen wir regelmäßig unsere Rechnungen bezahlen können. Wir müssen unsere Fixkosten decken. Stabile, planbare Einnahmen sind dabei sehr wichtig. Es liegt in der Natur des direktionalen Handels, schwankende Ergebnisse zu bringen. Gerade unter dem Gesichtspunkt, unseren Lebensunterhalt als Trader bestreiten zu müssen, eröffnen uns Cashflow-Strategien eine willkommene Möglichkeit planbarer, regelmäßiger Einkünfte. Da wir wissen, dass die Zeit vergehen wird, wissen wir auch: Die Zeitprämie, die in einer Option enthalten ist, wird verrinnen und uns am Ende der Laufzeit gehören. Als Optionsverkäufer wissen wir, dass wir dieses Geld erhalten und behalten werden, sofern wir uns entsprechend um unser Risiko kümmern.

Zusammenfassung

Bevor wir einen Trade platzieren, müssen wir eine Entscheidung darüber getroffen haben, ob wir damit Kapitalzuwachs erzielen oder Cashflow generieren wollen. Wir können mit direktionalen Strategien von der Preisbewegung des Basiswertes profitieren und einen Kapitalzuwachs erzielen. Oder wir können mit Einkommensstrategien auf konstante »Mieteinnahmen« setzen, die durch den Zeitwertverfall von Optionen zustande kommen. Wenn wir direktionale Strategien mit Cashflow-Strategien kombinieren, können wir viel flexibler auf die Marktschwankungen reagieren. Indem wir unsere Positionierung anpassen, können wir in jeder Marktphase Geld verdienen.

Besuchen Sie unsere Webseite www.optioneniq.com und testen Sie Ihr Wissen, bevor Sie mit den weiteren Kapiteln fortfahren. Sie finden in unserem Portal Anwendungsbeispiele und Schulungsvideos, die Ihr Verständnis vertiefen.

Kapitel 4: Kauf von Optionen

Lassen Sie uns anschauen, welche Rollen es bei dem Optionshandel gibt. Wir haben bereits besprochen, dass es Calls (das Recht zu kaufen) und Puts (das Recht zu verkaufen) gibt. Jeder Anleger kann diese Instrumente kaufen (long gehen) oder verkaufen (short gehen). Daraus ergeben sich vier unterschiedliche Rollen im Optionshandel:

- einen Call long gehen (eine Kaufoption kaufen)
- einen Call short gehen (eine Kaufoption verkaufen)
- einen Put long gehen (eine Verkaufsoption kaufen)
- einen Put short gehen (eine Verkaufsoption verkaufen)

Welche Konsequenzen haben diese Rollen für den Investor? Je nachdem, welche Rolle wir einnehmen, entstehen unterschiedliche Rechte beziehungsweise Pflichten. Wir sollten uns jederzeit bewusst sein, welche Rolle wir einnehmen, wenn wir Optionen handeln. Folgende Tabelle soll uns helfen, die vier unterschiedlichen Rollen darzustellen:

Strike = $ 40	**Call**	**Put**
Long (Kauf)	Recht, die Aktie für $ 40 zu kaufen	Recht, die Aktie für $ 40 zu verkaufen
Short (Verkauf)	Verpflichtung, die Aktie für $ 40 zu liefern	Verpflichtung, die Aktie für $ 40 abzukaufen

Tab. 1: Die vier unterschiedlichen Rollen eines Optionshändlers

Um die Begriffe klar und eindeutig zu halten, möchte ich für dieses Buch die Begriffe »long« und »short« eindeutig definieren. Sehr oft werden diese Begriffe in der Literatur und im Sprachgebrauch durcheinandergebracht. Eine Position long zu sein bedeutet, etwas zu besitzen, unabhängig von der Marktpositionierung. Wenn wir einen Call kaufen, dann sind wir »einen Call long«. Wenn wir ihn verkaufen, dann sind wir »einen Call short«. Wenn wir nun einen Put kaufen, dann sind wir »einen Put long«, setzen also auf fallende Märkte. Einen Put zu verkaufen würde bedeuten, dass wir »einen Put short« sind. Wenn wir also die Begriffe »long« und »short« benutzen, beziehen wir uns darauf, ob wir etwas besitzen (long sind) oder in der Schuld stehen (short sind).

Kauf einer Kaufoption (Long Call)

Wenn wir einen Call kaufen, so erwerben wir das Recht, den Basiswert zum Strike zu erwerben. Beim Kauf eines Optionskontraktes sichern wir uns das Recht, 100 Aktien, auf die sich der Kontrakt bezieht, zu einem festgelegten Preis innerhalb der Laufzeit zu kaufen.

Als Optionskäufer besitzen wir immer ein Recht. Das Risiko ist stets auf unser Investment beschränkt. Es kann aus dem Kauf einer Option also niemals ein größeres Risiko entstehen, als die Summe, die wir für die Option bezahlt haben.

Der Kauf von Calls ist meistens eine Strategie, die auf Kapitalzuwachs abzielt. Wir erzielen einen Gewinn, wenn der Kurs des Basiswertes steigt. Wir können in diesem Fall entweder die Option zu einem höheren Preis verkaufen oder den Basiswert zum vereinbarten Preis erwerben und damit einen Gewinn realisieren.

Das Konzept lässt sich an einem alltäglichen Beispiel leicht darstellen: Stellen Sie sich vor, Sie finden in einem Geschäft eine Jacke, die Ihnen gefällt. Sie wollen die Jacke nicht sofort kaufen, sondern zurücklegen lassen. Sie gehen also zum Verkäufer und bitten ihn, diese Jacke für Sie zurückzulegen. Normalerweise werden Sie die Antwort hören: Kein Problem, ich lege sie Ihnen bis morgen zurück. Diese Verpflichtung ist zunächst kostenlos. Wenn wir nun aber die Jacke für einen Monat zurücklegen lassen wollen, wird uns der Verkäufer dafür etwas in Rechnung stellen.

Nichts anderes passiert auf dem Optionsmarkt. Wir bezahlen einen Preis dafür, dass wir diese Jacke (den Basiswert) innerhalb des vereinbarten Zeitraums zum festen Preis (Strike) erwerben können. Wenn wir uns mit dem Verkäufer der Jacke einig werden, so besitzen wir eine Option: Wir haben das Recht, innerhalb dieser Zeit die besagte Jacke zum vereinbarten Preis zu kaufen. Diese Vereinbarung gilt unabhängig davon, wie sich der Preis der Jacke in der Zwischenzeit entwickeln wird. Wir können jederzeit in den Laden gehen und die Jacke zum ausgemachten Preis kaufen. Wichtig dabei ist: Wir haben keine Verpflichtung, die Jacke zu erwerben. Es kann sein, dass wir eine andere, bessere oder günstigere Jacke finden und nie wieder in diesen Laden zurückkommen.

So oder so: Der Händler behält die Prämie. Finden wir also in einem anderen Geschäft die gleiche Jacke zu einem günstigeren Preis, so lassen wir die Vereinbarung mit dem ersten Händler verfallen. Sehen wir aber, dass in einem anderen Laden die gleiche Jacke teurer ist, haben wir die Möglichkeit, die Jacke beim ersten Händler zu kaufen. Wir können sie im zweiten verkaufen und damit einen Gewinn machen. Das Gleiche gilt, falls der Marktpreis innerhalb des vereinbarten Monats steigt. Damit haben wir die Möglichkeit, durch den An- und Verkauf einen Gewinn zu machen. Auch der Ladenbesitzer kommt auf seine Kosten: Er wollte ja die Jacke ohnehin zum genannten Preis verkaufen. Wenn wir ihm nun zusätzlich noch eine Prämie bezahlen, wird er nichts dagegen haben. Auch wenn wir nie wieder zurückkommen, erhält er zumindest die Prämie und behält eben die Ware. Nach Ablauf seiner Verpflichtung uns gegenüber kann er sie wieder auf dem Markt anbieten und neue Prämien erhalten.

Folgendes Rechenbeispiel soll das Konzept verdeutlichen: Die Aktie von eBay kostet heute \$ 40. Wir erwarten einen Preisanstieg und kaufen eine Call-Option mit dem Strike von \$ 40. Dafür zahlen wir eine Prämie von \$ 1. Steigt nun also die Aktie wie erwartet auf \$ 45, sind wir in einer guten Position: Wir haben die Möglichkeit, die Aktie für \$ 40 zu kaufen und sie sofort für \$ 45 weiterzuverkaufen. Unser Gewinn dabei wird \$ 4 betragen: \$ 5 aus dem Preisunterschied minus \$ 1, den wir für die Option bezahlt haben.

Beispielrechnung: Kauf eines Calls für Kapitalzuwachs

Investment in den Call: \$ 1

Strike des Calls: \$ 40

Aktueller Marktpreis: \$ 45

Gewinn: \$ 45 (Verkaufspreis) - \$ 40 (Kaufpreis) - \$ 1 (Prämie) =
\$ 4 pro Aktie (\$ 400 bei 100 Aktien)

Insgesamt haben wir in diesem Trade ein Investment von $ 1 und der Gewinn liegt bei $ 4. Wir haben also unser eingesetztes Kapital vervierfacht. Ein großer Vorteil dieser Strategie ist: Wir brauchen viel weniger Geld, um die betreffende Aktie zu kontrollieren: Hätten wir 100 Aktien à $ 40 gekauft, hätten wir dafür $ 4000 auf den Tisch legen müssen. Beim Kauf der Option haben wir aber nur $ 100 investiert. Gleichzeitig haben wir auch unser Risiko begrenzt: Während wir als Aktienbesitzer theoretisch unser gesamtes Investment verlieren können, also $ 4000, ist unser Risiko beim Optionshandel auf unser Investment, die Prämie, begrenzt: $ 100. Optionen sind also ein hervorragendes Instrument, um das eigene Risiko zu senken und eine höhere Rendite auf das eingesetzte Kapital zu bekommen.

Müssen wir nun beim Besitz einer Option immer bis zum Verfallstag warten, um Gewinne zu realisieren? Oder müssen wir zwangsläufig die Option ausüben, um Gewinne zu machen? Weder noch. Je nachdem, ob der Kurs des Basiswertes steigt oder fällt, ändert sich auch der Preis der Option. Wir haben immer die Möglichkeit, die Option wieder zu verkaufen und den Gewinn zu realisieren. Tatsächlich ist es in den meisten Fällen die bessere Strategie. Wenn der Kurs des Basiswertes steigt, steigt auch der Kurs unseres Calls im Verhältnis des Deltas der Option.

Das Delta fällt, je weiter die Option aus dem Geld läuft. Das Delta steigt, je mehr die Option im Geld ist (die Steigerung des Deltas wird als Gamma ausgewiesen). Der Preis der Option verändert sich dynamisch und nicht linear wie bei einer Aktie. Es ist daher ausgesprochen ratsam, sich mit den Risikoprofilen detailliert auseinanderzusetzen, denn sie erlauben uns, den Preis unserer Option optisch darzustellen und genau einzuschätzen, wie sich unsere Position entwickeln wird, wenn sich der Preis des Basiswertes verändert.

Das nachfolgende Risikoprofil stellt dar, welcher Gewinn oder Verlust uns erwartet, wenn sich der Basiswert im Preis verändert. Auf der x-Achse ist dabei der Preis des Basiswertes dargestellt. Auf der y-Achse lässt sich der Gewinn oder Verlust aus der Position ablesen. Lassen Sie uns zunächst das Risikoprofil eines Aktienbesitzes anschauen:

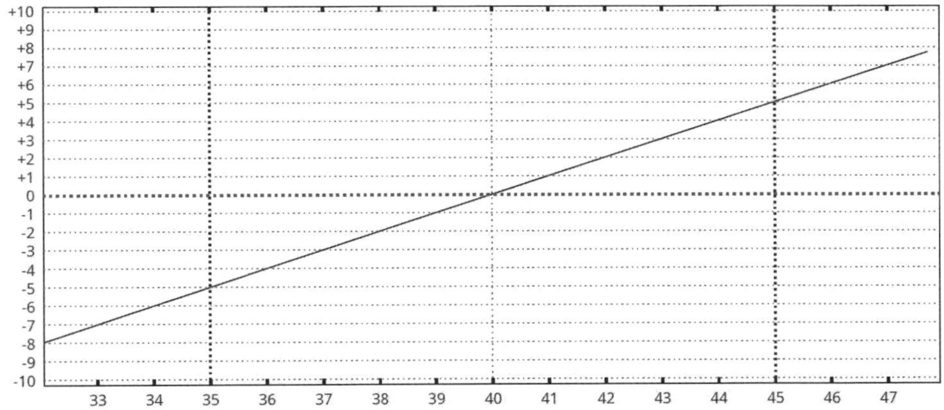

Abb. 7: Risikoprofil beim Aktienkauf

Hier sehen wir das Risikoprofil beim Erwerb einer Aktie für $ 40. Das Chance-Risiko-Verhältnis ist linear: Steigt die Aktie um $ 5, gewinnen wir $ 5. Fällt die Aktie um $ 5, verlieren wir $ 5. Verändert sich der Kurs überhaupt nicht, machen wir weder Gewinne noch Verluste. Beim Aktienbesitz haben wir demnach ein unbegrenztes Aufwärtspotenzial, unser Risiko ist auf das Investment begrenzt: Wir können maximal den Einsatz verlieren: nämlich dann, wenn der Aktienpreis auf $ 0 fallen sollte. Im obigen Beispiel betrüge der maximale Verlust $ 40. Natürlich können wir das Abwärtsrisiko als Aktienbesitzer mit einem Stop-Loss begrenzen. Zunächst ist aber unser gesamtes Investment im Risiko. Zusammenfassend lässt sich festhalten: Mit dem Erwerb einer Aktie haben wir ein unbegrenztes, lineares Aufwärtspotenzial. Das Abwärtsrisiko lässt sich durch einen Stop-Loss auf ein von vornherein definiertes Niveau begrenzen.

Genau diesen Effekt erreichen wir aber auch mit dem Kauf eines Calls. Nachfolgend sehen Sie das Risikoprofil einer Call-Option. Wieder ist auf der x-Achse der Preis des Basiswertes dargestellt und auf der y-Achse der Gewinn oder Verlust, der sich aus der Position ergibt.

Was können wir aus diesem Risikoprofil ablesen? Betrachten wir zunächst die dicke Linie, die den Preis der Option am Verfallstag darstellt: Genau wie beim Aktienbesitz ist das Aufwärtspotenzial unbegrenzt. Steigt der Basiswert im Preis, so partizipieren wir an diesem Kursanstieg unbegrenzt. Auf der Unterseite ist aber klar zu erkennen, dass unser maximales Verlustrisiko auf unser Investment begrenzt ist ($ 100). Es ist damit nicht von Belang, wie weit der Basiswert tatsächlich fällt.

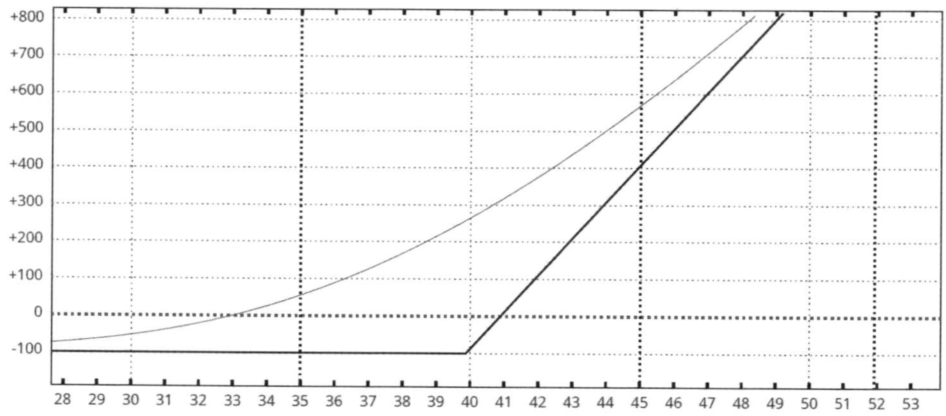

Abb. 8: Risikoprofil beim Call-Kauf

Unser Investment ist die Prämie, die wir dem Optionskäufer bezahlt haben für das Recht, den Basiswert zum festgelegten Preis zu kaufen. Fällt nun der Preis, so haben wir keinen wirtschaftlichen Vorteil davon, unser Recht auszuüben. Der Call wird wertlos verfallen und der Optionsverkäufer wird die Prämie behalten. Da wir aber ein kleineres Investment eingegangen sind als beim Aktienkauf, haben wir auch ein kleineres Verlustrisiko. Das ist genau der Grund, warum ich von Optionen so begeistert bin: Wir partizipieren an den Kurssteigerungen, haben aber ein kleineres Risiko.

Es gilt jedoch unbedingt zu beachten, dass die Prämie, die wir bezahlt haben, dem Zeitwertverfall unterliegt: Bewegt sich die Aktie gar nicht und steht sie am Verfallstag bei $ 40, würden wir einen Verlust in Höhe von $ 1 erleiden (unser Investment in die Prämie). Bei einem reinen Aktienbesitz würden wir hingegen ohne Gewinne oder Verluste aussteigen. Damit wir in diesem Beispiel Breakeven (plus minus null) aussteigen, muss der Basiswert auf $ 41 steigen (Schnittpunkt der dicken Linie mit der Nulllinie). Die Gewinnrechnung würde in dem Fall folgendermaßen aussehen:

$ 41 (Kurs des Basiswertes) - $ 40(Kaufkurs des Basiswertes) - $ 1 (Prämie) = $ 0 Gewinn

Die dicke Linie stellt also unseren Gewinn beziehungsweise Verlust am Verfallstag dar. Wir sehen im Risikoprofil aber auch eine dünne Linie, die den aktuellen Preis des Calls wiedergibt. Am Verfallstag kann die Option nur den inneren Wert haben. Dann kommt es ausschließlich darauf an, ob und wie weit die Option im Geld ist. Vor dem Verfallstag hat die Option zusätzlich noch einen gewissen Zeitwert, der durch die Laufzeit des Kontraktes und die implizite Volatilität beeinflusst wird. Die dünne Linie repräsentiert den aktuellen Optionspreis in Abhängigkeit vom Preis: Würde die Aktie heute um $ 5 auf $ 45 steigen, wäre unser Gewinn demnach $ 56,50 (da die Option nicht nur den inneren Wert, sondern auch noch den Zeitwert hat). Wir sind demnach besser beraten, die Option am Markt zu verkaufen, wenn sie noch einen Zeitwert hat, als sie auszuüben und den Zeitwert zu verlieren.

Einer der gröbsten Fehler im Zusammenhang mit den Optionen ist, nur auf den Preis am Verfallstag zu achten. Als Optionshändler haben wir immer die Möglichkeit, vor dem Laufzeitende zu verkaufen. Das sollten wir auch tun, wenn der Basiswert gestiegen ist. Statt sich dem Zeitwertverfall auszuliefern, sollten wir unsere Gewinne mitnehmen, indem wir unsere Call-Option nach dem Kursanstieg verkaufen.

Der Zeitwert der Option geht mit der Zeit verloren; am Laufzeitende liegt er bei null. Die dünne Linie wird sich also mit jedem Tag näher an die dicke Linie heranbewegen, bis beide am Verfallstag identisch sind. Die Fläche zwischen der dünnen und der dicken Linie repräsentiert den Zeitwert der Option. Erinnern wir uns: Der Zeitwert wird zum einen durch die Anzahl der Kalendertage definiert, an denen die Option noch nicht fällig ist. Mit jedem Tag verliert die Option an Zeitwert (in Höhe des Thetas). Der Zeitwertverfall arbeitet also immer gegen den Optionskäufer. Der zweite Bestandteil ist die implizite Volatilität (Vega). Steigt die implizite Volatilität (zum Beispiel aufgrund bevorstehender Quartalszahlen), so steigt der Zeitwert der Option. Diese steigt im Preis und der Optionsbesitzer macht einen Gewinn. Eine steigende Volatilität spielt also dem Optionsbesitzer in die Karten.

Gute Software erlaubt es uns, den Einfluss der einzelnen Faktoren (Preis-, Laufzeit-, Volatilitätsveränderung) auf den Preis einer Option im Risikografen zu modellieren. Wir können damit einschätzen, welchen Einfluss steigende Volatilität auf den Preis unserer Option haben wird. Besuchen Sie unsere Webseite für eine Auswahl an aktueller Software für den Optionshändler.

Strategie	Markterwartung	Delta	Vega	Theta	Gewinn	Risiko
Long Call	stark bullisch	long (steigende Kurse helfen)	long (steigende Volatilität hilft)	short (sinkende Laufzeit schadet)	unbegrenzt	begrenzt

Tab. 2: Einflussfaktoren beim Call-Kauf (Long Call)

Kauf eines Puts (Long Put)

Erwerben wir einen Put, so besitzen wir das Recht, den Basiswert zum Strike zu verkaufen. Haben wir einen Put mit einem Strike von $ 40 gekauft, besitzen wir nun das Recht, diesen Basiswert zu diesem Preis zu verkaufen. Dieses Recht ist unabhängig vom aktuellen Marktpreis. Ein Put kann aus zwei unterschiedlichen Gründen gekauft werden: zur Absicherung bestehender Aktien-Positionen oder als Spekulation auf einen Kapitalzuwachs.

Kauf eines Puts für Kapitalzuwachs

Einen Put zu erwerben ist die einfachste Möglichkeit, von fallenden Kursen zu profitieren. Haben wir die Erwartung, dass der Kurs des Basiswertes sinken wird, können wir ein Recht erwerben, diesen Basiswert zu dem festgelegten Preis zu verkaufen. Selbst wenn wir den Basiswert nicht besitzen, können wir aus diesem Recht einen Gewinn erzielen.

Angenommen, die Aktie von eBay steht heute bei $ 40 und wir erwarten, dass der Kurs sinkt. Wir erwerben heute das Recht, die Aktie für $ 40 zu verkaufen, und zahlen dafür eine Optionsprämie von $ 1. Fällt nun die Aktie auf $ 35, können wir diese Aktien auf dem Markt für $ 35 kaufen und sofort wieder für $ 40 verkaufen, entsprechend unserem Recht aus dem Optionsbesitz. Dadurch realisieren wir folgenden Gewinn:

Beispielrechnung: Kauf eines Puts für Kapitalzuwachs

Investment in den Put: $ 1

Strike des Puts: $ 40

Aktueller Marktpreis: $ 35

Gewinn: $ 40 (Verkaufspreis) - $ 35 (Kaufpreis) - $ 1 (Prämie) = $ 4 pro Aktie ($ 400 bei 100 Aktien)

Bei fallenden Kursen realisieren wir also als Put-Besitzer einen Gewinn dadurch, dass wir das Recht besitzen, zu einem höheren Preis als dem Marktpreis zu verkaufen. Unser Gewinn in diesem Beispiel resultiert aus $ 5 Kursunterschied abzüglich der Prämie, die wir für den Put gezahlt haben. Diese Prämie gehört auf jeden Fall dem Optionsverkäufer, egal, ob wir unser Recht nutzen oder nicht. Es versteht sich von selbst, dass wir unser Recht nur dann ausüben, wenn wir dadurch einen Vorteil bekommen. Das ist dann der Fall, wenn der Kurs des Basiswertes unter den Strike unserer Put-Option fällt (dann ist der Put im Geld).

Genau wie bei einem Call haben wir bei einem Put keine Verpflichtung, die Position bis zum Verfallstag zu halten. Die Überlegungen, die wir zum Verkauf eines Calls vor Laufzeitende angestellt haben, gelten gleichermaßen für einen Put. Fällt der Preis des Basiswertes, wird der Wert unserer Option steigen. Wir haben dann die Möglichkeit, diese auf dem Markt zu veräußern und den Gewinn zu realisieren. Folgende Abbildung stellt das Risikoprofil einer Put-Option dar:

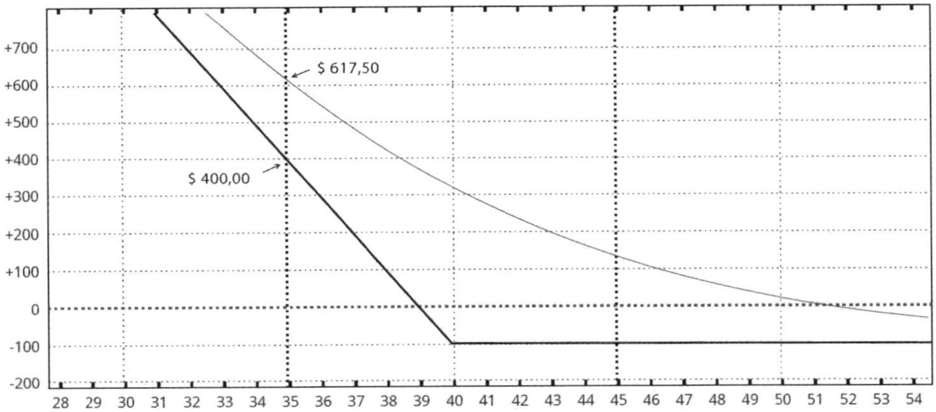

Abb. 9: Risikoprofil beim Put-Kauf (Long Put)

Das Risikoprofil ist ein genaues Spiegelbild vom Risikoprofil eines Call-Kaufes. Bei fallenden Kursen steigt der Preis des Puts und wir profitieren unbegrenzt davon. So können wir dem Diagramm entnehmen, dass unser Gewinn bei einem Aktienkurs von $ 35 am Laufzeitende $ 400 betragen wird (dicke Linie). Sollte der Kurs heute auf $ 45 steigen, läge unser Gewinn bei $ 617,50 (dünne Linie). Die Fläche zwischen der dünnen und der dicken Linie repräsentiert den Zeitwert dieser Option. Auch hier ist unser maximales Verlustpotenzial auf unser Investment ($ 100) begrenzt: Egal, wie hoch der Kurs steigt, können wir maximal die Prämie verlieren.

Sind wir einen Put long, so arbeitet die Zeit gegen uns: Mit jedem Tag verkürzt sich die Restlaufzeit des Kontraktes und die dünne Linie nähert sich an die dicke an, bis sie am Verfallstag identisch sind. Damit wir also keinen Verlust aus der Position machen und im Break-even sind, muss der Basiswert um $ 1 auf $ 39 fallen (Schnittpunkt der dicken Linie mit der Nulllinie). Fällt er hingegen heute um $ 1, so haben wir einen Gewinn. Steigt die Volatilität des Basiswertes, so wird der Zeitwert steigen, unsere Position gewinnt an Wert. Der Zeitwertverfall arbeitet hingegen nach wie vor gegen uns. Mit jedem Tag, den sich die Restlaufzeit verkürzt, verliert unsere Position an Wert.

Strategie	**Markterwartung**	**Delta**	**Vega**	**Theta**	**Gewinn**	**Risiko**
Long Put	stark bärisch	short (fallende Kurse helfen)	long (steigende Vola hilft)	short (sinkende Laufzeit schadet)	unbegrenzt	begrenzt

Tab. 3: Einflussfaktoren beim Put-Kauf (Long Put), Ziel: Kapitalzuwachs

Kauf eines Puts als Absicherung

Einen Put zur Absicherung zu kaufen ist eine exzellente Möglichkeit, das eigene Risiko sehr effektiv zu begrenzen. Hier ein einfaches Beispiel: Sie besitzen eine Aktie, deren Preis heute bei $ 40 liegt. Sie möchten sich vor einem möglichen Preisverfall der Aktie absichern. Wenn sie nun einen Put als Absicherung erwerben, dessen Strike bei $ 35 liegt, haben sie das Recht, ihre Aktie jederzeit für $ 35 zu verkaufen. Dieses Recht ist unabhängig vom aktuellen Kurs der Aktie. Ihr Risiko pro Aktie liegt nun bei maximal $ 5 pro Aktie. Dieser Abnahmepreis ist garantiert.

Einen Put als Absicherung zu kaufen hat zwei große Vorteile gegenüber einer Stop-Loss-Marke. Erstens ist uns der Abnahmepreis garantiert. Haben wir unsere Aktien-Position mit einem klassischen Stop-Loss abgesichert, so haben wir folgende Handlungsanweisung abgegeben: »Verkaufe unsere Aktie bestens, sobald der Preis auf oder unter den Stop-Loss-Kurs fällt.« Die Folge dieser Anweisung lautet: Der Broker wird den Verkauf zum erstbesten Preis für unsere Aktien durchführen, der eintritt, sobald unsere Bedingung erfüllt ist. Es bedeutet noch lange nicht, dass wir genau den Stop-Loss-Kurs bekommen werden: So kann die Aktie nach Erreichen des Stop-Loss-Kurses durchaus einen Kurssprung machen und wird zum dann gültigen Preis verkauft. Solche sogenannten Gaps treten bei Aktien regelmäßig auf, insbesondere bei wenig gehandelten Werten oder nach Quartalszahlen beziehungsweise relevanten Nachrichten wie beispielsweise Zinsveränderungen oder Naturkatastrophen. Betrachten Sie dazu die folgenden Charts.

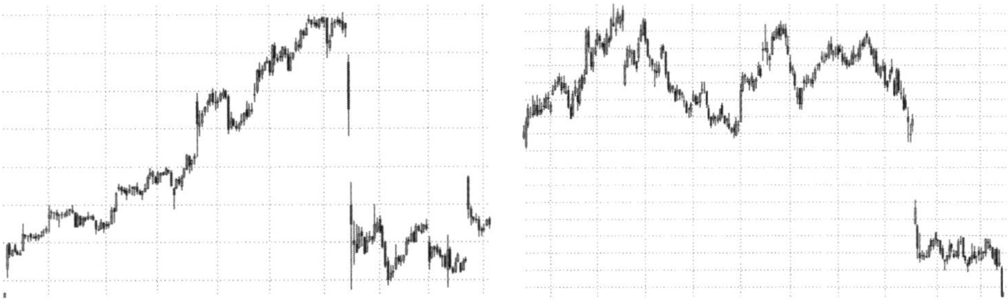

Abb. 10: Gap bei Nuskin (NUS) Januar 2013, IBM Oktober 2014

Was passiert in einem solchen Fall mit einem Stop-Loss? Haben wir diesen Stop-Loss beispielsweise bei $ 35 gesetzt und die Aktie eröffnet anschließend bei $ 32, so werden wir unsere Position für $ 32 verkauft bekommen. Unser Verlust wird deutlich größer als ursprünglich geplant. Um das zu vermeiden, können wir zwar mit einer Stop-Limit-Order einen Mindestpreis bestimmen. Allerdings ist die Ausführung der Order dann nicht garantiert. Ausgeführt wird sie nur, wenn das Limit dann auch erreicht wird, damit geht der Absicherungscharakter der Order verloren. Anders beim Erwerb eines Puts: Hier wird uns der Verkaufspreis für die Aktie garantiert, völlig unabhängig von der späteren Kursentwicklung. Wir bezahlen eine Prämie für diese zusätzliche Sicherheit, wissen dafür aber von vornherein, wie hoch unser maximaler Verlust werden kann.

Der zweite große Vorteil des Puts gegenüber einem Stop-Loss ist die Tatsache, dass wir niemals aus dem Trade »ausgestoppt« werden können. Die Aktie kann zwischenzeitlich durchaus unter das Stop-Loss-Niveau fallen. Wir sind trotzdem immer noch im Trade. Wir besitzen die Aktie somit nach wie vor und unser Risiko ist dennoch begrenzt. Diese Strategie ist besonders ansprechend, wenn wir in eine langfristige Position investiert haben und sie nicht durch zufällige, kurzfristige Marktschwankungen verlieren wollen. Egal, wie tief die Aktie fällt, unser Ausstiegspreis ist in jedem Fall garantiert. Sollte der Kurs sich aber zu einem späteren Zeitpunkt wieder erholen, besitzen wir nach wie vor die Aktie und profitieren von den nun stattfindenden Kursgewinnen.

Die Kosten des Puts können wir gewissermaßen als Versicherungskosten betrachten: Es kostet uns die Prämie, den Put als Absicherung zu nutzen, unabhängig davon, ob wir von dieser Versicherung Gebrauch machen oder nicht. Ähnlich wie bei einer regulären Versicherung bezahlen wir die Prämie im Voraus, ohne zu wissen, ob es tatsächlich zum Schaden (Kursverfall) kommen wird. Wenn der Schadensfall nicht eintritt, ist die Versicherungsprämie verloren. Das lässt sich verschmerzen. Wenn es dagegen tatsächlich zum Schadensfall kommt (wie zum Beispiel bei einem Autounfall oder Hausbrand), können wir uns aber glücklich schätzen, dass wir eine Versicherung haben.

Nachfolgende Abbildung stellt das Risikoprofil des Erwerbs von 100 Aktien und einem Put dar, wobei der Strike des Puts gleich dem Kaufpreis der Aktie ist ($ 40). Wir haben $ 100 für die Absicherung bezahlt, das ist unser Maximalverlust. Der Break-even unserer Position liegt bei $ 41. Steigt der Aktienkurs, partizipieren wir unbegrenzt von der Kurssteigerung.

Einen Put als Absicherung zu kaufen ist nur ratsam, wenn wir die Aktie bereits besitzen. Andernfalls haben wir nichts, was wir absichern müssten. Ein Put-Kauf ohne entsprechenden Aktienbesitz wäre ein spekulativer Kauf mit der Absicht eines Kapitalzuwachses bei fallenden Kursen. Wenn Sie nun das Risikoprofil eines Long Calls mit dem Risikoprofil eines Aktienbesitzes zusammen mit einem Long Put vergleichen, so werden sie erkennen, dass diese identisch sind. Der Unterschied liegt in der investierten Summe, die bei einem Aktienbesitz wesentlich höher ist. Warum sollten wir also Aktien kaufen und mit Puts absichern, wenn wir doch einfach nur einen Call kaufen können? Das ergibt nur Sinn, wenn wir uns über die zeitliche Dimension unklar sind oder wenn wir die Aktien für einen anderen Zweck halten wollen. Denkbar ist zum Beispiel das Ziel, mit den Aktien laufende Dividendenzahlungen zu profitieren oder sie für Leerverkäufe anderer Marktakteure zu vermieten und dadurch Einnahmen zu generieren (mehr zu den sogenannten gedeckten Leerverkäufen finden Sie in den Kapiteln 7 und 8).

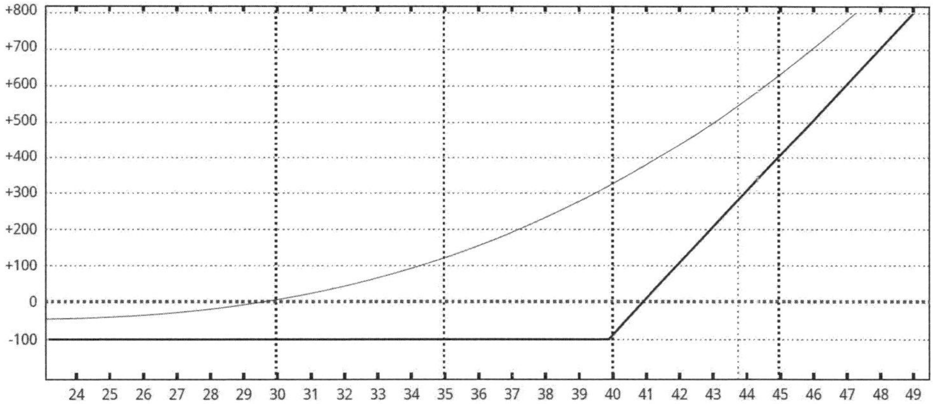

Abb. 11: Risikoprofil beim Kauf von 100 Aktien für $ 40 und einem Put mit Strike $ 40

Auch in diesem Fall arbeitet die Zeit gegen uns: Jeden Tag verkürzt sich die Restlaufzeit des Kontraktes. Steigt die Volatilität des Basiswertes, so wird der Zeitwert steigen, unsere Position gewinnt an Wert. Sind wir also 100 Aktien und einen Put long, haben wir folgende Einflussfaktoren auf unsere Position:

Strategie	**Markter-wartung**	**Delta**	**Vega**	**Theta**	**Gewinn**	**Risiko**
Long-Aktie + Long Put	bullisch	long (steigende Kurse helfen)	long (steigende Vola hilft)	short (sinkende Laufzeit schadet)	unbegrenzt	begrenzt

Tab. 4: Einflussfaktoren beim Put-Kauf (Long Put), Ziel: Absicherung

Kaufen wir also eine Option, sprich, gehen wir eine Option long, müssen wir jederzeit ein Auge auf die Laufzeit haben: Die Zeit arbeitet unweigerlich gegen uns. Der Zeitwertverfall lässt den Wert der Option sinken. Jeder Tag kostet uns Geld. Hat die Option noch eine lange Laufzeit, so ist der Zeitwertverfall vergleichsweise gering. Wenn wir hingegen nur noch wenige Tage bis zum Ende der Laufzeit haben, kann der rapide Zeitwertverfall erhebliche wirtschaftliche Nachteile mit sich bringen. Es ist also sehr wichtig, bei all den Vorteilen, welche die Optionen bieten, die Grundlagen im Auge zu behalten und die eigenen Positionen ständig zu überprüfen und zu optimieren.

Sind Optionen riskanter als Aktien?

Man hört immer wieder das Vorurteil: »Optionen sind riskant.« Lassen Sie mich ein paar Sätze dazu sagen. Wir haben bereits festgehalten, dass unser Risiko beim Optionskauf auf die investierte Summe begrenzt ist. Diese investierte Summe können wir naturgemäß zu 100 Prozent verlieren. Das hört sich nach einem »Totalverlust« an. Wenn wir nun eine Aktie halten und unser Verlustpotenzial mit einem Stop-Loss, sagen wir auf 2,5 Prozent der Investition begrenzen, so verlieren wir im oben genannten Beispiel $ 1. (Wir haben die Aktie für $ 40 erworben und bei $ 39 abgesichert. $ 1 Verlust würde 2,5 Prozent der Investition ausmachen.) Beim Kauf einer Option haben wir $ 1 in die Prämie investiert und würden diesen $ 1 verlieren, also 100 Prozent der Investition.

Wahrscheinlich erkennen Sie schon, wo der Denkfehler liegt: In absoluten Zahlen ausgedrückt verlieren wir so oder so $ 1. In Prozenten ausgedrückt haben wir aber im Fall des Aktienkaufs nur 2,5 Prozent verloren, im Fall des Optionskaufs 100 Prozent, wir haben also einen Totalverlust. Für einen uninformierten Anleger dürften sich 100 Prozent Totalverlust viel schlimmer anhören als 2,5 Prozent. Dass wir in Geldeinheiten genau den gleichen Betrag riskieren, wird meistens übersehen. Tatsächlich sind Optionen in diesem Fall sogar weniger riskant: Ein Stop-Loss-Limit ist niemals garantiert. Wenn ein Gap auftritt (abrupter Kursverfall), kann es zu einer Ausführung zum deutlich schlechteren Kurs kommen, bei der wir deutlich mehr verlieren, als ursprünglich geplant. Beim Kauf einer Put-Option haben wir einen »garantierten« Stop-Loss.

Optionen haben auch noch einen weiteren Vorteil im Vergleich zur Absicherung mit Stop-Loss-Kursen. Bei Letzteren gilt: Wenn der Stop-Loss ausgelöst wird, wird auch unsere Position aufgelöst. Sollte die Aktie zu einem späteren Zeitpunkt wieder steigen, sind wir nicht mehr im Spiel. Wir schauen nur von der Seitenlinie zu und ärgern uns. Bestimmt ist es Ihnen auch schon mal passiert, dass Sie unglücklich ausgestoppt wurden und dann von der Seitenlinie zuschauen mussten, wie die Aktie wieder steigt. Das ist nicht nur ärgerlich, sondern hat auch System, wie viele Investoren und Anleger meinen. Der Begriff »Stop-Loss-Fishing« unterstellt den Brokern und Marketmakern, die Kurse bewusst unter markante Widerstandslinien zu treiben, um die darunter liegenden Stops auszulösen. Ob das eine Unterstellung ist oder nicht, wage ich nicht zu beurteilen. Fest steht jedoch, dass fast jeder Trader diese Situation kennt: Die Kurse fallen erst rapide nach unten, bevor eine genauso rapide Erholung einsetzt. Bei einer Option dagegen können Sie niemals ausgestoppt werden! Sollte der Kurs zwischenzeitlich sinken, hat das keinen Einfluss auf unser maximales Risiko. Und falls die Aktie zu einem späteren Zeitpunkt wieder steigt, sind wir nach wie vor im Spiel und können doch noch am von uns erwarteten Kursanstieg partizipieren.

Einen wesentlichen Nachteil der Optionen sollten wir jedoch bei all den Vorteilen nicht vergessen: den Zeitwertverfall während der Laufzeit, der gegen den Optionsbesitzer arbeitet. Während Aktien keine Laufzeit haben und somit auch keinen Zeitwertverlust, hat eine Option immer ein Laufzeitende. Das bedeutet, dass unsere Prognose innerhalb eines bestimmten Zeitraums eintreten muss. Jeder Tag, an dem der Basiswert sich nicht bewegt, kostet den Optionskäufer Geld. Falls wir also als Optionskäufer auftreten, sprich eine Option kaufen, müssen wir also bei unserer Prognose nicht nur die Marktrichtung richtig einschätzen, sondern auch die Zeit, binnen deren der Basiswert den prognostizierten Kurs erreicht.

Zweitens muss sich der Basiswert stärker bewegen: Falls der Aktienkurs am Ende der Laufzeit genauso hoch ist wie am Anfang, hat der Besitzer der betreffenden Aktie weder etwas gewonnen noch etwas verloren. Ein Optionskäufer hingegen hat in diesem Szenario seine Prämie verloren. Der Break-even eines Optionskaufs liegt also nicht beim Einstiegskurs, sondern beim Einstiegskurs plus der Prämie (vgl. Abb. 8, 9 und 11, Schnittpunkt der Nulllinie der y-Achse mit der Linie).

Zusammenfassung

Als Optionskäufer besitzen wir immer ein bestimmtes Recht. Unser Risiko ist stets auf unser Investment beschränkt. Wenn wir einen Call kaufen, so erwerben wir das Recht, den Basiswert zum Strike zu erwerben. Erwerben wir einen Put, so besitzen wir das Recht, den Basiswert zum Strike zu verkaufen. Wir können mit einem kleinen Investment ein großes Aktienpaket kontrollieren. Profitieren werden wir dann vom Optionskauf, wenn sich der Kurs des Basiswertes entsprechend unserer Einschätzung entwickelt.

Vorteile eines Optionskaufs:

- Kleineres Investment als bei Aktienkauf
- Das maximale Risiko ist auf das Investment begrenzt.
- Chance auf hohen Gewinn durch Hebelwirkung
- Wertsteigerung der Option bei steigender Volatilität des Marktes

Nachteile eines Optionskaufs:

- Der Zeitwertverfall arbeitet gegen die Option.
- Der Basiswert muss sich innerhalb der Laufzeit in die richtige Richtung bewegen, damit der Break-even-Point eintritt.
- Wir brauchen eine starke Kursbewegung innerhalb der Laufzeit, um Gewinne zu machen.

Besuchen Sie unsere Webseite www.optioneniq.com und testen Sie Ihr Wissen, bevor Sie mit den weiteren Kapiteln fortfahren. Sie finden in unserem Portal Anwendungsbeispiele und Schulungsvideos, die Ihr Verständnis vertiefen.

Kapitel 5: Verkauf von Optionen (Stillhaltergeschäfte)

Optionen zu verkaufen bedeutet, Cashflow-Strategien anzuwenden. Als Verkäufer von Optionen übernehmen wir Verpflichtungen und wir werden dafür bezahlt. Der gesamte Optionsmarkt ist ein Zweiparteiensystem: Es gibt die sogenannten Stillhalter, die Optionen veräußern, und es gibt diejenigen, die die Optionen kaufen. Der Optionsmarkt wird oft mit einem riesigen Spielcasino verglichen. Er hat aber eine sehr nützliche Funktion: Der Optionshandel fördert die Spekulation und damit die Liquidität der Börse, sprich die Handelbarkeit der jeweiligen Basiswerte. Eine liquide Börse ist die Voraussetzung für das Funktionieren der freien Marktwirtschaft.

André Kostolany beschrieb den Optionshandel in seinem Buch *Die besten Geldgeschichten* wie folgt: »Der Optionskäufer ist ein Spieler, der Stillhalter ein Kapitalist. Der Stillhalter hat die Aktien voll bezahlt, im Gegenteil zum Optionskäufer. Der Optionskäufer kann oder will nicht die volle Investition leisten. Der Optionsverkäufer eröffnet dem Optionskäufer, dem Spieler, die Chance, von einer heftigen Kursbewegung in einer relativ kurzen Zeit zu profitieren. Der Stillhalter lässt die Käufer also quasi auf seinem Rücken spielen, wofür er bezahlt wird, und zwar mit der Optionsprämie. Der Optionskäufer verliert seinen Einsatz, wenn die erwartete Marktbewegung nicht kommt oder zu spät kommt. Wir erinnern uns: Jede Option hat eine Laufzeit, innerhalb welcher die erwartete Bewegung einsetzen muss. Kommt die Marktbewegung zu spät, so hat der Optionskäufer zwar richtig analysiert, aber falsch gespielt, was sein Timing anbetrifft. Die Strategie war richtig, die Taktik falsch.«

Wenn wir in ein Casino gehen, sehen wir diese beiden unterschiedlichen Rollen innerhalb des Hauses. Erst vor Kurzem war ich in Las Vegas und habe gesehen, welche prunkvollen Paläste dort in den Wüstensand gebaut worden sind. Ich habe mich gefragt, wer all diese Paläste finanziert hat. Die Antwort liegt auf der Hand: Es sind die Spieler, die jeden Tag zu Tausenden in diese Wüstenstadt strömen, um ihr Glück zu finden. Sie kommen in der Erwartung, den großen Jackpot zu knacken und reich nach Hause zurückzukehren. Doch am Flughafen sieht man diese Menschen wieder die Stadt verlassen: den Blick gesenkt,

Traurigkeit und Enttäuschung in den Augen. Die wenigsten von ihnen haben es geschafft, durch das Glücksspiel reich zu werden.

Wenn ich an die Börse denke, so erscheint mir dieses Beispiel durchaus angebracht: Jeden Tag stürmen die modernen Glücksritter zu Tausenden auf das virtuelle Parkett in der Erwartung, die Entwicklung des Kurses richtig voraussagen zu können. Sie hoffen auf den großen Gewinn, den Jackpot, den sie aus einem Trade (oder vielleicht aus vielen guten Trades) bekommen. Dieser Gewinn soll sie dann finanziell frei machen und alle ihre Geldsorgen für immer lösen. Doch genauso wie in Las Vegas sprechen die Statistiken eine eindeutige Sprache: 80 Prozent der privaten Anleger schaffen es nicht, an der Börse Geld zu verdienen und machen Verluste. Doch wir wissen, dass das Geld nicht weg ist: Es hat nur ein anderer. Wer gewinnt also all das Geld, das die Spieler (Spekulanten) auf dem Parkett lassen? Nun, in Las Vegas sieht man sehr deutlich, wohin das Geld der Spieler wandert: zu den Casinos, welche die Spieler mit dem Versprechen locken, das große Glück zu finden, und zu den immer größeren Palästen, die sie sich davon bauen können.

Übertragen auf unser Thema, den Optionshandel, gibt es auch hier zwei Rollen: die Spieler (Optionskäufer) und das Casino (Optionsverkäufer). Der Spieler ist derjenige, der auf den großen Gewinn hofft. Er möchte einen möglichst geringen Einsatz leisten, um einen möglichst großen Jackpot zu knacken. Er fühlt sich angesprochen von dem Versprechen, 100 oder gar 1000 Prozent auf seinen Einsatz zu machen. Doch wie oft gewinnt ein Spieler den Jackpot? Nun, es kommt hin und wieder vor, aber können wir das als eine nachhaltige Strategie akzeptieren, die dauerhaft zu mehr Wohlstand führt? Wohl kaum.

Wie aber sieht es auf der anderen Seite des Spieltisches aus? Wie ist es mit dem Casino, dem Haus, das bekanntlich »immer gewinnt«? Tatsächlich kann das Casino **niemals gewinnen**. Oder haben Sie schon mal erlebt, dass das Haus den Jackpot geknackt hat? Das Casino hat **niemals die Absicht, um den Jackpot zu spielen.** Dem Casino geht es ausschließlich um systematisches Risikomanagement und viele kleine Gewinne. Das Casino begnügt sich mit den kleinen Provisionen und Gewinnen, die durch jeden einzelnen Einsatz seiner Besucher, der Spieler, hängen bleiben. Das Casino hat gar nicht die Absicht zu zocken. Dem Casino ist es viel lieber, kleinere, aber konstante Gewinne mit einer hohen Wahrscheinlichkeit zu erwirtschaften. Das Casino gewinnt immer, weil es niemals zockt! Vielmehr ist das Casino ein Unternehmen, das seine

Risiken sorgfältig managt und von der Vielzahl der Glücksritter kleine, aber konstante Provisionen bekommt.

Dieses Beispiel lässt sich sehr gut auf den Optionshandel übertragen: Beim Optionshandel können wir entweder die Rolle des Spielers oder die des Casinos einnehmen. Kaufen wir Optionen, so gehen wir von der Chance aus, mit einem kleinen Einsatz einen großen Gewinn zu erwirtschaften. Wir sind dann der Spieler, der seinen Wetteinsatz bringt und mit diesem Einsatz eine Option kauft. Verstehen Sie mich nicht falsch: Auch ich gehe direktionale Trades ein, wenn sich die Gelegenheit dazu bietet. Allerdings betrachte ich das Geld, das ich für Optionen bezahle, wirklich als Spielgeld: Ich weiß, dass dieser Einsatz jeden Tag an Wert verliert, es sei denn, meine Vorhersage ist richtig und ich kann einen Jackpot knacken. Tritt meine Vorhersage nicht ein, so wird der Optionsverkäufer, das Casino, dieses Geld behalten. Zugegeben: Wenn ich eine gute Chance erkenne und diese mit einer direktionalen Optionsstrategie ausnutze, habe ich durchaus die Möglichkeit, hohe Gewinne zu machen. Viel lieber engagiere ich mich jedoch auf der Seite des Casinos und werde als Optionsverkäufer (Stillhalter) aktiv. Denn ich habe gesehen und verstanden, wohin das meiste Geld auf dem Börsen-Parkett wandert.

Das Casino ermöglicht es seinen Besuchern zu zocken, indem es ihnen seine Räumlichkeiten (in unserem Fall die Aktien) zur Verfügung stellt und ihnen die Chance bietet, von den Kurssteigerungen zu profitieren. Es hat dadurch zwar nicht die Möglichkeit, den Jackpot zu knacken. Doch kann es sehr wohl einen stabilen Cashflow erwarten, denn die Wahrscheinlichkeiten sind zum Vorteil des Hauses verteilt. Nichts anderes gilt beim Optionshandel aus der Sicht des Stillhalters: Zwar haben wir im Vergleich zum Optionskäufer einen geringeren Gewinn zu erwarten. Dafür sind die Wahrscheinlichkeiten, dass unsere Positionen im Gewinn landen, umso höher.

Der Gewinn des Optionsverkäufers ist begrenzt. Im schlimmsten Fall entgeht ihm ein großer Kursgewinn, der Käufer ist aber sein Geld los, wenn er falschliegt. »Der Optionskäufer hat die Fantasie und der Optionsverkäufer das Geld.« (André Kostolany). Demnach sind Optionskäufe eine Wette mit begrenztem Zeithorizont. Das Prinzip der direkten Abhängigkeit der Gewinnhöhe von der Eintrittswahrscheinlichkeit ist das gleiche wie bei jeder anderen Strategie: Je höher die Eintrittswahrscheinlichkeit, desto geringer der Profit, und umgekehrt: Je höher der potenzielle Gewinn, desto geringer die Eintrittswahrscheinlichkeit.

Im Optionshandel können wir jedes Mal entscheiden, welche Rolle wir einnehmen: die des Casinos oder die des Spielers. Je nachdem, welche Szenarien und Gelegenheiten sich uns bieten, werden wir die Strategie anwenden, die zur aktuellen Situation und zu unserer Markteinschätzung passt.

Nach der Statistik der US Börsenaufsicht verfallen 70 bis 80 Prozent aller Optionen wertlos. Der Optionskäufer verliert seinen Einsatz, wenn er falschliegt. Wohin fließt das Geld, das die Optionskäufer verlieren? Was die Käufer verlieren, gewinnen die Optionsverkäufer. Nicht umsonst treten als Optionsverkäufer meistens die großen Banken, Versicherungen und Investmenthäuser auf, wie zum Beispiel Warren Buffetts Berkshire Hathaway. Diese Institutionen verfügen über riesige Aktiendepots, auf die sie ununterbrochen Optionen verkaufen. Der größte Stillhalter, so erzählt man sich, sei der Vatikan. Warum auch nicht, wenn man damit eine exzellente Verzinsung auf sein Kapital ohne zusätzliches Risiko erhalten kann?

Warum hört man so wenig über diese attraktiven Möglichkeiten? Diejenigen, die das Spiel beherrschen, haben kein Interesse daran, es der Öffentlichkeit zu offenbaren. Ganz im Gegenteil: Es wird suggeriert, dass diese Möglichkeiten nur von großen institutionellen Anlegern genutzt werden können. Doch das ist nicht richtig! Jeder Anleger, der Aktien in seinem Depot hält, kann Optionen schreiben (verkaufen) und damit die gleiche Strategie anwenden, die Warren Buffett seit Jahrzehnten sehr erfolgreich praktiziert. Lassen Sie uns also anschauen, welche Prinzipien der Vatikan, Berkshire Hathaway und andere Großinvestoren nutzen, um ihr Kapital ohne größere Risiken Monat für Monat attraktiv zu verzinsen. Rufen wir uns noch einmal ins Gedächtnis, welche Strategien sich durch den Optionskauf und -verkauf verfolgen lassen (siehe Tabelle 5).

Strike = $ 40	**Call**	**Put**
Long (Kauf)	Recht, die Aktie für $ 40 zu kaufen	Recht, die Aktie für $ 40 zu verkaufen
Short (Verkauf)	Verpflichtung, die Aktie für $ 40 zu liefern	Verpflichtung, die Aktie für $ 40 abzukaufen

Tab. 5: Die vier unterschiedlichen Rollen eines Optionshändlers

Was passiert, wenn wir Optionen verkaufen? Eine Option zu verkaufen bedeutet, genau die entgegengesetzte Position des Optionskäufers einzunehmen.

Wir verkaufen ein Versprechen: den Basiswert zu einem bestimmten Preis zu liefern (Short Call) oder den Basiswert zu einem bestimmten Preis abzukaufen (Short Put). Dafür bekommen wir den Zeitwert der Option, die Prämie, als Bezahlung.

Beim Verkauf der Option werden wir dafür bezahlt, eine Verpflichtung für einen bestimmten Zeitraum zu übernehmen. Die Optionsprämie bekommen wir ausbezahlt, sobald wir die Verpflichtung eingegangen sind. Sie ist sofort bei Geschäftsabschluss fällig und wird unserem Depot gutgeschrieben. Wir müssen uns während der Laufzeit der Option um die Verpflichtung kümmern, die wir eingegangen sind. Das heißt: Falls ein Spieler den Jackpot knackt beziehungsweise ein Optionskäufer mit seiner Kursprognose richtigliegt, müssen wir in der Lage sein, das geleistete Versprechen ohne Verluste zu erfüllen. Wir müssen uns also absichern (hedgen). Die Wahrscheinlichkeiten sind zu unserem Vorteil. Denn in mindestens 70 Prozent der Fälle werden wir diese Verpflichtung nicht einlösen müssen. Aus Sicht des Käufers verfällt die Option dann wertlos. Das ist eine gute Ausgangssituation. Vielleicht können wir mit dieser Strategie nicht so hohe Gewinne pro Trade machen. Dafür werden wir vorab dafür bezahlt, dass wir den Trade überhaupt eingehen. Zudem können wir während des Trades unser Risiko laufend kontrollieren und eingrenzen. Das hilft uns, mit diesen Strategien konstante Gewinne an den Optionsmärkten zu erzielen.

Verkauf eines Calls (Short Call)

Als Call-Verkäufer gehen wir die Verpflichtung ein, 100 Aktien, auf die sich der Kontrakt bezieht, zu einem festgelegten Preis innerhalb der Laufzeit der Option zu liefern. Während der Call-Käufer das Recht erworben hat, den Basiswert von uns für $ 40 zu erwerben, haben wir die Verpflichtung, diesen Basiswert zu eben diesem Preis zu liefern, egal, wo der Marktpreis gerade liegt.

Das Verkaufen von Calls zielt auf Cashflow ab. Unsere Einnahme bei dem Trade resultiert nicht aus Kursveränderungen, sondern aus der Prämie, auf die unser Interesse an diesem Trade begrenzt ist. Die Prämie, und damit unser Gewinn, ist zu Beginn des Trades bekannt und begrenzt. Die Kursveränderungen spielen für unsere Position keine Rolle. Die einzige Frage ist, ob die Option am Verfallstag im Geld ist und wir unsere Verpflichtung einlösen müssen. Für diesen Fall sollten wir uns absichern. Wir werden uns die einzelnen Instrumente dazu im Detail anschauen. Unser primäres Ziel ist, dass die Option wertlos verfällt. Ist die Option am Verfallstag aus dem Geld, haben wir unseren maximalen Gewinn realisiert. Der Optionsbesitzer hat keinen wirtschaftlichen Vorteil aus seinem Recht und wird es folglich nicht ausüben. Die Option verfällt wertlos und wir behalten die Prämie.

Wenn also der Call-Käufer eine Option von uns erwirbt, bezahlt er uns die Prämie dafür, dass er an den Kursschwankungen unserer Aktie partizipiert. Er kontrolliert damit unser Aktienpaket und macht Gewinne, wenn der Kurs sich in Richtung seiner Prognose entwickelt. Wir geben uns mit der Optionsprämie zufrieden, die im Zweifel kleiner ist als der Jackpot. Dafür aber ist sie viel wahrscheinlicher, denn wir haben die Prämie auf jeden Fall.

Erinnern wir uns an das Beispiel mit der Jacke, die wir zurückgelegt haben. Der Optionskäufer hat das Recht, die Jacke von uns innerhalb eines Monats zum festgelegten Preis zu erwerben. Falls er die Jacke woanders günstiger findet (sollte also der Preis fallen), wird er sie dort kaufen und unser Geschäft nie wieder aufsuchen. Wir behalten dann die Prämie. Falls jedoch der Preis steigt, wird er zu uns kommen und die Herausgabe der Jacke zum vereinbarten Preis verlangen. Als Verkäufer haben wir zwei Möglichkeiten, das Interesse des Käufers zu bedienen: Entweder wir haben die Jacke vorrätig (wir haben sie schon vor einiger Zeit zu einem günstigen Preis erworben) und können sie sofort abgeben. Wir haben ohnehin geplant, sie zu diesem Preis zu verkaufen, und freuen uns über das Geschäft und die zusätzliche Einnahme aus der Prämie.

Es kann aber auch sein, dass wir die Jacke gar nicht haben: Entweder wir haben sie zwischenzeitlich schon verkauft oder wir haben die Jacke von Anfang an gar nicht gehabt. In dem Fall müssen wir auf das Verlangen des Käufers hin die Ware am Markt besorgen, um sie ihm zum vereinbarten Preis zu verkaufen. Unser Pech, wenn der Marktpreis jetzt höher ist als der vereinbarte! Wird eine Option ohne entsprechende Aktien im Depot als Sicherheit verkauft, spricht man vom »Naked Selling«, also von einem nackten (ungedeckten) Verkauf. Die Risiken aus einem ungedeckten Verkauf sind theoretisch unendlich (der Preis kann unendlich steigen). Wir müssen sehr genau wissen, was wir tun, und uns gut absichern, wenn wir Optionen verkaufen.

Bei dem Verkauf eines Calls ist unsere Einnahme vom Beginn des Trades an bekannt, der Gewinn ist also auf die Prämie begrenzt. Wir brauchen keine großen Berechnungen für den Gewinnfall anzustellen. Die einzige sinnvolle Kalkulation für den Gewinnfall ist die Verzinsung des eingesetzten Kapitals: Wie viel Kapital haben wir aufgewendet, um diese Position einzugehen? Wie hoch ist die Prämie daraus? Teilen wir die Prämie durch das eingesetzte Kapital, so erhalten wir den ROI (Return On Investment), der die Verzinsung des eingesetzten Kapitals wiedergibt.

Beim Verkauf von Optionen gilt unsere Hauptaufmerksamkeit dem Management der Risiken, die wir als Verkäufer einer Verpflichtung übernommen haben. Hier gilt: Ein guter Optionsverkäufer ist immer ein guter Risikomanager. Wir werden uns demnach auf die Risiken konzentrieren, die aus dieser Strategie entstehen, und uns anschauen, wie wir diese managen und begrenzen können.

Als Erstes schauen wir uns das Risiko eines nackten Call-Verkaufes an. In diesem Fall verkaufen wir den bereits bekannten eBay-Call mit dem Strike von $ 40 und einer Prämie von $ 1:

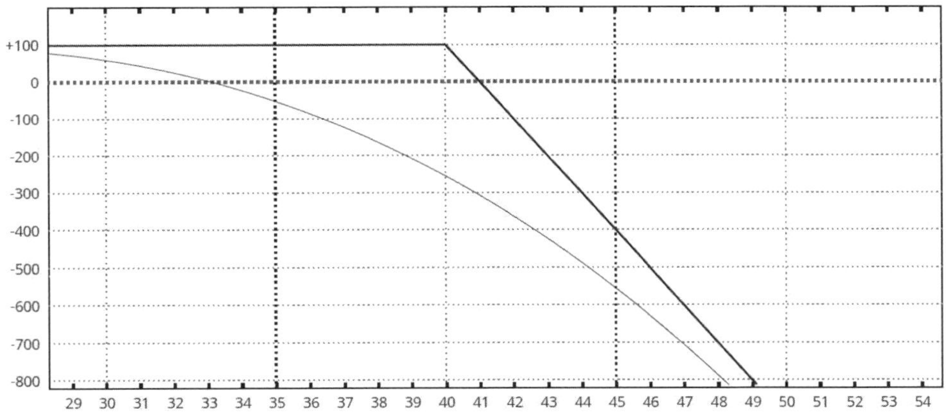

Abb. 12: Risikoprofil beim Call-Verkauf (Short Call)

Wir sehen, dass dieses Risikoprofil das genaue Gegenteil des Long Calls ist: Wir haben ein limitiertes Einnahmepotenzial von $ 100. Diese Einnahme bekommen wir immer dann, wenn der Aktienkurs unter dem verkauften Strike bleibt. Solange also der verkaufte Call aus dem Geld bleibt, ist uns die maximale Einnahme sicher. Sollte der Kurs von eBay jedoch am Verfallstag über $ 40 liegen, müssen wir die Aktie auf dem Markt einkaufen und für $ 40 liefern. Daraus ergibt sich der durch die dicke Linie dargestellte mögliche Verlust. Sollte also die Aktie auf $ 45 steigen, würde unser Verlust aus dem Aktiengeschäft $ 5 betragen. Der Verlust wird durch die eingenommene Prämie abgemildert: Wir haben $ 1 Prämie eingenommen, machen also unterm Strich $ 4 Verlust.

Beispielrechnung: Risiko aus dem Verkauf eines Naked Calls

Prämieneinnahme: $ 1

Strike des Calls: $ 40

Aktueller Marktpreis: $ 45

Verlust: $ 40 (Einkaufspreis) - $ 45 (Verkaufspreis) + $ 1 (Prämie) =
- $ 4 pro Aktie (- $ 400 bei 100 Aktien)

Insgesamt haben wir in diesem Trade ein Gewinnpotenzial von $ 1 und unbegrenztes Verlustpotenzial. Wir sollten also sehr sicher sein, dass die verkaufte Option nicht ins Geld läuft, oder unsere Positionen entsprechend absichern. Wir können weit aus dem Geld liegende Optionen verkaufen. Bei diesen ist die Wahrscheinlichkeit sehr gering, dass der Kurs des Basiswertes während der Laufzeit tatsächlich bis an den verkauften Strike steigt. Die Wahrscheinlichkeit, dass eine Option am Ende der Laufzeit im Geld ist, können wir am Delta ablesen. Beträgt das Delta 0,2, liegt die Wahrscheinlichkeit, im Geld zu liegen, bei 20 Prozent. Wir werden allerdings für diese Optionen nur geringe Prämieneinnahmen bekommen, die das Risiko und die Transaktionskosten kaum rechtfertigen. Die bessere Alternative ist es meistens, das Versprechen zu »covern«, also zu decken. Unterschiedliche Formen des Coverns sowie die Möglichkeiten des Risikomanagements schauen wir uns im Detail im nächsten Kapitel an.

Der nackte Verkauf eines Calls muss aber nicht mehr Risiko mit sich bringen als ein beliebiger anderer Trade. Vor jedem Trade sollten wir unser maximales Verlustrisiko festlegen und beachten. Mit Stop-Orders können wir unsere Positionen glattstellen, wenn eine bestimmte Bedingung erfüllt ist, zum Beispiel der Preis ein bestimmtes Niveau erreicht. Wir müssen eine Short-Position nicht bis zum Verfall halten, sondern wir können sie jederzeit glattstellen. Das geschieht, indem wir die Option zurückkaufen, falls unsere Prognose sich als falsch erweisen sollte und der Kurs in die Nähe unseres Short Strikes kommt. Mit Stop-Orders können wir bei einem Options-Trade unseren Maximalverlust begrenzen.

Bei jeder Strategie geht es um Eintrittswahrscheinlichkeiten und um die durchschnittliche Gewinn- und Verlusthöhe. Wir können unsere Trades so wählen, dass wir sehr hohe Trefferquoten haben. Im Gegenzug müssen wir bereit sein, geringe Prämieneinnahmen hinzunehmen. Wir können unsere Positionen auch aggressiver gestalten, wenn wir bereit sind, aktiver zu handeln.

Die Wahl des zu verkaufenden Strikes bestimmt in starkem Maße sowohl die Prämienhöhe als auch die Wahrscheinlichkeit, dass die Verpflichtung erfüllt werden muss. Eine mögliche Absicherungsstrategie beim Naked Short Call besteht darin, Stop-Loss-Orders zu nutzen. Die Option wird dann verkauft, sollte ein bestimmtes Preisniveau (zum Beispiel ein Widerstand) überwunden werden. So können wir einen Strike verkaufen, der oberhalb eines bekannten Widerstandes im Chart liegt.

Liegt der heutige Marktpreis bei $ 40 und das Chartbild zeigt einen starken Widerstand bei $ 42, können wir eine Option mit einem Strike von $ 43 verkaufen und die Prämie von $ 1 kassieren. Sollte die Aktie unter dem Widerstand von $ 42 verbleiben, haben wir unseren Maximalgewinn aus dem Trade. Bricht der Kurs hingegen über die Widerstandslinie bei $ 43 nach oben aus, kaufen wir die Option zurück. Unseren maximalen Verlust aus dem Trade können wir in diesem Fall aus dem Risikoprofil ablesen. Es ist der Schnittpunkt der dünnen Linie mit unserem Stop-Kurs, in diesem Fall $ 43.

Da jeden Tag der Preis der Option durch den Zeitwertverfall sinkt, kann es sein, dass wir die Option zu einem günstigeren oder mit dem Einstiegskurs vergleichbaren Preis zurückkaufen können. Sollte der Kursanstieg jedoch nach kurzer Zeit erfolgen, werden wir einen Verlust hinnehmen müssen, um die Position »glattzustellen«. Wir können diesen mit einem Stop-Loss-Verlust aus einem direktionalen Trade vergleichen. Denn auch bei einem herkömmlichen Aktienbesitz ist unser Verlustrisiko sehr hoch, wenn wir uns nicht durch einen Stop-Loss absichern.

Strategie	Markter-wartung	Delta	Vega	Theta	Gewinn	Risiko
Short Call	neutral bis moderat bärisch	short (fallende Kurse helfen)	short (fallende Vola hilft)	long (sinkende Laufzeit hilft)	begrenzt	unbegrenzt

Tab. 6: Einflussfaktoren beim Call-Verkauf (Short Call)

Als Optionsverkäufer profitieren wir immer dann, wenn der Wert der verkauften Option fällt. Wir haben dann im Zweifelsfall die Möglichkeit, die Option günstig zurückzukaufen. Die Option verliert an Wert, wenn der Preis sich vom verkauften Strike wegbewegt, wenn die Volatilität fällt und wenn die Zeit vergeht und sich der Zeitwertverfall bemerkbar macht.

Verkauf eines Puts (Short Put)

Die letzte der vier Rollen, die wir beim Handel mit Optionen einnehmen können, ist die eines Putverkäufers. Wenn wir einen Put verkaufen, übernehmen wir die Verpflichtung, 100 Aktien zum Strike innerhalb der Laufzeit der Option zu kaufen, sollte der Käufer des Puts sein Recht ausüben wollen. Der Putkäufer erwirbt das Recht, seine Aktien zu einem fixen Preis zu verkaufen. Er möchte sich damit gegen fallende Preise absichern, wir nehmen mit dieser Strategie die Gegenseite ein und sichern ihm dieses Recht zu.

Das Verkaufen eines Puts ist eine Cashflow-Strategie. Unsere Einnahme bei dem Trade resultiert nicht aus Kursveränderungen, sondern aus der Prämieneinnahme. Darauf zielt unser Interesse bei diesem Trade ab. Die Prämie und damit der Gewinn ist zu Beginn des Trades bekannt und begrenzt. Die Kursveränderungen spielen für unsere Position keine Rolle. Die einzige Frage lautet: Ist die Option am Verfallstag im Geld und müssen wir unsere Verpflichtung einlösen? Unser primäres Ziel ist, dass die Option wertlos verfällt. Ist die Option am Verfallstag aus dem Geld, haben wir unseren maximalen Gewinn realisiert. Der Optionsbesitzer hat keinen wirtschaftlichen Vorteil aus seinem Recht und wird es folglich nicht ausüben. Die Option verfällt wertlos und wir behalten die Prämie.

Verkaufen wir einen Put, so haben wir eine weitere Besonderheit zu beachten: Wir haben die Möglichkeit, die Aktien günstiger zu erwerben als zum heutigen Marktpreis und dafür werden wir bezahlt! Wir erinnern uns: Der Käufer des Puts hat die Option als Absicherung oder als Spekulationsobjekt erworben. Er hat eine kleine Versicherungsprämie bezahlt und dafür ein garantiertes Recht bekommen, seine Aktien zum Strike an uns zu veräußern. Wir hingegen übernehmen bei der Strategie die Rolle der Versicherung: Wir sind bereit, seine Aktien zu kaufen, falls er uns diese verkaufen will, und zwar zu einem besseren Preis als dem aktuellen Kurs: zum Strike der verkauften Option. Mit dieser Strategie können wir interessante Aktien zum besseren Preis als dem aktuellen Marktpreis bekommen. Während wir warten, ob der Kurs zurückkommt, erzielen wir Cashflow durch die Prämieneinnahmen.

Das Konzept des Put-Verkaufes lässt sich am besten anhand einer Versicherungsgesellschaft darstellen: Der Put-Käufer kauft eine Versicherung, die es ihm erlaubt, im Schadensfall (fallender Kurs des Basiswertes) für seine Aktien doch noch den garantierten Verkaufspreis zu bekommen. Bleibt der Kurs oberhalb des Strikes, verfällt die Versicherung und wir als Put-Verkäufer behalten die Versicherungsprämie. Fällt der Kurs aber unter den Strike und die Option ist am Verfallstag im Geld, müssen wir dem Put-Besitzer seine Aktien abkaufen. Dadurch entsteht uns zunächst ein Buchverlust. Denn naturgemäß wird der Kaufpreis höher sein als der Marktpreis. Wir können uns unsererseits gegen dieses Risiko absichern oder den zwischenzeitlichen Verlust aussitzen. Letzteres lohnt sich, wenn wir überzeugt sind, dass die Aktie langfristig wieder steigen wird.

Wenn wir einen Put verkaufen, legen wir folgende Logik zugrunde: Wir mögen die Aktie, sind von ihrer fundamentalen Stärke überzeugt und möchten sie erwerben. Lassen Sie uns auch hierzu ein Beispiel anhand der bereits bekannten eBay-Aktie anschauen: Angenommen, der heutige Marktpreis ist \$ 47. Wir sind bereit, maximal \$ 45 pro Aktie zu bezahlen, also weniger als den heutigen Marktpreis. Wir könnten eine Buy-Limit-Order setzen, die sagt: »Sobald der Preis unter \$ 45 fällt, möchte ich die Aktien kaufen.« Dafür bekommen wir aber keine Prämie. Stattdessen können wir auch einen Put mit einem Strike von \$ 45 verkaufen. Wählen wir eine Laufzeit von vier Wochen, so bekommen wir dafür eine Prämie von \$ 0,72 pro Aktie, also \$ 72 für das Paket von 100 Aktien, auf das sich der Put bezieht. Damit haben wir die Verpflichtung für vier Wochen, eben diese Aktie für \$ 45 zu kaufen, falls am Ende der Laufzeit der

Option der Marktpreis unter $ 45 liegt. Wir werden aber dafür bezahlt, dass wir diese Verpflichtung übernommen haben.

Das Risikoprofil eines nackten Put-Verkaufes verdeutlicht unsere Chancen und Risiken:

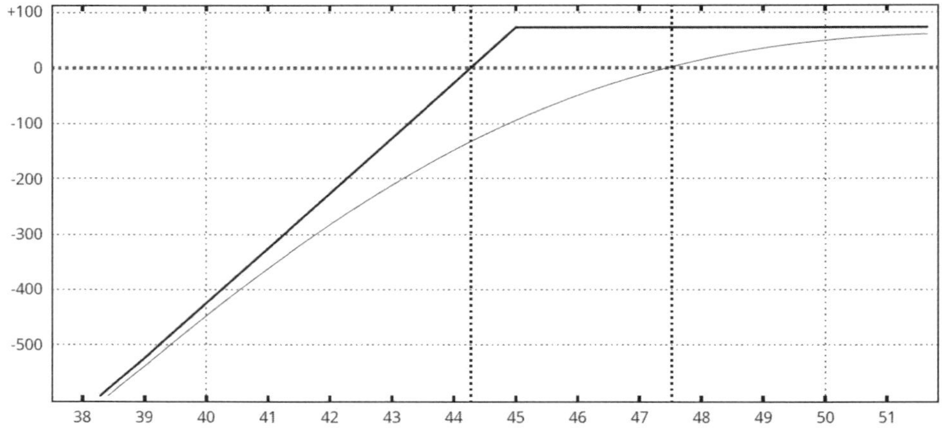

Abb. 13: Risikoprofil beim Put-Verkauf

Unsere maximale Einnahme ist von Beginn an bekannt: $ 72. Sollte die Aktie von eBay am Ende der Laufzeit über dem verkauften Strike von $ 45 liegen, erhalten wir unsere maximale Einnahme. Dabei ist es irrelevant, ob die Option nur 1 Cent aus dem Geld liegt oder $ 10: Unsere Einnahme ist immer die gleiche, wie die flache dicke Kurve oberhalb von $ 45 zeigt. Den »Return on Investment« (ROI) berechnen wir nach dem gleichen Muster wie bei einem Call-Verkauf: Unsere eingenommene Prämie wird geteilt durch das für die Margin gebundene Kapital. Da wir die Verpflichtung haben, die Aktie abzukaufen, müssen wir das Geld bereithalten oder »blocken«, um die Verpflichtung einlösen zu können. Müssen wir den vollen Kaufpreis für die Aktie bezahlen (ohne Margin-Konto), müssen wir $ 4500 blocken, um die Aktie kaufen zu können. Unsere Verzinsung auf das eingesetzte Kapital beträgt in dem Fall 1,6 Prozent in vier Wochen ($ 72 geteilt durch $ 4500 = 0,016). Haben wir hingegen ein Margin-Konto, müssen wir nur einen Bruchteil des Kaufpreises hinlegen und wir berechnen den ROI auf die für diesen Trade notwendige Margin (üblicherweise 20 Prozent des Kaufpreises). In diesem Fall beträgt unser ROI 8 Prozent ($ 72 geteilt durch $ 900 = 0,08).

Bei dem Verkauf von Optionen muss unsere Hauptaufmerksamkeit darauf liegen, die Risiken zu managen. Denn das Risiko ist zunächst sehr hoch: Der Aktienkurs kann fallen, was zu Buchverlusten führen würde. Folgende Berechnung soll die Risiken verdeutlichen: Der Kurs von eBay fällt unter den verkauften Strike und liegt am Verfallstag bei $ 42. Wir müssen dem Put-Besitzer die Aktie für $ 45 abkaufen, der Marktwert ist aber derzeit nur $ 42. Wir haben somit einen Buchverlust von $ 3 pro Aktie, der aber durch die eingenommene Prämie abgemildert wird.

Beispielrechnung: Risiko aus dem Verkauf eines Naked Puts

Prämieneinnahme: $ 0,7

Strike des Puts: $ 45

Marktpreis am Laufzeitende: $ 42

Buchverlust: $ 45 (Einkaufpreis) - $ 42 (Marktpreis) + $ 0,7 (Prämie) = - $ 2,3 pro Aktie

Insgesamt haben wir in diesem Trade ein Gewinnpotenzial von $ 0,7 pro Aktie und unbegrenztes Verlustpotenzial. Wir sollten also sicher sein, dass die verkaufte Option nicht ins Geld läuft. Oder wir finden die Aktie so gut, dass wir bereit sind, den auftretenden Buchverlust zu akzeptieren, da wir von den langfristigen Chancen des Unternehmens überzeugt sind und von einem späteren Kursanstieg ausgehen. Auch hier können wir wieder sehr weit aus dem Geld liegende Optionen verkaufen. Bei diesen Optionen ist die Wahrscheinlichkeit sehr gering, dass der Kurs während der Laufzeit bis an den verkauften Strike steigt. Beträgt das Delta 0,2, liegt die Wahrscheinlichkeit dafür, im Geld zu liegen, bei gerade einmal 20 Prozent. Wir werden allerdings für diese Optionen nur geringe Prämieneinnahmen bekommen, die das eingegangene Risiko und die Transaktionskosten kaum rechtfertigen. Die bessere Alternative ist es meistens, das Versprechen zu »covern«, also zu decken.

Eine Strategie zur Absicherung der Position kann sein, einen Stop zu setzen und die Short-Option wieder zurückzukaufen. Sinnvoll ist das, falls der Kurs des Basiswertes fällt und wir die Aktie nicht haben wollen. Wir haben auch andere Möglichkeiten, unser Risiko einzugrenzen: durch den Kauf eines Puts als Absicherung oder durch einen Leerverkauf der Aktien. Unterschiedliche Formen des Coverns sowie die Möglichkeiten des Risikomanagements schauen wir uns im Detail im nächsten Kapitel an.

Lassen Sie uns also festhalten: Für die eingegangene Verpflichtung, die Aktien zu einem günstigeren Preis als dem heutigen Marktpreis einzukaufen, werden wir vom Käufer des Puts bezahlt. Wir bekommen also Geld dafür, dass wir bereit sind, die Aktie unter dem heutigen Marktpreis einzukaufen. Wir lassen uns dafür bezahlen, dass wir liquide Mittel in unserem Depot halten und bereit sind, eine Aktie günstiger zu kaufen als zum aktuellen Börsenkurs. Wir sind gar nicht im Markt investiert, wir haben keine Aktien-Position und bekommen eine attraktive Verzinsung auf unser Kapital, das wir zu investieren bereit sind.

Warum macht das nicht jeder? Warum lässt sich nicht jeder dafür bezahlen, dass er bereit ist, die Aktie unter dem Marktpreis zu kaufen? Ich weiß es nicht. Viele Anleger haben noch nie etwas davon gehört. Einige wissen zwar theoretisch, dass das möglich ist, haben aber das Konzept in der Praxis nicht verstanden. Wiederum andere verstehen die damit verbundenen Chancen und Risiken nicht. Wichtig ist, dass die größten Investmenthäuser der Welt dieses Spiel seit Jahrhunderten konstant nutzen, um ihr Vermögen zu vermehren. Insbesondere Warren Buffett, der größte und reichste Investor aller Zeiten, ist dafür bekannt, mit Optionsverkäufen regelmäßig für sein Unternehmen sehr gute Ergebnisse zu erzielen. Folgender Artikel verdeutlicht seine Strategie:

»Warren Buffett and Options« by Travis Morien

In April 1993, with Coca Cola stock hovering around $ 39 per share (before splits), Buffett valued the company and determined that he would be interested in buying some more shares if the price fell below $ 35.

He wrote 5 million put options with a $ 35 strike price.

If Coke stock fell below $ 35, the option takers would »put« their shares to him, Buffett would be forced to buy at $ 35. This was perfectly fine for Buffett because he wanted to buy at that price anyway. If Coke rose instead Buffett would be happy enough, he collected a $ 1.50 option premium ($ 7.5 million) even if the stock never fell to his target. Being a strict value investor he would not have been interested in buying Coke at more than $ 35 so therefore the fact that it went up without him buying it was perfectly fine by him.

Abb. 14: Warren Buffett: ein aktiver Optionsverkäufer (Quelle: travismorien.com)

Böse Zungen behaupten sogar, Warren Buffett sei weniger ein Investor als vielmehr ein Versicherungsverkäufer. Denn der Verkauf von Puts ist mit dem Verkauf von Versicherungen gleichzusetzen. Während in diesem Beispiel die Aktien von Coca-Cola bei $ 39 standen, bewertete er den fairen Preis mit $ 35. Er war bereit, maximal diesen Preis zu zahlen. Daher schrieb er 5 Millionen Put-Optionen mit dem Strike von $ 35. Falls Coca-Cola nun unter $ 35 fallen sollte, würden die Käufer der Optionen ihm die Aktien für $ 35 verkaufen. Das wäre für Warren Buffett absolut in Ordnung, denn er wollte ja von vornherein eben diesen Preis bezahlen. Wenn aber die Aktien stiegen, wäre das für ihn auch in Ordnung. Denn er würde $ 1,5 pro Option an Prämien ($ 7,5 Millionen) einnehmen, auch wenn die Aktien stiegen und er sie deshalb niemals in die Finger bekäme.

Während die meisten Marktteilnehmer nicht begreifen können, wie Warren Buffett mit so langweiligen Aktien wie Coca-Cola so große Gewinne macht, verstehen die Insider seine Strategie und bilden sie nach. Auch wir können diese Strategie nutzen, um konstante Einnahmen zu erzielen, wenn auch nicht in großem Stil. Das Verkaufen von Optionen ist das große Geheimnis von Warren Buffett. Das wendet er schon seit Jahrzehnten an, um Jahr für Jahr besser als die Marktentwicklung und auch besser als die meisten Anleger zu investieren. Immer wieder erzielt er dadurch für sein Unternehmen exzellente Ergebnisse. Das Besondere am Optionshandel ist, dass die gleichen Regeln gelten, egal, ob der Trade ein großes oder ein kleines Volumen umfasst: Ob wir einen Put oder 5 Millionen Puts verkaufen, bestimmt nur unsere Depotgröße und unsere Risikobereitschaft.

Achtung!

Um mit dieser Strategie erfolgreich zu sein, müssen wir drei Dinge beachten:

1. Wir brauchen genug Kapital in unserem Depot als Cash, um unsere Verpflichtung erfüllen zu können, die Aktien zum festgelegten Preis zu kaufen. Verkaufen Sie also nur so viele Puts, wie Sie Aktien kaufen können!
2. Sie sollten nur Puts auf gute, fundamental stabile Unternehmen verkaufen. Denken Sie dabei an die Investmentlegende Buffett: Er wollte Aktien von Coca-Cola kaufen, weil es sich um ein gutes Unternehmen handelt. Genauso müssen auch wir sicherstellen, dass diese Unternehmen gute Kennzahlen haben, bevor wir uns verpflichten, diese Aktien zu kaufen.
3. Sichern Sie Ihr Versprechen, Ihr Risiko, ab! Eine Leerverkaufsposition, ein Stop oder ein Put kann Ihnen helfen, größere Verluste zu vermeiden.

Mit der Strategie des Put-Verkaufens erwirtschaften wir Gewinne in zwei von drei Szenarien: Läuft der Basiswert seitwärts, so erhalten wir die Optionsprämie. Steigt der Preis des Basiswertes, erhalten wir ebenfalls die Optionsprämie. Fällt der Basiswert, so müssen wir Absicherungsmaßnahmen ergreifen, um keine Verluste zu erleiden. Sind wir einen Put short, haben wir somit folgende Einflussfaktoren auf unsere Position:

Strategie	**Markterwartung**	**Delta**	**Vega**	**Theta**	**Gewinn**	**Risiko**
Short Put	neutral bis moderat bullisch	long (steigende Kurse helfen)	short (fallende Vola hilft)	long (sinkende Laufzeit hilft)	begrenzt	unbegrenzt

Tab. 7: Einflussfaktoren beim Put-Verkauf (Short Put)

Als Optionsverkäufer profitieren wir immer dann, wenn der Wert der verkauften Option sinkt: Wir haben im Zweifelsfall die Möglichkeit, die Option günstig zurückzukaufen. Die Option verliert an Wert, wenn der Preis sich vom verkauften Strike wegbewegt, wenn die Volatilität fällt und wenn die Zeit vergeht und sich der Zeitwertverfall entsprechend auswirkt.

Zusammenfassung

Das Ziel des Short-Sellings ist die Maximierung der Einnahmen aus den Prämien. Durch den Verkauf kurzlaufender Puts (Restlaufzeit 30 bis 40 Tage) maximieren wir den Zeitwertverfall, der zu unserem Vorteil arbeitet. Diese Strategie kann einmal pro Monat wiederholt werden, um regelmäßige Einnahmen zu erhalten. Durch Kombination mit weiteren Optionsstrategien lassen sich die Einnahmen maximieren, ohne dabei weitere Risiken einzugehen. Nachdem wir nun die vier Basis-Rollen im Optionshandel angeschaut haben, widmen wir uns den Kombinationen aus diesen Strategien, die es uns erlauben, unser Risiko effektiv zu managen.

Besuchen Sie unsere Webseite www.optioneniq.com und testen Sie Ihr Wissen, bevor Sie mit den weiteren Kapiteln fortfahren. Sie finden in unserem Portal Anwendungsbeispiele und Schulungsvideos, die Ihr Verständnis vertiefen.

Kapitel 6: Sieben Vorteile der Optionsverkäufer

Trotz der offensichtlichen Vorteile, die das Verkaufen von Optionen mit sich bringt, beteiligen sich nach wie vor die wenigsten Trader an dieser Strategie. Wir haben bereits festgestellt, dass über 70 Prozent aller Optionen wertlos verfallen. Jedoch lassen sich viele Marktteilnehmer von der Tatsache einschüchtern, dass wir beim Optionsverkauf nur begrenzte Gewinnmöglichkeiten haben und dafür (zunächst) einem unbegrenzten Risiko ausgesetzt sind. Wahrscheinlich ist es auch gut so, denn als Optionsverkäufer brauchen wir eine Vielzahl von Gegenspielern, die sich lieber als Käufer engagieren und uns die Optionen abkaufen.

Wenn wir jedoch konstante Erträge aus dem Optionshandel erzielen wollen, kommen wir an den Optionsverkaufsstrategien kaum vorbei. Ist es Ihr Ziel, 1000 Prozent mit wenigen Trades zu machen, wie es einige unseriöse Börsenbriefe versprechen? Dann sollten Sie dieses Buch zur Seite legen und sich stattdessen in der Lotterie engagieren oder nach Las Vegas fahren. Die Chancen sind die gleichen!

Lassen Sie uns daher gemeinsam anschauen, warum das Verkaufen von Optionen so lukrativ ist. Bevor wir uns dem »Wie« widmen, sollten wir das »Warum« verstehen. Es gibt eine Reihe von Vorteilen, die uns die Frage nach dem »Warum« erschließen. Danach erst widmen wir uns den einzelnen Strategien im Detail.

Vorteil 1: Die Wahrscheinlichkeiten sind auf unserer Seite

Die Tatsache, dass die meisten Optionen wertlos verfallen, wurde in unzähligen Statistiken nachgewiesen. Wenn wir uns diese Aussage genau anschauen, so erkennen wir, dass die meisten Optionen, die bis zum Verfall gehalten werden, wertlos verfallen. Wenn wir uns daher auf diese Statistik berufen, so beziehen wir uns immer auf den Tag des Verfalls. Die Regulierungsstellen bestätigen die Statistik: Weniger als 20 Prozent aller Optionen werden jemals ausgeübt.

Das bedeutet für uns als Optionsverkäufer: Je länger wir unsere Position halten, idealerweise bis zum Verfall, desto größer sind unsere Chancen auf Erfolg.

Wir haben gesehen, dass Optionen eine Vermögensklasse sind, die dem Zeitwertverfall unterliegt. Daher braucht es eine starke Bewegung in dem entsprechenden Basiswert, damit der Käufer der Optionen einen Gewinn verbuchen kann. Aus diesem Grund werden die meisten Optionspositionen vor dem Verfallstermin geschlossen. Die Käufer verstehen: Je länger sie die Position halten, desto wahrscheinlicher ist es, dass der Vermögenswert durch die Zeit wortwörtlich aufgefressen wird. Um ihre Gewinne zu sichern oder Verluste zu vermeiden, schließen die meisten Anleger ihre Positionen vor dem Verfallstag. Als Verkäufer haben wir den großen Vorteil, dass die Zeit für uns arbeitet. Wir können uns entspannt zurücklehnen. Es ist ein sehr relaxtes Trading. Denn das Einzige, was unsere Position beeinflusst, ist die Zeit. Und deren Fluss kann niemand verändern.

Durch den Optionsverkauf wählen wir also eine Strategie aus, bei der wir eine Gewinnwahrscheinlichkeit von über 80 Prozent haben, und das, noch bevor wir den Markt analysiert oder den Basiswert betrachtet haben. Das sichert uns einen klaren Vorteil gegenüber anderen Strategien.

Vorteil 2: Die Mitnahme von Gewinnen wird einfach

Beinahe jedes Buch über Trading oder über die Börse geht früher oder später auf die Strategie ein, die offensichtlich für die meisten Trader zum Mantra geworden ist: »Begrenze die Verluste, lass die Gewinne laufen!« Die meisten Trader sind darauf gedrillt, dass eine gute Strategie, die auch gewinnbringend ist, aus vielen kleinen Verlusten und wenigen großen Gewinnen besteht. Diese großen Gewinne, deren Eintrittswahrscheinlichkeit unter 50 Prozent liegt, sollen die vielen kleinen Verluste aufwiegen und dem Trader ermöglichen, profitabel zu handeln.

Durch den Austausch mit meinen Seminarteilnehmern und vielen anderen Tradern weiß ich, wie schwer es ist, dieses Konzept in der Realität profitabel umzusetzen. Während die Grundlogik bestechend einfach ist, behindern unterschiedlichste psychologische Mechanismen die Umsetzung. Die meisten Privatanleger scheitern an diesem doch relativ einfach zu verstehenden Konzept. Auch nach der sorgfältigen Analyse scheinen die Stops, die sie wählen, um die Positionen abzusichern, vom Markt regelrecht abgefischt zu werden. Wir alle haben erlebt, wie ein signifikantes Widerstandsniveau gebrochen wird und die Privatanleger der Reihe nach ausgestoppt werden, bevor es zu einer Trendwende kommt und der Markt in die gewünschte Richtung läuft. Durch die einheitliche Chartlehre sind die Platzierungen der Stops für Profis sehr leicht einzuschätzen. Ein Broker hat sogar den Vorteil, jeden gesetzten Stop tatsächlich zu sehen.

Wir sollten niemals vergessen: Wenn wir einen Chart analysieren, schaut eine Vielzahl von Tradern zum gleichen Zeitpunkt den gleichen Chart an. Alle Teilnehmer sehen die gleichen Punkte, die gleichen Unterstützungs- und Widerstandslinien, an denen typischerweise die Stops platziert werden. Genau aus diesem Grund sehen wir oft, wie der Markt einen kritischen Unterstützungspunkt durchbricht und beschleunigt. Denn durch diese Bewegung werden die Stops ausgelöst und das Momentum (die Dynamik der Kursbewegung) beschleunigt sich. Die Beschleunigung führt dazu, dass weitere Stops ausgelöst werden, und das bringt eine Lawine in Gang. Nichts ist frustrierender, als anschließend zuzusehen, wie der Markt sich wieder fängt und in die ursprünglich gewünschte Richtung steigt. So sieht die Erfahrung vieler Trader leider aus: Wir waren zum richtigen Zeitpunkt im richtigen Markt, aber wir wurden unglücklich ausgestoppt und haben nichts mehr davon, dass sich unsere ursprüngliche Analyse als richtig erweist.

Bei dem hier beschriebenen Szenario handelt es sich um eine durchaus optimistische Einschätzung. Denn anfangs muss der Anleger sich überhaupt dazu entschließen, sein Risiko zu begrenzen, indem er einen Stop setzt. »Verluste begrenzen, Gewinne laufen lassen«, hört sich auf dem Papier sehr gut an. Aber die menschliche Psychologie macht uns meistens einen Strich durch die Rechnung. Die Emotionen sind ein Feind eines jeden Traders. Von allen denkbaren Emotionen ist keine so zerstörerisch für das Depot eines Anlegers wie die Hoffnung. Hoffnung ist ein wunderbares Gefühl, wenn sie außerhalb des Tradings eingesetzt wird. Im Kontext des Börsenhandels kann sie aber das gesamte Depot vernichten. Ein Trader will seine Verluste nicht begrenzen. Denn er hat eine emotionale Bindung an eine einmal aufgebaute Position. Er wird der Position zusehen, wie sie sich gegen ihn entwickelt, und er wird immer weiter hoffen, dass sie dreht. Bücher über Trading empfehlen, nicht emotional in Bezug auf die eigenen Positionen zu sein. Aber wie sollen wir das anstellen? Es geht um unser Geld, über das wir reden! Wir werden emotional sein, egal, was wir uns vornehmen. Es führt kein Weg daran vorbei.

Und wie sieht es aus mit der Entscheidung über den Zeitpunkt, zu dem wir unsere Profite mitnehmen sollten? Einen Gewinner laufen zu lassen kann psychologisch noch schwieriger sein, als mit den Verlusten umzugehen. Ein Trader, der eine gewinnende Position hat, wird so froh sein über seinen Gewinn, dass er Angst und Panik bekommt. Er befürchtet, der Markt könne drehen und die Kursverluste könnten seine Gewinne wieder aufzehren. Eine gewinnende Position zum richtigen Zeitpunkt zu schließen stellt den Trader vor noch größere Herausforderungen als der Umgang mit den Verlusten. Die meisten Trader scheitern nicht an den Verlusten, sondern am falschen Umgang mit Gewinnpositionen. Entweder wird die Position zu früh geschlossen und der Großteil des Potenzials nicht realisiert. Oder der Trader hält die Position zu lange und gibt den Großteil der Gewinne wieder ab. Das ist einer der Gründe, warum es relativ wenige schaffen, mit direktionalen Trades erfolgreich zu handeln.

Optionen zu verkaufen erspart uns den größten Teil dieses Dilemmas. Wenn wir eine Option verkaufen, brauchen wir uns über die Gewinnmitnahmen keine Gedanken mehr zu machen. Unser Gewinn ist definiert durch die Prämie, die wir eingenommen haben, und auch die zeitliche Dimension des Trades ist durch die fest definierte Laufzeit von Anfang an bekannt. Der Markt trifft diese Entscheidungen für uns. Unsere Position wird automatisch nach dem Ende der Laufzeit des Kontraktes geschlossen. Somit haben wir absolute Klarheit über die Höhe der Gewinne und die Dauer des Trades. Wir können unseren maximalen Gewinn erreichen, ohne auch nur einmal darüber nachzudenken, wann wir handeln sollen und was wir dabei machen sollen. Damit haben wir ein sehr klares Ziel, was unsere Gewinne anbetrifft, und der Zeitraum ist auch vorgegeben. Welches ist unsere Strategie, um Gewinne als Optionsverkäufer mitzunehmen? Nichts zu tun und darauf zu warten, bis die Zeit uns den maximalen Profit bringt.

Allein der Umstand zu wissen, wann und wie hoch unsere Gewinne sein werden, ist eine große Erleichterung. Eine Erleichterung, die viele Trader dankbar annehmen, die es als schwierig empfinden, ihre Gewinnpositionen im richtigen Moment zu schließen.

Vorteil 3: Die Zeit arbeitet für uns

Als Optionskäufer haben wir die Zeit auf unserer Seite. Egal, was der Markt macht, ob er steigt oder fällt, ob er seitwärts läuft oder explosiv ausbricht: Die Zeit wird langsam, aber sicher den Zeitwert der Option auf null reduzieren. Die Zeit wird immer unser Verbündeter sein, sie wird für uns arbeiten und gegen die Personen, die unsere Option gekauft haben. Wie ein schmelzender Eiswürfel in der Sonne verliert die Option an Zeitwert, was uns als Optionsverkäufer nur willkommen ist. Die Zeit ist der größte Alliierte eines Optionsverkäufers.

Vorteil 4: Wir müssen nicht recht haben

Eine der schwierigsten Aufgaben eines direktionalen Händlers ist die Einschätzung der zukünftigen Marktentwicklung. Die Vielzahl von verfügbaren Indikatoren, Konzepten und Systemen und relevanten Marktinformationen machen uns diese Aufgabe nicht leichter. Insbesondere wenn wir Optionen kaufen, wird die Prognose schwierig, denn zusätzlich zur Einschätzung der Marktrichtung müssen wir die zeitliche Komponente berücksichtigen. Optionstrader, die von der richtigen Einschätzung der Preisbewegung profitieren möchten, müssen in ihrer Einschätzung über Marktrichtung und Zeitpunkt richtigliegen. Sie sollten zudem in der Lage sein, den Zustand des Marktes beziehungsweise der Marktteilnehmer richtig einzuschätzen, was unter anderem viele psychologische Aspekte einbezieht.

Das ist ein kritischer, jedoch oft übersehener Vorteil der Optionsverkäufer: Wenn wir Optionen verkaufen, müssen wir nicht richtigliegen, was die zukünftige Marktentwicklung betrifft. Eine Aussage darüber zu treffen, wo der Markt nicht hingehen wird, ist um einiges einfacher, als eine Aussage darüber zu treffen, wo er sich hinbewegt. Wir müssen nicht recht haben über die zukünftige Marktentwicklung. Alles, was wir brauchen, ist eine Prognose dazu, wo der Markt nicht hingehen wird. Gemäß dieser Prognose bauen wir dann unsere Short-Positionen auf. Wenn wir Optionen verkaufen, wie in diesem Buch dargestellt, ist genau das unsere Aufgabe: einzuschätzen, wo der Markt nicht hingehen wird. Wir müssen nicht länger exakte Aussagen über die Richtung der Bewegung treffen. Auch über das Timing brauchen wir uns wenig Gedanken zu machen. Alles, was wir brauchen, ist ein Preisniveau, welches der Markt im vorgegebenen Zeitraum voraussichtlich nicht erreichen wird. Gemäß diesem Preisniveau wählen wir den Strike unserer Position aus.

Je mehr Erfahrungen Sie mit dem Optionshandel sammeln, umso leichter wird es Ihnen fallen, ein unwahrscheinliches Preisniveau zu identifizieren, das sich als Strike für den Optionsverkauf eignet. Die fundamentale und die technische Analyse helfen Ihnen bei der Identifikation. Damit können Sie sich sinnvoll gegen die Optionskäufer positionieren, die genau auf diese unwahrscheinlichen Ereignisse setzen.

Der springende Punkt bei Optionsverkäufen ist, dass wir unabhängig von der Marktbewegung gewinnen können. Ist unsere Markteinschätzung richtig, nehmen wir den maximalen Gewinn mit. Ist unsere Markteinschätzung nur teilweise richtig, nehmen wir ebenfalls den maximalen Gewinn mit. Der Markt kann in die erwartete Richtung gehen oder seitwärts laufen oder sich sogar teilweise gegen unsere Erwartung entwickeln, wir haben unseren maximalen Gewinn. Solange wir nicht vollständig falschliegen in Bezug auf die erwartete Marktbewegung, erhalten wir unseren Gewinn. Und läuft der Markt komplett entgegen unserer Erwartung, so haben wir immer noch die Möglichkeit, unsere Position anzupassen. Damit lassen sich Verluste vermeiden oder sogar noch mehr Gewinne machen, wenn unsere Anpassung der Position richtig war. Solange wir nicht 100 Prozent falsch sind, haben wir einen Gewinn. Meiner Meinung nach ist das eine viel bessere Ausgangslage, als nur dann zu gewinnen, wenn wir 100 Prozent richtigliegen.

Vorteil 5: Perfektes Timing ist nicht mehr notwendig

Einer der kritischen Aspekte beim direktionalen Handel ist die Fähigkeit, den Markt richtig zu timen. Insbesondere wenn wir mit gehebelten Produkten arbeiten, kann ein falsches Timing zu großen Verlusten führen. Auch wenn wir eine fundamental attraktive Aktie in einem langfristigen Aufwärtstrend finden, wird sie auf ihrem Weg nach oben mehrere Korrekturen durchlaufen. Dies kann für den Trader in unvorhergesehene Schwierigkeiten führen. Werden in einem Trend tiefere Tiefs ausgebildet oder finden kleine Korrekturen statt, kann das dazu führen, dass der Trader die Position schließt oder ausgestoppt wird. Auch eine plötzliche Nachricht kann die Position gefährden oder sogar außer Gefecht setzen.

Sieht der Trader einen Trend und entscheidet er sich, eine Position in Trendrichtung aufzubauen, mag das grundsätzlich eine gute Idee sein. Doch muss er sich dann Gedanken über das richtige Timing machen. Das richtige Timing wird darüber entscheiden, ob die Position ein Gewinner wird oder nicht. Typischerweise wird der Trader sich entscheiden, eine Position zu eröffnen und diese mit einem Stop-Loss abzusichern. Doch wo sollte die Stop-Loss-Marke platziert werden? Wird sie zu eng gesetzt, um Verluste zu verhindern, wird die Position womöglich schon durch die tägliche Marktvolatilität ausgestoppt. So führt der Gedanke, das eigene Kapital zu schützen, zu genau entgegengesetztem Effekt: Dadurch, dass der Trader aus den Positionen ausgestoppt wird, wird das Kapital aufgezehrt.

Als Optionsverkäufer umgehen wir diese Schwierigkeiten. In einem bullischen Trend kann der Verkäufer Puts mit Strikes weit unterhalb der erwarteten Marktbewegung verkaufen. Dadurch sind starke Volatilitäten verkraftbar, ohne einen Einfluss auf unsere Position zu haben. Auf diese Weise können wir Gewinne machen, ohne uns allzu viele Gedanken über das richtige Timing zu machen. Auch wenn der Markt anschließend in den Korrekturmodus verfällt, wird die Marktvolatilität einen viel geringeren Einfluss auf die Position ausüben als bei einer direktionalen Position. Wir können dadurch wesentlich länger im Markt bleiben, ohne Verluste aussitzen zu müssen, ohne Margin-Anforderungen anzupassen und ohne die Gefahr, ausgestoppt zu werden.

Vorteil 6: Flexibilität

Bei einer Aktie können wir nur eine einzige Entscheidung treffen: kaufen oder verkaufen, je nachdem, ob wir von einem steigenden oder einem sinkenden Preis ausgehen. Dagegen haben wir beim Optionshandel eine Vielzahl von Möglichkeiten, unterschiedlichen Markterwartungen mit unterschiedlichen Strategien Rechnung zu tragen. Auch wenn zunächst die scheinbar unendliche Vielzahl von Möglichkeiten einen Neuling überfordern mag: Es ist ein großer Vorteil, die Positionen entsprechend der Marktentwicklung aufbauen und bei geänderter Markterwartung anpassen zu können.

Als Optionsverkäufer sind wir beispielsweise in der Lage, mit einem marktneutralen Trade zu beginnen. Sollte der Markt eine Richtung einschlagen, können wir den Trade entsprechend anpassen. Durch die Reparatur sind wir in der

Lage, sogar einen höheren Gewinn aus dem Trade mitzunehmen, als ursprünglich eingeplant. Anpassungsstrategien sind von großer Bedeutung für den Optionshandel.

Vorteil 7: Klar definiertes Risiko

Wir haben gesehen, dass wir als Optionsverkäufer zunächst ein unbegrenztes Risiko übernehmen. Wir müssen uns daher unbedingt strategisch vor diesem Risiko schützen. Das bedeutet, wir müssen schon vor dem Trade das maximal tragbare Risiko festlegen. Durch geeignete Absicherungsinstrumente können wir das auch tun. Das Risikomanagement beim Optionsverkauf ist so zentral, dass wir uns diesem Thema in den folgenden Kapiteln in aller Ausführlichkeit widmen.

Durch geeignete Absicherungsinstrumente sind wir in der Lage, unser Risiko festzulegen und zu kontrollieren. Das ist ein klarer Vorteil gegenüber direktionalen Tradern, die ihr Risiko lediglich durch Stops absichern. Die Stops sind nicht garantiert und können bei entsprechender Marktvolatilität an einem Punkt ausgeführt werden, der einen höheren Verlust mit sich bringt, als ursprünglich eingeplant. Beim Optionsverkauf sind wir in der Lage, dieses Risiko auszuschalten und einen klar definierten Maximalverlust festzulegen.

Besuchen Sie unsere Webseite www.optioneniq.com und testen Sie Ihr Wissen, bevor Sie mit den weiteren Kapiteln fortfahren. Sie finden in unserem Portal Anwendungsbeispiele und Schulungsvideos, die Ihr Verständnis vertiefen.

TEIL II:
OPTIONSSTRATEGIEN

Kapitel 7: Covered Call

Wir haben gesehen, welche Vorteile der Optionsverkauf bietet und wie wir als Optionsverkäufer vom Zeitwertverfall der Optionen profitieren können. Wir haben aber auch gesehen, dass der nackte Verkauf von Optionen mit hohen Risiken verbunden ist, wenn wir unser Versprechen, den Basiswert zu liefern (Short Call) oder abzukaufen (Short Put), nicht absichern. In den folgenden Kapiteln widmen wir uns den Strategien und haben ein besonderes Augenmerk darauf, die Risiken abzusichern, die aus dem Verkauf von Optionen entstehen.

Das Management von Risiken ist die zentrale Aufgabe eines jeden Optionsverkäufers. Das Verkaufen von Optionen, insbesondere von Puts, wird oft mit der Tätigkeit eines Versicherungsunternehmens gleichgestellt. Käufer einer Versicherung bezahlen dem Versicherungsunternehmen eine Versicherungsprämie dafür, dass die Versicherung bestimmte Risiken übernimmt. Die Prämie ist jeden Monat fällig, unabhängig davon, ob der Versicherungsfall eintritt. In den meisten Fällen kommt es nicht zum Schadensfall, wenn aber doch, muss die Versicherung den Schaden übernehmen.

Beim Optionsverkauf kaufen wir Risiken ein, welche die anderen Marktteilnehmer nicht zu tragen bereit sind. Unsere Aufgabe als »Versicherungsgesellschaft« ist es daher, diese Risiken zu managen und einzugrenzen. Erst dadurch können wir die Verpflichtungen, die wir eingegangen sind, ohne Verluste erfüllen. Während die Statistik dafürspricht, dass 70 bis 80 Prozent aller Optionen wertlos verfallen, hängt unsere Erfolgsquote maßgeblich davon ab, welche Optionen wir wählen und wie wir unsere Risiken absichern. Denn die 20 Prozent der Optionen, die nicht wertlos verfallen, können uns ohne geeignete Risikoabsicherung erhebliche finanzielle Schäden zufügen. Diese potenziellen Schäden sind womöglich sogar wesentlich höher als die Einnahmen aus den Gewinnerpositionen. Treffen wir hingegen Absicherungsmaßnahmen, können wir das zu tragende Risiko auf ein Minimum reduzieren und steuern.

Wir schauen uns in diesem Teil des Buches Strategien für Cashflow und direktionales Trading an. Wollen wir den Erfolg maximieren, können wir beide Arten von Strategien kombinieren. Wir beginnen mit Cashflow-Strategien und wenden uns dann den direktionalen Strategien zu.

Als Call-Verkäufer gehen wir die Verpflichtung ein, innerhalb der Laufzeit den Basiswert zu einem festgelegten Preis zu liefern. Während der Call-Käufer das Recht erworben hat, den Basiswert von uns zu erwerben, haben wir die Verpflichtung, diesen Basiswert (zum Beispiel 100 Aktien à $ 50) zu liefern. Für diese Verpflichtung auf Zeit erhalten wir die Zeitprämie der Option.

Erinnern wir uns an das Beispiel mit der Jacke, die wir zurückgelegt haben. Der Optionskäufer hat das Recht, die Jacke innerhalb eines Monats zum festgelegten Preis von uns zu erwerben. Falls er die Jacke woanders günstiger findet (der Preis fällt), wird er sie dort kaufen und unser Geschäft nie wieder aufsuchen. Wir behalten auf jedem Fall die Prämie. Falls der Preis jedoch steigt, wird er zu uns kommen und die Herausgabe der Jacke zum vereinbarten Preis verlangen.

Als Verkäufer haben wir mehrere Möglichkeiten, das Interesse des Käufers zu bedienen:

- Wir haben die Ware vorrätig (wir haben sie schon vor einiger Zeit zum günstigen Preis erworben, haben also unser Versprechen abgesichert und damit gedeckt, sprich »covered«); somit können wir diese sofort abgeben. Oder:
- Wir besitzen die Ware nicht (sind »nackt«), haben aber einen Lieferpreis vereinbart (das heißt, wir haben uns abgesichert, Englisch »hedged«). Oder:
- Wir haben keine Absicherung getroffen und müssen die Ware zum Marktpreis beschaffen, der in der Zwischenzeit gestiegen ist.

Die einfachste Methode, das eigene Lieferversprechen abzusichern, besteht darin, den Basiswert zu besitzen, um diesen auf Verlangen des Call-Käufers abgeben zu können. Wenn wir Optionen auf einen im Depot vorhandenen Basiswert verkaufen, so sprechen wir von einem »Covered Call« (»gedeckten Verkauf«). Wenn wir Covered Calls verkaufen, besitzen wir den Basiswert (100 Aktien) und gehen einen Call short. Die Menge des Basiswertes im Depot entspricht dabei der Anzahl der Verpflichtungen, die wir verkauft haben. Je 100 Aktien können wir einen Call verkaufen, ohne dadurch zusätzliche Risiken einzugehen.

Wenn wir den Basiswert bereits besitzen, können wir mit Covered Calls unsere Gewinne erhöhen, indem wir eine zusätzliche monatliche Verzinsung auf die Position einnehmen. Durch den Verkauf der Liefervereinbarung gehen wir keine weiteren Verlustrisiken ein (wir haben bereits das Risiko, dass die Aktie fällt) und können zusätzliche Einnahmen für das Depot generieren. Handelt es sich bei dem Basiswert um eine Aktie, die Dividenden zahlt, können wir mit den gezahlten Dividenden und den regelmäßigen Optionsprämien Cashflow erzielen.

Einen Covered Call zu schreiben bedeutet, das Aufwärtspotenzial des Basiswertes über den verkauften Strike dem Optionskäufer zu überlassen. Wir profitieren von der Kurssteigerung im Basiswert nur bis zum verkauften Strike, darüber hinaus profitiert der Optionskäufer. Einige Trader vergleichen das Schreiben des Covered Calls mit einem bezahlten Take-Profit: Wir kaufen den Basiswert in der Erwartung einer moderaten Kurssteigerung. Wir identifizieren das Preisniveau, bis zu dem wir Aufwärtspotenzial im Basiswert sehen, und verkaufen einen Call an diesem Strike. Tritt entsprechend unserer Erwartung der Kursanstieg ein und läuft die Option ins Geld, realisieren wir unseren Gewinn. Der Basiswert wird uns zu dem vereinbarten Strike abgekauft. Folgendes Risikoprofil macht das Prinzip deutlich:

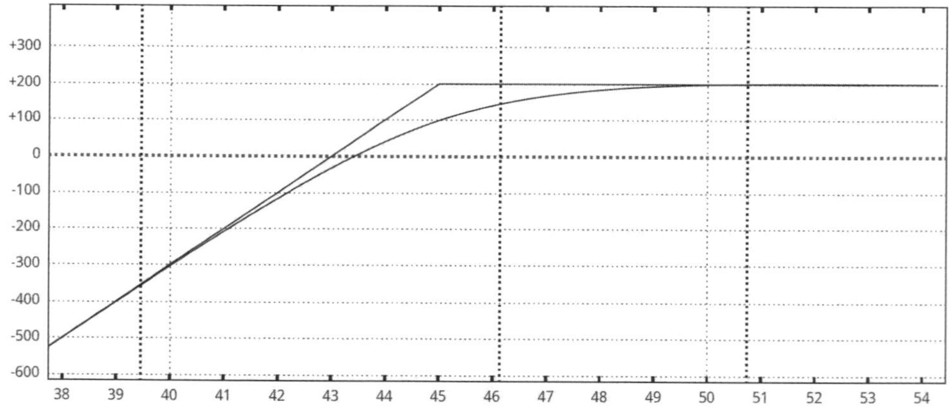

Abb. 15: Risikoprofil eines Covered Calls

Wir erkennen, dass wir aus dieser Strategie einen maximalen Gewinn haben. Dieser berechnet sich wie folgt:

Maximales Gewinnpotenzial:

verkaufter Strike - Kaufpreis des Basiswertes + Optionsprämie

Hier das Beispiel mit der eBay-Aktie. Wir haben die Aktie zum Marktpreis von $ 42 gekauft und sind bereit, sie für $ 45 zu verkaufen. Auf Kursgewinne über dem verkauften Strike von $ 45 verzichten wir. Wir sind der Ansicht, dass die Aktie innerhalb des nächsten Monats auf nicht mehr als $ 45 steigen wird. Falls sie doch höher steigt, soll uns das egal sein. Wir sind bereit, für die Laufzeit der Option das Versprechen einzugehen, diese Aktie für $ 45 zu liefern. Der Optionskäufer zahlt dafür eine Prämie von $ 1 pro Aktie, bei einem Kontrakt von 100 Aktien also $ 100.

Der Käufer setzt darauf, dass der Aktienkurs steigen wird und dass er mit seinem Einsatz, der Optionsprämie, einen Gewinn erzielt. Steigt der Kurs, kann er uns entweder die Aktie am Laufzeitende für $ 45 abkaufen oder schon vorher die Option mit einem Gewinn verkaufen. Der Käufer hat diese Prämie gezahlt, um an den Kursschwankungen der Aktie teilzuhaben, die wir besitzen.

Der Maximalgewinn berechnet sich folgendermaßen:
Kaufpreis: $ 42
Verkaufter Strike: $ 45
Prämie: $ 1
Maximaler Gewinn: $ 45 (verkaufter Strike) - $ 42 (Kaufpreis) + $ 1 = $ 4 ($ 400 bei 100 Aktien pro Kontrakt)

Haben wir ein Problem damit, die Aktie für $ 45 dem Optionskäufer zu verkaufen, falls der Marktpreis am Verfallstag über $ 45 steht? Wir haben die Aktie für $ 42 gekauft und realisieren $ 300 Gewinn und die Prämieneinnahme von $ 100. Das Problem besteht nur, wenn wir dem entgangenen Gewinnen nachtrauern, die ein Kursanstieg über die Marke von $ 45 ohne den Verkauf des Covered Calls ermöglicht hätte. Aber Spaß beiseite: Wir begnügen uns mit dem vorher definierten Kursgewinn, falls der Basiswert tatsächlich steigt, und mit der Optionsprämie, die uns garantiert ist. Wir werden also dafür bezahlt, dass wir bereit sind, unsere Aktie zu einem höheren als dem heutigen Marktpreis zu verkaufen. Wir haben über Take-Profits gesprochen, die eingesetzt werden, um am Kursziel die Gewinne mitzunehmen. Ähnlich können wir den Verkauf einer Call-Option beschreiben, nur dass wir für diese Verpflichtung bezahlt werden.

Wir haben also unseren Gewinn mit dem Verkauf der Option begrenzt. Wir halten die Aktie und müssen uns um das Risikomanagement der Aktien kümmern. Das Risiko der fallenden Kurse haben wir bereits als Aktienbesitzer. Durch den Verkauf des Calls sind wir keine zusätzlichen Risiken eingegangen. Wir werden dafür bezahlt, dass wir das mögliche Kurssteigerungspotenzial des Basiswertes verkaufen. Steigt die Aktie über den verkauften Strike, wird uns diese für $ 45 abgekauft. Läuft die Aktie seitwärts und ist der Kurs am Laufzeitende unterhalb des von uns verkauften Strikes, verfällt die Verpflichtung wertlos, wir behalten die Prämie und die Aktien. Diesen Prozess können wir regelmäßig wiederholen. Sollte der Aktienpreis fallen, müssen wir unser Risiko begrenzen, indem wir unsere Position mit einen Stop-Loss oder mit einem Put absichern.

An dieser Stelle möchte ich noch mal auf das Gesamtkonzept eingehen. Als direktionale Trader müssen wir ständig die Kursentwicklung beobachten. Wir haben die Position mit der Absicht gekauft, sie möglichst schnell mit Gewinn wieder zu verkaufen. Anders bei Cashflow-Strategien. Haben wir eine Aktie, die wir vermieten können, wollen wir sie langfristig halten. Wir können diese Strategie über mehrere Jahre wiederholen und monatlich oder sogar wöchentlich unsere Aktien vermieten. Dadurch sind wir besser gegen Kursschwankungen gewappnet. Auch wenn wir vorübergehende Kursverluste aushalten müssen. Solange wir nicht die Absicht haben, die Aktien wieder zu verkaufen, ist der Buchverlust erst einmal zweitrangig. Wir sollten jedoch für den maximalen Buchverlust klare Money-Management-Regeln haben.

Break-even-Punkt und Absicherung gegen Kursverluste der Aktie

Einen Covered Call zu schreiben sichert uns zum Teil gegen Kursverluste ab. Die eingenommene Optionsprämie senkt unsere Einstiegskosten in die Position und dadurch den Break-even-Punkt. Das Kursrisiko bleibt jedoch erhalten. Falls der Kurs des Basiswertes unter den Break-even-Punkt fällt, entstehen Verluste. Wir kalkulieren den Break-even-Punkt:

Break-even = Kaufpreis des Basiswertes - eingenommene Prämie

Bleiben wir beim Beispiel der eBay-Aktie. Wir kaufen sie für $ 42 und verkaufen anschließend den Call für die Prämie von $ 1. Dann liegt unser Break-even bei $ 41. Fällt der Kurs und liquidieren wir unsere Position für $ 41, haben wir weder Verluste noch Gewinne aus dem Trade. Ein großer Vorteil von Covered

Calls ist die Fähigkeit, den Break-even unter den Einstiegspreis zu senken. Sichern wir uns an dieser Stelle mit einem Stop ab, schließen wir Verluste aus.

Wiederholen wir den Prozess mehrfach, senken wir mit jedem weiteren verkauften Call unseren Break-even-Punkt. Sind wir in der Lage, einen Monat später einen weiteren Call zu verkaufen und einen weiteren Dollar zu bekommen, liegt unser Break-even bereits bei \$ 40. Nach einem weiteren verkauften Call liegt der Break-even bei \$ 39 und so weiter. Indem wir lange genug Calls gegen eine bestehende Position verkaufen, können wir den Break-even-Punkt immer weiter senken, bis er bei null liegt. Durch das mehrfache Anwenden des Covered Calls können wir folglich die gesamte Investition in den Basiswert auszahlen, den Break-even-Punkt auf null senken, den Basiswert nach wie vor halten und Cashflow durch weitere Call-Verkäufe auf die Position produzieren.

Natürlich dürfen wir bei allem Optimismus nicht vergessen, dass sich der Break-even-Punkt, den wir gerade kalkuliert haben, auf den Verfallstag der verkauften Option bezieht. Der Basiswert kann kurz nach dem Optionsverkauf fallen und wir müssen liquidieren. Dann haben wir noch die Short-Position, die einen Monat läuft. Wir können uns dann entscheiden, die Option für den Restwert zurückzukaufen oder sie nackt (ungedeckt) zu halten.

Wollen wir den Break-even-Punkt ermitteln, der gilt, wenn wir heute die Position schließen, dürfen wir unsere Kalkulation nicht auf die eingenommene Prämie beziehen. Wir müssen den aktuellen Kurs der Option betrachten. Denn diesen aktuellen Kurs müssen wir bezahlen, um den Call zurückzukaufen und die Position zu schließen. Am ersten Tag des Trades ist der Break-even gleich dem Einstiegspreis. Mit jedem weiteren Tag sinkt der Break-even um den Zeitwert, den die Option verloren hat. Wir kalkulieren den Break-even im laufenden Trade wie folgt:

Break-even heute =
Kaufpreis des Basiswertes - eingenommene Prämie + Tagespreis der Option

Die Wahl des Strikes hat einen großen Einfluss auf den Break-even-Punkt. Wählen wir einen Strike, der nah am Geld ist, werden wir eine höhere Prämie einnehmen und dadurch den Break-even stärker senken. Das geht auf Kosten des möglichen Kapitalzuwachses, den wir durch einen tieferen Strike stärker begrenzen.

Kapitalbedarf

Der Kapitalbedarf für einen Covered Call ist das Investment in den Basiswert (zum Beispiel 100 Aktien von eBay). Handeln wir auf Margin, werden wir einen Bruchteil des Kaufpreises hinterlegen müssen, üblicherweise 20 bis 30 Prozent. Das senkt unseren Investitionsbedarf und erhöht die Verzinsung.

Mit dem Verkauf des Calls haben wir eine Einnahme, die uns als Cash sofort zur Verfügung steht. Das senkt ebenfalls den Investitionsbedarf. Um die Netto-Investition zu bestimmen, ziehen wir daher die eingenommene Prämie von der Gesamtsumme ab. Angenommen, wir kaufen 100 eBay-Aktien für $ 42 pro Stück und nehmen $ 1 Optionsprämie durch den Verkauf der Call-Option mit dem Strike von $ 45 ein. Die Investition berechnet sich wie folgt:

Cash-Konto: (100 * $ 42) - (100 * $ 1) = $ 4100

Margin-Konto: (100 * ($ 42* 0,2) - (100* $ 1)) = $ 740

Während die Einnahme aus der Optionsprämie die gleiche ist, ist das Investment im Margin-Konto wesentlich kleiner. 70 bis 80 Prozent der Kaufsumme werden uns vom Broker als Fremdkapital geliehen. Dafür müssen wir ihm allerdings Zinsen zahlen. Üblicherweise betragen die Kapitalzinsen bei einem Broker circa 2 bis 3 Prozent pro Jahr. Sie sind also vernachlässigbar gering. Deshalb werden wir die Zinsbelastung aus einer Margin-Position nicht in die Kalkulationen einbeziehen. Behalten wir aber im Hinterkopf, dass das Fremdkapital, das wir vom Broker beim Margin-Handel bekommen, auch etwas kostet.

Für die verkaufte Option wird keine zusätzliche Margin geblockt. Anders als bei einem nackten Verkauf tragen wir kein zusätzliches Risiko aus dem Covered Call, denn wir besitzen den Basiswert bereits. Der Broker erkennt das und lässt uns die Option ohne weitere Margin-Hinterlegung verkaufen. Da wir keine weiteren Risiken übernehmen, bedarf es für den Verkauf der Option keiner weiteren Sicherheiten.

Return on Investment (ROI)

Die Verzinsung des Kapitals ist das Hauptziel dieser Strategie und daher die Messgröße für die Entscheidung, einen Trade einzugehen. Wir bestimmen die Verzinsung anhand der Kennzahl ROI (»Return on Investment«). Hierzu schauen wir uns an, wie viel Geld wir investiert haben, um den Trade zu eröffnen. Diesen Einsatz setzen wir ins Verhältnis zu der Prämie, die wir durch den Verkauf der Option erhalten. Wir wollen die Verzinsung des Kapitals in einem Covered Call kalkulieren. Dabei müssen zwei unterschiedliche Szenarien berücksichtigt werden: Die verkaufte Option ist im Geld und wir liefern den Basiswert (Szenario 1). Oder die Option ist aus dem Geld und verfällt wertlos (Szenario 2). Wir wollen die Erträge für beide Szenarien vergleichen.

Szenario 1: Der Call ist am Verfallstag im Geld

Wir halten den Call bis zum Verfallstag, und dieser ist am Verfallstag im Geld (der Marktpreis liegt also über dem Strike), dann wird der Käufer der Option sein Recht ausüben, den Basiswert von uns günstiger zu kaufen als zum aktuellen Marktpreis. Die Erlöse aus dem Verkauf beeinflussen die Bilanz des Trades positiv. Für das Beispiel der eBay-Aktie, die wir für $ 42 pro Stück gekauft haben und auf die wir eine Call-Option mit dem Strike von $ 45 für eine Prämie von $ 1 verkauft haben, gilt: Der ROI für die Option, die im Geld liegt, lässt sich folgendermaßen berechnen:

ROI-Berechnung (Call liegt im Geld)
Ertrag aus dem Aktienverkauf: (Verkaufspreis - Kaufpreis) * 100
Ertrag aus dem Call-Verkauf: Optionsprämie * 100
Gesamtertrag: ($ 45 - $ 42) * 100 + $ 1 * 100 = $ 400
ROI im Cash-Konto: Ertrag/Investition = $ 400/$ 4100 = **9,75 Prozent ROI**
ROI im Margin-Konto: Ertrag/Investition = $ 400/$ 740 = **54 Prozent ROI**

Die Verzinsung des eingesetzten Kapitals ist in beiden Fällen attraktiv. In einem Margin-Konto ist sie durch den geringeren Eigenkapitalbedarf aber wesentlich höher (schließlich setzen wir auch Fremdkapital ein, nämlich das vom Broker geliehene Geld). Die Verzinsung bezieht sich auf die Laufzeit des Trades, also die Laufzeit des verkauften Calls. Um einen besseren Vergleich zu anderen Geldanlagen zu bekommen, rechnen wir diesen Ertrag auf ein Jahr hoch. Dadurch können wir zwei unterschiedliche Investitionsmöglichkeiten mit unterschiedlichen Laufzeiten miteinander vergleichen.

Angenommen, wir bekommen die Prämie für eine Option, die eine Laufzeit von einem Monat hat. Um den theoretischen jährlichen ROI zu ermitteln, multiplizieren wir die Verzinsung mit der Anzahl der Trades, die wir mit solcher Laufzeit innerhalb eines Jahres umsetzen könnten. Natürlich ist es nicht wahrscheinlich, dass wir den Trade zu den exakt gleichen Konditionen wiederholen können. Es handelt sich somit nur um eine theoretische Kalkulation, um unterschiedliche Investitionsmöglichkeiten miteinander zu vergleichen.

Szenario 2: Der Call ist am Verfallstag aus dem Geld

Steigende Kurse sind nur eines der möglichen Szenarien zum Laufzeitende. Wir können nicht mit Sicherheit davon ausgehen, dass der Basiswert steigen wird und dass wir die im vorigen Abschnitt berechnete Verzinsung bekommen. Wir berechnen daher den ROI auch für den Fall, dass die Option aus dem Geld ist und wertlos verfällt. Diese Berechnung hat den Vorteil, dass wir keine Annahmen über die zukünftige Marktentwicklung treffen.

Da wir nur die Prämie garantiert einnehmen und uns die Kursgewinne nicht sicher sind, betrachten wir bei der Bewertung von Investitionsgelegenheiten immer den ROI für die wertlos verfallende Option. Wenn dann doch der bessere Fall eintritt, sehr schön. Als vorsichtige Kaufleute gehen wir aber lieber von einer konservativeren Einschätzung aus, sprich von der Möglichkeit, dass der Call am Verfallstag aus dem Geld ist. Halten wir den Call bis zum Verfallstag und ist er am Verfallstag aus dem Geld (sprich, liegt der Marktpreis unter dem Strike), verfällt er wertlos. Wieder dient uns die Aktie als Beispiel, die wir für $ 42 pro Stück gekauft und auf die wir eine Call-Option mit dem Strike von $ 45 für eine Prämie von $ 1 verkauft haben. Ist diese Option aus dem Geld, berechnen wir den ROI dafür folgendermaßen:

ROI-Berechnung (Call ist aus dem Geld)

ROI im Cash-Konto: Ertrag/Investition = $ 100/$ 4100 = **2,43 Prozent ROI**
ROI im Margin-Konto: Ertrag/Investition = $ 100/$ 740 = **13,5 Prozent ROI**

Weitere Einnahmen durch den Besitz der Aktie sind möglich, zum Beispiel aus Dividendenzahlungen. Erhalten wir während der Laufzeit Dividenden, verbessern sie unsere Einnahmen und damit die Verzinsung. Falls die Aktie $ 0,10 Dividenden ausgeschüttet hat, sieht der ROI wie folgt aus:

Ertrag aus dem Call-Verkauf: Optionsprämie * 100 =$ 100
Ertrag aus der Dividende: Dividende * 100 = $ 10

Gesamtertrag: $ 100 + $ 10 = $ 110

ROI im Cash-Konto: Ertrag/Investition = $ 110/$ 4100 = **2,68 Prozent ROI**
ROI im Margin-Konto: Ertrag/Investition = $ 110/$ 740 = **14,86 Prozent ROI**

Obwohl Dividendenzahlungen unsere Verzinsung aufbessern, ist der Effekt vergleichsweise gering. Beim Verkauf von Optionen werden die Dividendeneinnahmen daher eine untergeordnete Rolle spielen. Sie haben somit kaum Einfluss auf die Entscheidung für oder gegen den Trade.

Auswahl des Short Strikes: Kapitalzuwachs versus Cashflow

Eine der grundlegendsten Fragen für jeden Optionsverkäufer ist die Auswahl des zu verkaufenden Strikes. Wie weit sollten wir aus dem Geld gehen? Sollen wir die Option mit der höchsten Prämie verkaufen? Was ist dabei zu berücksichtigen?

Die Entscheidung über den zu verkaufenden Strike ist immer eine Abwägungsentscheidung zwischen einem möglichen, aber nicht sicheren Kapitalzuwachs und dem garantierten Cashflow aus der Optionsprämie. Je weiter wir mit dem Short Strike aus dem Geld gehen, desto höher ist unser möglicher Kapitalzuwachs, desto geringer aber die Optionsprämie – und umgekehrt.

Am Beispiel der Aktie, die wir für $ 42 gekauft haben, überlegen wir, welchen Strike wir verkaufen. Ein Blick auf die Optionskette zeigt, dass wir unter anderem zwischen folgenden Calls auswählen können:

1. EBAY Jan20’17 43 CALL: $ 1,50
2. EBAY Jan20’17 45 CALL: $ 1,00
3. EBAY Jan20’17 47 CALL: $ 0,50

Für diese drei Möglichkeiten berechnen wir den möglichen Gewinn, falls die Option am Verfallstag im Geld ist und falls sie aus dem Geld ist:

Gewinnkalkulation mit verschiedenen Strikes

1. **EBAY Jan20'17 43 CALL:**	Maximalgewinn im Geld: ($ 43 - $ 42) + $ 1,50 = $ 2,50 Maximalgewinn aus dem Geld: $ 1,50
2. **EBAY Jan20'17 45 CALL:**	Maximalgewinn im Geld: ($ 45 - $ 42) + $ 1,00 = $ 4,00 Maximalgewinn aus dem Geld: $ 1,00
3. **EBAY Jan20'17 47 CALL:**	Maximalgewinn im Geld: ($ 47 - $ 42) + $ 0,50 = $ 5,50 Maximalgewinn aus dem Geld: $ 0,50

Die Rechnung verdeutlicht den Trade-off: Je höher der verkaufte Strike, desto geringer der Cashflow und desto höher der potenzielle Kapitalzuwachs. Die Auswahl des zu verkaufenden Strikes hängt also maßgeblich von unserer Markteinschätzung ab: Je mehr Aufwärtspotenzial wir der Aktie zutrauen, je bullischer unsere Einschätzung, desto weiter können wir aus dem Geld gehen. Sind wir sehr bullisch, kann es sogar eine gute Idee sein, die möglichen Gewinne nicht zu begrenzen und einfach die Aktie zu halten. In diesem Fall ist der Cashflow gleich null und das Gewinnpotenzial unbegrenzt. Das andere Extrem ist, den Strike direkt am Einstiegskurs zu wählen. Dadurch maximieren wir die Prämieneinnahme, schließen dafür aber Kursgewinne aus. Wir sollten diese Alternative bevorzugen, falls unsere Einschätzung des Marktes neutral ist.

Bei der Auswahl des richtigen Strikes spielt die Charttechnik eine entscheidende Rolle. Im dritten Teil dieses Buches besprechen wir die Chartanalyse und die daraus abzuleitenden Entscheidungen zur Auswahl eines Short Strikes.

Auswahl der Laufzeit: Welche Laufzeit sollten wir nehmen?

Die zweite Entscheidung betrifft die Laufzeit des zu verkaufenden Kontraktes. Sollen wir eine Option verkaufen, die eine Laufzeit von einer Woche hat, von einem Monat oder von einem Jahr? Bei dieser Entscheidung handelt es sich um ein Problem, das wir ohne Weiteres lösen können.

Unser Ziel beim Verkaufen von Calls ist die maximale Verzinsung unseres Kapitals. Je höher die Verzinsung innerhalb eines gegebenen Zeitraumes, desto besser. Um festzustellen, welche Laufzeit die höchste Verzinsung bringt, rechnen wir die Verzinsung für einen Kalendertag aus. Wir teilen die Zeitprämie durch die Anzahl der Tage bis Laufzeitende und erhalten ein Vergleichsmaß, die Verzinsung pro Tag. Wir wählen die Option mit der höchsten Verzinsung pro Tag.

Hierzu ein Beispiel. Folgende Laufzeiten und Prämien stehen uns zur Verfügung:

Restlaufzeit 7 Tage	Prämie: $ 0,20	Verzinsung pro Tag	= $ 0,20/7 = $ 0,029
Restlaufzeit 14 Tage	Prämie: $ 0,50	Verzinsung pro Tag	= $ 0,50/14 = $ 0,036
Restlaufzeit 21 Tage	Prämie: $ 0,70	Verzinsung pro Tag	= $ 0,70/21 = $ 0,033
Restlaufzeit 28 Tage	Prämie: $ 0,80	Verzinsung pro Tag	= $ 0,80/28 = $ 0,029

Der Kontrakt mit einer Laufzeit von 14 Tagen bringt die höchste tägliche Verzinsung, 3,6 Cent pro Tag ($ 3,60 bei 100 Aktien pro Kontrakt). Mit dieser Option maximieren wir die Einnahmen. Obwohl die absolute Prämie bei den länger laufenden Optionen höher ist, bekommen wir die beste Verzinsung bei dem kurzlaufenden Kontrakt, denn wir können in den 28 Tagen zwei Kontrakte à 14 Tage verkaufen.

Der Zeitwertverfall wird durch die Kennzahl Theta abgebildet. Je höher das Theta, desto höher der Zeitwertverfall. Ein Blick auf die Optionskette genügt, um das Theta der Optionen zu vergleichen. Die Option mit dem höchsten Theta wird unseren Ertrag maximieren.

Trade-Management

Sind wir einen Covered Call eingegangen, muss die Position nicht ständig überwacht werden. Um geeignete Maßnahmen zu treffen, reicht es aus, wenn wir unsere Position absichern und regelmäßig die Preisentwicklung prüfen. Während der Laufzeit kann der Preis des Basiswertes fallen (Szenario 1), steigen (Szenario 2) oder seitwärts laufen. Je nach Szenario stehen uns verschiedene Möglichkeiten zur Verfügung, um auf Preisveränderungen zu reagieren.

Szenario 1: Der Preis des Basiswertes fällt

Der Verkauf des Calls bietet eine gewisse Absicherung gegen fallende Preise, indem er unseren Einstiegskurs und somit den Break-even-Punkt senkt. Fällt der Preis unter den Break-even-Punkt, haben wir drei Möglichkeiten zu reagieren: die Position zu liquidieren, sie mit einem Put abzusichern oder den Call zu rollen.

Angenommen, der Preis des Basiswertes fällt und wir gehen von einer weiteren bärischen Entwicklung aus. In diesem Fall sollte die Position geschlossen werden. Wir steigen Break-even oder mit einem kleinen Verlust aus und suchen nach einer besseren Investition. Gehen wir von einem nachhaltigen Preisverfall aus, sollten wir nicht in einer Long-Position bleiben, denn als Aktienbesitzer tragen wir das volle Abwärtsrisiko des Basiswertes.

Vorübergehende Kursverluste können wir aushalten, denn unsere Strategie zielt nicht auf Kursgewinne ab. Durch die konstanten Prämieneinnahmen können wir die Position aufrechterhalten und den Einstiegskurs sowie damit den Break-even immer weiter senken. Theoretisch können wir trotz fallender Kurse mit der Position Geld verdienen. Es ist aber nicht der Sinn der Sache, fallende Aktien zu halten und die Einnahmen aus den Optionsprämien zur Refinanzierung der Kursverluste einsetzen zu müssen. Gehen wir von einem vorübergehend oder nur moderat fallenden Kurs aus, können wir die Position aufrechterhalten und die Verluste »aussitzen«. Meistens ist es aber viel besser, die Position zu schließen und einen anderen Basiswert zu suchen.

Für die Entscheidung, ob eine Position liquidiert werden soll oder nicht, brauchen wir klare Money-Management-Regeln. Wir sollten genau definieren, wie hoch der maximale Verlust der Position werden darf. Ist dieser maximale Verlust erreicht, sollte die Position geschlossen werden. Dadurch vermeiden wir Engagements, die über unsere persönliche Risikotoleranz hinausgehen, und schließen größere Verluste aus. Unser Ziel ist, Verluste gering zu halten. Wenn wir dagegen der Aktie erlauben, immer weiter zu fallen, ohne darauf zu reagieren, laufen wir Gefahr, eine große Verlustposition im Depot zu haben.

Eine Alternative zum Verkauf des Basiswertes ist die Absicherung mit einem Long Put. Kaufen wir einen Put, haben wir einen garantierten Abnahmepreis für unsere Aktie. Dieser Put ist quasi unsere Versicherung. Er gibt uns die Sicherheit, die Aktie zum vereinbarten Preis verkaufen zu können. Damit können wir die Position trotz des Preisverfalls aufrechterhalten. Die Kosten der Absicherung müssen bei dieser Anpassung mit den Einnahmen aus den Optionsprämien verrechnet werden. Führt die Anpassung der Position zu einer Negativverzinsung, ist das Schließen der Position eindeutig die bessere Alternative.

Die dritte Möglichkeit, mit fallenden Kursen im Basiswert umzugehen, ist, die Option zu »rollen«. Fällt der Kurs des Basiswertes, fällt auch der Preis der verkauften Option. Die Optionsposition kann mit Gewinn geschlossen werden. Verkaufen wir im Anschluss eine weitere Option mit einem Strike, der näher am Geld ist, realisieren wir weitere Einnahmen. Dieser Vorgang wird als »Roll Down« bezeichnet.

Ein »Roll Down« bietet durch die zusätzliche Einnahme die Möglichkeit, den Break-even zu senken und dadurch die Position zu schützen. Dadurch sinkt aber auch der maximal mögliche Gewinn. Denn wir müssen den Basiswert zum neuen Strike abgeben, sollte der Preis des Basiswertes wieder steigen. Haben wir einen Strike unter dem Break-even verkauft und läuft die Option ins Geld, entsteht ein Verlust. Wir schauen uns folgendes Beispiel zur Rentabilitätsberechnung an:

Wir halten 100 eBay-Aktien, die wir für $ 42 gekauft haben, und eine Short-Call-Position mit dem Strike von $ 45. Wir haben den Call für eine Prämie von $ 1 verkauft. Unser Break-even-Punkt liegt bei $ 41. Wir haben folgenden Maximalgewinn für die Position berechnet:

Maximaler Gewinn:
$ 45 (Verkaufter Strike) - $ 42 (Kaufpreis) + $ 1 = $ 4 ($ 400 bei 100 Aktien)

Der Preis des Basiswertes fällt nun um $ 3. Die Option wird durch den Preisverfall im Basiswert günstiger, und zwar um die Preisbewegung multipliziert mit dem Delta der Option, zum Beispiel um 0,5. Die Option, die wir für $ 100 verkauft haben, ist nach der Preisbewegung nur noch $ 50 wert. Wir kaufen die Option zurück, um die Position zu schließen (»buy to close«). Wir haben immer noch den Basiswert und können eine neue Option für eine neue Prämieneinnahme verkaufen. Durch den Ertrag aus der ersten Option haben wir den Einstiegspreis um $ 0,50 verringert, der Break-even nach dem Rückkauf der Option liegt nun bei $ 41,50. Verkaufen wir nun einen Call mit dem Strike bei $ 42 für eine Prämie von $ 1, ergibt sich folgender neuer Maximalgewinn:

Maximaler Gewinn nach Roll Down:
$ 42 (Verkaufter Strike) - $ 42 (Kaufpreis) + $ 0,5 + $ 1 = $ 1,50

Wir haben den Maximalgewinn und gleichzeitig den Break-even-Punkt gesenkt. Der neue Break-even beträgt nun $ 40,50 ($ 42 - $ 0,5 - $ 1 = $ 40,50). Entscheiden wir uns, einen Call mit dem Strike unter unserem Break-even zu verkaufen, kann ein Verlust entstehen, wenn der Preis dreht und die Option ins Geld läuft. Müssen wir die Aktie unter dem Break-even-Punkt verkaufen, sieht unsere Rechnung folgendermaßen aus. Wir haben den ersten Call zurückgekauft und verkaufen einen Call mit einem Strike von $ 39 für eine Prämie von $ 2.

Maximaler Gewinn nach Roll Down:
$ 39 (Verkaufter Strike) - $ 42 (Kaufpreis) + $ 0,5 + $ 2 = - $ 0,5

Indem wir einen Call mit dem Strike unter unserem Break-even verkaufen, laufen wir Gefahr, einen Verlust zu zementieren. Aus diesem Grund ist es wichtig, immer den Break-even für die Position zu kennen und zu beachten.

Das Rollen des Calls nach einem Preisverfall stellt eine Möglichkeit dar, zusätzliche Prämien mit der Bewegung des Basiswertes einzunehmen. Wir haben aber immer den Nachteil, unseren Maximalgewinn zu reduzieren. Erwarten wir, dass der Basiswert innerhalb der Laufzeit wieder steigt, bringt der Roll Down uns keinen Vorteil.

Ob wir die Option angesichts der fallenden Preise rollen oder nicht, ist eine Timing-Entscheidung und hängt von unserer Markteinschätzung ab. Ist unsere Markteinschätzung weiter bärisch, sollten wir den Trade schließen und nach neuen Gelegenheiten Ausschau halten. Sind wir weiterhin bullisch, können wir den Kontrakt rollen. Das Rollen der Optionen ist eine der gängigsten Methoden, um den Strike an die Markentwicklung anzupassen. Wenn wir eine Option rollen, kaufen wir die Short-Option zurück und verkaufen gleichzeitig eine neue Option mit anderem Strike oder anderer Laufzeit.

Wir können Optionen in drei unterschiedliche Richtungen rollen: nach oben, nach unten oder nach vorne:

1. **Rollen einer Option nach oben (Roll Up)** bezeichnet den Rückkauf der Short-Option und gleichzeitigen Verkauf einer neuen Option mit gleicher Laufzeit und höherem Strike. Optionen nach oben zu rollen bietet sich an, wenn der Basiswert gestiegen ist und wir von weiter steigenden Kursen ausgehen. Wir rollen die Short-Option, um einen besseren Verkaufspreis für unseren Basiswert zu bekommen.
2. **Rollen einer Option nach unten (Roll Down)** bezeichnet den Rückkauf der Short-Option und gleichzeitigen Verkauf einer neuen Option mit gleicher Laufzeit und einem geringeren Strike. Optionen nach unten zu rollen bietet sich an, wenn der Basiswert fällt und wir unsere Prämieneinnahme maximieren wollen. Wir rollen die Short-Option, um eine neue Prämie zu bekommen und dadurch den Ertrag der Position zu steigern.
3. **Rollen einer Option nach vorne (Roll Forward)** bezeichnet den Rückkauf der Short-Option und gleichzeitigen Verkauf einer neuen Option mit gleichem Strike und einer längeren Laufzeit. Optionen nach vorne zu rollen bietet sich an, um die Zeitprämie zu maximieren und gegebenenfalls eine Ausübung der Option zu vermeiden (wenn die Option im Geld ist). Durch das Rollen zum nächsten Verfallstermin kann die Ausübung verhindert und gleichzeitig eine weitere Prämie erhalten werden.

Wie können Positionen bei fallenden Kursen repariert werden?

Der Markt ist volatil, Kurse können unvorhergesehen steigen oder fallen. Wie gehen wir mit Kursverlusten um? Was machen wir, wenn wir Aktien für Covered Calls gekauft haben und der Preis der Aktien unter den Break-even-Punkt fällt? Welche Möglichkeiten haben wir, um unsere Verluste zu begrenzen oder sogar in Gewinne umzuwandeln? Bevor wir eine mögliche Strategie auswählen, sollten wir uns folgende Fragen stellen:

- **Sind die Gründe, aus denen wir die Aktie gekauft haben, noch vorhanden?** Mag ich die Aktie nach wie vor, weil ich zum Beispiel von der fundamentalen Stärke des Unternehmens überzeugt bin und von langfristig steigenden Kursen ausgehe? Wenn ja, dann sollten wir die Aktie behalten und die Verzinsung maximieren. Wenn nicht, sollten wir die Position auflösen und eine bessere Investitionsgelegenheit suchen.
- **Gibt es eine andere Investitionsgelegenheit, die attraktiver ist?** Wenn ja, sollten wir unser Kapital in diese bessere Gelegenheit investieren. Wir können unsere ursprüngliche Entscheidung revidieren, aber nur wenn sich die Rahmenbedingungen geändert haben. Wir wollen nicht zu oft hin und her wechseln, denn das verursacht Verluste und Transaktionskosten.
- **Ist die Position noch im Rahmen unseres Risiko- und Money-Managements?** Falls nicht, prüfen Sie, ob es sinnvolle Anpassungsmöglichkeiten gibt und ob sich die Aktie im Rahmen Ihres Risikomanagements halten lässt oder ob die Positionsgröße angepasst werden muss.

Fünf mögliche Reparaturstrategien bei fallenden Kursen

1. Die Aktie verkaufen. Begrenzen Sie Ihre Verluste und blicken Sie nach vorne, es gibt genug attraktive Möglichkeiten! Die Position zu schließen ist die effektivste Methode, um das Kursrisiko zu eliminieren.
2. Puts kaufen. Diese Absicherung kostet Geld, gibt uns dafür aber einen garantierten Ausstiegspunkt und die Sicherheit, nicht durch eine zufällige Marktbewegung ausgestoppt zu werden.
3. Nichts unternehmen. Die weitere Kursentwicklung abzuwarten kann effektiv sein, um Panikverkäufe zu vermeiden. Warten Sie einfach, bis der Kurs sich erholt, und verkaufen Sie so lange Optionen für regelmäßigen Cashflow.
4. Verkaufen Sie Optionen mit genug Zeitprämie, um Ihre Verluste zu decken. Berechnen Sie Ihren Break-even und wählen Sie eine Option zum Verkauf aus, sodass die Prämie dafür Ihre momentanen Verluste deckt. Das schützt Sie aber nicht vor weiteren Kursverlusten der Aktie und der Zeitwertverfall wird bei langlaufenden Optionen geringer sein.
5. Kaufen Sie mehr Aktien. Diese sogenannte Average-Cost-Strategie basiert darauf, den Einstiegspreis durch Nachkaufen zu verbilligen. Wenn Sie die Aktie zum alten Preis gemocht haben, dann ist sie zu dem geringeren Preis doch erst recht kaufenswert, oder? Durch den Nachkauf können Sie Ihren Durchschnittspreis und den Break-even senken. Diese Strategie kann allerdings durchaus als kritisch bewertet werden, denn wir investieren in Schwäche statt Stärke. Durch den Nachkauf erhöhen wir das Risiko und binden zusätzliches Kapital. Trotzdem kann sie eingesetzt werden, solange der Preisverfall nur vorübergehender Natur ist. Als Optionsverkäufer können wir mit dieser Strategie den durchschnittlichen Einstiegspreis senken und darüber Optionen für gute Prämien verkaufen. Sollten diese Optionen ins Geld laufen, haben wir unter dem Strich einen Gewinn. Wir sollten jedoch diese Strategie mit Vorsicht genießen, um nicht gutes Geld dem schlechten hinterherzuwerfen.

Die Aktienmärkte sind liquide und wir können mit einem Mausklick unsere Positionen anpassen oder schließen. Investor zu sein bedeutet jedoch auch, sich in Geduld zu üben, und oft ist die beste Reparaturstrategie, nicht panisch zu reagieren, sondern der Aktie Zeit zu geben, sich zu regenerieren, und sich die Wartezeit mit Prämieneinnahmen aus Optionsverkäufen zu versüßen.

Szenario 2: Der Preis des Basiswertes steigt

Steigende Kurse sind gute Nachrichten für Covered Calls. Durch das Halten des Basiswertes profitieren wir von Kurssteigerungen bis zum verkauften Strike. Von Kurssteigerungen, die darüber hinausgehen, profitiert der Call-Käufer. Gelangen wir im Laufe des Trades zur Einschätzung, dass der Kurs des Basiswertes über den verkauften Strike steigen wird, können wir Anpassungen vornehmen, um unsere Gewinnbegrenzung aufzuheben und einen höheren Gewinn zu erzielen. Wenn der Kurs des Basiswertes steigt, brauchen wir keinen Gedanken an die Risikobegrenzung zu verschwenden, sondern es geht ausschließlich um Gewinnmaximierung. Wir haben zwei Möglichkeiten, auf Kurssteigerungen zu reagieren:

- die Ausübung abwarten
- den Short Call zu rollen

Die erste Möglichkeit ist, nichts zu unternehmen und die Ausübung der Option abzuwarten. Wir haben den maximalen Gewinn vor dem Trade definiert und geben uns damit zufrieden. Der Call ist am Verfallstag im Geld und wird ausgeübt. Am Tag nach dem Verfall werden der Call und der dazugehörige Basiswert aus dem Depot ausgebucht. Wir bekommen den Verkaufspreis des Basiswertes zum Strike gutgeschrieben. Effektiv beenden wir damit den Trade, bekommen den Gewinn und können nach neuen Investitionsmöglichkeiten Ausschau halten.

In vielen Fällen ist es jedoch profitabler, im Trade zu bleiben, die Aktien zu behalten und die Option nach vorne und gegebenenfalls nach oben zu rollen, um die Ausübung zu vermeiden und zusätzliche Einnahmen für das Depot zu generieren. Das ist die zweite Möglichkeit. Wir rollen nach vorne, indem wir den ursprünglichen Short Call zurückkaufen (»buy to close«) und einen neuen Call mit einer längeren Laufzeit verkaufen. Durch diese Transaktion bekommen wir einen zusätzlichen Credit, denn eine Option mit gleichem Strike und einer längeren Laufzeit wird durch den zusätzlichen Zeitwert teurer sein.

Einen Covered Call nach vorne zu rollen ist eine Strategie, um in dem Basiswert investiert zu bleiben. Durch den Preisanstieg ist die Position im Gewinn. Die Verlustrisiken sind geringer als bei einer neuen Position. Indem wir die Optionen, die im Geld sind, vor dem Verfall rollen, behalten wir den Basiswert und sind in der Lage, die Ausübung der Option zu vermeiden. Für den Besitzer der Option ist es nicht ratsam, die Option auszuüben, solange sie noch einen Zeitwert hat (dieser würde verloren gehen und den Call-Besitzer schlechter stellen als der Verkauf der Option). Diesen Vorgang können wir theoretisch unendlich lange wiederholen.

Der Verkauf eines Calls, der im Geld ist, bietet einen weiteren Vorteil: Er ist eine Absicherung gegen fallende Kurse. Verkaufen wir eine Option, die im Geld ist, erhalten wir den gesamten inneren Wert als Credit. Steht die Aktie bei $ 45 und verkaufen wir einen Call mit Strike $ 43, bekommen wir $ 2 aus dem inneren Wert und zusätzlich zum Zeitwert. Wir verpflichten uns, die Aktie für $ 43 zu verkaufen, was einem Stop-Loss gleichkommt. Fällt nun die Akte, kapitalisieren wir den Verlust des inneren Wertes bis zum verkauften Strike. Diese Einnahme senkt den Break-even-Punkt der Position.

Das Rollen nach vorne beinhaltet zwei Transaktionen: das Schließen der ursprünglichen Short-Position (»buy to close«) und das Eröffnen einer neuen Short-Position (»sell to open«) mit gleichem Strike und längerer Laufzeit. Durch das Schließen der Short-Position entsteht zunächst ein Verlust. Dieser wird aber durch den Verkauf einer länger laufenden Option überkompensiert. Folgendes Beispiel macht die Mechanik deutlich. Wir halten 100 eBay-Aktien, die wir für $ 42 pro Stück gekauft haben, und eine Short-Call-Position mit dem Strike von $ 45. Wir haben den Call für eine Prämie von $ 1 verkauft. Die Aktie steigt nun auf $ 47. Es sind nur noch wenige Tage bis zum Verfallstermin und wir entscheiden uns, die Option um einen weiteren Monat nach vorne zu rollen. Wir erinnern uns, dass der Preis einer Option aus dem inneren Wert und dem Zeitwert besteht, der innere Wert ist die Differenz zwischen dem Marktpreis und dem Strike.

Berechnung Roll Forward

Heutiger Marktpreis der Aktien: $ 47

Preis der Option heute = innerer Wert = $ 200 (Marktpreis minus Strike)

Verlust durch den Rückkauf der Option: $ 200

Einnahme aus dem Verkauf der länger laufenden Option mit Strike $ 45 = Innerer Wert + Zeitwert = $ 2 (innerer Wert) + $ 1 (Zeitwert) = $ 3 * 100(Bezugsverhältnis) = $ 300

Ertrag durch das Rollen nach vorne: **$ 100** (neuer Verkaufspreis minus Rückkaufpreis, $ 300 - $ 200)

Im ersten Schritt entsteht ein Verlust, weil wir die Option zu einem höheren als dem ursprünglichen Verkaufspreis zurückkaufen. Die Option ist durch den gestiegenen inneren Wert teurer geworden. Obwohl der Zeitwert beinahe null ist, hat diese Option einen Wert. Diesen Verlust aus dem Rückkauf müssen wir durch den Verkauf einer neuen Option neutralisieren. Die neu zu verkaufende Option ist ebenfalls im Geld, weshalb der innere Wert zu einem durchlaufenden Posten wird. Sie besitzt aber zusätzlich einen Zeitwert und ist demnach teurer.

Bei Anwendung dieser Strategie müssen wir beachten, dass der Zeitwert einer Option umso geringer wird, je weiter die Option im Geld ist. Eine sehr tief im Geld liegende Option hat einen geringen Zeitwert. Daher wird es für uns als Optionsverkäufer unattraktiv, sie zu verkaufen. Es ergibt wenig Sinn, eine Position zu halten, die unser Kapital bindet, aber keinen Zeitwertverfall hat und damit nur wenig Verzinsung bietet. Stellen wir fest, dass der Zeitwert der neu zu verkaufenden Option unverhältnismäßig gering ist, können wir den Trade beenden, indem wir die Im-Geld-Option auslaufen lassen und die Ausübung abwarten. Eine andere Alternative ist das Rollen nach vorne und nach oben.

Das Rollen nach vorne und nach oben bedeutet, die Short-Position zu schließen und gleichzeitig eine länger laufende Option mit einem höheren Strike zu verkaufen. Dadurch erhöhen wir den potenziellen Maximalgewinn, müssen aber zusätzliches Kapital in die Position investieren. Folgendes Beispiel verdeutlicht die Strategie:

Berechnung Roll Up and Roll Forward

Heutiger Marktpreis der Aktien: $ 47

Preis der Option am Verfall = innerer Wert = $ 200 (Marktpreis minus Strike)

Verlust durch den Rückkauf der Option: $ 200

Einnahme aus dem Verkauf einer länger laufenden Option mit Strike $ 47 = innerer Wert + Zeitwert = $ 0 (innerer Wert) + $ 1 (Zeitwert) = $ 1 * 100 (Bezugsverhältnis) = $ 100

Verlust durch das Rollen nach vorne und nach oben: **- $ 100**
(neuer Verkaufspreis minus Rückkaufpreis: $ 100 - $ 200)

Ursprünglicher maximaler Kursgewinn: **$ 45 (Verkaufter Strike) - $ 42 (Kaufpreis) = $ 3** ($ 300 bei 100 Aktien pro Kontrakt)

Neuer maximaler Kursgewinn: $ 47 (verkaufter Strike) - $ 42 = $ 5 ($ 500 bei 100 Aktien pro Kontrakt)

Wir haben zwar $ 100 am Rollen der Option verloren, haben dafür aber $ 200 Kurspotenzial gewonnen. Damit ist das Netto-Ergebnis aus dem Rollen positiv.

Wir halten 100 eBay-Aktien, die wir für $ 42 pro Stück gekauft haben, und eine Short-Call-Position mit dem Strike von $ 45. Wir haben den Call für eine Prämie von $ 1 verkauft. Die Aktie steigt nun auf $ 47, es sind nur noch wenige Tage bis zum Verfallstermin. Wir entscheiden uns, die Option um einen Monat nach vorne und um zwei Strikes nach oben zu rollen.

Durch das Rollen nach vorne und nach oben haben wir zunächst eine zusätzliche Investition von $ 100. Mit dieser Investition erhöhen wir den möglichen Kursgewinn um $ 200. Dieser Maximalgewinn wird aber nur realisiert, wenn der Marktpreis über dem neuen Strike bleibt. Fällt hingegen der Preis des Basiswertes, wird die neu geschriebene Option wertlos verfallen, das mögliche Kursgewinnpotenzial wird nicht realisiert und unsere Investition von $ 100 geht verloren. Wir haben dann die Möglichkeit, neue Calls zu verkaufen, haben aber durch das Rollen einen Verlust generiert. Das Rollen nach vorne und nach oben ist daher eine Strategie für einen bullischen Marktausblick.

Das Rollen nach vorne und gegebenenfalls nach oben gibt uns eine Möglichkeit, die Ausübung zu vermeiden, die Position zu behalten und zusätzliche Einnahmen zu generieren. Wir bleiben in der Position investiert, haben aber die Opportunitätskosten der Kapitalbindung. Denn mit dem Kapital, das für die Position gebunden ist, könnten wir theoretisch auch eine neue Position eröffnen. Vor dem Rollen sollten wir also genau analysieren, welchen Mehrwert wir dadurch erhalten und ob wir nicht eine lukrativere Investitionsmöglichkeit finden.

Schließen der Position vor dem Verfall

Fällt der Kurs des Basiswertes während der Laufzeit oder hat die Option nur noch eine kurze Restlaufzeit, wird die Option nur noch wenige Cent wert sein. Eine solche Position kann geschlossen werden, um den Gewinn mitzunehmen. Es ist für einen Optionsverkäufer nicht ratsam, eine Short-Option zu halten, die nur noch sehr wenig oder gar keinen Zeitwert mehr hat und deren Zeitwertverfall sich damit auch nicht mehr vollzieht. In diesem Fall ist es die bessere Vorgehensweise, die Position zu schließen und neue Optionen mit höherem Zeitwertverfall zu verkaufen (Rollen nach vorne und gegebenenfalls nach oben). Ist unsere Markteinschätzung bullisch, rollen wir die Option nach oben und nach vorne, um den Maximalgewinn zu erhöhen. Ist unsere Markteinschätzung neutral, rollen wir die Option nach vorne, bleiben dabei aber beim gleichen Strike. Entscheidend ist, eine Option zurückzukaufen, wenn sie nur noch sehr wenig kostet. Wir können einen Limit-Sell eingeben (ein sogenanntes »Abstauberlimit« setzen). Sollte der Kontrakt geschlossen werden, verkaufen wir eine neue, lukrativere Option.

Zusammenfassung und Bewertung

Ziel der Covered-Call-Strategie ist die maximale Verzinsung des Kapitals. Wir verkaufen Calls für eine Prämieneinnahme und sichern das Versprechen, den Basiswert zum Strike zu liefern, mit Investitionen in den Basiswert ab. Ein Covered Call hat ein begrenztes Gewinnpotenzial und ein unbegrenztes Risiko. Covered Calls sind in zwei von drei möglichen Marktentwicklungen profitabel: Bei steigenden Märkten erhalten wir den Maximalgewinn, der aus dem Kapitalzuwachs und der Optionsprämie besteht. Laufen die Märkte seitwärts, erhalten wir die Einnahme aus der Optionsprämie. Fallen die Preise, können wir uns am Break-even-Punkt absichern. Durch die Einnahme der Optionsprämie senken wir unseren Break-even. Je näher wir ans Geld gehen, desto höher die Prämieneinnahme und desto geringer der potenzielle Kapitalzuwachs. Durch das Rollen der Option können wir die Ausübung vermeiden und das Gewinnpotenzial erhöhen.

Strategie	**Markterwartung**	**Delta**	**Vega**	**Theta**	**Gewinn**	**Risiko**
Covered Call	neutral bis moderat bullisch	long (steigende Kurse helfen)	short (fallende Vola hilft)	long (sinkende Laufzeit hilft)	begrenzt	unbegrenzt

Tab. 8: Einflussgrößen beim Covered Call

Besuchen Sie unsere Webseite www.optioneniq.com und testen Sie Ihr Wissen, bevor Sie mit den weiteren Kapiteln fortfahren. Sie finden in unserem Portal Anwendungsbeispiele und Schulungsvideos, die Ihr Verständnis vertiefen.

Kapitel 8: Covered Put

Als Put-Verkäufer gehen wir die Verpflichtung ein, innerhalb der Laufzeit den Basiswert zu einem festgelegten Preis zu kaufen. Während der Put-Käufer das Recht erworben hat, den Basiswert an uns zu veräußern, haben wir die Verpflichtung, diesen Basiswert (zum Beispiel 100 Aktien à $ 50) zu kaufen. Für diese Verpflichtung auf Zeit erhalten wir die Zeitprämie der Option.

Wenn der Put-Käufer eine Option erwirbt, bezahlt er die Prämie für die Absicherung gegen Kursverluste. Er besitzt die Aktien oder erwirbt den Put als Spekulationsobjekt. Unabhängig von dem Interesse des Put-Käufers haben wir die Verpflichtung, ihm den Basiswert zum Strike abzukaufen.

Als Put-Verkäufer tragen wir das Kursrisiko: Sollte der Preis des Basiswertes fallen, müssen wir zum vereinbarten Preis kaufen, der höher sein wird als der Marktpreis. Der Verlust kann beachtlich werden, denn der Preis kann während der Laufzeit des Kontraktes bis auf null fallen. Indem wir die Short-Position decken, sichern wir uns gegen dieses Risiko ab.

Wir gehen den Covered Put ein, indem wir eine Leerverkaufsposition auf den Basiswert eröffnen und einen Put verkaufen. Es ist die spiegelverkehrte Position zum Covered Call. Also gelten die für Covered Calls angestellten Überlegungen im gleichen Maße.

Eine Leerverkaufsposition zu eröffnen bedeutet, den Basiswert zu verkaufen, ohne ihn zu besitzen. Das Konzept des Leerverkaufens verursacht vielen Anlegern Verständnisprobleme und die öffentliche Diskussion um diese Strategie ist verwirrend und wenig sachdienlich. Oft werden Leerverkäufer mit Heuschrecken verglichen, es gab sogar Diskussionen, das Leerverkaufen zu verbieten. Eine Leerverkaufsposition einzugehen ist jedoch im alltäglichen Geschäftsleben gang und gäbe. Und viele Betriebe müssten schließen, sollte der Leerverkauf verboten werden. Haben Sie schon mal in einem Möbelhaus eingekauft (IKEA einmal ausgenommen)? Dann haben Sie sich auch schon an einer Leerverkaufstransaktion beteiligt.

Ein einfaches Beispiel für einen Leerverkauf ist der Kauf eines Sofas in einem Möbelhaus. Sie gehen durch den Ausstellungsraum und finden das Objekt Ihrer Begierde. Der freundliche Verkäufer berät sie, und sie entschließen sich, das Sofa zu kaufen. Gerne steht der Verkäufer dafür zur Verfügung und füllt den Kaufvertrag mit Ihnen aus. Klingt bekannt? Dann können Sie sich auch sicherlich an die Konditionen erinnern: Sie bezahlen das Möbelstück heute und die Lieferung erfolgt in sechs Wochen. »Warum ist die Lieferzeit so lang?«, fragen Sie den Verkäufer. Er wird Ihnen sagen, dass das Sofa gar nicht auf Lager ist, sondern dass es erst beim Lieferanten bestellt und von ihm geliefert werden muss. In diesem Moment hat der Möbelverkäufer Ihnen also etwas verkauft, das er nicht besitzt! Das Möbelhaus hat gerade einen Leerverkauf durchgeführt: Es hat Ihnen das Sofa verkauft, das noch nicht in seinem Eigentum ist. Bei vielen Unternehmen, die ihre Lagerhaltung optimiert haben, ist diese Praxis anzutreffen: Erst nachdem die Kundenbestellung eingegangen ist, wird das Produkt beim Lieferanten bestellt. Kann der Händler es beim Lieferanten günstiger einkaufen als zum vereinbarten Lieferpreis, macht er einen Gewinn. Der Leerverkauf ist damit der Antrieb unserer Wirtschaft. Sonst müsste jeder Händler die Ware zunächst auf eigenes Risiko einkaufen und lagern, ohne zu wissen, ob er einen Käufer dafür findet.

Bei Covered Puts unternehmen wir folgende Schritte, um diese Strategie anzuwenden. Als Erstes verkaufen wir den Basiswert leer, zum Beispiel die eBay-Aktie für $ 42. Wir erwarten fallende Kurse und wollen die Aktie zu einem späteren Zeitpunkt günstiger kaufen. Fällt der Preis um $ 2 und können wir deshalb die Aktie für $ 40 erwerben, machen wir $ 2 Gewinn, wenn wir die Leerver-kaufsposition schließen.

Die Aktien, die wir leerverkaufen, werden uns vom Broker geliehen. In unserem Depot wird die Position mit -100 dargestellt. Wir müssen also irgendwann die Aktien kaufen, um die Position zu schließen. Es gibt keine zeitliche Beschränkung für den Deal, denn wir bezahlen Zinsen und hinterlegen eine Sicherheitskaution (Margin), die das Risiko des Brokers deckt.

Um die Leerverkaufsposition bei $ 40 zu schließen, müssen wir also den Basiswert erwerben. Wir verkaufen nun die Verpflichtung dazu, indem wir einen Put mit Strike zu $ 40 veräußern. Dafür nehmen wir eine Prämie von $ 1 ein. Wir verpflichten uns, die Aktie dem Put-Käufer für $ 40 abzukaufen. Das entspricht genau unserer Strategie, um die Leerverkaufsposition zu decken. Fällt der Preis wie erwartet und läuft der verkaufte Put ins Geld, müssen wir die Aktien dem Put-Käufer für $ 40 abkaufen. Wir übernehmen die Aktien für $ 40, schließen damit die Leerverkaufsposition und bekommen einen Kapitalzuwachs von $ 2 und zusätzlich die Prämieneinnahme von $ 1. Der maximale Gewinn berechnet sich wie folgt:

Maximales Gewinnpotenzial:
Verkaufspreis des Basiswertes - verkaufter Strike + Optionsprämie

Maximaler Gewinn:
$ 42 (Verkaufspreis) - $ 40 (verkaufter Strike) + $ 1 = $ 3 ($ 300 bei 100 Aktien)

Die Strategie des Covered Puts hat analog zum Covered Call ein maximales Gewinnziel. Das Verlustpotenzial hingegen ist unbegrenzt. Sollte der Preis des Basiswertes steigen, müssen wir die Aktien teurer am Markt besorgen, um die Leerverkaufsposition zu schließen. Das Risikoprofil des Covered Puts sieht wie folgt aus.

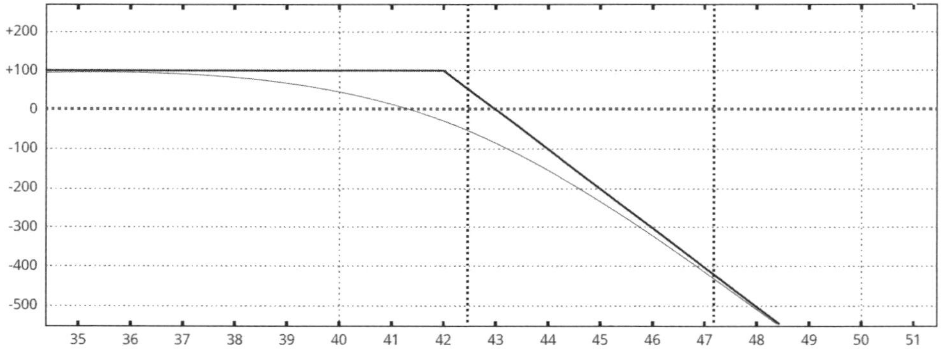

Abb. 16: Risikoprofil Covered Put

Die Covered-Put-Strategie ist eine bärische Strategie, die sinnvoll ist, wenn wir von moderat fallenden Preisen ausgehen. Analog zum Covered Call verkaufen wir das Abwärtspotenzial der Bewegung unterhalb des Short Strikes. Sollte die Aktie stark fallen (tiefer als der Short Strike), erhöht das unseren Gewinn nicht weiter. Für den Fall steigender Kurse müssen wir unsere Verluste begrenzen.

Break-even-Punkt und Absicherung gegen Kurssteigerungen

Einen Covered Put zu schreiben sichert uns zum Teil gegen Kurssteigerungen ab. Die eingenommene Optionsprämie senkt unsere Einstiegskosten in die Position. Dadurch sinkt auch der Break-even-Punkt. Das Kursrisiko bleibt jedoch erhalten. Steigt der Kurs des Basiswertes über den Break-even, entstehen Verluste. Wir kalkulieren den Break-even-Punkt:

> Break-even am Verfallstag = Verkaufspreis des Basiswertes - eingenommene Prämie

Nehmen wir erneut das Beispiel der Aktie, die wir für $ 42 verkaufen und auf die wir anschließend einen Put für die Prämie von $ 1 verkauft haben. Hier liegt unser Break-even bei $ 43 (vgl. Risikoprofil in Abb. 16: Schnittpunkt der dicken Linie mit der Nulllinie). Steigt der Kurs und schließen wir die Position bei $ 43, haben wir weder Verluste noch Gewinne aus dem Trade. Sichern wir uns an dieser Stelle mit einem Stop ab, schließen wir Verluste aus.

Bei der Platzierung des Stops müssen wir beachten: Der Break-even-Punkt bezieht sich auf den Verfallstag und gilt für den Fall, dass der verkaufte Put wertlos verfällt. Möchten wir den heutigen Break-even-Punkt kennen, rechnen wir:

> Heutiger Break-even-Punkt = Verkaufspreis des Basiswertes - eingenommene Prämie
> + Tagespreis der Option

Schließen wir die Position während der Laufzeit, ist für uns die dünne Linie im Risikoprofil (Abb. 16) relevant. Sie gibt den heutigen Preis der Option an. Wollen wir die Position schließen, müssen wir den Put zum aktuellen Preis zurückkaufen. Der Preis des Puts wird während der Laufzeit durch den Zeitwertverfall immer weiter sinken, bis am Verfallstag beide Linien identisch sind.

Wiederholen wir den Prozess mehrfach, senken wir mit jedem weiteren verkauften Put den Einstiegspreis in den Basiswert. Können wir einen Monat später einen weiteren Put verkaufen und einen weiteren Dollar Einnahme erzielen, liegt der Break-even bereits bei $ 44. Nach einem weiteren verkauften Put liegt der Break-even bei $ 45 und so weiter. Durch die mehrfache Anwendung eines

Covered Puts können wir den Break-even-Punkt immer weiter erhöhen und somit das Risiko unserer Position immer weiter senken.

Kapitalbedarf

Der Kapitalbedarf für den Covered Put ist die Sicherheitshinterlegung des Brokers (Margin) für die Leerverkaufsoption. Sobald wir die Position eröffnen, wird der Broker eine Sicherheitshinterlegung fordern. Die Höhe variiert von Broker zu Broker und hängt vom gehandelten Basiswert ab. Wir können die Höhe der Margin-Anforderung vor dem Trade in der Handelssoftware prüfen.

Mit dem Verkauf des Puts haben wir eine Einnahme, die uns als Cash sofort zur Verfügung steht, was die Investition verringert. Um die Netto-Investition zu bestimmen, ziehen wir die eingenommene Prämie von der geforderten Margin ab. Angenommen, wir verkaufen 100 eBay-Aktien für $ 42 pro Stück und nehmen $ 1 Optionsprämie durch den Verkauf der Put-Option mit dem Strike von $ 40 ein. Die Investition berechnet sich wie folgt:

Margin-Konto: 100 * $ 14,15 - 100 * $ 1 = $ 1415 - $ 100 = $ 1315

Für den verkauften Put wird keine zusätzliche Margin geblockt. Anders als bei einem nackten Verkauf tragen wir kein zusätzliches Risiko aus dem Verkauf der Option, denn wir haben die Verpflichtung gedeckt (covered). Der Broker erkennt das und lässt uns die Option ohne weitere Margin-Hinterlegung verkaufen.

Return on Investment (ROI)

Die Verzinsung des Kapitals ist das Hauptziel der Strategie und daher die maßgebliche Größe für die Entscheidung, einen Trade einzugehen. Auch hier bestimmen wir die Kennzahl ROI und damit das Verhältnis von Prämieneinnahme und anfänglicher Investition.

Wir wollen die Verzinsung des Kapitals in einem Covered Put kalkulieren. Hierbei müssen wir zwei unterschiedliche Szenarien berücksichtigen: Die verkaufte Option ist im Geld und wir kaufen den Basiswert (1). Oder die Option ist aus dem Geld und verfällt wertlos (2). Wir wollen die Erträge für beide Szenarien vergleichen.

1) Der Put ist am Verfallstag im Geld

Halten wir die Position bis zum Verfallstag und ist der Put dann im Geld (liegt also der Marktpreis unter dem Strike), wird der Halter der Option sein Recht ausüben, den Basiswert zu einem Preis an uns zu verkaufen, der über dem Marktpreis liegt. Die Erlöse aus dem Einkauf zum Schließen der Leerverkaufsposition beeinflussen die Bilanz des Trades positiv. Kommen wir zur ROI-Berechnung am Beispiel der eBay-Aktie, die wir für $ 42 pro Stück verkauft und auf die wir eine Put-Option mit dem Strike von $ 40 für eine Prämie von $ 1 verkauft haben. Ist die Option im Geld, lässt sich der ROI folgendermaßen ermitteln:

ROI-Berechnung Covered Put (im Geld)

Ertrag aus dem Aktienverkauf: (Verkaufspreis - Kaufpreis) * 100

Ertrag aus dem Put-Verkauf: Optionsprämie * 100

Gesamtertrag: ($ 45 - $ 40) * 100 + $ 1 * 100 = $ 300

ROI: Ertrag/Investition = $ 300/$ 1315 = **22,8 Prozent ROI**

Die Verzinsung für einen Covered Put, der im Geld ist, kann durchaus attraktiv sein. Dass der Kurs des Basiswertes fällt und der verkaufte Put am Verfallstag im Geld ist, ist aber nur eines der beiden möglichen Szenarien am Laufzeitende. Wir berechnen daher den ROI für den Fall, dass die Option aus dem Geld wertlos verfällt. Diese Berechnung hat den Vorteil, dass wir keine Annahmen über die zukünftige Marktentwicklung treffen.

2) Der Put ist am Verfallstag aus dem Geld

Halten wir den Put bis zum Verfallstag und ist er am Verfallstag aus dem Geld (liegt also der Marktpreis über dem Strike), verfällt er wertlos. Auch hier betrachten wir das Beispiel der eBay-Aktie, die wir für $ 42 pro Stück verkauft und auf die wir eine Put-Option mit dem Strike von $ 40 für eine Prämie von

$ 1 verkauft haben. Ist diese Option aus dem Geld, berechnen wir den ROI folgendermaßen:

ROI: Ertrag/Investition = $ 100/$ 1315 = **7,6 Prozent ROI**

Halten wir die Leerverkaufsposition auf eine Aktie während der Dividendenzahlung, verschlechtert die Dividendenzahlung die Bilanz des Trades. Wir müssen durch unsere Short-Position die Dividendenzahlung kompensieren. Sollte auf die Aktie zum Beispiel $ 0,10 Dividende ausgeschüttet worden sein, verändert sich der ROI wie folgt:

Veränderung des ROI durch ausgeschüttete Dividenden

Ertrag aus dem Put-Verkauf: Optionsprämie * 100 = $ 100

Verbindlichkeit aus der Dividende: Dividende * 100 = $ 10

Gesamtertrag: $ 100 - $ 10 = $ 90

ROI: Ertrag/Investition = $ 90/$ 1315 = **6,8 Prozent ROI**

Auswahl des Short Strikes und der Laufzeit

Auch beim Covered Put stellt sich dem Optionsverkäufer die Frage nach dem zu verkaufenden Strike. Diese Entscheidung ist immer eine Abwägungsentscheidung zwischen möglichem, aber nicht sicherem Kapitalzuwachs und dem garantierten Cashflow aus der Optionsprämie. Je weiter wir mit dem Short Strike aus dem Geld gehen, desto höher ist unser möglicher Kapitalzuwachs, desto geringer ist aber die Optionsprämie – und umgekehrt.

Die Auswahl des zu verkaufenden Strikes hängt maßgeblich von unserer Markteinschätzung ab: Je mehr Abwärtspotenzial wir der Aktie zutrauen, je bärischer also unsere Einschätzung, desto weiter können wir aus dem Geld gehen. Sind wir sehr bärisch, kann es sogar eine gute Idee sein, die möglichen Gewinne nicht zu begrenzen und einfach die Leerverkaufsposition zu halten. In diesem Fall ist der Cashflow gleich null und das Gewinnpotenzial unbegrenzt. Das andere Extrem ist, den Strike am Einstiegskurs zu verkaufen. Dadurch maximieren wir die Prämieneinnahme, schließen dafür aber Kursgewinne aus.

Wir sollten diese Alternative bevorzugen, falls unsere Einschätzung des Marktes eher neutral ist.

Bei der Auswahl des richtigen Strikes spielt die Charttechnik eine entscheidende Rolle. Im dritten Teil dieses Buches besprechen wir die Chartanalyse und die daraus abzuleitenden Entscheidungen über die charttechnische Auswahl eines Short Strikes. Die Auswahl der Laufzeit ist ein Maximierungsproblem, das sich durch Ermittlung der höchsten Verzinsung pro Tag beziehungsweise durch Betrachtung des Thetas der Option lösen lässt.

Trade-Management

Während der Laufzeit kann der Preis des Basiswertes steigen (Szenario 1), fallen (Szenario 2) oder seitwärts laufen. Je nach Szenario stehen uns beim Covered Put verschiedene Möglichkeiten zur Verfügung, um auf Preisveränderungen zu reagieren. Betrachten wir dazu die unterschiedlichen Szenarien.

Szenario 1: Der Preis des Basiswertes steigt

Der Verkauf des Puts bietet eine Absicherung gegen steigende Preise, indem er unseren Einstiegspreis und somit den Break-even-Punkt erhöht. Steigt der Preis über den Break-even, haben wir drei Möglichkeiten zu reagieren:

- die Position liquidieren
- die Position mit einem Call absichern
- den Put rollen

Angenommen, der Preis des Basiswertes steigt und wir gehen von anhaltender Preisbewegung aus. In diesem Fall sollte die Position geschlossen werden. Wir steigen Break-even oder mit einem kleinen Verlust aus und suchen nach einer besseren Investition. Gehen wir von einem nachhaltigen Preisanstieg aus, sollten wir nicht in dieser Short-Position bleiben, denn als Leerverkäufer tragen wir das volle Kursrisiko aus dem Anstieg des Basiswertes.

Vorübergehende Buchverluste können wir jedoch aushalten, denn unsere Strategie zielt nicht auf Kursgewinne ab. Durch die konstanten Prämieneinnahmen können wir die Position aufrechterhalten und den Einstiegskurs und damit den Break-even immer weiter senken. Es ist aber nicht der Sinn der Sache, die Einnahmen aus den Optionsprämien zur Refinanzierung der Buchverluste einsetzen zu müssen. Gehen wir von einem vorübergehend oder nur moderat steigenden Kurs aus, können wir die Position aufrechterhalten und die Verluste »aussitzen«. Meistens ist es aber eine viel bessere Idee, die Position zu schließen und einen anderen Basiswert zu suchen. Für die Entscheidung, ob eine Position liquidiert werden soll oder nicht, brauchen wir klare Money-Management-Regeln.

Eine Alternative zum Verkauf des Basiswertes ist die Absicherung mit einem Long Call. Kaufen wir einen Call, haben wir einen garantierten Kaufpreis und damit quasi einen Stop-Loss für die Leerverkaufsposition. Der Long Call ist unsere Versicherung. Er gibt uns die Sicherheit, die Aktien zum vereinbarten Preis kaufen zu können. Damit können wir die Position trotz des Preisanstiegs halten. Die Kosten der Absicherung müssen bei dieser Anpassung mit den Einnahmen aus den Optionsprämien gegengerechnet werden. Führt die Anpassung der Position zu einer Negativverzinsung, ist das Schließen der Position die bessere Alternative.

Die dritte Möglichkeit, mit steigenden Kursen im Basiswert umzugehen, ist, die Option zu »rollen«. Steigt der Kurs des Basiswertes, fällt der Preis des verkauften Puts. Die Position kann mit einem Gewinn geschlossen werden. Verkaufen wir im Anschluss einen weiteren Put mit einem Strike, der näher am Geld ist, realisieren wir weitere Einnahmen. Auch hier haben wir es mit einem Roll Up zu tun.

Ein Roll Up ermöglicht es uns, durch die zusätzliche Einnahme den Break-even zu senken. Dadurch erreichen wir einen gewissen Schutz der Position. Dadurch sinkt aber auch der maximale Gewinn, denn wir müssen den Basiswert zum neuen Strike kaufen, falls der Preis des Basiswertes wieder fällt. Haben wir einen Strike über dem Break-even-Punkt verkauft und läuft die Option ins Geld, entsteht ein Verlust.

Ob wir die Position angesichts der steigenden Preise rollen oder nicht, ist eine Timing-Entscheidung. Sie hängt damit von unserer Markteinschätzung ab. Ist unsere Markteinschätzung weiterhin bullisch, sollten wir den Trade schließen. Andere Investments sind dann die bessere Alternative.

Szenario 2: Der Preis des Basiswertes fällt

Fallende Kurse sind gute Nachrichten für Covered Puts. Durch den Leerverkauf profitieren wir von fallenden Kursen bis zum verkauften Strike. Kurssenkungen über den vereinbarten Strike hinaus kommen dem Put-Käufer zugute. Angenommen, wir gelangen im Laufe des Trades zur Einschätzung, dass der Kurs des Basiswertes tatsächlich unter den verkauften Strike fallen wird. Dann können wir Anpassungen vornehmen, um unsere Gewinnbegrenzung aufzuheben und einen höheren Gewinn zu erzielen. Wenn der Kurs des Basiswertes fällt, brauchen wir uns keine Gedanken um Risikobegrenzung zu machen. Dann geht es ausschließlich um Gewinnmaximierung.

Wir haben zwei Möglichkeiten zu reagieren:

- die Ausübung abwarten
- den Short Put rollen

Die erste Möglichkeit ist, nichts zu unternehmen und die Ausübung der Option abzuwarten. Wir haben den maximalen Gewinn vor dem Trade definiert und geben uns damit zufrieden. Der Put ist am Verfallstag im Geld und die Option wird ausgeübt. Am Tag nach dem Verfall werden der Put und die Leerverkaufsposition geschlossen und wir bekommen den Gewinn gutgeschrieben. Damit beenden wir den Trade, erhalten den Gewinn und halten nach neuen Investitionen Ausschau.

In vielen Fällen ist es jedoch profitabler, im Trade zu bleiben und die Option nach vorne und gegebenenfalls nach unten zu rollen. Damit lässt sich die Ausübung vermeiden und wir generieren zusätzliche Einnahmen für das Depot. Wir rollen nach vorne, indem wir den ursprünglichen Short Put zurückkaufen (»buy to close«). Zugleich verkaufen wir einen neuen Put mit einer längeren Laufzeit. Durch diese Transaktion bekommen wir einen zusätzlichen Credit, denn eine Option mit gleichem Strike und einer längeren Laufzeit wird einen höheren Zeitwert haben und daher teurer sein.

Das Rollen nach vorne und nach unten bedeutet zunächst, die Short-Position zu schließen und gleichzeitig einen länger laufenden Put mit einem tieferen Strike zu kaufen. Dadurch erhöhen wir den potenziellen Maximalgewinn, müssen aber zusätzliches Kapital in die Position investieren. Das Rollen nach vorne und nach unten ist eine Strategie für einen weiterhin bärischen Marktausblick. Diese Strategie kann auch bei Puts angewendet werden, die sehr weit im Geld sind und nur noch einen unbefriedigend geringen Zeitwert haben.

Das Rollen nach vorne und gegebenenfalls nach unten gibt uns die Möglichkeit, die Ausübung zu vermeiden. Wir behalten die Position und generieren damit womöglich zusätzliche Einnahmen. Wir bleiben in der Position investiert und haben die Opportunitätskosten der Kapitalbindung. Denn mit dem Kapital, das in der betreffenden Position gebunden ist, könnten wir genauso gut eine neue Position eröffnen. Vor dem Rollen sollten wir also genau analysieren, welchen Mehrwert wir erhalten. Wenn sich eine lukrativere Investitionsmöglichkeit findet, dann ist diese dem Rollen vorzuziehen.

Schließen der Position vor dem Verfall

Steigt der Kurs des Basiswertes während der Laufzeit oder hat die Option nur noch wenig Laufzeit, ist der Short Put kaum mehr etwas wert. Eine solche Position sollten Sie schließen, um den Gewinn mitzunehmen. Es ist für Sie als Optionsverkäufer wenig empfehlenswert, eine Short-Position zu halten, die keinen oder kaum einen Zeitwert und damit auch keinen Zeitwertverfall mehr hat. In diesem Fall ist es die bessere Vorgehensweise, die Position zu schließen und eine neue Option mit einem höheren Zeitwertverfall zu verkaufen. Auch hier können wir einen limitierten Kauf eingeben und dabei ein sogenanntes »Abstauberlimit« setzen. Sollte der Kontrakt geschlossen werden, können wir eine neue, lukrativere Option verkaufen.

Zusammenfassung und Bewertung

Bei der Covered-Put-Strategie verfolgen wir das Ziel einer maximalen Verzinsung unseres Kapitals. Wir verkaufen Puts für eine Prämieneinnahme. Zugleich sichern wir das Versprechen, den Basiswert zum Strike zu kaufen, mit Leerverkaufsposition ab. Ein Covered Put hat ein begrenztes Gewinnpotenzial, aber ein unbegrenztes Risiko. Covered Puts sind in zwei von drei möglichen Marktentwicklungen profitabel: Bei fallenden Märkten erhalten wir den Maximalgewinn. Er setzt sich zusammen aus dem Kapitalzuwachs und der Optionsprämie. Laufen die Märkte seitwärts, erhalten wir die Optionsprämie. Steigen die Preise, können wir uns am Break-even-Punkt absichern. Durch die Einnahme der Optionsprämie senken wir den Break-even. Je näher wir ans Geld gehen, desto höher ist die Prämieneinnahme und desto geringer der potenzielle Kapitalzuwachs. Durch das Rollen der Option können wir die Ausübung vermeiden und das Gewinnpotenzial erhöhen.

Strategie	**Markterwartung**	**Delta**	**Vega**	**Theta**	**Gewinn**	**Risiko**
Covered Put	neutral bis moderat bärisch	short (fallende Kurse helfen)	short (fallende Vola hilft)	long (Zeitwertverfall hilft)	begrenzt	unbegrenzt

Tab. 9: Einflussfaktoren bei einem Covered Put

Besuchen Sie unsere Webseite www.optioneniq.com und testen Sie Ihr Wissen, bevor Sie mit den weiteren Kapiteln fortfahren. Sie finden in unserem Portal Anwendungsbeispiele und Schulungsvideos, die Ihr Verständnis vertiefen.

Kapitel 9: Cash Covered Calls and Puts

Als Optionsverkäufer gehen wir eine Verpflichtung für die Laufzeit der verkauften Option ein. Haben wir einen Call verkauft, haben wird damit die Verpflichtung auf uns genommen, den Basiswert zu liefern. Bei einem Put müssen wir den Basiswert zum vereinbarten Strike erwerben, falls die Option am Laufzeitende im Geld ist. Für diese Verpflichtungen auf Zeit erhalten wir die Prämien der Optionen als Bezahlung.

Die erste Methode, das Leistungsversprechen abzusichern, die wir im vorangegangenen Kapitel besprochen haben, ist eine Investition in den Basiswert. Wir besitzen die Aktien und liefern diese, falls nötig. Die zweite Methode ist, eine Leerverkaufsposition zu eröffnen und den Basiswert entsprechend zu verkaufen, bevor die Put-Option fällig ist. Durch die Investition in den Basiswert tragen wir das volle Kursrisiko: Wir erleiden Verluste durch jede Preisbewegung, die unserer Position nicht entspricht.

Eine mögliche Anpassungsstrategie bei Preisentwicklungen, die gegen die Position laufen, ist das Rollen der Option. Damit lässt sich der Break-even-Punkt anpassen. Wir können die Position auch mit einer Stop-Loss-Marke oder mit dem Kauf einer Absicherungsoption absichern. Der Kauf einer Absicherung wird Geld kosten und die Rendite schmälern. Bei einem Stop-Loss haben wir das Risiko, ausgestoppt zu werden und einen Verlust zu erleiden.

Damit stellt sich folgende Frage: Können wir das Kursrisiko verringern oder komplett umgehen? Schauen wir uns dazu die **Cash-Covered-Strategie** an. Damit verfolgen wir das Ziel, das Risiko des Aktienbesitzes auszuschalten und trotzdem Verzinsung auf das Kapital zu erhalten. Dafür gehen wir eine nackte Short-Position ein, die wir mit einer Stop-Order auf den Basiswert absichern. Wir kaufen die Aktie, falls der verkaufte Call ins Geld läuft. Oder wir verkaufen die Aktie, wenn der Preis fällt und der Short Put ins Geld läuft. Anstatt die Aktien sofort zu kaufen, sichern wir die Verpflichtung, die Akte zu liefern, mit einer Kaufbestellung direkt am verkauften Strike oder darunter ab (Stop-Buy-Order am Strike). Beim Cash Covered Put platzieren wir eine Leerverkaufsorder am Short Strike des verkauften Puts (Stop-Sell-Order am Strike).

Hintergrund dieser Strategie: Wir möchten gar nicht das Risiko auf uns nehmen, im Basiswert investiert zu sein. Wir möchten aber die Einnahmen aus der Prämie bekommen und gleichzeitig unser mit dem Short Call verknüpftes Leistungsversprechen absichern. Wir platzieren daher eine Bestellung am Markt, die nur ausgelöst wird, falls die verkaufte Option ins Geld läuft. Wir eröffnen nach diesem Wenn-dann-Prinzip die Position, nur falls der Short Strike erreicht wird. Auf diese Weise hedgen wir die Verpflichtung, wir sichern sie also ab. Falls unser Short Strike nicht erreicht wird, sind wir gar nicht in dem Basiswert engagiert. Die verkaufte Option verfällt wertlos.

Was haben wir durch diese Anpassung erreicht? Betrachten wir für einen Cash Covered Call die drei möglichen Marktentwicklungen: Der Kurs des Basiswertes kann steigen, er kann fallen oder er kann seitwärts laufen. Fällt der Kurs, brauchen wir die Position nicht zu eröffnen. Wir haben dann keine Verluste aus dem Aktienbesitz. Der Call verfällt wertlos und uns bleibt die Prämieneinnahme. Das gleiche Ergebnis erreichen wir, wenn der Kurs seitwärts läuft und unsere Kaufbestellung ebenfalls nicht ausgelöst wird. Nur falls der Kurs der Aktie steigt und unsere Bestellung ausgelöst wird, kaufen wir die Aktien, um sie auch liefern zu können. Ab diesem Moment befinden wir uns in einem Covered Call. Dann gelten entsprechend die Überlegungen, die wir in Kapitel 7 zu dieser Strategie angestellt haben.

Cash Covered Call

Wir gehen Cash Covered Calls ein, wenn wir den Basiswert nicht besitzen und von moderat bis stark fallenden Kursen ausgehen. Einen Cash Covered Call eröffnen wir, indem wir einen Call verkaufen und eine Stop-Buy-Order am Strike oder darunter platzieren.

Für den Verkauf des Calls wird der Broker verlangen, eine Margin zu hinterlegen. Denn wir besitzen den Basiswert (noch) nicht und verkaufen den Call damit nackt. Daher müssen wir entsprechendes Kapital bereithalten, um den Basiswert zu erwerben, falls der Kurs steigt und die Option ausgeübt wird. Wir profitieren durch diese Strategie zwar nicht von eventuellen Kurssteigerungen im Basiswert. Dafür aber gehen wir auch nicht das Risiko des Aktienbesitzes ein. Einen Cash Covered Call zu verkaufen ist eine reine Cashflow-Strategie, die auf die eingenommene Prämie abzielt.

Die Ergebnisse dieser Strategie hängen maßgeblich von der richtigen Auswahl der Preisniveaus für den Short Strike und die Stop-Buy-Marke ab. Indem wir eine Kaufbestellung direkt am verkauften Strike platzieren, schließen wir jegliche Kapitalzuwächse aus. Die maximal mögliche Einnahme ist die eingenommene Prämie. Geben wir die Kaufbestellung unterhalb des verkauften Strikes ab (zum Beispiel an einer signifikanten Unterstützungslinie), räumen wir dem Trade ein zusätzliches Kapitalzuwachspotenzial ein.

Der Maximalgewinn der Strategie berechnet sich wie folgt:

Maximales Gewinnpotenzial = verkaufter Strike - Kaufpreis des Basiswertes + Optionsprämie

Die Formel ist die gleiche wie bei einem Covered Call. Der Unterschied ist, dass wir den Basiswert nicht sofort kaufen, sondern eine Stop-Buy-Bestellung platzieren, die unseren Kaufpreis definiert und nur in dem Fall greift, dass der Preis des Basiswertes steigt.

Hier das Beispiel mit der eBay-Aktie. Der Marktpreis liegt bei $ 47 und wir wollen Cashflow generieren, indem wir einen Call mit dem Strike bei $ 50 für eine Prämie von $ 1 verkaufen. Zwischen dem Strike und dem heutigen Preis liegen mehrere Widerstandslinien aus den alten Hochs, bei $ 48, $ 49 und beim Allzeithoch bei $ 50. Betrachten Sie dazu den folgenden Chart.

Abb. 17: Widerstandslinien im Chart der eBay-Aktie

Der Maximalgewinn der Position hängt von dem gewählten Kaufniveau ab:

- Stop-Buy bei \$ 48: (\$ 50 - \$ 48 + \$ 1) * 100 = \$ 3 * 100 = \$ 300
- Stop-Buy bei \$ 49: (\$ 50 - \$ 49 + \$ 1) * 100 = \$ 2 * 100 = \$ 200
- Stop-Buy bei \$ 50: (\$ 50 - \$ 50 + \$ 1) * 100 = \$ 1 * 100 = \$ 10

Anhand der Beispielrechnung wird der Trade-off deutlich: Je näher am Strike wir den Stop-Buy platzieren, desto geringer ist der mögliche Gewinn. Ein Stop-Buy in der Nähe des Strikes senkt aber auch die Wahrscheinlichkeit, dass die Order ausgelöst wird und wir den Basiswert kaufen müssen. Ein Cash Covered Call ist eine bärische Strategie und geht von fallenden Kursen im Basiswert aus. Je kleiner die Wahrscheinlichkeit, dass unsere Kaufbestellung ausgelöst wird, desto geringer sind unsere Risiken.

Break-even-Punkt und Absicherung gegen Kursverluste der Aktie

Beim Cash Covered Call besitzen wir die Aktien nicht und haben eine Prämieneinnahme. Diese senkt den Break-even für den Fall, dass die Stop-Buy-Bestellung ausgelöst wird und der Preis anschließend wieder fällt. Der Break-even-Punkt sinkt um die eingenommene Prämie. Entscheiden wir uns in dem Beispiel, den eBay-Call für die Prämie von \$ 1 zu verkaufen und den Stop-Buy am Widerstand von \$ 49 zu platzieren, berechnen wir den Break-even wie folgt:

> Break-even = Kaufpreis des Basiswertes - eingenommene Prämie

Der Break-even liegt bei \$ 48. Steigt der Kurs über \$ 49 an, wird unsere Stop-Buy-Order ausgelöst und wir kaufen die Aktien für \$ 49. Durch die eingenommene Prämie können wir Kursverluste von \$ 1 aushalten, ohne Verluste zu erleiden. Wir dürfen dabei nicht vergessen, dass sich der Break-even auf den Verfalltermin des verkauften Calls bezieht. Steigt während der Laufzeit des Kontraktes der Aktienkurs auf unser Kaufniveau an und fällt er dann wieder, erleiden wir Verluste, wenn wir den Stop-Loss für die Position am Break-even platzieren und den Call zurückkaufen müssen.

Die Alternative ist, die Position durch einen Stop-Loss abzusichern und den Call zurückzukaufen. Wir spekulieren ja darauf, dass der Kurs nicht noch einmal steigt. Geht die Erwartung auf, verfällt der Call wertlos und wir steigen

Break-even aus. Steigt der Kurs jedoch wieder, müssen wir uns der Lieferverpflichtung und der daraus entstehenden Risiken bewusst sein. Dann müssen wir eine neue Stop-Buy-Order platzieren oder den Call zurückkaufen.

Kapitalbedarf

Der Kapitalbedarf für einen Cash Covered Call ist die Margin-Anforderung für einen nackten Call-Verkauf. Zusätzlich halten wir Kapital bereit, um die Aktie zu kaufen, falls der Kurs steigt und unser Stop-Buy ausgelöst wird. In diesem Fall werden wir den Basiswert erwerben und die Position in einen Covered Call umwandeln. Die Margin für den Call wird frei, sobald wir den Basiswert erworben haben, denn damit haben wir das Risiko gedeckt. Der Kapitalbedarf ergibt sich aus dem Investment in den Basiswert. Je nachdem, ob wir ein Cash- oder Margin-Konto haben, wird der Kapitalbedarf und somit der ROI unterschiedlich ausfallen.

Im Regelfall wird der Kapitalbedarf für den Erwerb des Basiswertes höher sein als die Margin für den nackten Call. Da diese Margin nach dem Kauf des Basiswertes wieder erlassen wird, ist der Kapitalbedarf für den Erwerb des Basiswertes für uns relevant. Auch wenn die Kaufbestellung (noch) nicht ausgelöst wurde: Wir müssen das Kapital mental in unserem Depot blocken, um den Kauf überhaupt durchführen zu können. Dieses Geld, obwohl nicht investiert, steht uns für andere Trades nicht zur Verfügung. Um die Netto-Investition zu bestimmen, ziehen wir die eingenommene Prämie von der (mental geblockten) Investition ab.

Wollen wir den eBay-Call mit dem Strike bei $ 50 für eine Prämie von $ 1 verkaufen und unsere Lieferbestellung durch einen Stop-Buy bei $ 49 absichern, berechnen wir den Investitionsbedarf wie folgt:

Cash-Konto: (100 * $ 49) - (100 * $ 1) = $ 4800

Margin-Konto: (100 * ($ 49 * 0,2)) - (100 * $ 1) = $ 880

Während die Einnahme aus der Optionsprämie die gleiche ist, ist das Investment in einem Margin-Konto wesentlich kleiner. Die geblockte Margin für den nackten Call-Verkauf beziehen wir nicht in die Berechnung ein, da diese gleichzeitig mit dem Kauf des Basiswertes erlassen wird.

Return on Investment (ROI)

Wie sich das Kapital bei dieser Strategie verzinst, ist auch hier die Grundlage für die Entscheidung, einen Trade einzugehen. Wir ermitteln hierzu die Kennzahl ROI. Das heißt: Wir schauen uns die Prämieneinnahme an, die wir durch den Verkauf erhalten, und setzen sie ins Verhältnis zu dem Geld, das wir investiert haben, um den Trade zu eröffnen.

Wir wollen die Verzinsung des Kapitals in einem Cash Covered Call kalkulieren und müssen zwei unterschiedliche Szenarien berücksichtigen: Die verkaufte Option ist im Geld und wir kaufen den Basiswert (Szenario 1). Oder die Option ist aus dem Geld und verfällt wertlos (Szenario 2). Wir wollen die Erträge für beide Szenarien vergleichen.

Szenario 1: Der Call ist am Verfallstag im Geld

Angenommen, wir halten den Call bis zum Verfallstag und er ist am Verfallstag im Geld (das ist der Fall, wenn der Marktpreis über dem Strike liegt): Dann wird der Halter der Option sein Recht ausüben, den Basiswert von uns zu einem günstigeren als dem heutigen Marktpreis zu kaufen. Die Erlöse aus dem Verkauf beeinflussen die Bilanz des Trades positiv. Für das Beispiel der eBay-Calls mit einem Strike bei $ 50, den wir für eine Prämie von $ 1 verkaufen und für den wir eine Stop-Buy-Order bei $ 49 setzen, berechnet sich der ROI wie folgt:

ROI-Berechnung Cash Covered Call (im Geld)

Ertrag aus dem Aktienverkauf: (Verkaufspreis - Kaufpreis) * 100

Ertrag aus dem Call-Verkauf: Optionsprämie * 100

Gesamtertrag: ($ 50 - $ 49) * 100 + $ 1 * 100 = $ 200

ROI im Cash-Konto: Ertrag/Investition = $ 200/$ 4100 = **4,8 Prozent ROI**
ROI im Margin-Konto: Ertrag/Investition = $ 200/$ 740 = **27 Prozent ROI**

Die Berechnung ist analog zur bereits dargestellten Systematik anderer Strategien.

Szenario 2: Der Call ist am Verfallstag aus dem Geld

Steigende Kurse sind nur eines der möglichen Szenarien zum Laufzeitende. Wir können hiervon nicht ausgehen und berechnen den ROI für die wertlos verfallende Option. Von diesem Szenario sollten wir stets ausgehen, wenn wir unsere Chancen konservativ einschätzen wollen. Der Call verfällt wertlos, wenn wir ihn bis zum Verfallstag halten und er am Verfallstag aus dem Geld ist, das heißt, wenn der Marktpreis unter dem Strike liegt. Bei einem Strike von $ 45, einer eingenommenen Prämie von $ 1 und einem Stop-Buy bei $ 49 berechnen wir den ROI folgendermaßen:

ROI im Cash-Konto: Ertrag/Investition = $ 100/$ 4100 = **2,43 Prozent ROI**

ROI im Margin-Konto: Ertrag/Investition = $ 100/$ 740 = **13,5 Prozent ROI**

Weitere Einnahmen durch den Besitz der Aktie, zum Beispiel Dividendenzahlungen, sind in diesem Szenario nicht möglich.

Trade-Management

Der Vorteil eines Cash Covered Calls ist, dass wir kein Kursrisiko haben, solange die Stop-Buy-Order nicht ausgelöst wird. Wir haben nicht das Risiko des Aktienbesitzes, nehmen aber die volle Prämie aus dem Optionsverkauf ein. Der Trade-off besteht darin, dass wir auf die möglichen Kapitalzuwächse aus dem Aktienbesitz verzichten. Ein Nachteil dieser Strategie ist die Anfälligkeit gegenüber Gaps, die dazu führen können, dass die Stop-Buy-Order zu einem schlechteren Kurs ausgeführt wird als geplant.

Ein fallender Preis des Basiswertes hilft dem Cash Covered Call. Denn je weiter sich der Kurs von dem Short Strike wegbewegt, desto geringer ist der Wert der verkauften Option. Wir können den Call zurückkaufen und den Trade beenden. Wir können ihn aber auch auslaufen lassen. Wir halten zwar das Geld bereit, um die Aktie zu kaufen. Solange der Kurs aber unter dem Strike beziehungsweise der Stop-Buy-Marke bleibt, besteht kein Handlungsbedarf und wir realisieren den Gewinn aus der Prämie.

Mit dieser Strategie gehen wir einen Tauschhandel ein: Wir besitzen keine Aktien und tragen damit auch kein Kursrisiko. Wir geben damit aber auch die Chance auf mögliche Kursgewinne ab. Ein Cash Covered Call ist bei seitwärts laufenden oder fallenden Kursen am profitabelsten.

Wir müssen besonders auf Gaps aufpassen. Gaps sind das größte Risiko bei einem Cash Covered Call: Steigt die Aktie aufgrund von unerwarteten Nachrichten über Nacht an und eröffnet sie erst oberhalb der Stop-Buy-Marke, werden wir zu einem schlechteren Kurs einsteigen als geplant. Dieses Risiko haben wir bei einem Covered Call nicht, da wir dort die Aktien bereits halten.

Bei einem Covered Call haben wir also das Risiko eines Kurssprungs nach unten, der dazu führen kann, dass wir zu einem schlechteren als dem Stop-Loss-Kurs aussteigen. Bei einem Cash Covered Call haben wir dagegen das Risiko eines Kurssprungs nach oben. Passiert das, können wir nicht wie geplant bei der Stop-Buy-Marke einsteigen, sondern müssen mehr bezahlen als ursprünglich geplant.

Cash Covered Put

Wir gehen Cash Covered Puts ein, wenn wir den Basiswert nicht besitzen und von moderat bis stark steigenden Kursen ausgehen. Einen Cash Covered Put eröffnen wir, indem wir einen Put verkaufen und eine Stop-Sell-Order am Strike oder darüber platzieren.

Für den Verkauf des Puts wird der Broker verlangen, eine Margin zu hinterlegen. Das ist nötig, weil wir nackt verkaufen. Wir müssen entsprechendes Kapital vorhalten, um den Basiswert leerzuverkaufen, falls der Kurs fällt und die Option ausgeübt wird. Wir profitieren nicht von eventuellen Kursänderungen des Basiswertes. Dafür aber haben wir auch nicht das Risiko, dass sich der Kurs zu unseren Ungunsten entwickelt. Einen Cash Covered Put zu verkaufen ist eine reine Cashflow-Strategie, die auf die eingenommene Prämie abzielt. Von der richtigen Auswahl der Preisniveaus für den Short Strike und Stop-Sell hängen maßgeblich die Ergebnisse dieser Strategie ab. Indem wir eine Vekaufsbestellung direkt am verkauften Strike platzieren, schließen wir jegliche Kapitalzuwächse aus. Die maximal mögliche Einnahme ist die Prämie, die wir erhalten. Geben wir die Kaufbestellung oberhalb des verkauften Strikes ab (zum Beispiel an einer signifikanten Unterstützungslinie), räumen wir dem Trade ein zusätzliches Potenzial ein, einen Kapitalzuwachs zu erzielen.

Je näher wir den Stop-Sell zum Strike platzieren, desto geringer ist der mögliche Gewinn. Gering ist dann aber auch die Wahrscheinlichkeit, dass der Stop ausgelöst wird und wir den Basiswert leerverkaufen müssen. Ein Cash Covered Put ist eine bullische Strategie und geht von steigenden Kursen im Basiswert aus. Je kleiner die Wahrscheinlichkeit, dass unsere Kaufbestellung ausgelöst wird, desto geringer sind unsere Risiken.

Kapitalbedarf

Der Kapitalbedarf für einen Cash Covered Put besteht zunächst aus der Margin-Anforderung für einen nackten Put-Verkauf. Zusätzlich halten wir Kapital bereit, um notfalls die Margin-Anforderung aus einem Leerverkauf zu erfüllen. Falls die Stop-Sell-Bestellung ausgelöst wird, verkaufen wir den Basiswert leer. Damit wandeln wir die Position in einen Covered Put um. Die Margin für den Put wird frei, sobald wir den Basiswert leerverkauft haben, weil wir damit das Risiko gedeckt haben. Der Kapitalbedarf ergibt sich somit aus der Margin-Anforderung für den Leerverkauf.

Im Regelfall wird der Kapitalbedarf für den Leerverkauf höher sein als die Margin für den nackten Put. Auch wenn der Leerverkauf noch nicht ausgeführt wurde: Wir müssen das Kapital blocken, um die Transaktion durchführen zu können. Dieses Geld, obwohl nicht investiert, ist nicht frei für andere Trades. Um die Netto-Investition zu bestimmen, ziehen wir die eingenommene Prämie von der (mental geblockten) Investition ab. Die geblockte Margin für den nackten Put-Verkauf beziehen wir nicht in die Berechnung ein, da diese gleichzeitig mit dem Kauf des Basiswertes erlassen wird.

Trade-Management

Der Vorteil des Cash Covered Puts ist, dass wir kein Kursrisiko haben, solange die Stop-Sell-Order nicht ausgelöst wird. Dem Kursrisiko des Leerverkaufs setzen wir uns zunächst nicht aus, nehmen aber die volle Prämie aus dem Optionsverkauf ein. Wir verzichten dafür auf die möglichen Kapitalzuwächse aus dem

Aktienverkauf. Sollte der Kurs fallen und unsere Stop-Oder ausgeführt werden, ändert sich die Position in einen Covered Put. Nun sind die Aktien short und wir müssen uns gegen steigende Kurse absichern. Ein weiterer Nachteil dieser Strategie ist die Anfälligkeit gegenüber Gaps, die dazu führen können, dass die Stop-Sell-Order zu einem schlechteren Kurs ausgeführt wird als geplant.

Ein steigender Preis des Basiswertes hilft der Position. Denn je weiter sich der Kurs von dem Short Strike wegbewegt, desto geringer ist der Wert der verkauften Option. Wir können den Put zurückkaufen und den Trade beenden oder ihn auslaufen lassen. Zwar halten wir das Geld bereit, um die Aktie leerzuverkaufen. Solange aber der Kurs über dem Strike beziehungsweise dem Stop-Sell bleibt, besteht kein Handlungsbedarf und wir realisieren den Gewinn aus der Prämie.

Wir müssen besonders auf Gaps aufpassen, denn sie sind das größte Risiko bei einem Cash Covered Put: Fällt die Aktie über Nacht und eröffnet sie unterhalb der Stop-Sell-Marke, werden wir zu einem schlechteren Kurs einsteigen als geplant. Sie erinnern sich: Bei einem Covered Put besteht das Risiko in einem Kurssprung nach oben. Er führt womöglich dazu, dass wir zu einem schlechteren als unserem Stop-Loss-Kurs aussteigen. Genau umgekehrt ist es bei einem Cash Covered Put: Hier besteht das Risiko in einem Kurssprung nach unten, bei dem wir nicht bei der Stop-Sell-Marke einsteigen können, sondern mehr bezahlen müssen als ursprünglich geplant.

Warum Cash-Covered-Strategien bei Gaps versagen

Gaps (Kurslücken) entstehen, wenn außerhalb der Handelszeiten Informationen über das Unternehmen bekannt werden. Solche Nachrichten verändern die Erwartungen der Marktteilnehmer an das Unternehmen. Gaps treten regelmäßig bei Veröffentlichungen von Quartalszahlen auf, denn diese werden stets außerhalb der Handelszeiten publiziert.

Weichen die Ergebnisse des Unternehmens von den Markterwartungen ab, unterscheidet sich die erste Kursstellung am nächsten Morgen deutlich vom Schlusskurs des Vortages. Der gleiche Effekt kann auch bei anderen News eintreten, so zum Beispiel bei der Veröffentlichung klinischer Studien bei Biotech- und Pharmaunternehmen, bei Klagen, Streiks und anderen unvorhergesehenen Ereignissen.

Sehen wir uns ein Beispiel an, um zu verstehen, welche Risiken Gaps für Optionsverkäufer haben können. Wir betrachten ein Unternehmen, das die Markterwartungen deutlich übertroffen hat, sowie die Ergebnisse eines Traders, der eine Cash-Covered-Call-Position auf dem Unternehmen hatte:

Abb. 18: Das Gap-Risiko bei einem Cash Covered Call (Ausgangssituation)

Entsprechend der Charttechnik erkennt der Anleger, dass der höchste Kurs der Aktie bei $ 96,43 lag. Er geht von seitwärts laufenden beziehungsweise fallenden Kursen aus. Entsprechend verkauft er einen Call mit einem Strike von $ 97 für $ 1 Prämie. Er sichert sein Versprechen, die Aktien zu liefern, mit einem Stop-Buy am Strike ab.

Für den verkauften Call blockt sein Broker eine Margin von $ 300. Bei der eingenommenen Prämie von $ 100 erwartet der Anleger einen ROI von knapp 30 Prozent. Er erwartet, dass der Kurs unter dem Strike bleibt. Seine maximale Einnahme liegt somit bei der Prämie. Steigt der Kurs, so kauft er die Aktien zum Preis von $ 97 ein, um sein Lieferversprechen zu decken. Soweit hat er alles richtig gemacht. Leider übersieht dieser Investor, dass die Veröffentlichung der Quartalszahlen ansteht. Der Schlusskurs vor den Quartalszahlen beläuft sich auf $ 94,97.

Nach Börsenschluss veröffentlicht das Unternehmen exzellente Zahlen. Sie übertreffen die Erwartungen der Marktteilnehmer und der Analysten um über 20 Prozent. Die Gewinne pro Aktie fallen deutlich besser aus als erwartet. Der Ausblick wird angehoben. Das Management schätzt die Zukunft sehr positiv ein. Am nächsten Morgen ist niemand bereit, diese Aktien zu verkaufen. Alle wollen kaufen.

Es kommen keine Transaktionen zustande und die Börse, die nichts anderes als ein Auktionshaus ist, hebt die Gebote an, bis sich endlich Verkaufsinteressenten finden und eine Transaktion zustande kommt. »Ist jemand bereit, für $ 94,99 zu verkaufen? Nein. Ist jemand bereit, für $ 95,00 zu verkaufen? Nein. Ist jemand bereit, für $ 95,01 zu verkaufen? Nein.« So müssen Sie sich das Zustandekommen des neuen Kurses vorstellen. Erst bei $ 99,39 kommt eine Transaktion zustande, bei dieser Marke liegt also die erste Kursfeststellung nach der Eröffnung. Die Aktie eröffnet also mit einem Gap von $ 4,42 im Vergleich zum Schlusskurs des Vortages. Was passiert nun mit der Position des Anlegers?

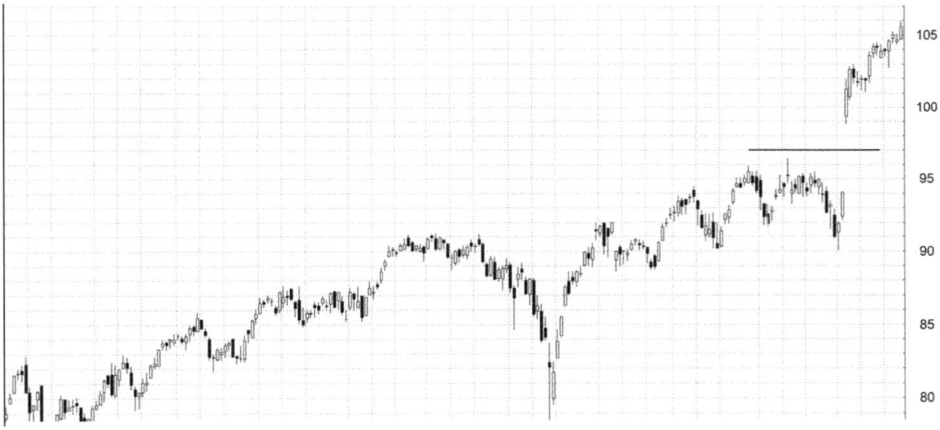

Abb. 19: Das Gap-Risiko bei einem Cash Covered Call (Lage nach dem Gap)

Mit dem Verkauf des Calls hat sich der Anleger verpflichtet, die Aktien für $ 97 zu liefern. Er hat sein Lieferversprechen mit einer Bestellung am Strike bei $ 97 abgesichert. Diese von ihm definierte Stop-Buy-Marke ist aber nicht garantiert. Wenn niemand bereit ist, seine Aktie zu diesem Preis zu verkaufen, wird die Bestellung zum nächstbesten Kurs bedient (in diesem Fall zu $ 99,39). Und jetzt? Unser Anleger hat sich verpflichtet, die Aktien zu $ 97 zu verkaufen, kann sie aber selbst erst zum Kurs von $ 99,39 einkaufen. Ihm entsteht ein Verlust, der zwar durch die Prämieneinnahme gemildert, aber nicht komplett aufgehoben wird.

Ergebnis des Trades: (Verkaufspreis - Kaufpreis) * 100 + Prämie * 100 = (97-99,39) * 100 + $ 1 * 100 = **- $ 139**

Obwohl der Anleger richtig kalkuliert hat, hat er die Veröffentlichung der Quartalszahlen nicht beachtet. Die aus dem Überraschungseffekt entstandene Kurslücke hat es ihm unmöglich gemacht, zum geplanten Kurs (Stop-Buy) die Aktien zu erwerben. Dadurch musste er einen Verlust hinnehmen. Dieses Beispiel soll die möglichen Risiken der Strategie aufzeigen. Fazit: Verkaufen Sie keine Cash Covered Calls, wenn die Veröffentlichung der Quartalszahlen ansteht!

Vor- und Nachteile gegenüber Covered-Strategien

Der größte und offensichtlichste Vorteil der Cash-Covered-Strategien gegenüber Covered Calls oder Puts ist das fehlende Kursrisiko. Wir halten die Aktien nicht und daher sind uns deren Kursbewegungen egal. Wir profitieren von Bewegungen weg von dem Short Strike. Je weiter weg die Kurse sind, desto günstiger wird es, die Option zurückzukaufen und die Position zu schließen. Im günstigsten Fall bewegt sich der Kurs des Basiswertes nach der Eröffnung der Position zu unserem Vorteil und wir können die Option nach wenigen Tagen zu einem besseren Preis zurückkaufen und noch vor dem Ende der Laufzeit einen Gewinn realisieren.

Die Gewinnwahrscheinlichkeit bei Cash-Covered-Strategien ist höher als bei Covered-Strategien. Wir können in drei von drei möglichen Marktentwicklungen Geld verdienen. Schauen wir uns einen Call an: Fällt der Preis des Basiswertes, bekommen wir die Optionsprämie und haben, anders als beim Covered Call, keine Kursverluste. Läuft der Kurs seitwärts, behalten wir die Optionsprämie. Steigt der Kurs, kaufen wir den Basiswert und erfüllen das Lieferversprechen. Auch in diesem Fall behalten wir die Optionsprämie und haben einen Gewinn.

Das größte Risiko der Strategie ist jedoch die Anfälligkeit für Kurslücken (Gaps). Wie im Beispiel dargestellt, kann ein Gap zu einem Verlust führen. Gaps treten insbesondere bei der Veröffentlichung von Quartalszahlen auf, weshalb die Strategie in der Berichtssaison besonders riskant ist. Ein weiterer Nachteil ist die fehlende Möglichkeit, von auftretenden Kursgewinnen zu profitieren.

Während wir bei Covered-Strategien einen möglichen Kapitalzuwachs in Höhe der Differenz zwischen dem Kauf- und Verkaufspreis realisieren können, verzichten wir bei Cash-Covered-Strategien auf diese Möglichkeit. Wir haben kein Kursrisiko, aber auch keine Kapitalzuwachsmöglichkeiten. Sobald der Stop-Kurs erreicht ist und wir die Aktien kaufen beziehungsweise leerverkaufen, verwandelt sich die Position in eine Covered-Position, mit allen daraus resultierenden Folgen.

Zusammenfassung und Bewertung

Das Ziel der Cash-Covered-Strategie ist Cashflow durch Optionsverkäufe. Wir verkaufen Optionen für eine Prämieneinnahme und sichern das Versprechen mit einer Stop-Order ab. Die Cash-Covered-Strategie hat ein begrenztes Gewinnpotenzial und ein unbegrenztes Risiko. Cash-Covered-Strategien sind allerdings in drei von drei möglichen Marktentwicklungen profitabel. Durch Verzicht auf Investitionen in den Basiswert tragen wir kein Kursrisiko. Risiken entstehen jedoch durch Kurslücken (Gaps). Sobald unsere Stop-Bedingung erfüllt wird, gehen wir eine klassische Covered-Position ein. Cash-Covered-Positionen sind dann sinnvoll, wenn wir erwarten, dass der Preis sich dynamisch von dem verkauften Strike wegbewegt. Läuft der Preis wider Erwarten seitwärts, erhalten wir trotzdem den maximalen Gewinn.

Strategie	**Markterwartung**	**Delta**	**Vega**	**Theta**	**Gewinn**	**Risiko**
Cash Covered Call	neutral bis moderat bärisch	short (fallende Kurse helfen)	short (fallende Vola hilft)	long (sinkende Laufzeit hilft)	begrenzt	unbegrenzt
Cash Covered Put	neutral bis moderat bullisch	long (steigende Kurse helfen)	short (fallende Vola hilft)	long (sinkende Laufzeit hilft)	begrenzt	unbegrenzt

Tab. 10: Einflussfaktoren bei Cash-Covered-Strategien

Besuchen Sie unsere Webseite www.optioneniq.com und testen Sie Ihr Wissen, bevor Sie mit den weiteren Kapiteln fortfahren. Sie finden in unserem Portal Anwendungsbeispiele und Schulungsvideos, die Ihr Verständnis vertiefen.

Kapitel 10: Credit Spreads

Die Möglichkeit, eine Option zu verkaufen, bietet die Gelegenheit, Einkommen zu generieren, indem wir vom Zeitwertverfall während der Laufzeit profitieren. Wir nehmen eine Optionsprämie ein, die den Gewinn aus der Position darstellt. Die Risiken managen wir entsprechend dem Leistungsversprechen, das wir abgegeben haben. In diesem Kapitel besprechen wir die Möglichkeit, das Risiko aus dem Leistungsversprechen durch den Kauf von Optionen zu hedgen. Wir haben bisher folgende Möglichkeiten und Strategien behandelt:

- **Naked Short:** Wir verkaufen ein Leistungsversprechen, ohne den Basiswert zu besitzen. Ein Risiko entsteht, wenn die verkaufte Option ins Geld läuft und wir den Basiswert nicht besitzen. Wir managen das Risiko, indem wir eine Stop-Loss-Order platzieren. Damit wird die Position geschlossen, falls die verkaufte Option ins Geld läuft.

- **Cash Covered Short:** Wir verkaufen ein Leistungsversprechen, ohne den Basiswert zu besitzen. Ein Risiko entsteht, wenn die verkaufte Option ins Geld läuft und wir den Basiswert nicht besitzen. Wir managen das Risiko, indem wir einen Stop-Buy am Strike platzieren. Erreicht oder überschreitet der Kurs des Basiswertes die Stop-Buy-Marke, wird dieser gekauft, um ihn auf Nachfrage liefern zu können.

- **Covered Short:** Wir verkaufen ein Leistungsversprechen und besitzen den Basiswert. Wir sind in der Lage, das Interesse des Käufers zu bedienen und den Basiswert zu liefern, den wir vorher zu einem besseren Preis ge- beziehungsweise verkauft haben. Risiken entstehen nicht durch die Short-Position, sondern durch die möglichen Kursbewegungen des Basiswertes. Wir können dieses Risiko managen, indem wir einen Stop-Loss auf den Basiswert platzieren und den Trade beenden, falls der Kurs sich nachteilig entwickelt.

Während diese Strategien bereits gute Einkommensmöglichkeiten liefern, haben wir keine hundertprozentige Sicherheit, dass unsere Bestellungen (Stop-Loss oder Stop-Buy) zum gewünschten Kurs ausgeführt werden. Die Gefahr eines Gaps besteht, der die Ergebnisse verzerren kann. Wollen wir als Investoren eine *absolute* Sicherheit über das maximale Gewinn- und Verlustpotenzial haben, greifen wir auf die Strategie der Spreads zurück.

Einen Spread eröffnen wir, indem wie eine Short- und eine Long-Position auf dem gleichen Basiswert eingehen. Die Laufzeiten sind identisch, aber die Strikes unterscheiden sich. Wir verkaufen zum Beispiel einen Call mit Strike $ 45 und kaufen einen Call, der mit einem Strike von $ 46 weiter aus dem Geld ist. Der Kaufpreis muss dabei kleiner sein als der Verkaufserlös. Eine Option, die weiter aus dem Geld ist, wird günstiger sein als eine Option näher am Geld.

Wir bekommen für diese Transaktion einen Credit, der unseren maximalen Gewinn darstellt. Ein Risiko entsteht, wenn die Optionen ins Geld laufen. Wir werden in dem Fall die Aktie für $ 46 bekommen und für $ 45 verkaufen, wodurch uns ein Verlust von $ 1 entstehen wird. Dieser Verlust ist von vornherein begrenzt, weshalb die Strategie der Spreads bei Optionenhändlern sehr beliebt ist.

Spreads bieten uns die Möglichkeit, einen hohen ROI zu erzielen. Wir unterscheiden bullische und bärische Spreads, die wir je nach unserer Markteinschätzung einsetzen können. Mit begrenztem Risiko und geringer Margin-Anforderung erzielen wir so die besten Renditen.

Bear Call Credit Spread

Ein Bear Call Spread ist eine Kombination aus zwei Optionen auf den gleichen Basiswert mit gleicher Laufzeit, aber unterschiedlichen Strikes. Zunächst verkaufen wir einen Call und nehmen die Prämie dafür ein. Unsere Aufgabe ist nun, die Zeit verstreichen zu lassen und uns während dieser Zeit um das verkaufte Leistungsversprechen zu kümmern. Wir besitzen den Basiswert nicht, daher kann uns aus dem Short Call ein Verlust entstehen. Das passiert dann, wenn der Preis steigt und wir den Basiswert liefern müssen.

Um das Versprechen aus dem Short Call abzusichern, kaufen wir einen Call mit einem höheren Strike. Damit sichern wir uns das Recht, den Basiswert zum vereinbarten Strike zu kaufen, was unser Risiko auf die Differenz zwischen dem Short Strike und dem Long Strike begrenzt. Für den Kauf der Absicherung wenden wir einen Teil der eingenommenen Prämie auf.

Wir reduzieren die maximale Einnahme auf die Differenz zwischen der eingenommenen Prämie aus dem Short Call und der ausgegebenen Prämie für den Long Call. Wir reduzieren damit das maximale Verlustrisiko auf die Differenz zwischen dem Einkaufspreis für den Basiswert (Long Strike) und dem Verkaufspreis (Short Strike). Mit dieser Strategie schließen wir Gap-Risiken vollständig aus, denn unser Einkaufspreis ist durch die Option garantiert. Wir haben eine hundertprozentige Sicherheit darüber, welche Verluste beziehungsweise Gewinne maximal möglich sind.

Die Bezeichnung »Bear Call Credit Spread« gibt die Eigenschaften der Strategie wieder. Zunächst handelt es sich um eine bärische Strategie, denn wir profitieren von fallenden Kursen. Wir erhalten den Gewinn, solange der Kurs des Basiswertes nicht über den Short Strike steigt. Die Strategie besteht aus dem gleichzeitigen Verkauf und Kauf zweier Calls. Wir verkaufen den Call mit dem tieferen Strike für einen Credit, einen Teil der Einnahme geben wir für die Absicherung aus. In der Summe haben wir eine Einnahme aus der Position, weshalb es sich um einen Credit Spread handelt. Folgende Abbildung zeigt einen Bear Call Credit Spread auf die Facebook-Aktie (FB):

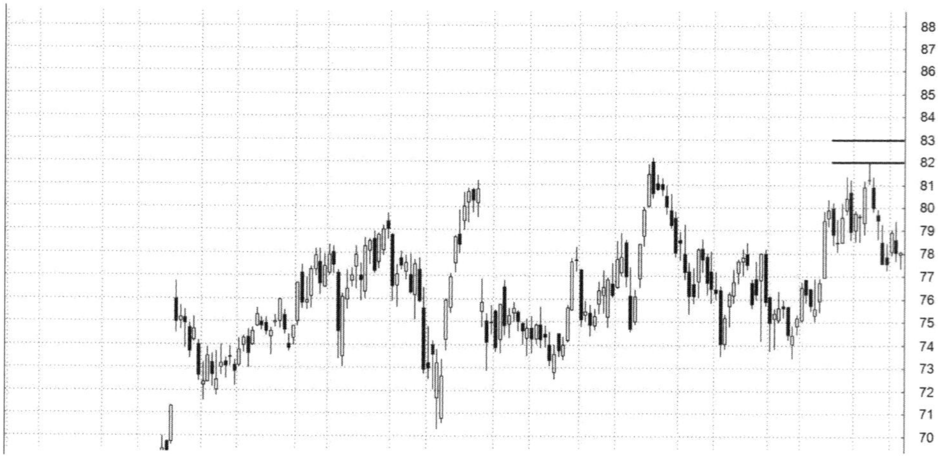

Abb. 20: Bear Call Credit Spread am Beispiel der Facebook-Aktie

Schauen wir uns das Risikoprofil des Bear Call Spreads für einen Beispiel-Trade an: Wir verkaufen einen Call mit dem Strike von $ 81 und kaufen einen Call mit dem Strike von $ 82. Für den verkauften Call bekommen wir eine Prämie in Höhe von $ 0,74, für den Kauf der Absicherung wenden wir $ 0,52 auf.

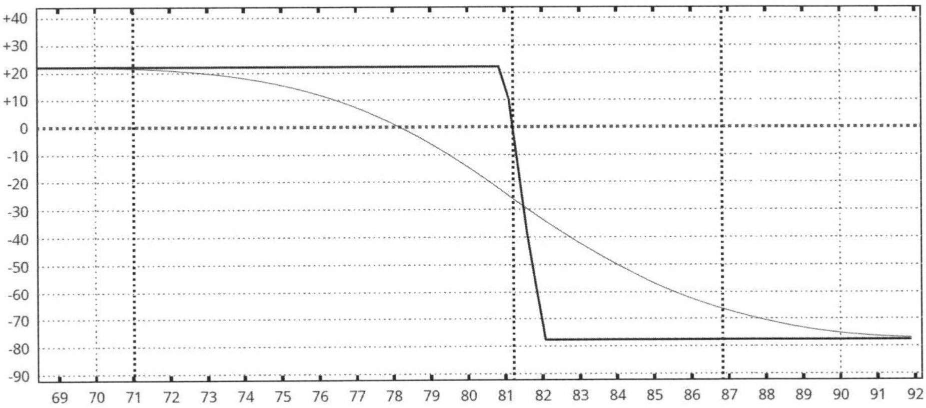

Abb. 21: Risikoprofil Bear Call Spread am Beispiel der Facebook-Aktie

Wir erkennen, dass das maximale Risiko und der maximale Gewinn gleichermaßen begrenzt sind. Der maximale Gewinn besteht aus der eingenommenen Prämie abzüglich der Ausgabe für den Long Call, unserer Absicherung. Diese Einnahme wird uns gutgeschrieben, sobald wir den Spread aufgesetzt haben. Sie steht dem Depot als Guthaben sofort zur Verfügung. So wird der maximal mögliche Gewinn errechnet:

Maximales Gewinnpotenzial: eingenommene Prämie - ausgegebene Prämie = $ 0,74 - $ 0,52 = $ 0,22 ($ 22 bei 100 Aktien pro Kontrakt)

Der maximale Verlust entsteht, wenn der Kurs steigt und beide Calls im Geld sind. In diesem Fall werden wir durch den Long Call die Aktien für $ 82 übernehmen und für $ 81 dem Besitzer unseres Short Calls verkaufen. Der maximale Verlust wird durch die eingenommene Prämie abgemildert, denn diese haben wir bereits erhalten. Sie gehört uns, egal wie sich der Trade entwickelt. Verluste entstehen, wenn der Kurs des Basiswertes steigt und die Short-Position am Verfallstag im Geld ist. Wir können den Spread managen und anpassen, falls der Kurs des Basiswertes entgegen unseren Erwartungen steigt.

Maximales Verlustpotenzial: Short Strike - Long Strike - Netto-Credit = $ 82 - $ 81 - $ 0,22 = $ 0,78 ($ 78 bei 100 Aktien pro Kontrakt)

Das maximale Verlustrisiko können wir durch die Auswahl des Long Calls beeinflussen. Wir können einen Call zur Absicherung wählen, der weiter aus dem Geld ist, also einen höheren Strike hat. Er wird weniger kosten, wodurch sich unser maximales Gewinnpotenzial erhöht, gleichzeitig aber auch unser maximales Verlustpotenzial steigt. Entscheiden wir uns im oben aufgeführten Beispiel, einen Absicherungs-Call mit dem Strike bei $ 83 zu kaufen und dafür eine Prämie von $ 0,45 auszugeben, verändert das unser Risikoprofil wie folgt:

Maximales Gewinnpotenzial = $ 0,74 - $ 0,45 = $ 0,29 ($ 29 bei 100 Aktien)
Maximales Verlustpotenzial = $ 83 - $ 81 - $ 0,29 = $ 1,71 ($ 171 bei 100 Aktien)

Während wir eine höhere Einnahme bekommen, haben wir auch ein höheres Risiko für den Fall, dass der Kurs des Basiswertes steigt. Um eine Entscheidung zu treffen, welche Absicherung wir wählen sollten, ziehen wir das bereits bekannte Konzept des Return on Investment zu Rate. Der Trade, der den höchsten ROI aufweist, wird uns die maximale Verzinsung für unser Kapital einbringen.

Kapitalbedarf und ROI

Einer der größten Vorteile eines Spreads ist das begrenzte Risiko. Durch den Kauf des Absicherungs-Calls haben wir einen garantierten Kaufpreis, unabhängig von Gaps oder unerwarteten Preisbewegungen. Das mindert unser Risiko auf die Differenz zwischen dem verkauften und gekauften Strike. Vom Broker wird dies entsprechend honoriert. Er begrenzt die Margin-Anforderung auf die Differenz zwischen den Strikes. Der daraus resultierende geringe Kapitalbedarf erlaubt es uns, hohe Renditen auf das eingesetzte Kapital zu erwirtschaften. Gehen wir einen Spread ein, wird der Kapitalbedarf unserem maximalen Risiko entsprechen. Dieses Risikokapital wird vom Broker als Sicherheit geblockt, damit ihm im Verlustfall keine Nachteile entstehen. Da die Prämieneinnahme uns sofort gutgeschrieben wird, ziehen wir diese vom Verlustrisiko ab. Diese Prämie können wir nicht mehr verlieren. Der Kapitalbedarf berechnet sich wie folgt:

Kapitalbedarf des Spreads = maximales Verlustrisiko - Netto-Credit

Sehen wir uns den Kapitalbedarf des ersten Trades an. Dabei verkaufen wir einen Call mit dem Strike von $ 82 und kaufen einen Call mit dem Strike von $ 81. Für den verkauften Call erzielen wir eine Einnahme von $ 0,74, für den Kauf der Absicherung wenden wir die Ausgabe von $ 0,52 auf.

Kapitalbedarf = $ 82 - $ 81 - $ 0,74 + $ 0,52 = $ 0,78 ($ 78 bei 100 Aktien pro Kontrakt)

Wir haben ein maximales Verlustrisiko von $ 100 aus dem Spread, abzüglich der bereits eingenommenen Prämie von $ 22. Damit ergibt sich ein Kapitalbedarf von $ 78. Um diesen Trade einzugehen und ein Einnahmepotenzial von $ 22 zu erschließen, gehen wir eine Investition von $ 78 ein. Der mögliche ROI berechnet sich nach der bekannten Formel: Ertrag geteilt durch Investition:

ROI: Ertrag/Investition = $ 22/$ 78 = **28,2 Prozent ROI**

Der im Vergleich zu anderen Strategien geringe Kapitalbedarf der Strategie macht den ROI besonders attraktiv. Obwohl der Ertrag in absoluten Zahlen gesehen klein erscheinen mag, dürfen wir uns davon nicht täuschen lassen. Unser Ziel als Optionstrader ist die beste Verzinsung des Kapitals. Und Spreads liefern eine Möglichkeit, in kürzester Zeit zweistellige Renditen zu erhalten. Deshalb ist die Strategie ausgesprochen beliebt.

Schauen wir uns das zweite Beispiel an, bei dem wir eine Absicherung wählen, die weiter aus dem Geld ist. Wir verkaufen dazu einen Call mit dem Strike von $ 82 für eine Prämie von $ 0,74 und kaufen einen Absicherungs-Call mit dem Strike bei $ 80 für eine Prämie von $ 0,30. So errechnet sich der daraus entstehende ROI:

Maximales Gewinnpotenzial = $ 0,74 - $ 0,45 = $ 0,29 ($ 29 bei 100 Aktien pro Kontrakt)
Maximales Verlustpotenzial = $ 82 - $ 80 - $ 0,29 = $ 1,71 ($ 171 bei 100 Aktien pro Kontrakt)
ROI: Ertrag/Investition = $ 29/$ 171 = **16,9 Prozent ROI**

Interessanterweise ist die Verzinsung im zweiten Fall geringer. Während wir absolut gesehen eine höhere Einnahme generieren ($ 29 statt $ 22), müssen wir einen größeren Betrag investieren ($ 171 statt $ 78), was sich nachteilig auf den ROI auswirkt. Auf den zweiten Blick ist das auch verständlich, denn wir könnten mit dem gleichen Kapital zwei Spreads à $ 78 eingehen und eine höhere Verzinsung generieren. Grundsätzlich ist die Verzinsung in den allermeisten Fällen bei einem kleineren Abstand zwischen dem verkauften und gekauften Strike höher als die Verzinsung, die wir mit weiter auseinanderliegenden Strikes erzielen können.

Mögliche Entwicklung des Trades

Wir gehen einen Bear Call Spread ein, wenn unsere Marktmeinung neutral bis moderat bärisch ist. Gehen wir von stark fallenden Preisen aus, können wir mit einer direktionalen Position (Leerverkauf, Long Put oder Bear Debit Spread) einen größeren Gewinn realisieren. Wenn wir einen Bear Call Spread eingehen, ist es uns egal, wie sich der Kurs entwickelt, solange er nicht so stark steigt, dass unser Short Strike im Geld ist.

Bleiben wir bei unserem Beispiel, um die unterschiedlichen Entwicklungen des Trades zu analysieren. Wir verkaufen also einen Call mit dem Strike von $ 81 und kaufen einen Call mit dem Strike von $ 82. Für den verkauften Call bekommen wir eine Einnahme von $ 0,74. Für den Kauf der Absicherung wenden wir $ 0,52 auf. Durch die Short-Position haben wir die Verpflichtung, die Aktien für $ 81 zu verkaufen, falls der Kurs des Basiswertes am Verfallstag größer als $ 81 ist (der Short Call ist im Geld). Solange der Kurs des Basiswertes unter der Marke von $ 81 bleibt, realisieren wir den Maximalgewinn.

Durch den Long Call mit dem Strike von $ 82 haben wir das Recht, den Basiswert für $ 82 zu erwerben. Steht der Kurs des Basiswertes tiefer als der Long Strike, verzichten wir auf unser Recht, denn wir können den Basiswert am Markt zum aktuellen Kurs günstiger erwerben. Dadurch können für die Position folgende drei Szenarien auftreten:

1. **Beide Calls sind am Verfallstag aus dem Geld** (das bedeutet, der Kurs des Basiswertes ist kleiner als $ 81): In diesem Szenario verfallen beide Calls wertlos, wir realisieren den Maximalgewinn aus der Position.

2. **Beide Calls sind am Verfallstag im Geld** (das bedeutet, der Kurs des Basiswertes ist größer als $ 82): Beide Calls werden ausgeübt. Wir üben unser Recht aus, den Basiswert für $ 82 zu erwerben, und bedienen mit den betreffenden Aktien das Interesse des Call-Käufers, der uns die Aktien für $ 81 abkauft. Uns entsteht der Maximalverlust von $ 100, der sich um die eingenommene Prämie von $ 22 reduziert. Diese Transaktion wird von der Clearing-Stelle virtuell durchgeführt, wir müssen nicht aktiv werden. Wir können somit nicht mehr als $ 78 verlieren, egal, wie stark der Preis des Basiswertes steigt.

3. **Der Basiswert schließt am Verfallstag in der Spanne** zwischen $ 81 und $ 82 (das bedeutet, dass der Short Call im Geld ist, während der Long Call aus dem Geld ist). Wir verzichten somit auf unser Recht, die Aktien für $ 82 zu erwerben (der Marktpreis ist besser), der Long Call verfällt wertlos. Der Besitzer der Option übt sein Recht aus, uns die Aktien für $ 81 abzukaufen. Der Broker führt diese Transaktion automatisch durch und am Tag nach dem Verfall haben wir eine Short-Position im Depot. Sollten wir nicht genug Kapital haben, um die Margin für die Leerverkaufsposition aufzubringen, wird die Position automatisch geschlossen und wir realisieren den Verlust. Wie groß ist der Gewinn beziehungsweise Verlust, falls der Basiswert innerhalb dieser Spanne schließt? Wo liegt unser Break-even? Um den Break-even zu bestimmen, addieren wir zu dem Kurs, zu dem wir den Basiswert verkaufen müssen, die eingenommene Prämie, die eine Art Puffer darstellt. Für das Beispiel erhalten wir folgenden Break-even-Punkt:

Break-even = Short Strike + Netto-Credit = $ 81 + $ 0,22 = $ 81,22

Liegt demnach der Kurs des Basiswertes am Verfallstag unter $ 81,22, machen wir mit der Position einen Gewinn. Erst wenn der Kurs über $ 81,22 steigt, sind wir in der Verlustzone. Wir können den Gewinn oder Verlust der Position bestimmen, indem wir den Kurs am Verfallstag mit dem Break-even-Punkt vergleichen. Vom aktuellen Kurs ziehen wir den Break-even-Kurs ab, um den Gewinn oder Verlust der Position zu bestimmen.

Auswahl der Laufzeit und der Strikes

Da unser Ziel die Maximierung der Verzinsung ist, sollten wir die Kennzahl ROI pro Tag heranziehen. Wir vergleichen, welche Laufzeit die höchste Verzinsung pro Tag bringt, und wählen entsprechend die Laufzeit mit dem höchsten ROI pro Tag aus. Alternativ können wir uns das Theta der Option anschauen. Das höchste Theta kommt dem höchsten Zeitwertverfall gleich.

Die Auswahl der zu verkaufenden Strikes ist eine Abwägungsentscheidung zwischen ROI und Risiko. Je weiter wir aus dem Geld gehen, desto geringer wird unsere Einnahme sein. Zugleich wird aber auch das Risiko geringer sein, dass der Short Call ins Geld läuft und wir die Position anpassen müssen. Sinnvoll ist es daher, einen Strike zu verkaufen, der hinter signifikanten Widerständen liegt (Widerstandsniveau, Allzeithoch, lokales Hoch und so weiter). Ein elementares Verständnis für die Charttechnik ist daher für einen Optionstrader von großer Bedeutung. Schauen wir uns unseren Beispiel-Trade auf die Facebook-Aktie an. Wir haben den Short Strike bei $ 82 extra so gewählt, dass er oberhalb eines signifikanten Widerstandes liegt:

Abb. 22: Strike-Auswahl bei einem Bear Call Credit Spread

Der Chart zeigt, dass der Preis am Niveau von $ 82 immer wieder abgeprallt ist. Der Aktie ist es in mehreren Anläufen nicht gelungen, dieses Preisniveau zu überwinden. Gehen wir davon aus, dass dieser Widerstand hält, können wir oberhalb den Bear Call Spread platzieren. Solange die Aktie nicht nach oben ausbricht, erhalten wir die Maximaleinnahme. Bricht die Aktie hingegen über den Widerstand nach oben aus, können wir den Trade anpassen, indem wir zum Beispiel Facebook-Aktien kaufen oder den Trade schließen.

Zusammenfassung und Bewertung

Ein Bear Call Credit Spread ist eine moderat bärische Strategie, die auf die Verzinsung des eingesetzten Kapitals unabhängig von der Preisbewegung abzielt. Wir verkaufen Calls für eine Prämieneinnahme. Zugleich sichern wir unser Versprechen, den Basiswert zum Strike zu liefern, mit dem Kauf eines Calls mit höherem Strike ab. Dieser Call räumt uns das Recht ein, die Aktien zu erwerben. Das maximal mögliche Risiko ist von Beginn an bekannt und begrenzt. Der Kapitalbedarf für den Trade ergibt sich aus dem maximal möglichen Risiko und reduziert sich um die eingenommene Prämie. Ein Bear Call Spread ist in zwei von drei möglichen Marktentwicklungen profitabel: Bei fallenden Märkten erhalten wir den Maximalgewinn, der aus Netto-Credit besteht. Laufen die Märkte seitwärts, erhalten wir ebenfalls die Einnahme aus der Optionsprämie. Steigt der Preis des Basiswertes, können wir den Trade anpassen. Der Zeitwertverfall begünstigt unsere Position.

Strategie	**Markterwartung**	**Delta**	**Vega**	**Theta**	**Gewinn**	**Risiko**
Bear Call Spread	neutral bis moderat bärisch	short (fallende Kurse helfen)	short (fallende Vola hilft)	long (sinkende Laufzeit hilft)	begrenzt	begrenzt

Tab. 11: Einflussfaktoren beim Bear Call Credit Spread

Bull Put Credit Spread

Wir haben bisher die Möglichkeit besprochen, durch den Verkauf eines Calls mit Absicherung durch einen Spread in einem bärischen Szenario Einkommen zu generieren. Die spiegelverkehrte Strategie, mit der wir in einem bullischen Szenario Prämieneinahmen generieren können, ist der Bull Put Credit Spread.

Bei dieser Strategie verkaufen wir zwei Puts auf dem gleichen Basiswert und mit gleicher Laufzeit, aber mit unterschiedlichen Strikes.

Zunächst verkaufen wir einen Put und nehmen die Prämie ein. Unser Leistungsversprechen gegenüber dem Put-Besitzer, ihm die Aktien zum Strike abzukaufen, müssen wir absichern. Dazu kaufen wir einen Put mit einem Strike, der weiter aus dem Geld ist. Da die Prämie bei einer solchen Option geringer sein wird, bleibt uns ein Überschuss, der unseren Maximalgewinn darstellt. Durch den Kauf des Absicherungs-Puts begrenzen wir unseren Maximalverlust auf die Differenz zwischen dem verkauften Strike und dem gekauften Strike.

Das maximal mögliche Risiko ist von Beginn an begrenzt, was diese Strategie für Optionenverkäufer besonders interessant macht. Genau wie bei einem Bear Call Spread gibt es keine Marktereignisse, die zu einem höheren Verlust führen können, als ursprünglich eingeplant. Damit haben wir auch kein Gap-Risiko. Denn sowohl der Kauf- wie auch der Verkaufspreis sind garantiert und gelten über die Laufzeit der Optionen. Durch das kontrollierbare Risiko sind die Margin-Anforderungen an den Trade auf das eingegangene Risiko begrenzt, was zu einer hohen Verzinsung des eingesetzten Kapitals führt.

Ein Bull Put Credit Spread ist eine leicht bullische bis neutrale Strategie. Wir gehen einen Bull Put Credit Spread ein, wenn wir von seitwärts laufenden beziehungsweise moderat steigenden Märkten ausgehen. Unser Gewinn ist auf

Abb. 23: Ausgangslage bei einem Bull Put Credit Spread

die eingenommene Prämie begrenzt. Sollten wir von stark steigenden Märkten ausgehen, können wir mit einer Long-Position auf einen Call oder den Basiswert höhere Einnahmen generieren. Der Vorteil des Bull Put Credit Spreads ist die Möglichkeit, bei seitwärts laufenden Märkten Erträge zu generieren. Solange der Preis des Basiswertes nicht unter den Short Strike fällt, erhalten wir unseren Maximalgewinn. Es kann uns also egal sein, ob der Markt steigt, seitwärts läuft oder moderat fällt: Wir erhalten unseren Gewinn so oder so durch die eingenommene Prämie und den Zeitwertverfall. Die folgende Abbildung zeigt die typische Ausgangslage für einen Bull Put Credit Spread:

Wir wählen ein Beispiel, in dem wir einen Put mit dem Strike von $ 40 verkaufen und zur Absicherung einen Put mit dem Strike von $ 39 kaufen. Wir nehmen $ 0,43 für den Verkauf ein und geben $ 0,15 für die Absicherung aus. Solange der Kurs über $ 40 bleibt, erhalten wir den maximalen Gewinn. Fällt der Kurs unter $ 39, haben wir einen Verlust von $ 100, der sich um die eingenommene Prämie verringert. Liegt der Kurs des Basiswertes zwischen $ 40 und $ 39, verringert sich unser Gewinn beziehungsweise wir geraten in die Verlustzone bis hin zum maximalen Verlust. So sieht das Risikoprofil dieses Trades aus:

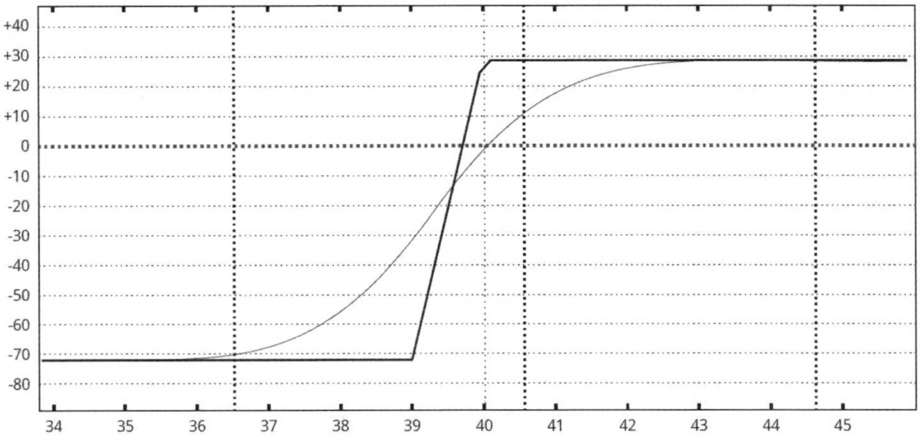

Abb. 24: Risikoprofil bei einem Bull Put Credit Spread

Wir berechnen den Maximalgewinn analog dem Bear Call Spread aus der Differenz zwischen dem Kauf- und Verkaufskurs:

Maximales Gewinnpotenzial: eingenommene Prämie - ausgegebene Prämie = $ 0,43 - $ 0,15 = $ 0,28 ($ 28 bei 100 Aktien pro Kontrakt)

Der maximale Verlust, der entsteht, falls beide Optionen am Verfallstag im Geld sind, berechnet sich aus der Differenz zwischen den Strikes, abgemildert um den Netto-Credit:

Maximales Verlustpotenzial: (Short Strike - Long Strike - Netto-Credit) = $ 40 - $ 39 - $ 0,28 = $ 0,72 ($ 72 bei 100 Aktien pro Kontrakt)

Kapitalbedarf und ROI

Einer der größten Vorteile eines Spreads ist das begrenzte Risiko. Der Kapitalbedarf eines Credit Spreads, also die vom Broker geblockte Margin, wird dem Risiko entsprechen, das wir eingegangen sind. Daraus resultiert ein nur geringer Kapitalbedarf, der dazu führt, dass wir hohe Renditen auf das eingesetzte Kapital erzielen. Der Kapitalbedarf berechnet sich wie folgt:

Kapitalbedarf des Spreads = maximales Verlustrisiko - eingenommene Prämie

Sehen wir uns den Kapitalbedarf des Beispiels an. (Wir verkaufen einen Put mit dem Strike von $ 40 und kaufen einen Put mit dem Strike von $ 39. Für den verkauften Put bekommen wir eine Einnahme von $ 0,43, für den Kauf der Absicherung wenden wir $ 0,15 auf.)

Kapitalbedarf: $ 40 - $ 39 - $ 0,28 = $ 0,72 ($ 72 bei 100 Aktien pro Kontrakt)

Wir haben ein maximales Verlustrisiko von $ 100 aus dem Spread, abzüglich der bereits eingenommenen Prämie von $ 28. Damit beläuft sich der Kapitalbedarf auf $ 72. Um diesen Trade einzugehen und ein Einnahmepotenzial von $ 28 zu erschließen, gehen wir eine Investition von $ 72 ein. Der mögliche ROI berechnet sich nach der bekannten Formel Ertrag/Investition:

ROI: Ertrag/Investition = $ 28/$ 72 = **38,8 Prozent ROI**

Der im Vergleich zu anderen Strategien sehr geringe Kapitalbedarf der Strategie macht den ROI besonders attraktiv. Obwohl der maximale Ertrag absolut gesehen klein erscheinen mag, ist die Verzinsung hoch. Das entspricht genau unserem Ziel als Optionstrader, die beste Verzinsung des eingesetzten Kapitals zu erreichen. Sie haben nun gesehen: Spreads liefern sehr interessante Möglichkeiten, in kürzester Zeit zweistellige Renditen zu erhalten.

Mögliche Entwicklung des Trades

Wir gehen einen Bull Put Spread ein, wenn unsere Marktmeinung neutral bis moderat bullisch ist. Wenn wir einen Bull Put Spread eingehen, kann es uns egal sein, wie sich der Kurs entwickelt, solange er nicht dermaßen fällt, dass unser Short Strike im Geld ist.

Bleiben wir bei unserem Beispiel, um die unterschiedlichen Entwicklungen des Trades zu analysieren. Wir verkaufen also einen Put mit dem Strike von $ 40 und kaufen einen Put mit dem Strike von $ 39. Für den verkauften Put bekommen wir eine Einnahme von $ 0,43, für den Kauf der Absicherung wenden wir $ 0,15 auf. Durch die Short-Position haben wir die Verpflichtung, die Aktien für $ 40 zu kaufen, falls der Kurs des Basiswertes am Verfallstag kleiner ist als $ 40. Solange der Kurs des Basiswertes über $ 40 bleibt, realisieren wir den Maximalgewinn.

Durch den Long Put mit dem Strike von $ 39 haben wir das Recht, den Basiswert für $ 39 zu verkaufen. Steht der Kurs des Basiswertes über dem Long Strike, verzichten wir auf unser Recht (denn wir können den Basiswert am Markt zu einem besseren Kurs verkaufen). Dadurch können für die Position folgende drei Szenarien auftreten:

1. **Beide Puts sind am Verfallstag aus dem Geld** (der Kurs des Basiswertes ist also höher als $ 40): Die Optionen verfallen wertlos, wir realisieren den Maximalgewinn aus der Position.

2. **Beide Puts sind am Verfallstag im Geld** (der Kurs des Basiswertes ist also niedriger als $ 39): Beide Puts werden ausgeübt. Wir erfüllen unsere Verpflichtung, die Aktien für $ 40 zu kaufen, und üben unser Recht aus, die Aktien wieder für $ 39 zu verkaufen. Uns entsteht ein Verlust von $ 100,

der sich um die eingenommene Prämie reduziert. Wir können nicht mehr als $ 72 verlieren, egal, wie stark der Preis des Basiswertes fällt.

3. **Der Basiswert schließt am Verfallstag in der Spanne zwischen den Strikes:** Der Short Put ist im Geld, während der Long Put aus dem Geld ist. Wir verzichten auf unser Recht, die Aktien für $ 39 zu verkaufen (der Marktpreis ist besser), der Long Put verfällt wertlos. Der Besitzer der Option übt sein Recht aus, uns die Aktien für $ 40 zu verkaufen. Wir erwerben also den Basiswert zum Strike-Preis und die Aktien werden uns ins Depot eingebucht. Der Broker führt diese Transaktion automatisch durch, am Tag nach dem Verfall haben wir die Aktien-Position im Depot. Sollten wir nicht genug Kapital haben, um die Margin für die Position aufzubringen, wird die Position automatisch geschlossen und wir realisieren den Verlust. Wie groß ist der Gewinn beziehungsweise Verlust, wenn der Basiswert innerhalb dieser Spanne schließt? Wo liegt unser Break-even-Punkt? Um diesen Punkt zu bestimmen, ziehen wir vom Kurs, zu dem wir den Basiswert kaufen müssen, die eingenommene Prämie ab. Für das Beispiel erhalten wir dann folgenden Break-even:

   Break-even = Short Strike - eingenommene Prämie = $ 40 - $ 0,28 = $ 39,72

   Liegt demnach der Kurs des Basiswertes am Verfallstag über $ 39,72, machen wir Gewinn mit der Position. Erst wenn der Kurs unter $ 39,72 fällt, sind wir in der Verlustzone. Wir können den Gewinn oder Verlust bestimmen, indem wir den Kurs am Verfallstag mit dem Break-even-Kurs vergleichen.

Auswahl der Laufzeit und der Strikes

Auch in diesem Fall gilt die Kennzahl ROI pro Tag entsprechend für die Laufzeit des Spreads. Alternativ zur ROI-Betrachtung können wir uns das Theta der Option anschauen: Je höher das Theta, desto höher der Zeitwertverfall.

Bei der Auswahl der zu verkaufenden Strikes gilt es, zwischen ROI und Risiko abzuwägen. Je weiter wir aus dem Geld gehen, desto geringer wird unsere Einnahme, desto geringer wird aber auch das Risiko sein, dass der Short Put ins Geld läuft und wir die Position anpassen müssen. Sinnvollerweise verkaufen wir also einen Strike, der unter signifikanten Unterstützungslinien liegt (Unterstützungsniveau, Allzeittiefs, lokales Tief, Trendkanal und so weiter). Folgende charttechnische Betrachtung soll das Konzept verdeutlichen:

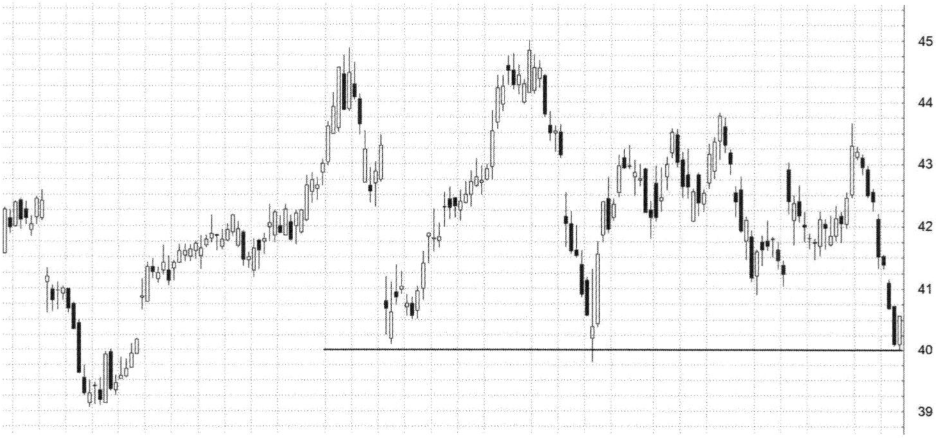

Abb. 25: Strike-Auswahl beim Bull Put Credit Spread

Der Chart zeigt, dass der Kurs am Preisniveau von $ 40 immer wieder nach oben abgeprallt ist. Immer wieder treten bei diesem Preisniveau Käufer in den Markt. Gehen wir davon aus, dass diese Unterstützung hält, können wir den Bull Put Credit Spread unterhalb platzieren. Solange die Aktie nicht nach unten ausbricht, erhalten wir die Maximaleinnahme. Durchbricht die Aktie hingegen die Unterstützung nach unten, sollten wir den Trade anpassen, indem wir zum Beispiel den Trade schließen.

Zusammenfassung und Bewertung

Ein Bull Put Credit Spread ist eine moderat bullische Strategie, die unabhängig von der Preisbewegung des Basiswertes auf die Verzinsung des eingesetzten Kapitals abzielt. Wir verkaufen Puts für eine Prämieneinnahme. Zugleich sichern wir unser Versprechen, den Basiswert zum Strike zu liefern, mit dem Kauf eines Puts mit noch tieferem Strike ab. Dieser zweite Put räumt uns das Recht ein, die Aktien zu verkaufen. Das maximale Risiko ist von Beginn an bekannt und begrenzt. Der Kapitalbedarf für den Trade ergibt sich aus dem maximal möglichen Risiko abzüglich eingenommene(n) Prämie(n). Ein Bull Put Credit Spread ist in zwei von drei möglichen Marktentwicklungen profitabel:

Bei steigenden oder bei seitwärts laufenden Märkten erhalten wir den Maximalgewinn, der aus der Optionsprämie besteht. Nur wenn der Preis des Basiswertes fällt, besteht Verlustgefahr. Dann aber können wir den Trade anpassen. Der Zeitwertverfall begünstigt unsere Position.

Strategie	**Markterwartung**	**Delta**	**Vega**	**Theta**	**Gewinn**	**Risiko**
Bull Put Spread	neutral bis moderat bullisch	long (steigende Kurse helfen)	short (fallende Vola hilft)	long (sinkende Laufzeit hilft)	begrenzt	begrenzt

Tab. 12: Einflussfaktoren beim Bull Put Credit Spread

Trade-Management bei Credit Spreads

Solange sich der Kurs des Basiswertes nicht in die Richtung des Short Strikes bewegt, brauchen wir uns um die Position keine Sorgen zu machen. Dann erzielen wir den Maximalgewinn. Bei einem Bear Call Spread kann der Kurs fallen, seitwärts laufen oder moderat steigen: Der Maximalgewinn ist uns sicher, solange der Kurs unter dem Short Strike bleibt. Bei einem Bull Put Credit Spread kann der Kurs steigen, seitwärts laufen oder moderat fallen. Wir realisieren unseren Maximalgewinn, solange der Kurs über dem Short Strike bleibt.

Handlungsbedarf besteht erst, wenn der Kurs des Basiswertes gegen unsere Position läuft und die Preisbewegung voraussichtlich anhält und unseren Short Strike überwindet. Dann müssen wir uns überlegen, wie wir dem Risiko begegnen, und unsere Position anpassen. Bei gegen den Trade laufenden Kursen stehen uns folgende Möglichkeiten zur Verfügung, diesen zu managen:

Möglichkeit 1: Nichts unternehmen

Diese Strategie ist durchaus eine Überlegung wert, denn die Zeit arbeitet für uns. Viele Trader versagen, weil sie ungeduldig sind und ihre Positionen allzu oft anpassen. Wir kennen unser Maximalrisiko, das erst am Verfallstag eintritt, und machen bis dahin gar nichts. Wir haben weiterhin die Chance, dass der Kurs bis zum Verfallstag wieder zurückpendelt und wir den maximalen Gewinn realisieren. Und falls der Kurs des Basiswertes bis zum Verfall nicht zurückgekommen ist, realisieren wir den Verlust und gehen zum nächsten Trade über. Dadurch sparen wir uns Transaktionskosten und verschlimmbessern nichts. Falls Sie jetzt schmunzeln, muss ich Sie enttäuschen. Diese Position hat durchaus ihre Berechtigung. Oft kommt der Kurs wieder zurück. Ein Trader, der zu schnell eingegriffen hat, ärgert sich dann über seine Anpassung und den entgangenen Gewinn. Er wäre besser geduldig geblieben und hätte die Finger von der Korrektur gelassen. Diese Haltung ist insbesondere dann ratsam, wenn wir davon ausgehen, dass die Kursbewegung demnächst wieder korrigiert wird. Nachfolgend ein Beispiel, das das Konzept verdeutlicht:

Abb. 26: Wann es sich bei Credit Spreads lohnt, nichts zu unternehmen

Im Beispielchart erkennen Sie deutlich: Der Kurs ist zunächst eingebrochen und hat mit einem Gap Down den verkauften Spread überrannt. In den Folgetagen wurde die Bewegung allerdings korrigiert, der Preis stieg wieder. Am Verfallstag waren beide Optionen aus dem Geld. Die Position erreichte somit den maximalen Gewinn.

Möglichkeit 2: Diagonales Rollen des Spreads

Alternativ zu der Überlegung »Warte, bis der Kurs wieder zurückkommt« können wir aktiv werden und den Spread aus dem Weg räumen, indem wir ihn schließen und weiter aus dem Geld, gegebenenfalls mit längerer Laufzeit aufsetzen. Wenn wir erwarten, dass der Kurs zwar unseren verkauften Strike überläuft, aber an einem höheren Preisniveau zum Halten kommt (zum Beispiel weil dort ein Widerstand verläuft), können wir den Spread schließen und weiter aus dem Geld aufsetzen.

Dieser Rollvorgang wird in der Regel zu einem Verlust führen, denn der weiter aus dem Geld liegende Spread wird naturgemäß günstiger sein als der näher am Geld liegende, den wir zurückkaufen. Diesen Verlust können wir aufheben, indem wir eine längere Laufzeit wählen und eine höhere Zeitprämie einnehmen. Wir können die Laufzeit des neuen Spreads so bestimmen, dass er exakt den Verlust aus dem Rollvorgang aufhebt, oder sogar höhere Prämien bringt.

Die Möglichkeit des diagonalen Rollens erlaubt es uns, den Spread vom bedrohten Preisniveau wegzubringen und durch die Auswahl einer längeren Laufzeit Verluste dabei zu vermeiden. Wir können sogar weiteren Credit bekommen, wenn wir bereit sind, lange genug in die Verlängerung zu gehen. Das diagonale Rollen macht dann Sinn, wenn wir einen signifikanten Widerstand bei dem Basiswert vermuten und von einer Trendumkehr ausgehen. Sollten wir allerdings von weiter anhaltender Preisbewegung ausgehen, macht diese Strategie wenig Sinn.

Möglichkeit 3: Die Position schließen

Falls der Kurs in Richtung des Short Strikes geht, ist das Schießen der Position angebracht. Das ist die entgegengesetzte Position zu den Möglichkeiten, die darauf bauen, dass der Preis wieder fällt. Zum Schließen der Position können wir einen Stop-Loss setzen für den Fall, dass der Kurs steigt (Bear Call Credit Spread) beziehungsweise fällt (Bull Put Credit Spread). Die Stop-Loss-Marke setzen wir dabei entweder am Break-even oder am Short Strike oder an einem signifikanten Widerstand beziehungsweise einer signifikanten Unterstützung.

Diese Vorgehensweise ist insbesondere für kurzfristig orientierte Anleger interessant, die nicht lange in der Position verbleiben und Verluste von vornherein ausschließen wollen. Auch charttechnisch orientierte Anleger, die Widerstände und Unterstützungen beachten, nutzen diese Strategie, um nicht gegen den Trend zu handeln. Wir schließen die Position also, wenn die Kursbewegung ein starkes Momentum (eine starke Dynamik) hat und wenn wir zugleich davon ausgehen, dass diese Preisbewegung anhält (zum Beispiel weil die Aktie einen Widerstand oder eine Unterstützung durchbrochen hat). Dann ist es besser, eine neue Investitionsgelegenheit zu suchen.

Möglichkeit 4 (Nur beim Baer Call Credit Spread möglich): Die Short-Position mit Aktien decken

Durch den Verkauf des Calls sind wir die Verpflichtung eingegangen, die Aktien zum Short Strike zu liefern. Wir können unsere Verpflichtung decken, indem wir eine Stop-Buy-Order am Short Strike platzieren. Dann ist die Position notfalls mit physischem Aktienbesitz gedeckt. Technisch gesehen handelt es sich bei dieser Anpassung um einen Cash Covered Call, der mit einem Long Call gehedged ist.

Steigt der Kurs über den verkauften Strike und läuft der Short Call ins Geld, kaufen wir Aktien durch die dann ausgelöste Stop-Buy-Order und bedienen das Interesse des Käufers. Damit halten wir nun einen Covered Call. Der Call mit dem höheren Strike, den wir ursprünglich zu Absicherungszwecken gekauft haben, wird zu einer Long-Position. Im Fall eines weiteren Kursanstieges kann er uns einen zusätzlichen Gewinn einbringen.

Merken Sie es? Bei dieser Anpassung ändern wir unsere ursprüngliche Strategie. Ein Bear Call Credit Spread ist zunächst eine moderat bärische Position. Ändert sich unsere Markteinschätzung, zum Beispiel aufgrund steigender Kurse oder eines charttechnischen Signals zur bullischen Position, passen wir unsere Positionierung durch den Zukauf der Aktien entsprechend an. Wir wandeln den Spread in einen Covered Call (das passt zu einer moderat bullischen Markteinschätzung) und einen Long Call um (der zu einer stark bullischen Einschätzung passt). Es steht uns ebenfalls frei, den Long Call nun zu verkaufen und nur im Covered Call zu verbleiben. Denn den Absicherungscall brauchen wir nicht mehr – wir haben ja die Aktien. Wir müssen uns aber der Risiken bewusst sein, die aus dem Aktienbesitz entstehen. Auch brauchen wir genug Liquidität, um die Aktienposition überhaupt eröffnen zu können.

Möglichkeit 5 (Nur beim Bull Put Credit Spread möglich): Den Short Put mit Leerverkäufen decken

Durch den Verkauf des Puts sind wir eine Verpflichtung eingegangen, die Aktien zum Short Strike zu kaufen. Wir können unsere Verpflichtung decken, indem wir eine Leerverkaufsposition eröffnen und bereits heute die Aktien verkaufen, die wir später zugeteilt bekommen.

So können wir, um einen Bull Put Credit Spread zu schützen, eine Stop-Sell-Order am Short Strike platzieren. Technisch gesehen handelt es sich bei dieser Strategie um einen Cash Covered Put und einen Long Put. Fällt der Kurs unter den verkauften Strike, verkaufen wir die Aktien leer. Wenn nun der Besitzer des Puts uns die Aktien zum Strike verkauft, können wir uns umdrehen und mit den Aktien, die wir aus der Verpflichtung des Puts zugeteilt bekommen haben, die Leerverkaufsposition decken.

Der weiter aus dem Geld liegende Put, den wir ursprünglich zu Absicherungszwecken gekauft haben, wird zu einer Long-Position. Im Fall eines weiteren Kursverfalls kann sie uns zusätzlichen Kapitalertrag bringen. Bei dieser Anpassung ändern wir unsere ursprüngliche Strategie. Ein Bull Put Credit Spread ist zunächst eine moderat bullische Position. Wendet sich unsere Markteinschätzung und gehen wir jetzt von einem bärischen Szenario aus, passen wir unsere Positionierung entsprechend an.

Wir wandeln den Spread in einen Covered Put (was einer moderat bärischen Markteinschätzung entspricht) und in einen Long Put um (was einer stark bärischen Einschätzung gerecht wird). Es steht uns ebenfalls frei, den Long Put zu verkaufen und nur im Covered Put zu verbleiben. Denn den Absicherungsput brauchen wir gar nicht mehr - wir haben die Aktien leerverkauft, was Absicherung genug ist. Wir müssen uns aber der Risiken bewusst sein, die aus der Leerverkaufsposition entstehen. Auch brauchen wir genug Liquidität, um die Leerverkaufsposition eröffnen zu können.

Möglichkeit 6: Den Short Strike rollen, den Long Strike ausüben

Den Spread in seine Bestandteile aufzuteilen und die Positionen einzeln zu managen gibt uns interessante Möglichkeiten, um Verluste aus einem bereits mit beiden Optionen im Geld liegenden Spread zu vermeiden. Während wir alle vorhergehend besprochenen Reparaturen vornehmen müssen, bevor die verkaufte Option ins Geld läuft, können wir diese Möglichkeit anwenden, wenn beide Optionen im Geld sind.

So haben wir zunächst nichts unternommen, weil wir von einem Kursrückgang ausgegangen sind. Kurz vor dem Verfall merken wir aber, dass unsere Einschätzung nicht aufgeht. Wenn beide Optionen des Spreads im Geld sind, kann diese Reparatur angewendet werden.

Wir können das Recht aus der Long-Position ausüben und die Verpflichtung aus der Short-Position rollen. Für ein Bear Call Credit Spread würde das bedeuten, die Aktie zum Preis des gekauften Calls zu erwerben (das Recht aus der Long-Position ausüben) und den Short Strike weiter zu rollen. Bei einen Bull Put Credit Spread würden wir das Recht aus dem Long Put wahrnehmen (die Aktien zu verkaufen und damit eine Leerverkaufsposition aufzubauen) und die Verpflichtung aus dem Short Put (die Aktien zu liefern) rollen.

Technisch gesehen wandeln wir bei dieser Vorgehensweise den Spread in einen Covered Call beziehungsweise in einen Covered Put um. Wir eröffnen eine Position auf dem Basiswert und rollen die Short-Position. Diese Anpassung ist kapitalintensiver, denn der Broker wird die Margin für den Erwerb des Basiswertes blocken. Wir müssen dafür die Long-Position nicht mehr rollen, was die Transaktionskosten reduziert. Auch können wir von eventuellen Dividendenzahlungen des Basiswertes profitieren, die das Ergebnis der Position positiv beeinflussen.

Wenn wir Aktien übernehmen und den Short Call rollen, generieren wir Zeitprämien, die den Verlust reduzieren. Wir können horizontal nach vorne rollen oder auch diagonal, je nachdem wie sich der Kurs im weiteren Verlauf entwickelt. Wertvoll dabei ist es, dass wir einen Verlust aus dem Spread vermeiden, weiter in der Position sind und Handlungsalternativen haben. Jeder weitere Monat, den wir die Position rollen können, bringt Einnahmen für unser Depot. Wir müssen bei dieser Reparatur das notwendige Kapital für den Aktienkauf bereithalten und bereit sein, nach dem Kauf das Kursrisiko zu tragen.

Folgendes Beispiel soll das Konzept verdeutlichen:

Fallstudie: Reparatur eines Spreads durch Forward-Rolls

In unserem Musterdepot, das wir für die Teilnehmer des VIP-Trading-Club führen, haben wir einen Bear Call Credit Spread auf die Disney-Aktie aufgesetzt. Wir haben den Spread oberhalb des Allzeithochs platziert in der Erwartung, dass die Aktie keine neuen Hochs ausbildet und in eine Korrektur übergeht. Das Allzeithoch lag bei $ 95,93. Wir verkauften einen Call mit Strike bei $ 96 und kauften einen Call zur Absicherung mit Strike bei $ 97. Für den Spread erhielten wir einen Credit von $ 30. Das maximale Risiko aus dem Spread lag $ 100 weniger als die eingenommene Prämie, belief sich also auf $ 70. Der Maximalgewinn der Position würde eintreten, solange die Aktie unter $ 96 bleibt.

Abb. 27: Bear Call Credit Spread am Beispiel der Disney-Aktie

Der Kurs entwickelte sich komplett anders als erwartet: Die Aktie ging in den Rallye-Modus über, stieg mit einem Gap über den Short Strike hinweg und setzte die Aufwärtsbewegung fort. Am Ende der Laufzeit des Spreads lag er bei $ 98,74! Ohne Trade-Management hätten wir durch diese Preisbewegung einen Verlust von $ 70 erlitten. Wie sah aber unsere Reparatur aus? Wir übten das Recht aus dem Long Call aus und holten uns die Aktien für $ 97 ins Depot. Den Short Call, mit dem wir die Verpflichtung hatten, die Aktien für $ 96 zu liefern, kauften wir zurück, was zunächst eine Ausgabe darstellte. Wir veräußerten aber anschließend einen Call mit dem Strike von $ 97 (unser Kaufpreis aus dem ausgeübten Long Call) und einem Preis, der den Verlust aus dem Rückkauf kompensierte (der Zeitwert der neuen Calls war höher als $ 1).

Die Aktie setzte ihre Aufwärtsbewegung fort und auch am Verfallstermin des zweiten Calls lag der Kurs über $ 97. Uns lag es nun frei, weiter zu rollen (horizontal oder diagonal), oder uns die Aktie zu $ 97 ausbuchen zu lassen. In der Summe wies der Trade eine positive Bilanz auf (eingenommene Zeitprämie aus dem ersten Spread)!

Obwohl der Kurs des Basiswertes sich entgegen unserer ursprünglichen Erwartung entwickelte und unsere Position überrannt wurde, konnten wir die Position durch einfache Anpassungen in den Gewinn führen. Selbstverständlich war die Rendite über die gesamte Laufzeit schlechter als ursprünglich geplant, wir haben aber keine Verluste erlitten. Die Regel Nummer eins eines Investors sollte lauten »Verliere kein Geld«, und genau dieses Ziel können wir mit Management-Techniken erreichen.

Dieses Beispiel macht deutlich, welchen Vorteil wir durch das Verkaufen von Optionen haben: Wir haben die Möglichkeit, notfalls in die Verlängerung zu gehen und die Position so lange zu halten, bis der Zeitwertverfall unseren Verlust aufhebt. Es fällt uns doch leicht, geduldig zu sein, wenn wir für die Zeit im Trade bezahlt werden, oder?

Möglichkeit 7: Die Short-Position schließen und die Long-Position behalten

Das ist die aggressivere Strategie, die wir anwenden können, falls wir von einer weiter anhaltenden Preisbewegung überzeugt sind. Durch ein Schließen der Short-Position ändern wir den Trade. Wir sind dann in einer Long-Position, was einer direktionalen Strategie gleichkommt.

Sind wir in einem Bear Call Credit Spread und ändert sich unsere Markteinschätzung, gehen wir von weiter steigenden Kursen aus. Wir schließen die Short-Position, indem wir den verkauften Call zurückkaufen und den Long Call offen lassen. Da ein Long Call eine stark bullische Haltung widerspiegelt und die Zeit gegen uns als Call-Besitzer arbeitet, sollten wir eine solche Anpassung wirklich nur dann vornehmen, wenn wir entsprechend stark bullisch eingestellt sind.

Sind wir in einem Bull Put Spread und ändert sich unsere Markteinschätzung, gehen wir von weiter fallenden Kursen aus. Entsprechend sollten wir die Position so anpassen, dass sie dieser geänderten Markteinschätzung gerecht wird. Wir schließen die Short-Position, indem wir den verkauften Put zurückkaufen und den Long Put offen lassen. Ein Long Put zeugt von einer stark bärischen Haltung und abermals arbeitet die Zeit gegen uns als Put-Besitzer. Auch hier empfiehlt sich, diese Anpassung nur dann vorzunehmen, wenn wir von einem stark bärischen Szenario ausgehen.

Gewinnmitnahmen

Läuft der Kurs des Basiswertes während der Laufzeit wie erwartet von unserem Spread weg, wird die Option an Wert verlieren und nur noch wenige Cent wert sein. Es ist durchaus richtig, eine solche Position zu schließen und den Gewinn mitzunehmen. Denn sie zu halten bringt uns als Optionsverkäufer nichts. Schließlich hat die Option nur noch einen sehr geringen oder gar keinen Zeitwert mehr. In diesem Fall ist es die wirtschaftlich bessere Vorgehensweise, die Position zu schließen. Das Risiko, das wir bis zum Ende des Trades haben, wird kaum kleiner durch das restliche Potenzial des Trades. Hier können wir auf einen limitierten Verkauf setzen (mit einem sogenannten »Abstauberlimit«). Sobald der Kontrakt geschlossen wird, lässt sich das frei gewordene Kapital nutzen, um neue Positionen einzugehen.

Zusammenfassende Bewertung von Credit Spreads

Der Credit Spread ist eine der beliebtesten Methoden, um Cashflow mit begrenztem Risiko, geringer Kapitalbindung und hohem ROI zu generieren. Gehen wir einen Credit Spread ein, müssen wir mit unserer Annahme, wie sich der Kurs entwickeln wird, nicht richtigliegen. Solange der Kurs des Basiswertes nicht den verkauften Strike überrennt, erhalten wir immer den maximal möglichen Gewinn. Sollte sich der Kurs des Basiswertes komplett entgegen unserer Erwartung entwickeln, können wir die Position schließen, anpassen oder in die

Verlängerung gehen, indem wir zum Beispiel den Spread rollen und weiteren Credit als Prämie für die offenen Positionen einnehmen.

Das Aufsetzen eines Credit Spreads erlaubt uns, vom Beginn des Trades an im Gewinn zu sein. Wir müssen nur das Ergebnis über die Laufzeit verwalten. In meinen Seminaren vergleiche ich die Credit-Spread-Strategie oft mit einem Fußballspiel, bei dem wir nicht mit dem Spielstand 0:0 beginnen, sondern bereits mit 1:0. Das ist ähnlich wie ein Rückrundenspiel etwa bei der Champions League, bei dem die eine Mannschaft das Spiel in der Hinrunde bereits gewonnen hat. Diese Mannschaft muss dann kein Tor mehr schießen. Sie muss nur sicherstellen, dass sie kein Gegentor kassiert. Die Mannschaft stellt sich somit deutlich defensiver auf, denn sie muss keine Risiken eingehen, um ein Tor zu erzwingen: Diese Rolle kommt derjenigen Mannschaft zu, die hinten liegt. Während also die Mannschaft, die ein Tor schießen muss, zwangsläufig aggressiver spielt und mehr Risiken eingeht, braucht die Mannschaft, die bereits vorne liegt, viel weniger Risiken auf sich zu nehmen. Sie muss lediglich sicherstellen, dass ihr Gegner kein Tor schießt.

Diese Analogie übertragen auf Credit Spreads bedeutet: Ein direktionaler Trader muss Risiken eingehen, um ein Tor zu schießen (der Kurs des Basiswertes muss in die richtige Richtung laufen, damit er einen Gewinn macht). Dagegen muss der Credit-Spread-Trader lediglich sicherstellen, dass er kein Tor kassiert (dass also der Preis seinen Short Strike nicht überrollt). Falls doch, besteht immerhin die Möglichkeit, in die Verlängerung zu gehen – beliebig oft, bis sich das Ergebnis einstellt, das erwünscht ist. Wenn Sie nun die Wahl haben, ein Spiel mit einem Gewinn anzufangen, den Sie nur über die Laufzeit verteidigen müssen, oder im Spiel zum Toreschießen gezwungen zu sein (das heißt, direktional recht zu haben), für welche Alternative entscheiden Sie sich? Ich habe meine Entscheidung getroffen und bin seit mehreren Jahren begeisterter Credit-Spread-Trader.

Besuchen Sie unsere Webseite www.optioneniq.com und testen Sie Ihr Wissen, bevor Sie mit den weiteren Kapiteln fortfahren. Sie finden in unserem Portal Anwendungsbeispiele und Schulungsvideos, die Ihr Verständnis vertiefen.

Kapitel 11: Iron Condor

Mit dem Wissen um bullische und bärische Credit Spreads können wir eine der beliebtesten marktneutralen Strategien verstehen und anwenden: Den Iron Condor. Der Iron Condor stellt die Krone des marktneutralen Tradings dar. Er bietet uns die Möglichkeit, bei seitwärts laufenden Märkten die höchste Verzinsung auf das eingesetzte Kapital zu bekommen. Für viele professionelle Trader ist der Iron Condor die Brot-und-Butter-Strategie schlechthin. Immer wenn es um stetiges Einkommen mit Optionsverkäufen geht, wird auch der Iron Condor als wesentliches Instrument genannt.

Der Iron Condor ist eine Kombination aus zwei Credit Spreads, dem Bull Put Credit Spread und dem Bear Call Credit Spread. Beide gründen auf dem gleichen Basiswert und haben eine identische Laufzeit. Wir gehen einen Iron Condor dann ein, wenn wir nicht von einem Kursanstieg oder Kursverfall ausgehen. Vielmehr geht es uns ausschließlich darum, dass der Basiswert in einer vorgegebenen Handelsspanne bleibt.

Insgesamt besteht der Iron Condor damit aus vier Optionen: Zwei Calls bilden oberhalb des Kurses den Bear Call Credit Spread und zwei Puts stellen unterhalb des Kurses den Bull Put Credit Spread dar. Damit definieren wir einen Korridor, innerhalb dessen sich unserer Einschätzung nach die Kursschwankungen bewegen werden. Solange der Kurs des Basiswertes am Laufzeitende innerhalb dieses Korridors bleibt, erzielen wir den Maximalgewinn. Verluste entstehen, wenn der Preis aus der vorgegebenen Handelsspanne ausbricht, wenn also einer der beiden Short Strikes überrannt wird.

Zum Aufbau des Iron Condors wird jeweils ein aus dem Geld liegender Call und ein ebenfalls aus dem Geld liegender Put verkauft. Zur Absicherung beider Short-Positionen werden anschließend ein weiter aus dem Geld liegender Call und ein entsprechender Put gekauft. Diese Long-Optionen dienen der Risikobegrenzung. Sie werden auch als »Flügel« des Condors bezeichnet, während die Short-Optionen den »Körper« des bekannten Greifvogels ausmachen. Da die Prämienausgaben für den Kauf der Flügel geringer sind als die Prämieneinnahmen aus dem Verkauf des Körpers, führt der Iron Condor unterm Strich zu einer Prämieneinnahme. Diese Einnahme fließt uns direkt nach dem Positionsaufbau zu und entspricht dem maximal möglichen Gewinn aus der Position.

Schauen wir uns den Aufbau des Iron Condors im Detail an: Wir verkaufen einen Call, der aus dem Geld ist, und nehmen dafür die Prämie ein. Wir sichern das verkaufte Versprechen analog dem Bear Call Credit Spread mit einer Option ab, welche die gleiche Laufzeit hat, aber weiter aus dem Geld ist. Damit beschränken wir das Risiko auf der Oberseite auf den Spread, sprich: auf die Differenz zwischen dem verkauften Strike und dem zur Absicherung gekauften Strike. Analog gehen wir auf der Unterseite vor: Wir verkaufen einen Put, der aus dem Geld ist, und nehmen dafür ebenfalls die Prämie ein. Wir sichern den Short Put mit dem Kauf eines günstigeren Puts ab, der weiter aus dem Geld ist. Dabei wird der Abstand der Strikes beider Calls gleich groß gewählt wie der Abstand der Strikes beider Puts. Damit ist das Risiko auf der Oberseite gleich dem Risiko auf der Unterseite.

Durch diese Transaktionen definieren wir den Bereich, innerhalb dessen der Kurs sich während der Laufzeit bewegen kann, ohne dass wir in die Verlustzone geraten. Üblicherweise wird der Iron Condor so platziert, dass sich der aktuelle Marktpreis des Basiswertes genau in der Mitte zwischen dem Put Spread und dem Call Spread befindet. Wer allerdings mit einer Auf- oder Abwärtsbewegung des Basiswertes rechnet, kann von dieser Faustregel abweichen.

Schauen wir uns zur Verdeutlichung des Konzeptes ein praktisches Beispiel an: Zunächst suchen wir einen Basiswert, dessen Kurs innerhalb einer Range, sprich innerhalb eines Korridors, verläuft. Unser Ziel besteht darin, die Short Strikes außerhalb der Handelsrange zu platzieren. Schauen wir uns folgenden Chart an: Seit drei Monaten bewegt sich der hier gezeigte Kurs in einer Seitwärtsrange. Er pendelt zwischen den Kursmarken von $ 74 und $ 82.

Die hier gezeigten Unterstützungs- und Widerstandsbereiche definieren unseren Korridor. Die Strikes, die wir verkaufen, müssen außerhalb dieses Korridors liegen. Die Entscheidung, wie weit wir dafür aus dem Geld gehen, ist eine Abwägung zwischen der Prämie und dem Risiko: Je mehr Abstand wir halten, desto geringer ist das Risiko, dass der Kurs den Short Strike erreicht. Allerdings wird auch die Prämieneinnahme und damit die Verzinsung des eingesetzten Kapitals mit zunehmendem Abstand entsprechend geringer. Die Kunst beim

Platzieren eines Iron Condors besteht deshalb darin, das optimale Chance-Risiko-Verhältnis zu finden.

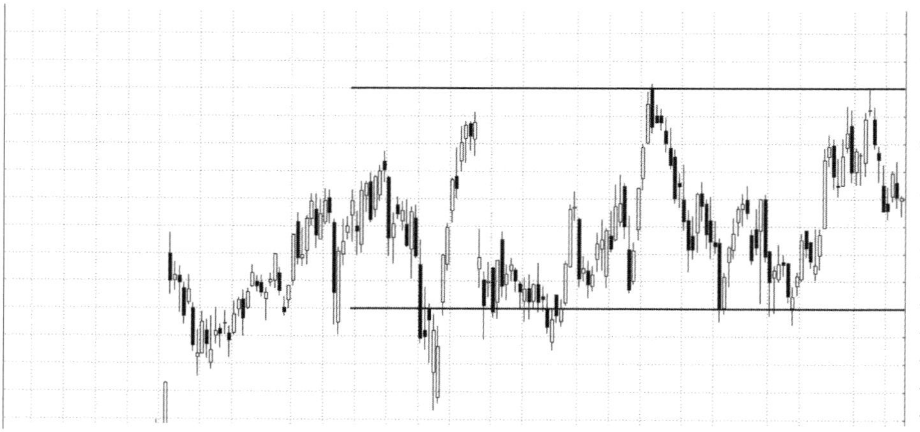

Abb. 28: Ein seitwärts verlaufender Korridor als Voraussetzung für einen Iron Condor

Für dieses Beispiel räumen wir der Aktie jeweils circa $ 7 nach oben und nach unten ein. Wir verkaufen somit einen Call mit Strike $ 85 und einen Put mit Strike $ 72,50. Daraus ergibt sich der »Körper« des Iron Condors mit $ 12,50 zwischen dem verkauften Call und dem verkauften Put. Die Aktie kann sich innerhalb dieses Korridors bewegen, ohne dass der obere oder untere Strike verletzt wird. Jeweils einen Strike weiter aus dem Geld platzieren wir die aus Long-Optionen bestehenden »Flügel« des Iron Condors, die als Absicherung gegen stärkere Kursbewegungen dienen. Um am meisten vom Zeitwertverfall zu profitieren, wählen wir Optionen, die noch einige Wochen Restlaufzeit haben. Als Richtwert können Sie Optionen mit Laufzeiten zwischen zwei Wochen und zwei Monaten in Betracht ziehen. Die Optionen mit dem höchsten Theta (Zeitwertverfall) sollen unseren Zuschlag erhalten.

Der Iron Condor sieht nun wie folgt aus

$ 87,50, Prämie: - $ 0,21

Short-Call-Strike $ 85, Prämie: + $ 0,41 (beide zusammen ergeben den Bear Call Credit Spread)

Short-Put-Strike $ 72,50, Prämie: + $ 0,64

Long-Put-Strike $ 70, Prämie: - $ 0,36 (beide zusammen ergeben den Bull Put Credit Spread)

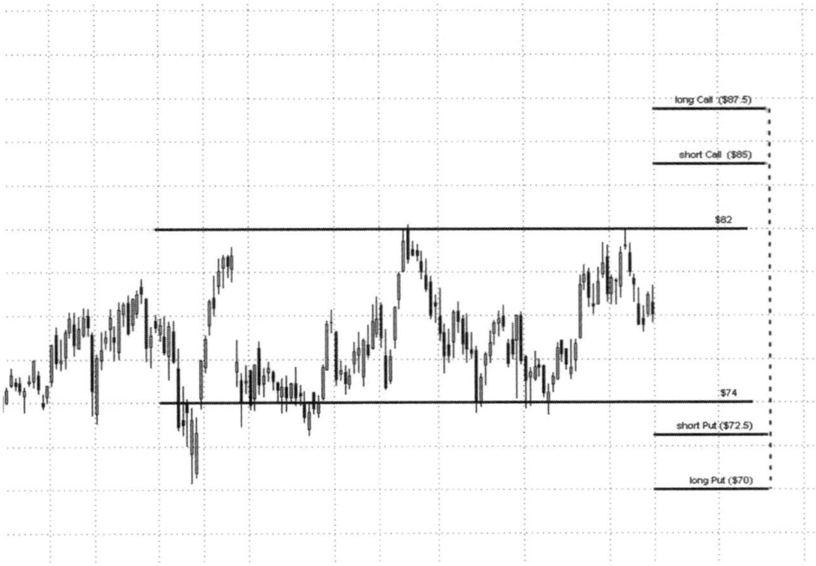

Abb. 29: Platzierung des Iron Condors in unserem Beispiel

Sowohl die Maximaleinnahme als auch das Risiko aus der Position sind begrenzt. Der Maximalgewinn ergibt sich aus den eingenommenen Prämien minus der Ausgaben für die Absicherung. Das Maximalrisiko ist begrenzt auf den Abstand zwischen den Short und Long Strikes minus der eingenommenen Prämie. Schauen wir uns das Risikoprofil dieses Iron Condors an:

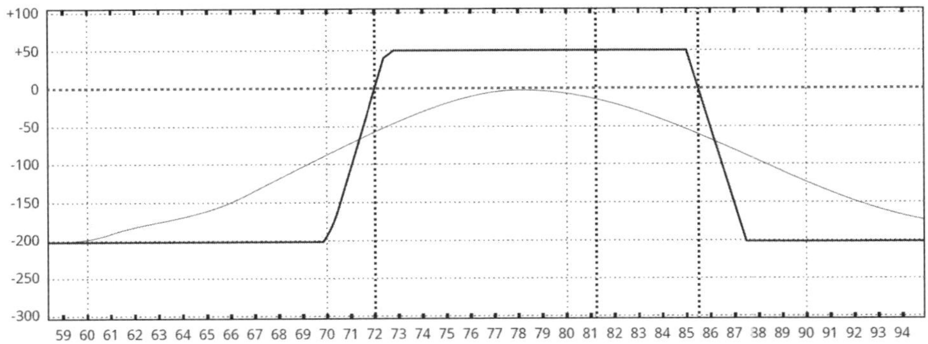

Abb. 30: Risikoprofil eines Iron Condors

Das Risikoprofil sieht wie ein Tor aus. Innerhalb der Breite dieses Tores kann sich der Preis während der Laufzeit frei bewegen. Läuft der Kurs ins Tor, erreichen wir den Maximalgewinn. Verluste entstehen, wenn der Kurs rechts aus dem Tor hinausläuft, sprich über die Marke von $ 85 steigt. Verluste entstehen auch, wenn der Kurs links neben dem Tor landet, sprich auf unter $ 72,50 fällt. Diese Torbegrenzungen sind die Short Strikes des »Körpers«. Der maximale Verlust entsteht, wenn der Kurs des Basiswertes am Verfallstag über $ 87,50 oder unter $ 70 fällt. Diese beiden Kursmarken entsprechen den Long Strikes der Flügel.

Das Gewinnpotenzial des Iron Condors sind die eingenommenen Prämien aus den Short-Optionen abzüglich der Ausgaben für die Long-Optionen, also die Netto-Prämieneinnahmen:

Maximales Gewinnpotenzial:
Prämie Short Call + Prämie Short Put - Prämie Long Call - Prämie Long Put

Für unser Beispiel berechnen wir die Netto-Prämieneinnahme wie folgt:

Maximales Gewinnpotenzial: $ 0,41 + $ 0,64 - $ 0,21 - $ 0,36 = $ 0,48 ($ 48 bei 100 Aktien)

Wir realisieren also den Maximalgewinn, solange der Kurs des Basiswertes zwischen den Short Strikes bleibt, im Beispiel zwischen $ 85 und $ 72,50. In diesem Fall verfallen alle Optionen wertlos und wir streichen die gesamte Prämie ein. Unterschreitet der Basiswert am Verfallstag den Strike des Short Puts, oder überschreitet den Strike des Short Calls, dann besitzt eine der Short-Optionen einen inneren Wert. Er bedingt, dass die bereits eingenommene Prämie teilweise oder sogar ganz wieder zurückgezahlt werden muss. Steigt oder fällt der Basiswert stark genug, dann übersteigt der innere Wert des Short Puts oder des Short Calls die eingenommene Prämie. In diesem Fall führt die Position zu einem Verlust. Sobald der Basiswert den Strike des Long Puts unter- oder den Strike des Long Calls überschreitet, greift allerdings die Absicherung durch die »Flügel« des Condors. Dies bedeutet, dass der maximale Verlust dieser Strategie erst ab der Unterschreitung des Long-Put-Strikes beziehungsweise ab der Überschreitung des Long-Call-Strikes eintritt. Ein noch stärkerer Ausbruch des Basiswertes aus dem ursprünglich definierten Korridor bewirkt durch die Absicherung somit keinen weiter ansteigenden Verlust.

Durch die Käufe der Absicherungsoptionen begrenzen wir also unser maximales Risiko auf die Differenz zwischen den verkauften und den gekauften Strikes. Die besondere Attraktivität des Iron Condors entsteht aus der Tatsache, dass der Kurs am Verfallstag nur an einem Punkt sein kann. Uns entsteht der maximale Verlust, wenn beide Positionen eines Spreads im Geld sind. Beim Iron Condor haben wir gleichzeitig zwei Spreads. Von diesen beiden Spreads kann aber schlimmstenfalls nur einer im Geld sein: Es ist nicht möglich, dass sowohl der Bear Spread als auch der Bull Spread gleichzeitig im Geld sind. Denn der Kurs des Basiswertes kann entweder gestiegen oder gefallen sein. Wenn der Kurs steigt, gerät der Bear Call in Bedrängnis, während der Bull Spread außer Gefahr ist. Falls umgekehrt der Kurs fallen sollte, wird der Bull Spread unter Druck geraten, nicht aber der Bear Spread. Wir haben also zwei Spreads aufgesetzt und zwei Prämien kassiert. Aber nur einer von den beiden kann schlimmstenfalls Verluste generieren! Wir erhalten den Maximalgewinn, wenn der Kurs innerhalb des Korridors bleibt. Bricht er aber aus, so kann dies nur auf einer Seite geschehen, die andere Seite des Korridors ist außer Gefahr.

Diese Tatsache ist dafür verantwortlich, dass wir bei dieser Strategie eine sehr attraktive Verzinsung bekommen: Wir setzen zwei Spreads auf, müssen aber nur für einen die Margin hinterlegen. Wir verdoppeln quasi die Prämieneinnahmen, ohne dabei zusätzliches Kapital zu binden. Unser Maximalverlust ist, genau wie bei einem Credit Spread, die Differenz zwischen dem verkauften und dem gekauften Strike abzüglich der eingenommenen Prämien.

Maximales Verlustpotenzial

Kurs steigt: Long-Call-Strike - Short-Call-Strike - Netto-Prämieneinnahme
= $ 87,50 - $ 85 - $ 0,48 = $ 2,02 ($ 202 bei 100 Aktien pro Kontrakt)

Kurs fällt: Short-Put-Strike - Long-Put-Strike - Netto-Prämieneinnahme
= $ 72,50 - $ 70 - $ 0,48 = $ 2,02 ($ 202 bei 100 Aktien pro Kontrakt)

Wir sehen auf den ersten Blick den Vorteil gegenüber einem einfachen Credit Spread: Das Risiko und damit das eingesetzte Kapital ist das gleiche wie bei einem Credit Spread. Wir nehmen aber zwei Prämien ein, die das gebundene Kapital und damit das maximale Verlustrisiko senken. Da der Kurs nicht gleichzeitig steigen und fallen kann, wird schlimmstenfalls einer der Spreads Verluste produzieren, aber niemals beide.

Kapitalbedarf

Genau wie bei einem Credit Spread ist das maximale Risiko bekannt und begrenzt. In unserem Beispiel gehen wir ein Risiko von $ 250 ein, abgemildert um die Netto-Prämie, die wir bereits eingenommen haben. Unser Maximalrisiko beträgt demnach $ 202. Der Broker wird Kapital in Höhe des maximalen Verlustes blocken (im Beispiel $ 250). Daraus ergibt sich der Kapitalbedarf für diese Strategie. Da wir die Netto-Prämieneinnahme bereits eingenommen haben und uns dieses Geld zur freien Verfügung steht, reduziert sich das gebundene Kapital um die eingenommene Prämie.

Kapitalbedarf = maximales Risiko = Long Strike - Short Strike - Netto-Prämieneinnahme

Während also der Kapitalbedarf genauso groß ist wie bei einem Credit Spread, nehmen wir die doppelte Prämie ein. Da abermals das Hauptziel die maximale Verzinsung unseres Kapitals ist, interessiert uns der ROI ganz besonders.

Return on Investment (ROI)

Genau wie bei anderen Strategien ergibt sich der Return on Investment (ROI) aus der Netto-Prämieneinnahme, die wir durch das geblockte Kapital teilen. Wir haben bereits festgehalten, dass das Kapital nur für einen der beiden Spreads geblockt wird. Den zweiten Spread können wir aufsetzen, ohne zusätzliche Sicherheiten zu hinterlegen. Der ROI im Iron Condor ergibt sich als Schlussfolgerung daraus:

ROI = Netto-Prämieneinnahme/Kapitalbedarf = $ 48/$ 202 = **23,76 Prozent**

Bleibt der Kurs des Basiswertes innerhalb des von uns definierten Korridors, können wir über 20 Prozent Rendite in wenigen Wochen einstreichen. Dabei muss der Kurs weder steigen noch fallen, idealerweise macht er gar nichts. Renditen über 20 Prozent sind nicht unüblich für einen Iron Condor. Wir können sogar den Iron Condor auf eine Verzinsung von 20 Prozent optimieren.

Wir suchen gezielt nach Investitionsgelegenheiten, die uns 20 Prozent Rendite bringen. Können wir die besagten 20 Prozent nicht erzielen, ohne unsere Short Strikes hinter die Unterstützungs- und Widerstandslinien zu bringen, schauen wir uns nach einem attraktiveren Trade um. Bringt der Iron Condor jedoch mehr als 20 Prozent Rendite, so gehen wir weiter aus dem Geld, um mehr Sicherheit zu bekommen.

Diese Vorgehensweise senkt zwar die Rendite, macht aber die Position weniger anfällig für Kursschwankungen. Sie gibt der Position damit zusätzliche Sicherheit. Den Richtwert von 20 Prozent habe ich in mehreren Jahren für mein Trading festgelegt. Jeder Anleger kann aber seine eigene Zielrendite festlegen. Falls Sie bereit sind, stattdessen 10 Prozent Rendite zu akzeptieren, können Sie viel weiter aus dem Geld gehen und haben eine höhere Trefferquote.

Break-even-Kalkulation

Wir erzielen den Maximalgewinn mit der Position, solange der Kurs innerhalb des vorgegebenen Korridors bleibt. Alle Optionen sind dann am Verfallstag aus dem Geld und verfallen wertlos. Verluste entstehen, wenn einer der Short Strikes im Geld landet. Um uns das Risiko bewusst zu machen und einen geeigneten Punkt für Anpassungen der Position zu finden, sollten wir den Break-even-Punkt der Position kennen.

Da der Iron Condor eine Kombination aus zwei Credit Spreads ist, gelten alle Überlegungen, die wir in Kapitel 10 für die Credit Spreads angestellt haben, entsprechend. Um den Break-even zu bestimmen, addieren wir zum Short Strike die eingenommene Prämie. Sie ist eine Art Puffer in der Position. Da wir einen Bull Spread und einen Bear Spread haben, betrachten wir für beide die Break-even-Punkte in Bezug auf die möglichen Kursentwicklungen: Der Kurs kann steigen und der Kurs kann fallen. Für unser Beispiel erhalten wir folgenden Break-even:

Break-even-Kalkulation beim Iron Condor

Break-even, wenn der Kurs steigt = Short-Call-Strike + eingenommene Prämie
= $ 85 + $ 0,48 = $ 85,48

Break-even, wenn Kurs fällt = Short-Put-Strike - eingenommene Prämie
= $ 72,50 - $ 0,48 = $ 72,02

Liegt demnach der Kurs des Basiswertes am Verfallstag unter $ 85,48, beziehungsweise über $ 72,02, haben wir einen Gewinn in der Position. Erst wenn der Kurs eine dieser Schwellen verletzt, sind wir in der Verlustzone.

Gewinnwahrscheinlichkeit

Wir können auch die Gewinnwahrscheinlichkeit eines Iron Condors berechnen. Dazu teilen wir die eingenommene Prämie durch den Abstand zwischen dem Short und dem Long Strike und rechnen das Ergebnis in Prozente um. Die Formel dazu lautet:

Gewinnwahrscheinlichkeit =
100 Prozent - [Netto-Prämieneinnahme / (Long Strike - Short Strike)] * 100

Ein hypothetisches Beispiel
Long-Call-Strike: 101, Short-Call-Strike: 100 (Bear Call Spread)
Short-Put-Strike: 90, Long-Put-Strike: 89 (Bull Call Spread)
Einnahme: $ 0,10
Gewinnwahrscheinlichkeit: 100 Prozent [$ 0,10 / (101-100)] * 100 = 90 Prozent
Da der Abstand zwischen den Strikes auf der Ober- und Unterseite identisch ist, brauchen wir diese Kalkulation nicht zweimal aufzustellen.

Für unser Beispiel eines Iron Condors auf die Facebook-Aktie, ergibt sich die Gewinnwahrscheinlichkeit wie folgt:

Gewinnwahrscheinlichkeit Iron Condor auf Facebook
Long-Call-Strike: $ 87,50, Short-Call-Strike: $ 85 (Bear Call Spread)
Short-Put-Strike: $ 72,50, Long-Put-Strike: $ 70 (Bull Call Spread)
Einnahme: $ 0,48
Gewinnwahrscheinlichkeit: 100 Prozent [$ 0,48 / (87,5 - 85)] * 100 = 80,8 Prozent

In unserem Fall beträgt also die statistische Wahrscheinlichkeit für die Maximaleinnahme über 80 Prozent. Wählen wir ausschließlich Trades aus, die zum Beispiel eine Gewinnwahrscheinlichkeit von 90 Prozent haben, dann werden statistisch gesehen 9 von 10 Trades Gewinner sein.

Trade-Management

Wenn wir einen Iron Condor aufsetzen, wollen wir den Preis am liebsten in der Mitte des aufgestellten Korridors sehen. Der Abstand zum Short Call und zum Short Put ist idealerweise gleich groß. In diesem Fall werden wir einen **Delta-neutralen Trade** haben. Wir erinnern uns an »die Griechen«: Das Delta sagt aus, wie stark bullisch oder bärisch unsere Positionierung ist. Kaufen wir eine Aktie, sind wir maximal bullisch. Unser Delta ist dann gleich 1 (steigt der Basiswert um $ 1, gewinnen wir durch den Aktienbesitz $ 1). Gehen wir eine Leerverkaufsposition ein, ist das Delta der Position minus eins (steigt der Basiswert um $ 1, verlieren wir $ 1). Bauen wir eine Position mit mehreren Instrumenten auf, verändern wir das Delta der Gesamtposition entsprechend. Indem wir die Deltas der einzelnen Positionen addieren, stellen wir fest, wie stark bullisch oder bärisch wir mit dem Trade sind.

Mit einem Iron Condor gehen wir eine marktneutrale Position ein. Wir partizipieren nicht an der Kursbewegung. Unsere Idealvorstellung ist, dass der Basiswert über die Laufzeit innerhalb eines bestimmten Korridors seitwärts läuft. Diese Haltung spiegelt sich im Delta unserer Position wider. Wir addieren die Deltas der einzelnen Optionen, um festzustellen, wie bullisch oder bärisch unsere Haltung ist. Die Betrachtung der anderen »Griechen« gibt uns zudem Auskunft darüber, welchen Einfluss die Volatilität auf unsere Position haben wird und wie dabei der Zeitwertverfall aussieht.

Nachfolgend das oben aufgeführte Beispiel der vier Optionskontrakte mit »den Griechen«:

	Position	Prämie	Delta	Delta Position	Vega	Vega Position	Theta	Theta Position
Apr'15 CALL 87,50	1	-$ 0,21	0,0777	0,0777	0,0341	0,0341	-0,0136	-0,0136
Apr'15 CALL 85	-1	$ 0,41	0,1391	-0,1391	0,0605	-0,0605	-0,0201	0,0201
Apr'15 PUT 72,50	-1	$ 0,64	-0,1792	0,1792	0,0614	-0,0614	-0,0262	0,0262
Apr'15 PUT 70	1	-$ 0,36	-0,1015	-0,1015	0,0395	0,0395	-0,0185	-0,0185
Netto-Position		$ 48,00		0,02		-0,05		0,0142
							Cashflow/Tag	**$ 1,42**

Abb. 31: Iron Condor, aufgeschlüsselt nach Bestandteilen inklusive Anzeige der »Griechen«

Wie sieht also unsere Netto-Delta-Positionierung bei diesem Iron Condor aus? Kaufen wir, vergrößert sich das Gesamt-Delta, kaufen wir einen Put, sorgt dessen negatives Delta für eine Reduktion des Gesamt-Deltas. Der Verkauf eines Calls beeinflusst das Gesamtdelta negativ, der Verkauf eines Puts positiv (Minus mal Minus ergibt Plus). Für unsere Position berechnen wir die Delta-Positionierung somit wie folgt:

Netto-Delta =
Long Call + Short Call + Short Put + Long Put = 0,0777 - 0,1391 + 0,1792 - 1,1015 = 0,02

Der Iron Condor ist marktneutral, wenn sein Netto-Delta gleich null ist. Wir erreichen diesen Effekt, wenn wir einen Korridor konstruieren, bei dem der Preis genau in der Mitte liegt. In unserem Beispiel ist das Delta minimal positiv. Eine Veränderung des Basispreises um $ 1 würde unsere Position somit um zwei Cent verändern.

Die Betrachtung der anderen »Griechen« zeigt, dass wir in Sachen Volatilität short sind: Wenn die Volatilität fällt, ist das gut für unsere Position (die Wahrscheinlichkeit, dass der Short Strike überrannt wird, fällt). Die Position zahlt uns $ 1,42 pro Tag an Zeitwertverfall. Das wiederum bedeutet: In Bezug auf das Theta sind wir long.

Welche Bedeutung hat nun das Delta für unser Trade-Management? Eine zentrale! Das Delta verändert sich, wenn sich der Preis des Basiswertes verändert. Die Veränderung des Deltas wird durch den griechischen Buchstaben Gamma dargestellt. Dieser Wert ist mathematisch gesehen die erste Ableitung des Deltas. Das Delta einer Option steigt, wenn sich der Kurs in Richtung des Strikes bewegt, und es fällt, wenn sich der Preis vom Strike wegbewegt. Steigt nun der Kurs des Basiswertes, auf dem wir einen Iron Condor platziert haben, wird das Delta der Calls steigen und das Delta der Puts fallen. Sollte der Kurs des Basiswertes hingegen fallen, wird das Delta der Puts größer. Damit sind wir nicht mehr marktneutral positioniert. Gegebenenfalls müssen wir deshalb unsere Position anpassen. Der Fachbegriff für das Anpassen des Deltas in einer Position lautet **Delta-Hedging.**

Die Veränderung des Deltas zu beobachten hilft uns, rechtzeitig die Position anzupassen, um Verluste zu vermeiden. Wir können einen Schwellenwert für das Delta definieren, ab dem wir eingreifen und die Position anpassen (zum Beispiel Delta steigt auf 0,4 oder fällt auf - 0,4). Wenn der Kurs ansteigt und in Richtung des verkauften Calls läuft, erhöht sich das Delta der Calls. Das ist ein Alarmsignal. Steigt zum Beispiel das Delta auf mehr als 0,4, bedeutet das, dass der Kurs gefährlich nahe an unseren Short Call gekommen ist. Darum müssen wir dafür sorgen, dass das Delta wieder sinkt. Wir können unser Delta anpassen, indem wir folgende Veränderungen vornehmen:

1. **Rollen der unter Druck geratenen Position:** Das ist eine der gängigsten Methoden, den Iron Condor anzupassen. Sie ist analog zu der im vorigen Kapitel beschriebenen Anpassung eines Spreads durch das Rollen aus dem Geld. Steigt der Kurs des Basiswertes über den von uns definierten Schwellenwert (das kann ein bestimmter Delta-Wert sein oder der Anstieg über einen Widerstand), können wir den bedrohten Spread schließen. Wir setzen anschließend einen neuen Spread auf, der weiter aus dem Geld ist. Für das Schließen des unter Druck geratenen Spreads werden wir etwas Geld aufwenden müssen. Denn durch den Kursanstieg sind die Optionen, die wir zurückkaufen, teurer geworden. Wir refinanzieren den Verlust, indem wir einen neuen Credit Spread aufsetzen, durch den wir eine neue Einnahme generieren.

2. **Rollen des gesamten Iron Condors:** Durch den Kursanstieg ist der Call Spread unter Druck geraten, der Put Spread ist außer Gefahr. Die Puts haben sogar an Wert verloren. Wir können somit den Spread mit einem Gewinn schließen. Angenommen, wir haben die Entscheidung getroffen, dass wir den Call Spread rollen, um ihn aus der Gefahrenzone zu bringen: Dann können wir auch auf der Unterseite eine Anpassung vornehmen, um zusätzliche Einnahmen zu generieren: Wir schließen den Put Spread für einen Gewinn und eröffnen einen neuen Put Spread näher am Geld. Dadurch generieren wir neue Einnahmen. Diese erhöhen die Rentabilität der Position beziehungsweise kompensieren die Verluste aus dem Rollen der unter Druck geratenen Position. Wir haben nun einen neuen Iron Condor um den neuen Preis herum aufgebaut.

3. **Anpassen der Position durch Aktienzukäufe:** Analog einem Credit Spread können wir unser Risiko hedgen. Das tun wir, indem wir eine Position im Basiswert aufbauen, sobald ein Short Strike überrannt wird. Durch den Verkauf der Option sind wir eine Verpflichtung eingegangen (Lieferver-

pflichtung: Short Call, Kaufverpflichtung: Short Put). Diese Verpflichtung können wir durch entsprechende Käufe beziehungsweise Leerverkäufe des Basiswertes absichern. Wir setzen eine Kaufbestellung am Short Call beziehungsweise eine Verkaufsbestellung am Short Put. Steigt nun der Kurs des Basiswertes so weit an, dass der Short Call im Geld ist, kaufen wir automatisch den Basiswert und können diesen entsprechend liefern. Durch diese Anpassung auf der Oberseite des Iron Condors wandelt sich dieser zu einem Covered Call in Kombination mit einem Long Call. Mit dem Long Call können wir sogar weitere direktionale Gewinne realisieren, sollte der Kurs weiter steigen. Wir können auch den Long Call verkaufen, falls wir nicht von einem weiteren Kursanstieg überzeugt sind, denn das Risiko aus der Short Position haben wir durch Aktienzukäufe gedeckt.

4. Analog können wir auf der Unterseite des Iron Condors mit dem unter Druck stehenden Bull Put Spread verfahren. Fällt der Kurs des Basiswertes und läuft der Short Put ins Geld, können wir den Basiswert am Short Strike leerverkaufen. Auch das bringt den gewünschten Hedge für unsere Kaufverpflichtung aus dem Short Put. Die Position wird damit zu einem Covered Put in Kombination mit einem Long Put. Auch diesen können wir für direktionale Gewinne halten oder alternativ sofort verkaufen. Bei dieser Anpassungsstrategie müssen wir sicherstellen, dass wir genug Cash im Depot haben, um die Leerverkaufs-Position aufzubauen. Das Risiko aus der Anpassung entsteht aus der nun aufgebauten Short-Position: Wir tragen nun das Kursrisiko des Basiswertes und müssen uns darum kümmern (vgl. Risikomanagement bei Covered Calls.

5. **Anpassen der Position durch Optionszukäufe:** Es kann sein, dass wir nicht bereit sind, eine Position im Basiswert zu eröffnen. Das könnte zum Beispiel der Fall sein, wenn wir keine weiteren Mittel blocken wollen oder wenn wir das Risiko des Aktienbesitzes nicht auf uns nehmen wollen. In diesem Fall können wir den Iron Condor durch den Zukauf einer weiteren Option hedgen. Ist zum Beispiel das Delta der Position auf - 0,4 gefallen, kaufen wir einen weiteren Call, der ein Delta von 0,4 hat. Für den Kauf des Calls müssen wir Geld aufbringen, jedoch wesentlich weniger als für den Aktienkauf. Durch diese Delta-Anpassung haben wir nun wieder eine marktneutrale Position: Steigt der Kurs des Basiswertes an, so wird der Long Call an Wert gewinnen und die potenziellen Verluste aus dem Spread beziehungsweise aus dem Rückkauf des Spreads wettmachen.

6. **Position frühzeitig schließen:** Es gibt noch eine einfachere Möglichkeit, Verluste aus einem unter Druck geratenen Iron Condor zu minimieren: Wir können den unter Druck geratenen Spread schließen, wenn ein Schwellenwert überschritten worden ist. Wir schließen also die gefährdete Seite des Iron Condor, wenn das Delta einen bestimmten Wert übersteigt oder wenn der Preis des Basiswertes ein bestimmtes Kursniveau überwindet. Es bietet sich an, die Position zu schließen, wenn der Basiswert aus dem Korridor ausbricht und eine Unterstützung beziehungsweise einen Widerstand überwindet. Erinnern Sie sich: Unsere ursprüngliche Annahme war, dass der Kurs innerhalb des Korridors bleibt. Geht unsere Erwartung nicht auf, schließen wir den Trade. Alternativ können wir einen Stop-Loss am Short Strike oder am Break-even-Punkt des jeweiligen Spreads platzieren. Auch so lassen sich Verluste vermeiden.

Regeln für konstante Gewinne mit Iron Condors

Bei allen besprochenen Vorteilen eines Iron Condors dürfen wir nicht aus den Augen verlieren: Der maximale Gewinn aus einem Iron Condor ist kleiner als der mögliche Verlust. Eine Position, die in den Maximalverlust gelaufen ist, kann daher mehrere erfolgreiche Trades wieder zunichtemachen, sprich: die daraus entstanden Gewinne aufzehren. Es kommt folglich darauf an, eine entsprechend hohe Trefferquote zu erzielen, um über die Zeit mit dieser Strategie profitabel zu sein.

Bevor wir einen Iron Condor eingehen, sollten wir einige Dinge durchdenken. Wir müssen den richtigen Abstand der Spreads zum Kurs wählen, um ihn nicht permanent anpassen zu müssen beziehungsweise um keine Verluste zu realisieren. Die folgenden Regeln sollen uns ermöglichen, gute Positionen einzugehen und solche Iron Condors zu traden, die eine hohe Trefferquote aufweisen:

1. Regel: Money-Management konsequent verfolgen

Egal, wie gut wir analysieren und wie sorgfältig wir bei der Auswahl vorgehen: Verluste können niemals vermieden werden. Wir sollten daher nicht alles auf eine Karte setzen. Stets sollten wir nur einen kleinen Teil unseres Depots pro Position riskieren. Wenn wir lediglich 1 bis 2 Prozent unseres Depots pro Trade einsetzen, heißt das: Ein einzelner Trade kann uns niemals ruinieren, egal, wie schlecht er ausgeht. Wenn wir also ein 10.000-Dollar-Depot handeln, gehen wir bei einer 2-prozentigen Risikobegrenzung pro Trade höchstens ein Verlustrisiko von $ 200 ein. Diversifizieren Sie daher Ihr Risiko über mehrere Basiswerte, anstatt alles auf eine Karte zu setzen.

2. Regel: Den richtigen Basiswert auswählen

Vermeiden Sie konsequent Basiswerte, die

- regelmäßig große Kurslücken (Gaps) aufweisen,
- wenig Handelsvolumen haben,
- stark volatil sind oder
- kurz vor der Veröffentlichung der Quartalszahlen stehen.

Steigende Volatilität ist der Feind eines Credit Spreads und damit auch eines Iron Condors. Neigt der Basiswert dazu, stark volatile Bewegungen auszubilden, kann das schnell dazu führen, dass unsere Short Strikes im Geld sind. Das führt zu Anpassungsbedarf und damit zu zusätzlichen Kosten für das Management des Trades. Ein Negativ-Beispiel sind Aktien von pharmazeutischen Unternehmen, die an Zulassungen für neue Medikamente arbeiten. Wir bekommen zwar gute Prämien für solche Unternehmen. Wenn aber die Nachricht über eine Zulassung veröffentlicht wird, kann der Kurs auf einen Schlag um 20 bis 30 Prozent springen. Das kann den Iron Condor über Nacht in den Maximalverlust bringen. Ähnliches gilt bei der Bekanntmachung von Quartalszahlen: Werden die Markterwartungen nicht erfüllt oder übererfüllt, entsteht ein Gap, der unserer Position womöglich schadet.

Wollen wir die Risiken der Unternehmensentwicklung in einem Basiswert ausschalten, können wir auf Indexe (DAX, NASDAQ, S&P 500 et cetera) zurückgreifen. Da Indexe stets mehrere Unternehmen zusammenfassen, senken wir auf diese Weise das systematische Risiko. Denn die Nachricht über nur ein Unternehmen wird nicht gleich den ganzen Index zu stärkeren Schwankungen anregen. Indexe haben eine geringere Volatilität als Einzelaktien und sind weniger anfällig für einzelne Unternehmensnachrichten. Wir können einen Iron Condor direkt auf einen Index aufbauen oder auch auf einen ETF, der die Entwicklung dieses Indexes oder eines Sektors nachbildet. Ein ETF hat den Vorteil, dass wir ihn, anders als einen Index, physisch erwerben können. So lässt sich unser Risiko mit dem Besitz des Basiswertes hedgen, was bei einem Index nicht möglich ist.

Eine zentrale Rolle bei der Auswahl des richtigen Basiswertes spielt die Charttechnik. Je klarer ein Korridor durch mehrere aufeinanderfolgende Hochs und Tiefs ausgebildet worden ist, desto deutlicher ausgeprägt sind die Unterstützungs- und Widerstandszonen. Ein Basiswert, der seit geraumer Zeit innerhalb einer Range pendelt, bringt eine höhere Wahrscheinlichkeit für einen erfolgreichen Trade mit sich als ein Basiswert, bei dem dieser Korridor nicht so deutlich ausgebildet ist.

3. Regel: Längere Laufzeiten bevorzugen

Je länger die Restlaufzeit, desto höher der Zeitwert und damit die Prämie einer Option. Indem wir längere Laufzeiten wählen, erhalten wir die Möglichkeit, weiter aus dem Geld zu gehen. Auf diese Weise können wir einen breiteren Zielkorridor definieren. Damit senken wir das Risiko, dass der Kurs des Basiswertes unseren Short Strike verletzt. Zwar sinkt dann der Zeitwertverlust pro Tag. Der zusätzliche Sicherheitspuffer kann aber dazu beitragen, dass wir einen Gewinn erzielen, anstatt Verluste zu machen. So können wir durchaus Kontrakte wählen, die eine Laufzeit von 35 bis 90 Tagen haben. Das bringt uns einen größeren Sicherheitspuffer.

4. Regel: Nur Trades mit hoher Erfolgswahrscheinlichkeit eingehen

Sie wissen bereits: Eine Position, bei der wir gewinnen können, ohne die Bewegung des Preises richtig vorhersagen zu müssen, hat grundsätzlich eine höhere Gewinnwahrscheinlichkeit als ein direktionaler Trade. Der Preis, den wir dafür bezahlen, ist das negative Chance-Risiko-Verhältnis: Der maximal mögliche Verlust ist höher als der maximal mögliche Gewinn. Um mit dieser Strategie zu bestehen, brauchen wir folglich hohe Trefferquoten, also hohe Gewinnwahrscheinlichkeiten. Eine Möglichkeit, ausschließlich Trades mit hoher Erfolgswahrscheinlichkeit einzugehen, entsteht dadurch, dass wir vor dem Trade die Gewinnwahrscheinlichkeit kalkulieren. Wir sollten nur Trades eingehen, die eine hohe Gewinnwahrscheinlichkeit aufweisen. Der Vorteil dieser Vorgehensweise liegt in der Möglichkeit, einen viel weiteren Korridor aufzustellen. Bei einem solchen Trade kann der Kurs sich frei bewegen, ohne gleich bei jedem Auf und Ab unsere Position unter Druck zu bringen. Wenn wir uns nur auf Trades beschränken, die 90 Prozent Gewinnwahrscheinlichkeit haben, müssen wir die Positionen weniger überwachen und seltener anpassen.

5. Regel: Zielrendite festlegen

Wir können und sollten ein Ziel für die Rendite des eingesetzten Kapitals definieren. Ist die Rendite unter Berücksichtigung der Unterstützungs- und Widerstandszonen geringer als zum Beispiel 20 Prozent, lohnt sich der Trade nicht und wir gehen ihn nicht ein. Ist die Rendite allerdings höher, können wir weiter aus dem Geld gehen und den Sicherheitspuffer erhöhen.

6. Regel: Verluste durch Stop-Loss-Marken begrenzen

Wir können die potenziellen Verluste aus dem Iron Condor durch den konsequenten Einsatz von Stop-Losses begrenzen. Indem wir vor dem Trade unsere maximale Risikotoleranz definieren und den Condor mit Stops auf der Ober- und Unterseite absichern (am Short Strike, am Widerstandsniveau, am Breakeven et cetera), lassen sich größere Verluste vermeiden. Auf diese Weise verändert sich das Chance-Risiko-Profil des Iron Condors zu unseren Gunsten.

7. Regel: Gewinne vor Laufzeitende mitnehmen

Eine sehr oft genutzte Strategie, um die Erträge aus den Iron Condors zu maximieren, ist die Gewinnmitnahme vor Laufzeitende. Ist der Iron Condor bereits im Gewinn (zum Beispiel weil die Volatilität gefallen ist oder der Zeitwertverfall den Großteil der Prämie aufgezehrt hat), können wir die Position schließen. Damit lässt sich schon ein Teil der Gewinne vor Laufzeitende realisieren. Wir können durchaus für den Trade definieren, dass wir die Position schließen, sobald 70 oder 80 Prozent des Maximalgewinnes erreicht sind. Dadurch verkürzen wir die Dauer des Trades, was wiederrum zu einer höheren Rendite führt. Wir müssen nicht auch noch den letzten Cent aus der Position herausquetschen. Durch frühzeitige Gewinnmitnahme können wir das Risiko früher eliminieren. Mit dem dadurch frei gewordenen Kapital lassen sich neue, attraktive Positionen aufbauen.

Sequenzielles Aufsetzen eines Iron Condors (Leg-In)

Eine der fortgeschrittenen Methoden, den Iron Condor aufzusetzen, ist der sequenzielle Aufbau einer solchen Position. Wir können zunächst zum Beispiel mit einem Bull Credit Spread beginnen, wenn der Preis an einem Unterstützungsniveau innerhalb eines seitwärts laufenden Korridors abgeprallt ist. Wir wählen die Strikes relativ nahe an der Unterstützung, um eine hohe Prämieneinnahme zu generieren. Auf der Oberseite des Korridors werden wir zu diesem Zeitpunkt keine nennenswerten Prämien generieren, der Preis ist einfach zu weit entfernt. Wir gehen jedoch davon aus, dass der Preis in die Mitte des Korridors zurückkehrt. Also können wir diese Preisbewegung abwarten, um zu einem späteren Zeitpunkt den Bear Call Spread auf der Oberseite zu setzen. Damit ist der Iron Condor dann vollständig.

Unser Plan sieht folgendermaßen aus: Wir sehen, dass der Basiswert an der Unterstützung auf der unteren Seite des Korridors abgeprallt ist. Wir setzen einen Bull Put Spread auf, in der Erwartung, dass der Kurs steigt. Geht unsere Erwartung auf, vervollständigen wir den Iron Condor auf der Oberseite durch einen Bear Call Spread, wenn der Kurs an der Oberfläche abprallt. Dadurch maximieren wir unsere Rendite. Diese Methode wird von vielen professionellen Tradern genutzt. Sie ist sehr gut geeignet, konsequent die höchsten Renditen auf das eingesetzte Kapital zu erwirtschaften.

Eine alternative, ebenfalls fortgeschrittene Strategie ist das Aufsetzen von mehreren Iron Condors auf gleichem Basiswert nach einer Preisbewegung. Angenommen, der Preis des Basiswertes fällt innerhalb von zwei Wochen um $ 500. Dann können wir, ausgehend vom neuen Preisniveau, einen neuen Iron Condor mit Strikes um den neuen Kurs des Basiswertes aufsetzen. Dieser Iron Condor hat eine neue Laufzeit, die sich von der des ursprünglichen Iron Condors unterscheidet und zudem andere Strikes hat, die wir ausgehend vom aktuellen Kursniveau festlegen. Damit streuen wir unser Risiko über mehrere Preisniveaus, was die Gesamtwahrscheinlichkeit auf Erfolg erhöht.

Zusammenfassung und Bewertung

Iron Condors sind populär, wenn es darum geht, von einer Seitwärtsbewegung des Basiswertes innerhalb eines vorgegebenen Korridors zu profitieren. Hierfür brauchen wir einen Basiswert, der innerhalb einer Range auf und ab pendelt. Zudem muss die Gefahr gering sein, dass kursrelevante Nachrichten während des Trades anstehen (Quartalszahlen, Forschungsberichte und Ähnliches). Der Iron Condor besteht aus einem Bull Put Spread und einem Bear Call Spread, die auf gleichem Basiswert mit gleicher Laufzeit aufgesetzt werden. Ein Iron Condor ist ein Credit Trade, bei dem wir den Maximalgewinn in Form von Prämien beim Aufsetzen des Trades einnehmen. Sowohl das Gewinn- als auch das Verlustpotenzial sind begrenzt. Wir realisieren den Maximalgewinn, wenn der Preis des Basiswertes innerhalb der Laufzeit im vorgegebenen Korridor bleibt. Bricht der Preis zur Ober- beziehungsweise Unterseite aus, können wir die Position anpassen. Am Laufzeitende kann maximal einer der beiden Spreads im Verlust sein. Das führt dazu, dass wir mit einmaliger Kapitalbindung doppelte Prämien generieren.

Strategie	**Markterwartung**	**Delta**	**Vega**	**Theta**	**Gewinn**	**Risiko**
Iron Condor	neutral	neutral (Kursentwicklung ist egal)	short (fallende Vola hilft)	long (sinkende Laufzeit hilft)	begrenzt	begrenzt

Tab. 13: Einflussfaktoren beim Iron Condor

Besuchen Sie unsere Webseite www.optioneniq.com und testen Sie Ihr Wissen, bevor Sie mit den weiteren Kapiteln fortfahren. Sie finden in unserem Portal Anwendungsbeispiele und Schulungsvideos, die Ihr Verständnis vertiefen.

Kapitel 12: Straddles und Strangles

Die einfachste und grundlegendste Strategie, um mit Optionen mit der Kursbewegung des Basiswertes Gewinne zu realisieren, ist der Erwerb eines Calls oder Puts. Das begrenzte Risiko und die unbegrenzte Gewinnmöglichkeit in Verbindung mit geringer Kapitalbindung machen dieses Vorgehen besonders attraktiv. Wir haben uns mit der Strategie intensiv im ersten Teil auseinandergesetzt. Die Kehrseite einer Long-Position in einer Option ist der Zeitwertverfall, der gegen den Optionsbesitzer arbeitet. Jede Option hat ein Laufzeitende, innerhalb dessen die erwartete Preisbewegung stattfinden muss. Passiert hingegen nichts, verliert die Position durch Zeitwertverfall an Wert.

Eine Möglichkeit, von der Preisbewegung zu profitieren, ohne sich eine Meinung darüber zu bilden, in welche Richtung sich der Kurs entwickeln wird, sind Straddles und Strangles. Bei diesen Strategien kaufen wir einen Call und einen Put gleichzeitig. Egal, in welche Richtung der Preis sich bewegt, unsere Long-Position wird durch die Preisbewegung kapitalisiert. Ist der Gewinn aus der Long-Position größer als unsere Investition, generieren wir Gewinne. Straddles und Strangles sind relativ einfach zu verstehen und aufzusetzen. Deshalb gehören sie zu den Basistechniken für jeden Optionstrader.

Die nächste Ebene der direktionalen Strategien sind die **Debit Spreads.** Anders als Credit Spreads sind Debit Spreads direktionale Strategien. Sie weisen ein sehr geringes Risiko auf. Debit Spreads setzen ebenfalls darauf, dass die erwartete Preisbewegung innerhalb der Laufzeit stattfindet. Bei einem Debit Spread kaufen wir eine Option, um von einer Preisbewegung zu profitieren. Anschließend verkaufen wir eine Option, die weiter aus dem Geld ist, um einen Teil des Kaufpreises zu refinanzieren. Damit begrenzen wir den maximalen Gewinn, senken aber auch die Investition und damit das Risiko.

Eine etwas komplexere Variante sind die Ratio Spreads oder **Backspreads.** Mit einem Backspread können wir von einer starken Bewegung profitieren, ohne große Risiken einzugehen. Sollte sich der Kurs des Basiswertes in eine komplett entgegengesetzte Richtung entwickeln, haben wir immer noch einen kleinen Gewinn. Ein Ratio Spread wird aufgebaut, indem wir mehr Optionen kaufen als verkaufen. Wir können die Strikes so auswählen, dass die Position exakt unserer Markterwartung entspricht, wir aber auch dann im Gewinn sind, wenn sich der Kurs entgegen der Erwartung entwickelt.

Definition und Funktionsweise von Straddles und Strangles

Straddles und Strangles sind direktionale Strategien, bei denen wir von einer starken Bewegung profitieren. Dennoch sind Straddles und Strangles richtungsunabhängig: Wir brauchen keine Erwartung zu haben, ob der Kurs steigt oder fällt. Indem wir gleichzeitig einen Call und einen Put mit gleicher Laufzeit und gleichem Strike erwerben, haben wir keine Erwartung, in welche Richtung sich der Preis des Basiswertes bewegt. Wir gehen lediglich davon aus, dass eine starke Bewegung im Basiswert bevorsteht. Davon möchten wir profitieren, egal, ob der Kurs steigt oder fällt. Sollte die implizite Volatilität im Basiswert ansteigen, ist das ebenfalls zu unserem Vorteil, denn wir sind long in Bezug auf die Kennzahl Vega und profitieren somit von steigenden Volatilitäten.

Zunächst hört sich diese Strategie wie der Traum eines jeden Anlegers an: Wir müssen keinerlei Aussagen über die zukünftige Marktentwicklung treffen. Ob der Kurs steigt oder fällt, wir profitieren davon. Was kann es Besseres geben? Tatsächlich ist es aber relativ schwierig, mit dieser Strategie konstante Gewinne zu machen. Schauen wir uns das Ganze einmal im Detail an.

Straddle

Die Grundidee eines **Straddles** ist der gleichzeitige Kauf von einem Call und einem Put mit gleichem Strike. Typischerweise werden dafür Optionen bevorzugt, die möglichst nahe am Geld sind. Indem wir unsere Position am Geld aufbauen, sind wir zunächst Delta-neutral. Denn das Delta des Long Calls und das des Long Puts sind identisch und heben sich gegenseitig auf.

Um das Konzept zu verdeutlichen, schauen wir uns ein Beispiel an. Die Aktie von Southwest Airlines (Ticker: LUV) ist an einem Widerstand angekommen, von dem aus sie entweder steigen oder fallen kann. Wir gehen von einer starken Preisbewegung aus, sind aber nicht sicher, in welche Richtung diese Bewegung gehen wird. Daher kaufen wir gleichzeitig einen Call und einen Put mit einer Laufzeit von drei Monaten und gleichem Strike. Wir wählen jeweils denjenigen Optionskontrakt, der am nächsten am Geld ist, in unserem Fall $ 43. Betrachten Sie dazu die folgende Abbildung:

Abb. 32: Chart von Southwest Airlines als Ausgangsbasis für einen Straddle

Der Straddle, den wir eingegangen sind, besteht aus zwei Optionen:

- Long Call, Strike: $ 43, Kaufpreis: $ 2,10,
- Long Put, Strike $ 43, Kaufpreis: $ 1,70.

Im Folgenden sehen Sie das Risikoprofil dieser Position:

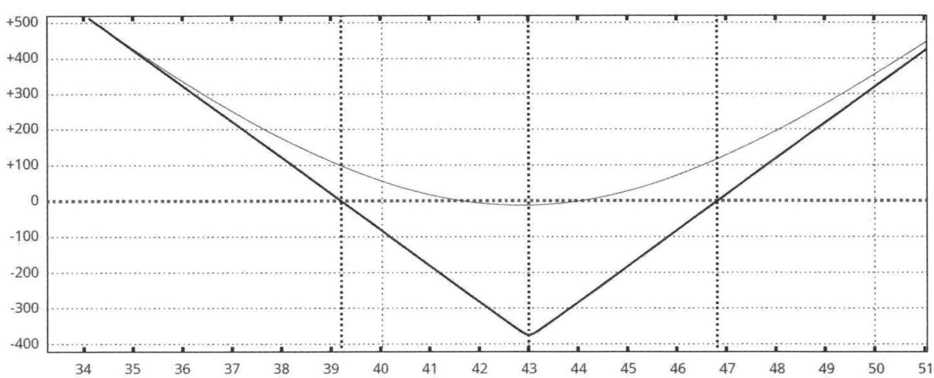

Abb. 33: Risikoprofil bei einem Straddle

Wir sehen, dass das Gewinnpotenzial unbegrenzt ist: Steigt der Wert der Aktie, partizipieren wir durch den Long Call am steigenden Kurs. Umgekehrt entwickelt sich der Put hervorragend, sollte der Kurs des Basiswertes fallen.

Auch der mögliche Verlust ist begrenzt: Er beläuft sich auf die Gesamtinvestition in beide Optionen, auf die unser Risiko begrenzt ist. Das maximale Risiko berechnen wir, indem wir die Ausgaben für beide Positionen addieren:

Maximales Verlustpotenzial = Prämie Long Call + Prämie Long Put = $ 2,10 + $ 1,70 = $ 3,80 ($ 380 bei 100 Aktien pro Kontrakt)

Den maximalen Verlust realisieren wir, wenn die Aktie am Laufzeitende direkt an unserem Strike notiert. Dann verfallen beide Optionen wertlos und unsere Investition ist verloren. Steigt oder fällt der Kurs hingegen, steigt der Preis der einen oder anderen Option an, je nachdem, in welche Richtung die Bewegung einsetzt. Wir erreichen den Break-even-Punkt, wenn die Gewinne dieser Option unsere Investition übersteigen. Der Break-even berechnet sich demnach wie folgt:

Break-even-Berechnung
Call Strike + Debit = $ 43 + $ 3,80 = $ 46,80
Oder: Put Strike - Debit = $ 43 - $ 3,80 = $ 39,20

Hier sehen wir die Kehrseite eines Straddles: Der Kurs des Basiswertes muss sich innerhalb der Laufzeit signifikant bewegen, damit wir keine Verluste machen. Der Kurs des Basiswertes liegt heute bei $ 43 und er muss auf $ 46,80 steigen beziehungsweise auf $ 39,20 fallen, damit wir überhaupt in die Gewinnzone kommen. In unserem Beispiel muss sich also der Preis um knapp 9 Prozent bewegen. Das ist ganz schön viel!

Während der Laufzeit ist weniger die dicke Linie interessant (die den Break-even am Verfallstag repräsentiert). Vielmehr interessiert uns, wie die Gewinne und Verluste heute aussehen (dünne Linie). Um zu sehen, wo der Break-even heute ist, schauen wir uns die Schnittpunkte der dünnen Linie mit der Nulllinie an. In unserem Beispiel sind wir Break-even, wenn der Kurs heute (beziehungsweise morgen) auf $ 41,44 fällt oder auf $ 44,12 steigt. Das entspricht immerhin einer Bewegung von gut 4 Prozent. Die notwendige Bewegung im Basiswert wird jeden Tag, an dem wir die Position halten, größer. Wir wissen zudem: Durch den Zeitwertverfall wird sich die dünne Linie der dicken Linie immer weiter nähern.

Ein Straddle hat die typischen Eigenschaften einer Long-Position: Wir profitieren von kräftigen Kursbewegungen und steigender Volatilität, sind also long in Bezug auf das Delta und das Vega. Aus dem gleichen Grund hat der Straddle ein negatives Theta: Die Position verliert an Wert, wenn Zeit vergeht.

Wir sollten folglich Optionen mit möglichst langer Laufzeit wählen, um den Zeitwertverfall pro Tag zu senken. Dadurch steigt aber unsere Investition (längere Laufzeiten kosten mehr). Entsprechend erhöht sich das Gesamtrisiko der Position und wir brauchen eine noch stärkere Bewegung, um Gewinne zu realisieren. Wollen wir die Investition für diese Position senken, können wir kürzere Laufzeiten wählen oder stattdessen einen Strangle aufbauen.

Strangle

Ein **Strangle** ist vom Prinzip her dem Straddle ähnlich. Der Unterschied besteht darin, dass wir bei einem Strangle Strikes kaufen, die weiter vom aktuellen Kurs entfernt (aus dem Geld) sind. Dadurch senken wir die Investition, die für die Position nötig ist: Optionen, die weiter aus dem Geld liegen, sind günstiger. Bei einem Strangle brauchen wir aber eine noch stärkere Bewegung, um in die Gewinnzone zu kommen. Indem wir Strikes wählen, die gleich weit vom aktuellen Kurs entfernt sind, positionieren wir uns zunächst Delta-neutral, denn das Delta des Long Calls und Long Puts heben sich gegenseitig auf.

Schauen wir uns noch einmal die Aktie von Southwest Airlines an. Anders als im vorangegangenen Beispiel wählen wir jetzt Strikes, die jeweils $ 2 von dem aktuellen Kurs entfernt sind. Wir kaufen also einen Call mit dem Strike von $ 45 und einen Put mit Strike von $ 41. Der Strangle, den wir eingegangen sind, besteht folglich aus diesen zwei Optionen:

- Long Call, Strike $ 45, Kaufpreis: $ 1,15,
- Long Put, Strike $ 41, Kaufpreis: $ 0,95.

Betrachten Sie dazu das Risikoprofil in der folgenden Abbildung:

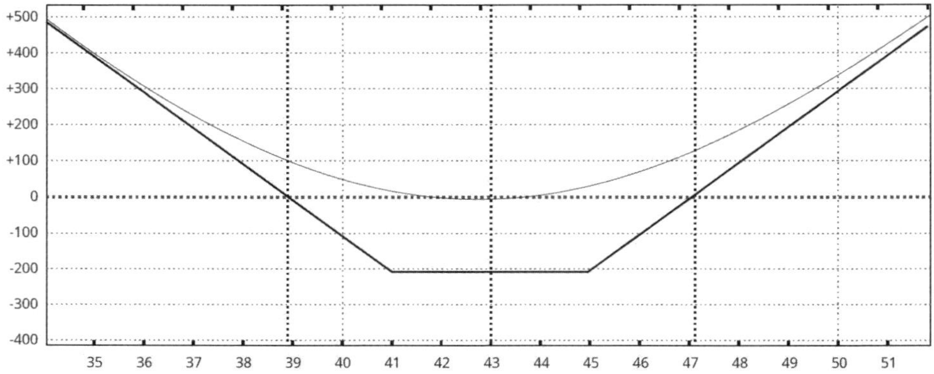

Abb. 34: Risikoprofil eines Strangles

Wir sehen: Das Gewinnpotenzial ist genau wie beim Straddle unbegrenzt: Steigt der Wert der Aktie, partizipieren wir durch den Long Call am steigenden Kurs. Umgekehrt entwickelt sich der Put hervorragend, sollte der Kurs des Basiswertes fallen.

Auch der mögliche Verlust ist begrenzt: Das Risiko entspricht maximal der Gesamtinvestition in die beiden Optionen. Das maximale Risiko berechnen wir, indem wir die Ausgaben für die beiden Positionen zusammenzählen:

Maximales Verlustpotenzial = Prämie Long Call + Prämie Long Put = $ 1,15 + $ 0,95 = $ 2,10 ($ 210 bei 100 Aktien pro Kontrakt)

Der Vorteil gegenüber dem Straddle wird deutlich: Wir haben eine geringere Investition und damit ein geringeres Risiko. Den maximalen Verlust realisieren wir, wenn die Aktie am Laufzeitende zwischen den Strikes notiert (zwischen $ 41 und $ 45). Dann verfallen beide Optionen wertlos und unsere Investition ist verloren. Steigt oder fällt der Kurs hingegen, steigt jeweils der Preis der einen oder anderen Option an, je nachdem, welche Richtung die Kursbewegung einschlägt. Wir erreichen den Break-even-Punkt, wenn die Gewinne der betreffenden Option unsere Investition übersteigen. Der Break-even berechnet sich demnach wie folgt:

Break-even-Berechnung

Call Strike + Debit = $ 45 + $ 2,10 = $ 47,10

Oder: Put Strike - Debit = $ 41 - $ 2,10 = $ 38,90

Hier sehen Sie die Nachteile eines Strangles gegenüber dem Straddle: Der Kurs des Basiswertes muss sich innerhalb der Laufzeit deutlich stärker bewegen, damit wir keine Verluste machen. Beim Straddle dagegen muss die Kursbewegung nicht ganz so ausgeprägt sein. Der Kurs des Basiswertes liegt heute bei $ 43. Er muss auf $ 47,10 steigen beziehungsweise auf $ 38,90 fallen, damit wir überhaupt Gewinne machen. In unserem Beispiel muss sich also der Preis um fast 10 Prozent bewegen, damit wir in die Gewinnzone kommen.

Auch beim Strangle ist während der Laufzeit weniger die dicke Linie interessant (die den Break-even am Verfallstag repräsentiert). Interessant ist vielmehr, wie die Gewinne und Verluste zum heutigen Zeitpunkt aussehen (dünne Linie). Um den heutigen Break-even-Punkt zu ermitteln, betrachten wir die Schnittpunkte der dünnen Linie mit der Nulllinie. In unserem Beispiel sind wir Breakeven, wenn der Kurs heute (beziehungsweise morgen) auf $ 41,58 fällt oder auf $ 43,94 steigt. Das entspricht immerhin einer Bewegung von gut 4 Prozent. Die notwendige Bewegung im Basiswert wird jeden Tag größer, an dem wir die Position halten. Denn durch den Zeitwertverfall wird sich die dünne Linie der dicken immer mehr annähern.

Ein Strangle hat, genau wie ein Straddle, die typischen Eigenschaften einer Long-Position: Wir profitieren von Kursbewegungen und steigender Volatilität, sind also in Bezug auf das Delta und das Vega long. Aus dem gleichen Grund hat der Strangle ein negatives Theta, die Position wird mit jedem Tag Haltedauer an Wert verlieren. Da der Zeitwertverfall unsere Position negativ beeinflusst, sollten wir Optionen mit möglichst langer Laufzeit wählen. Das verringert den Zeitwertverfall pro Tag. Dadurch steigt aber auch unsere Investition (Optionen mit längerer Laufzeit sind teurer). Somit erhöht sich das Gesamtrisiko der Position und wir brauchen eine noch stärkere Bewegung, um Gewinne zu erzielen.

Strategie-Anpassung: Gewinne durch Optionsverkäufe begrenzen

Gehen wir einen Straddle oder Strangle ein, sind wir Optionskäufer und profitieren unbegrenzt von einer möglichen Bewegung. Sehen wir jedoch ein realistisches Maximalziel für die Kursbewegung, können wir das unrealistische Kurspotenzial verkaufen. Dazu gehen wir entsprechende Strikes short. Wir begrenzen dadurch unser Gewinnpotenzial, reduzieren aber gleichzeitig unsere Investition und auch das Gesamtrisiko der Position.

Um die Idee zu verdeutlichen, schauen wir uns das Beispiel mit Southwest Airlines noch einmal an. In der ursprünglichen Strategie haben wir einen Call und einen Put gekauft. Nun verkaufen wir das unrealistische Kurspotenzial auf der Oberseite und auf der Unterseite, indem wir einen Call mit Strike $ 47 und einen Put mit Strike $ 39 short gehen. Durch die Anpassung verändert sich das Risikoprofil wie folgt:

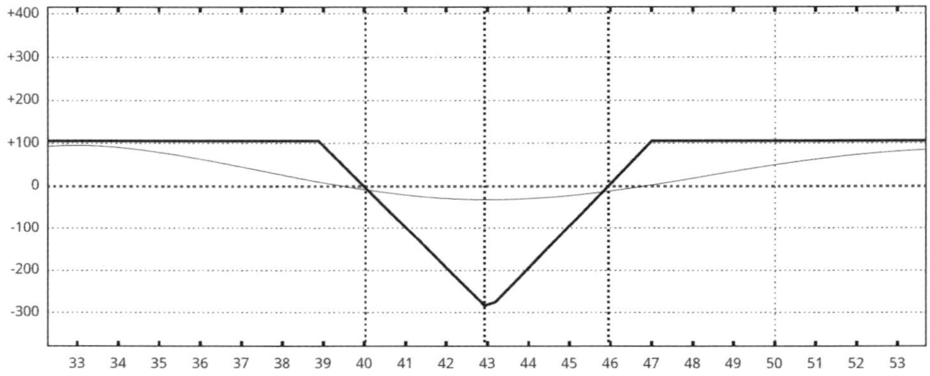

Abb. 35: Risikoprofil bei einem angepassten Straddle

Sie sehen: Durch die Anpassung haben wir unseren Maximalgewinn auf $ 100 begrenzt. Durch die Wahl der Short Strikes können wir den Maximalgewinn bestimmen. Wir können auch asymmetrische Risikoprofile aufbauen, wenn wir auf einer der Seiten mehr Kurspotenzial sehen als auf der anderen. Wir haben zudem unsere Investition gesenkt, indem wir durch die Optionsverkäufe Credit eingenommen haben. Die Anpassung verändert den Gewinn, Verlust und Break-even der Position wie folgt:

Maximales Verlustpotenzial = Prämie Long Call + Prämie Long Put - Prämie Short Call - Prämie Short Put = $ 2,10 + $ 1,70 - $ 0,50 - $ 0,35 = $ 2,95 ($ 295 bei 100 Aktien pro Kontrakt)

Maximales Gewinnpotenzial = Short Strike - Long Strike - Debit = $ 47 - $ 43 - $ 2,95 = $ 1,05 auf der Call-Seite ($ 105 bei 100 Aktien pro Kontrakt) = $ 43 - $ 39 - $ 2,95 = $ 0,75 auf der Put-Seite ($ 105 bei 100 Aktien pro Kontrakt)

Break-even:
Long Call + Debit = $ 43 + $ 2,95 = $ 45,95 oder
Long Put - Debit = $ 43 - $ 2,95 = $ 40,05

Für einen Strangle gelten die gleichen Überlegungen. Das Risikoprofil sieht dann aus wie folgt:

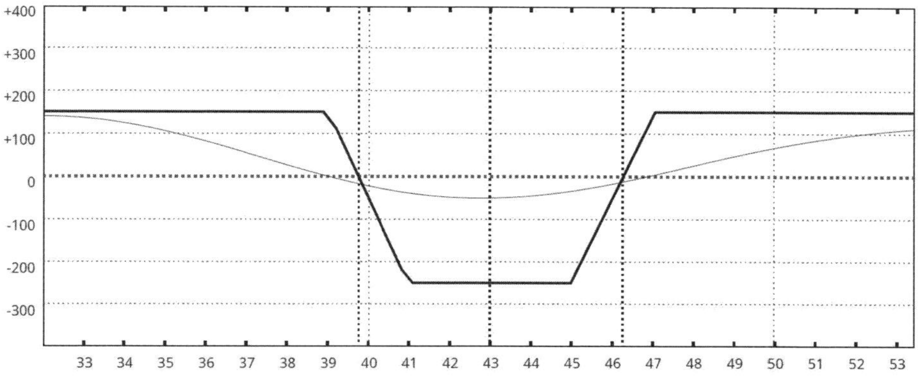

Abb. 36: Risikoprofil bei einem angepassten Strangle

Das Risikoprofil sieht wie ein spiegelverkehrter Iron Condor aus. Genau das ist es auch: Wir nehmen exakt die entgegengesetzte Position eines Iron Condors ein: Während wir bei dem Iron Condor den Maximalgewinn realisieren, wenn der Basiswert innerhalb des Korridors bleibt, haben wir im Fall des Strangles hier den Maximalverlust. Beim Iron Condor tritt der Maximalverlust ein, wenn der Kurs aus dem Korridor ausbricht. Beim Strangle erhalten wir in diesem Szenario den Maximalgewinn. Damit schließt sich der Kreis und wir sehen: Durch Kombinationen von mehreren Optionen können wir beliebige Risikoprofile aufbauen, die unsere Markterwartung widerspiegeln. Die gerade dargestellten Anpassungen sind übrigens auch als »inverse Butterflys« bekannt. Diese Strategie soll aber in diesem Buch aus Gründen der Übersichtlichkeit nicht im Einzelnen dargestellt werden. Die Anpassung verändert den Gewinn, Verlust und Break-even der Position wie folgt:

Maximales Verlustpotenzial = Prämie Long Call + Prämie Long Put - Prämie Short Call - Prämie Short Put = $ 1,15 + $ 0,95 - $ 0,50 - $ 0,35 = $ 1,25 ($ 125 bei 100 Aktien pro Kontrakt)

Maximales Gewinnpotenzial = Short Strike - Long Strike - Debit = $ 47 - $ 45 - $ 1,25 = $ 0,75 auf der Call-Seite ($ 75 bei 100 Aktien pro Kontrakt) = $ 41 - $ 39 - $ 1,25 = $ 0,75 auf der Put-Seite ($ 75 bei 100 Aktien pro Kontrakt)

Break-even:
Long Call + Debit = $ 45 + $ 1,25 = $ 46,25; Long Put - Debit = $ 41 - $ 1,25 = $ 39,75

Trade-Management

Sind wir einen Straddle oder einen Strangle eingegangen, haben wir eine Position mit begrenztem Risiko. Bei den Überlegungen zum Trade-Management können wir zwei Szenarien unterscheiden: Der Kurs des Basiswertes bewegt sich nicht und wir passen die Position an, um Verluste zu minimieren. Oder der Kurs des Basiswertes hat sich bewegt und wir wollen die Position anpassen, um Gewinne zu realisieren.

Szenario 1: Der Preis des Basiswertes bewegt sich nicht

Die Position verliert durch den Zeitwertverfall jeden Tag an Wert. Wir können die Position halten, schließen oder nach vorn rollen. Die Position zu halten ist dann sinnvoll, wenn wir nach wie vor von einer starken Bewegung ausgehen und wenn die Position noch genug Laufzeit hat. Wir müssen nur darauf achten, dass unsere Markteinschätzung nicht auf dem »Prinzip Hoffnung« basiert. Gute Gründe für eine starke Preisbewegung sollten also vorliegen.

Alternativ können wir die Position zu einer weiter in der Zukunft liegenden Laufzeit rollen, um dadurch mehr Zeit einzukaufen. Liegen aber keine Gründe mehr vor, die für eine starke Bewegung sprechen (zum Beispiel weil eine Nachricht ohne nennenswerte Kursbewegungen blieb), ist es ratsam, die Position zu schließen, um nicht noch mehr Geld durch den Zeitwertverfall zu verlieren.

Eine mögliche Handlungsalternative ist, eine der Optionen zu verkaufen und nur den Long Call oder den Long Put zu behalten. Wir ändern somit die Position in eine einfache Long-Call- beziehungsweise Long-Put-Position. Durch den Rückkauf einer der Optionen reduzieren wir unser Netto-Investment und damit das Risiko und den täglichen Zeitwertverlust. Wir nehmen dadurch aber eine klare direktionale Richtung ein (wir sind bullisch, wenn wir den Long Call behalten, beziehungsweise bärisch, wenn wir den Long Put behalten). Wir sollten diese Alternative in Erwägung ziehen, wenn wir unsere Markteinschätzung von neutral auf direktional geändert haben (zum Beispiel weil der breite Markt einbricht und eine Aufwärtsbewegung unwahrscheinlicher wird).

Szenario 2: Der Preis des Basiswertes hat sich bewegt

Eine der Long-Optionen gewinnt an Wert und die andere verliert. Wir können die gesamte Position schließen und die Gewinne mitnehmen. Angenommen, wir gehen von einer weiter anhaltenden Preisbewegung in die gleiche Richtung aus. Dann können wir diejenige Option, die Verluste produziert, schließen. Ist zum Beispiel der Preis des Basiswertes gestiegen, wird der Call Gewinne produzieren und der Put an Wert verlieren. Glauben wir, dass die Bewegung zu Ende ist, schließen wir die gesamte Position. Gehen wir aber von weiter steigenden Preisen aus, verkaufen wir den Put und behalten ausschließlich den Call. Wir senken damit unsere Investition und das Risiko, lassen aber dem Aktienkurs weiteres Potenzial für eine Aufwärtsbewegung. Allerdings sind wir dann anfälliger, falls der Kurs des Basiswertes die Richtung ändert.

Zusammenfassung und Bewertung

Straddles und Strangles sind marktneutrale Strategien, die eine starke Bewegung des Basiswertes antizipieren. Eine solche Position lässt sich aufbauen, indem wir gleichzeitig einen Call und einen Put mit gleicher Laufzeit und gleichen Strikes (Straddle) oder unterschiedlichen Strikes (Strangle) kaufen. Straddles und Strangles haben ein begrenztes Verlustpotenzial. Es beläuft sich auf die Höhe des Kaufpreises der Optionen. Das Gewinnpotenzial ist dagegen unbegrenzt. Die Position gewinnt, wenn die erwartete Bewegung einsetzt oder wenn die Volatilität steigt. Die Bewegung des Basiswertes beziehungsweise der Anstieg der impliziten Volatilität muss groß genug sein, damit der Wertanstieg den Zeitwertverlust beider Optionen refinanziert. Setzt die erwartete Preisbewegung nicht ein, machen wir Verluste. Wir können die Position jedoch anpassen, indem wir den maximalen Gewinn beschränken und Verkaufserlöse durch den Verkauf weiterer Optionen realisieren, die aus dem Geld liegen. Setzt die erwartete Bewegung nicht ein, sollten wir die Position liquidieren. Denn der Wert der Position erodiert durch den Zeitwertverfall.

Strategie	Markterwartung	Delta	Vega	Theta	Gewinn	Risiko
Straddle Strangle	Starker Kursanstieg oder starker Kursverfall	neutral (steigende oder fallende Kurse helfen)	long (steigende Vola hilft)	short (sinkende Laufzeit schadet)	unbegrenzt	begrenzt

Tab. 14: Einflussfaktoren beim Straddle beziehungsweise Strangle

Besuchen Sie unsere Webseite www.optioneniq.com und testen Sie Ihr Wissen, bevor Sie mit den weiteren Kapiteln fortfahren. Sie finden in unserem Portal Anwendungsbeispiele und Schulungsvideos, die Ihr Verständnis vertiefen.

Kapitel 13: Debit Spreads

Das Gegenstück zu den Credit Spreads sind die Debit Spreads. Hier unterscheiden wir zwischen einem Bull Call Debit Spread und einem Bear Put Debit Spread. Aber der Reihe nach.

Bull Call Debit Spread

Ein Bull Call Debit Spread ist eine Kombination aus einem Long Call und einem Short Call, der weiter aus dem Geld ist. Beide beziehen sich auf den gleichen Basiswert und haben die gleiche Laufzeit, aber unterschiedliche Strikes. Ein Bull Call Debit Spread bietet sich an, wenn wir einen Preisanstieg im Basiswert erwarten und mit minimalem Risiko von dieser Bewegung profitieren wollen. Gleichzeitig begrenzen wir die maximalen Gewinne aus der Position. Wir konstruieren einen Bull Call Spread, indem wir einen Call auf den Basiswert erwerben. Anschließend verkaufen wir einen Call mit einem höheren Strike, der weiter aus dem Geld ist. Mit dem Verkaufserlös refinanzieren wir einen Teil der Ausgabe für die Long-Position. Das senkt die Investition und ändert das Chance-Risiko-Verhältnis der Position. Der verkaufte Call ist weiter aus dem Geld. Er wird daher weniger einbringen als unsere Ausgabe für den Long Call. Die Strategie hat daher den Namen »Debit«, denn wir haben es hier mit einer Netto-Investition zu tun (anders als bei einem Credit Spread, bei dem uns gleich zu Beginn des Trades Geld zufließt).

Ein Bull Call Debit Spread ist intuitiv relativ leicht zu verstehen. Wir gehen von einer Preisbewegung aus, die wir nutzen wollen, um direktionale Gewinne mitzunehmen. Angenommen, der Kurs des Basiswertes steht heute bei $ 40 und wir erwarten einen Anstieg auf $ 45. Um von der Preisbewegung zu profitieren, kaufen wir einen Call, der nahe am Geld ist und ein hohes Delta aufweist. Wir entscheiden uns für einen Call mit dem Strike von $ 40 und geben dafür $ 200 aus. Steigt nun der Preis des Basiswertes, steigt auch der Preis unseres Calls und wir realisieren einen direktionalen Gewinn. Sollte der Kurs jedoch stagnieren beziehungsweise fallen, beträgt unser Maximalrisiko $ 200. Um unsere

Investition und damit das Risiko zu senken, verkaufen wir einen Call mit einem Strike von $ 45 für einen Credit von $ 100. Was haben wir damit erreicht?

Zunächst bleibt festzuhalten, dass wir von einem Anstieg im Preis des Basiswertes auf maximal $ 45 ausgehen (zum Beispiel weil bei $ 45 ein Widerstand verläuft). Wenn wir von einem begrenzten Anstieg ausgehen, warum sollten wir dann für die Möglichkeit bezahlen, von Kursanstiegen über $ 45 zu profitieren? Wir verkaufen dieses unrealistische Kurspotenzial, indem wir einen Call mit Strike bei $ 45 short gehen. Sollte der Kurs über $ 45 ansteigen, werden wir davon nicht mehr profitieren. Für den verkauften Call nehmen wir eine Prämie von $ 1,00 ein. Diese Einnahme senkt unsere Investition und damit unser maximales Verlustrisiko von ursprünglich $ 200 auf $ 100. Wir haben somit ein unrealistisches Kurspotenzial verkauft und dadurch unser Risiko gesenkt. Ein Blick auf das Risikoprofil verdeutlicht das Konzept.

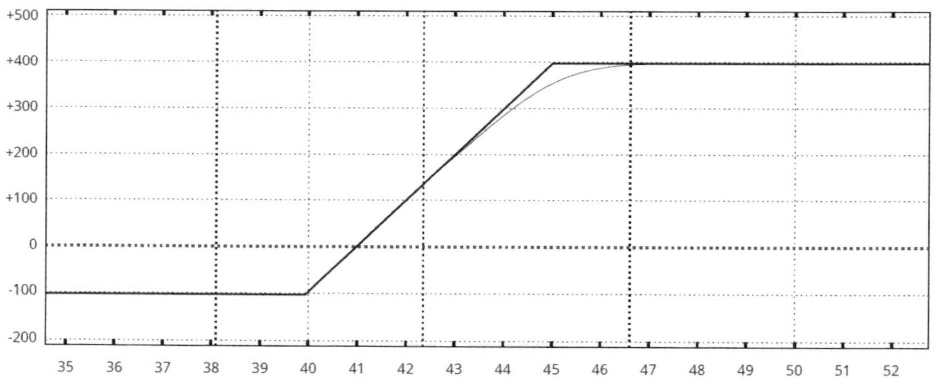

Abb. 37: Risikoprofil beim Bull Call Debit Spread

Bei einem Debit Spread haben wir sowohl ein begrenztes Gewinnpotenzial als auch ein begrenztes Verlustpotenzial. Durch die Auswahl der Strikes können wir die Höhe der Investition exakt justieren, genau wie unser Gewinnpotenzial. Das Chance-Risiko-Verhältnis ist aber, anders als beim Credit Spread, positiv: Wir können ein Vielfaches des eingegangenen Risikos gewinnen, wenn unsere Erwartung aufgeht und der Kurs sich entsprechend entwickelt. Dafür muss die Preisbewegung innerhalb der von uns gewählten Laufzeit eintreten, sonst verlieren wir die Investition.

Maximales Verlustpotenzial = Netto-Investition = Ausgegebene Prämie - eingenommene Prämie

Das maximale Verlustpotenzial ist ebenfalls bekannt und begrenzt. Wir können nicht mehr als die Netto-Investition verlieren, die wir durch den Verkauf des Calls gesenkt haben. Das maximale Verlustpotenzial berechnet sich wie folgt:

Für das gewählte Beispiel berechnen wir die Netto-Investition entsprechend:

Maximales Verlustpotenzial = $ 2,00 - $ 1,00 = $ 1,00 ($ 100 bei 100 Aktien pro Kontrakt)

Wir sehen, dass wir unser Risiko durch den Verkauf der Option halbiert haben. Zwar ist unser maximales Gewinnpotenzial begrenzt. Da wir aber davon ausgehen, dass der Kurs des Basiswertes auf maximal $ 45 steigen kann, bildet diese Transaktion unsere Markteinschätzung ab. Durch den Verkauf der Option gehen wir kein zusätzliches Risiko ein, denn wir haben das Recht gekauft, die Aktie für $ 40 zu erwerben. Sollte der Kurs unter $ 40 bleiben, verfallen die Optionen wertlos und wir realisieren den Maximalverlust in Höhe der Investition. Steigt der Kurs und liegt er am Verfallstag zwischen $ 41 und $ 45, machen wir einen Gewinn. Steigt der Kurs auf über $ 45, wird auch die verkaufte Option im Geld sein. Der Käufer dieses Calls wird uns die Aktien, die wir für $ 40 gekauft haben, für $ 45 abkaufen. Wir realisieren dabei den Maximalgewinn. Dabei spielt es keine Rolle, wie weit der Kurs steigt. Unser Gewinn ist begrenzt. Wir berechnen das Gewinnpotenzial wie folgt:

Maximales Gewinnpotenzial = verkaufter Strike - gekaufter Strike - Netto-Investition

Für das gewählte Beispiel errechnet sich der Maximalgewinn demnach so:

Maximales Gewinnpotenzial: $ 45 - $ 40 - $ 1 = $ 4 ($ 400 bei 100 Aktien pro Option)

Die Optionsprämie stellt, anders als bei einem Credit Spread, eine Ausgabe dar und muss von dem Gesamtgewinn abgezogen werden. Die Prämie geht durch den Zeitwertverfall verloren und am Laufzeitende hat die Option nur den inneren Wert. Um den Break-even zu erreichen, muss der Basiswert während der

Laufzeit steigen (sich in die von uns erwartete Richtung bewegen), damit wir ohne Verluste aussteigen können. Genau wie bei einem Long Call ergibt sich der Break-even-Punkt, wenn wir die Ausgabe für die Optionsprämie vom Kursanstieg abziehen.

Break-even = gekaufter Strike + Netto-Investition

In unserem Beispiel muss der Basiswert auf $ 41 steigen, damit wir ohne Verluste aussteigen (im Risikoprofil sichtbar als Schnittpunkt der Risikokurve mit der Nulllinie). Damit wird der große Nachteil eines Debit Spreads deutlich: Zwar haben wir eine hohe Chance bei geringem Risiko, falls der Basiswert steigt. Falls das aber nicht geschieht, haben wir einen Verlust. Wir müssen also richtigliegen mit unserer Einschätzung über die zukünftige Preisentwicklung und den Zeitraum, in dem die Bewegung stattfindet.

Return on Investment (ROI)

Offensichtlich ist: Wir haben nur einen Gewinn, wenn der Kurs über $ 41 steigt. Wir erreichen den Maximalgewinn, falls der Kurs des Basiswertes am Laufzeitende sogar über $ 45 liegt. Nach der uns bekannten Formel ergibt sich der ROI in diesem Fall wie folgt:

ROI = Ertrag/Netto-Investition = $ 400/$ 100 = **400 Prozent**

Wie bereits erwähnt, ist das Potenzial eines Debit Spreads viel höher als das eines Credit Spreads. Damit wir diesen ROI realisieren können, muss der Basiswert das tun, was wir von ihm erwarten (und diesen Gefallen tut er uns nicht immer). Steht der Kurs am Verfallstag unter $ 45, sind der Gewinn und der ROI geringer. Schauen wir uns an, wie der ROI sich verändert, wenn unser Maximalziel von $ 45 nicht erreicht wird:

ROI-Veränderung bei Kursen unter $ 45

$ 45 ROI = $ 400/$ 100 = 400 Prozent

$ 44 ROI = $ 300/$ 100 = 300 Prozent

$ 43 ROI = $ 200/$ 100 = 200 Prozent

$ 42 ROI = $ 100/$ 100 = 100 Prozent

$ 41 ROI = $ 0 /$ 100 = 0 Prozent

$ 40 ROI = -$ 100/$ 100 = -100 Prozent

Diese Werte lassen sich ebenfalls aus dem Risikoprofil ablesen und zeigen den Charakter eines Debit Spreads: Wir realisieren sehr gute Gewinne, wenn die Einschätzung über die zukünftige Preisentwicklung richtig ist. Daher ist bei dieser Strategie weniger vom ROI zu sprechen, vielmehr handelt es sich tatsächlich um **Gewinne**. In diesem Wort steckt schon die entscheidende Aussage: Gewinne können hoch sein, sind aber nicht sicher.

Bear Put Debit Spread

Ein Bear Put Debit Spread ist eine Kombination aus einem Long Put und einem Short Put, der weiter aus dem Geld ist. Beide haben die gleiche Laufzeit und beziehen sich auf den gleichen Basiswert, haben aber unterschiedliche Strikes. Ein Bear Put Debit Spread bietet sich an, wenn wir erwarten, dass der Kurs des Basiswertes fällt. Um einen Bear Put Spread aufzubauen, kaufen wir einen Put auf den Basiswert. Anschließend verkaufen wir einen Put mit einem kleineren Strike, der weiter aus dem Geld ist. Mit dem Verkaufserlös refinanzieren wir einen Teil der Ausgabe für die Long-Position. Dadurch wird unsere Investition kleiner und das Chance-Risiko-Verhältnis der Position verbessert sich. Der verkaufte Put ist weiter aus dem Geld. Er wird daher weniger einbringen als unsere Ausgabe für den Long Put.

Bei einem Bear Put Debit Spread gehen wir von fallenden Kursen aus. Wir nutzen ihn also, um direktionale Gewinne mitzunehmen. Angenommen, der Kurs des Basiswertes steht heute bei $ 40 und wir erwarten einen Abfall auf $ 35. Um von der Preisbewegung zu profitieren, kaufen wir einen Put, der nahe am Geld ist und ein hohes Delta aufweist. Wir entscheiden uns für einen Strike von $ 40 und geben dafür $ 200 aus. Fällt nun der Basiswert, steigt der Preis unseres Puts. Wir realisieren den beabsichtigten direktionalen Gewinn. Sollte der Kurs jedoch stagnieren beziehungsweise steigen, beläuft sich unser Maximalrisiko auf $ 200. Um unsere Investition und damit auch das Risiko zu senken, verkaufen wir einen Put mit Strike bei $ 35 für einen Credit von $ 100. Analog zum Bull Call Spread haben wir eine Meinung zum maximalen Preisverfall. Wir verkaufen das aus unserer Sicht unrealistische Abwärtspotenzial, um damit die Ausgabe für die Long-Position wieder hereinzuholen. Ein Blick auf das Risikoprofil verdeutlicht das Konzept.

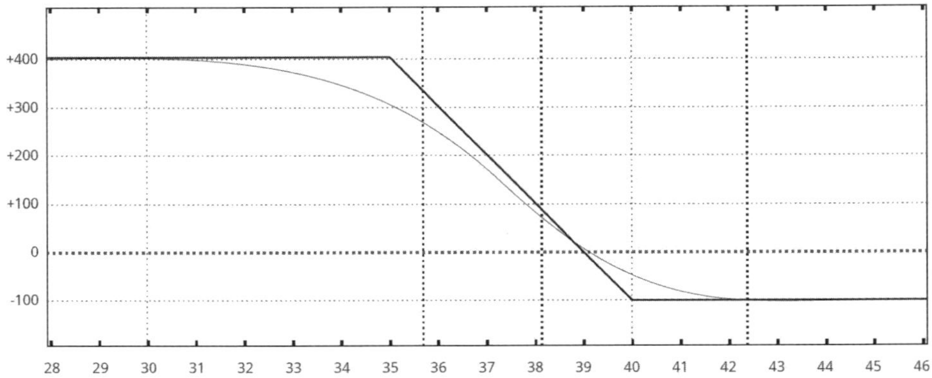

Abb. 38: Risikoprofil bei einem Bear Put Debit Spread

Das maximale Verlustpotenzial der Position ist auch hier bekannt und begrenzt. Der Verlust entspricht maximal der Netto-Investition, die wir zudem durch den Verkauf des Puts gesenkt haben. Das maximale Verlustpotenzial berechnet sich demnach wie folgt:

Maximales Verlustpotenzial = Netto-Investition = ausgegebene Prämie - eingenommene Prämie

Für das gewählte Beispiel berechnen wir die Netto-Investition entsprechend:

Maximales Verlustpotenzial = $ 2 - $ 1 = $ 1 ($ 100 bei 100 Aktien pro Kontrakt)

Wir sehen, dass wir durch den Verkauf der Option unser Risiko halbiert haben. Zwar haben wir unser maximales Gewinnpotenzial begrenzt. Da wir aber davon ausgehen, dass der Kurs des Basiswertes auf maximal $ 35 fallen kann, bildet diese Transaktion unsere Markteinschätzung ab. Durch den Verkauf der Option gehen wir kein zusätzliches Risiko ein, denn wir haben das Recht gekauft, die Aktie für $ 40 zu verkaufen. Sollte der Kurs über $ 40 bleiben, verfallen die Optionen wertlos und wir realisieren einen Verlust. Fällt der Kurs und liegt er am Verfallstag zwischen $ 40 und $ 35, haben wir einen Gewinn. Fällt der Kurs auf unter $ 35, wird auch der verkaufte Put im Geld sein. Der Käufer wird uns Aktien für $ 35 verkaufen. Da wir die Aktien für $ 40 verkaufen werden (Short Put), die wir nun für $ 35 kaufen werden (Short Put), realisieren wir den Maximalgewinn. Dabei spielt es keine Rolle, wie weit der Kurs fällt, unser Gewinn ist begrenzt. Wir berechnen das Gewinnpotenzial wie folgt:

Maximales Gewinnpotenzial = verkaufter Strike - gekaufter Strike - Netto-Investition

Für das gewählte Beispiel ergibt sich der Maximalgewinn entsprechend:

Maximales Gewinnpotenzial: $ 40 - $ 35 - $ 1 = $ 4 ($ 400 bei 100 Aktien pro Option)

Die Optionsprämie stellt eine Ausgabe dar. Sie muss daher vom Gesamtgewinn abgezogen werden. Die Prämie geht durch den Zeitwertverfall verloren. Am Ende der Laufzeit hat die Option nur den inneren Wert. Um den Break-even-Punkt zu erreichen, muss sich der Basiswert während der Laufzeit in die von uns erwartete Richtung bewegen, damit wir ohne Verluste aussteigen können. Genau wie bei einem Long Put ergibt sich der Break-even, indem wir die Ausgabe für die Optionsprämie von dem Kursverfall abziehen.

Break-even = gekaufter Strike - Netto-Investition

In unserem Beispiel muss der Basiswert auf $ 39 fallen, damit wir ohne Verluste aussteigen (im Risikoprofil ist das der Schnittpunkt der Risikokurve mit der Nulllinie). Damit wird der Nachteil eines Debit Spreads deutlich: Zwar haben wir eine hohe Chance und ein geringes Risiko, falls der Basiswert fällt. Geschieht das aber nicht, landen wir mit der Position im Verlust. Wir müssen also richtigliegen mit unserer Einschätzung über die zukünftige Preisentwicklung und mit dem Zeitraum, in dem sich die Bewegung vollzieht.

Return on Investment

Wir erzielen nur einen Gewinn, wenn der Kurs unter $ 39 fällt. Den Maximalgewinn bekommen wir, wenn der Kurs des Basiswertes am Laufzeitende unter $ 35 liegt. Nach der uns bekannten Formel errechnet sich der ROI in diesem Fall wie folgt:

ROI = Ertrag/Netto-Investition = $ 400/$ 100 = **400 Prozent**

Damit wir diesen ROI erhalten, muss der Basiswert das tun, was wir von ihm erwarten. Steht der Kurs am Verfallstag über $ 35, ist der Gewinn und entsprechend auch der ROI geringer. Die Werte lassen sich aus dem Risikoprofil ablesen und zeigen den Charakter eines Debit Spreads. Wir machen nur Gewinne, wenn die Einschätzung über die zukünftige Preisentwicklung richtig ist.

Auswahl der Laufzeit für einen Debit Spread

Ein Debit Spread ist short in Bezug auf das Theta, der Zeitwertverfall ist also der natürliche Gegner eines Debit Spreads. Wir wissen, dass der Zeitwertverfall kurz vor Ende der Laufzeit am stärksten ist. Dagegen ist er sehr gering, wenn die Option noch eine lange Laufzeit hat. Bedeutet das, dass wir für einen Debit Spread eine möglichst lange Laufzeit wählen sollten? Grundsätzlich schon, aber wir müssen hier ein paar Details beachten. Zunächst ist eine Option umso teurer, je länger sie läuft. Unsere Investition stellt unser Risiko dar. Kaufen wir eine Option mit einer längeren Laufzeit, müssen wir dafür mehr Geld ausgeben und unser Risiko steigt entsprechend. Zwar können wir die Position jederzeit schließen. Sollte sich der Kurs aber komplett gegen unsere Erwartung entwickeln, droht uns der Totalverlust des Investments. Wir sollten also gut überlegen, ob wir bereit sind, mehr Geld zu riskieren, um den Zeitwertverfall zu senken.

Viel dramatischer ist jedoch der Effekt, der aus der Differenz zwischen dem Wert der Option am Verfallstag und ihrem heutigen Wert entsteht. Schauen wir uns das Risikoprofil für eine Position an, die nur noch wenige Tage Laufzeit hat:

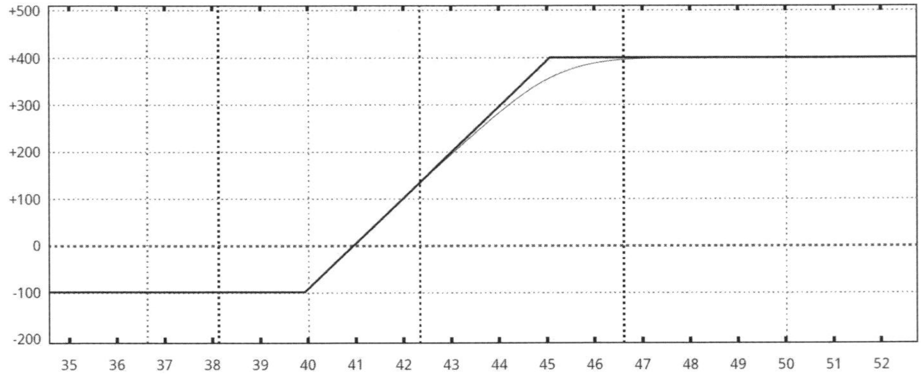

Abb. 39: Risikoprofil einer Option mit nur noch wenigen Tagen Restlaufzeit

Wir sehen, dass der heutige Wert der Option fast identisch mit dem Wert am Verfallstag ist: Im Optionswert ist nur noch sehr wenig Zeitwert enthalten, der verfallen kann. Schließen wir die Position heute, realisieren wir annähernd den gleichen Preis wie am Laufzeitende. Schauen wir uns zum Vergleich eine Position an, die noch 6 Monate Restlaufzeit hat. (Um den Effekt zu verdeutlichen, nehmen wir den gleichen Basiswert, den gleichen Strike und die gleiche Prämie. In der Realität werden aber die Prämien für eine längere Laufzeit höher sein.)

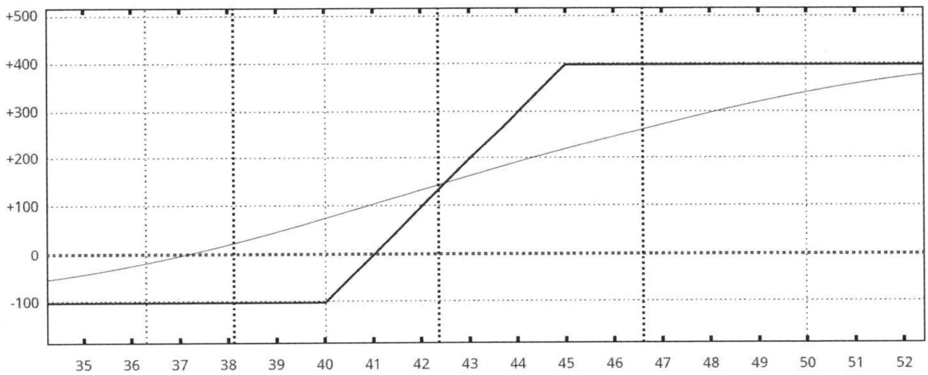

Abb. 40: Risikoprofil einer Option mit längerer Restlaufzeit

Der aufmerksame Leser wird das Problem sofort erkennen: Uns interessiert weniger der Preis der Option am Laufzeitende als vielmehr die Frage: Welchen Preis bekommen wir heute, wenn wir den Trade schließen und Gewinne mitnehmen wollen? Daher interessiert uns nicht die dicke Linie (der Preis der Option am Laufzeitende), die in beiden Diagrammen identisch ist. Sondern uns interessiert die dünne (der Preis der Option heute). Angenommen, die erwartete Preisbewegung tritt innerhalb weniger Tage ein, der Basiswert steigt auf $ 45 und wir wollen die Position schließen, um Gewinne mitzunehmen. Unser Gewinn in der Position beträgt aber nur $ 220 statt $ 400 (dünne Linie). Dieser Effekt tritt ein, weil der Preis einer langlaufenden Option viel träger auf Preisveränderungen im Basiswert reagiert: Wir haben noch einen hohen Zeitwertanteil in der Position, der den Effekt der Preisbewegung abmildert.

Haben wir also eine lange Laufzeit gewählt, um den Zeitwertverfall zu minimieren, haben wir gleichzeitig unser Risiko erhöht (durch die höhere Investition). Zudem haben wir den möglichen Gewinn gesenkt. Damit wir den Maximalgewinn von $ 400 realisieren, muss der Kurs des Basiswertes auf knapp $ 55 steigen. Alternativ können wir sechs Monate warten und darauf setzen, dass der Kurs über $ 45 bleibt. Damit haben wir aber genau den Effekt, den wir vermeiden wollten: Wir setzen uns dem vollen Zeitwertverfall aus, denn wir müssen die Position bis zum Schluss halten. Da wir mehr Geld in die Position investiert haben, ist dann der absolute Zeitwertverlust deutlich größer und der Gewinn entsprechend kleiner.

Der Fairness halber muss erwähnt werden, dass der gleiche Effekt für das Risiko der Position gilt: Die Position verliert viel langsamer an Wert, wenn der Kurs gegen uns läuft. Können wir das als Vorteil stehen lassen? Kaum, denn es ist nicht sinnvoll, eine bullische Position bei fallenden Kursen zu halten und sich darüber zu freuen, dass wir dadurch unsere Verluste reduzieren beziehungsweise verlangsamen im Vergleich zu kurzen Laufzeiten. Besser ist es, von Anfang an weniger zu riskieren und die Position schnell zu schließen, falls sich unsere Einschätzung als falsch erweist.

Die Auswahl der Laufzeit ist also eine wichtige Timing-Entscheidung, wenn wir einen Debit Spread aufsetzen. In welchem Zeitraum soll die erwartete Preisbewegung einsetzen? Ein Debit Spread ist traditionell eine kurzfristige Position, mit der wir kurzfristige Marktschwankungen einfangen wollen. Es bietet sich also an, Laufzeiten von maximal zwei Monaten zu wählen. Der hohe Zeitwertverfall ist der Preis, den wir akzeptieren müssen, zudem wird der Zeitwertverfall der Long-Position durch den Zeitwertverfall der Short-Position teilweise kompensiert.

Trade-Management beim Debit Spread

Da ein Debit Spread eine direktionale Strategie mit begrenztem Risiko ist, sind die Trade-Management-Möglichkeiten überschaubar. In den meisten Fällen ist keine Anpassung notwendig: Wir haben unser maximales Risiko für die Laufzeit definiert und geben nun dem Basiswert den Raum und die Zeit, das zu tun, was wir von ihm erwarten, damit der Debit Spread in den Gewinn läuft.

Entwickelt sich der Kurs des Basiswertes entgegen unseren Erwartungen, können wir den Spread schließen, um die verbleibende Investition zu retten. Wir müssen die Position nicht bis zum Verfall halten, wenn unsere Markteinschätzung falsch war. Besser ist es, den restlichen Wert zu realisieren, dadurch einen kleinen Verlust hinzunehmen und nach neuen Gelegenheiten Ausschau zu halten. Ist unser prognostiziertes Szenario nicht eingetreten, schließen wir den Trade. Wir können einen automatischen Stop-Loss an einem relevanten Preisniveau platzieren (zum Beispiel an einer Unterstützung bei einem Bull Call Spread oder an einem Widerstand bei einem Bear Put Spread). Wird dieses Preisniveau verletzt, ist unser Set-up nicht mehr gültig und damit die Position nicht mehr gerechtfertigt.

Die Alternative zum kompletten Schließen der Position ist der teilweise Closeout. Wir schließen die Long-Position und lassen die Short-Position auslaufen, um den Zeitwertverfall zu nutzen. Damit können wir einen Teil der Verluste refinanzieren, der uns durch das Schließen der Position entstanden ist. Technisch gesehen wandeln wir den Debit Spread in eine Short-Call-(Put-)Position.

Zusammenfassung und Bewertung

Debit Spreads sind eine direktionale Strategie mit begrenztem Risiko und begrenztem Gewinnpotenzial. Wir gehen eine Long-Position ein und refinanzieren die Ausgabe durch den Verkauf einer Option, die weiter aus dem Geld liegt. Das sehr geringe Risiko macht diese Strategie für viele direktionale Trader attraktiv. Damit die Position Gewinne bringt, muss sich der Preis des Basiswertes jedoch entsprechend unserer Erwartung entwickeln. Setzt die erwartete Preisbewegung nicht ein, machen wir Verluste. Durch eine Stop-Loss-Marke am relevanten Preisniveau können wir die Verluste minimieren. Die Position unterliegt jedoch dem Zeitwertverfall, der gegen uns arbeitet.

Strategie	**Markterwartung**	**Delta**	**Vega**	**Theta**	**Gewinn**	**Risiko**
Bull Call Spread	Bullisch bis zum bestimmten Preisniveau	long (steigende Kurse helfen)	long (steigende Vola hilft)	short (sinkende Laufzeit schadet)	begrenzt	begrenzt

Tab. 15: Einflussfaktoren beim Bear Call Spread

Strategie	Markterwartung	Delta	Vega	Theta	Gewinn	Risiko
Bear Put Spread	Bärisch bis zum bestimmten Preisniveau	short (fallende Kurse helfen)	long (steigende Vola hilft)	short (sinkende Laufzeit schadet)	begrenzt	begrenzt

Tab. 16: Einflussfaktoren beim Bear Put Spread

Besuchen Sie unsere Webseite www.optioneniq.de und testen Sie Ihr Wissen, bevor Sie mit den weiteren Kapiteln fortfahren. Sie finden in unserem Portal Anwendungsbeispiele und Schulungsvideos, die Ihr Verständnis vertiefen.

Kapitel 14: Backspreads

Bisher haben wir Strategien betrachtet, bei denen das Verhältnis der gekauften und verkauften Optionen stets 1:1 war. Wenn wir das Verhältnis der Long- und Short-Positionen im Spread verändern, erhalten wir einen Backspread oder Ratio Spread. Ein Backspread ist komplexer in seinem Risikoverhalten, kann aber eine sehr interessante Strategie für den fortgeschrittenen Anwender sein. Mit einem Backspread können wir von einer starken Bewegung profitieren, ohne große Risiken einzugehen. Tatsächlich können wir mit einem Backspread erreichen, dass die Position im Gewinn bleibt, falls der Kurs sich komplett gegen unsere Erwartung entwickelt. Ein Backspread ist daher sinnvoll, wenn wir von einer starken direktionalen Bewegung ausgehen, zum Beispiel nach dem Ausbruch aus einer Konsolidierungszone, wenn wir uns aber gleichzeitig absichern wollen, falls wir mit unserer Markterwartung falschliegen.

Ein Backspread wird aufgebaut, indem wir eine im Geld liegende Option nah am Geld oder im Geld verkaufen und mit den Erlösen mehrere Optionen kaufen, die aus dem Geld sind. Wir können die Strikes so auswählen, dass die Position exakt unserer Markterwartung entspricht. Ein Backspread wird konstruiert damit wir bei einer Kursentwicklung, die gegen unsere Erwartung läuft, keine Verluste erleiden.

Das Prinzip ist einfach zu verstehen: Als Erstes verkaufen wir eine Option für $ 5. Mit dem Geld können wir mehrere Optionen kaufen, die jeweils $ 2 wert sind. Kaufen wir zwei Optionen à $ 2, bleibt ein Netto-Credit von $ 1. Erwerben wir drei Optionen à $ 2, haben wir einen Netto-Debit von $ 1. Wenn wir vier Optionen kaufen, beläuft sich der Netto-Debit auf $ 3 und so weiter. Je mehr Optionen wir kaufen, desto stärker profitieren wir von einer direktionalen Bewegung im Basiswert. Das Verhältnis von Long- und Short-Positionen kann in Abhängigkeit von den Preisen der Optionen, charttechnischen oder fundamentalen Überlegungen oder der persönlichen Risikotoleranz gewählt werden. Je größer das Verhältnis (Ratio), desto mehr Turbo hat die Position. Größer wird damit sowohl der potenzielle Gewinn als auch der potenzielle Verlust. Üblicherweise werden Ratios von 1:2 oder 1:3 gewählt, in seltenen Fällen 1:4. Mit der Auswahl von Ratios und Strikes legen wir auch fest, ob die Position Netto-Credit oder Netto-Debit wird.

Ein Backspread ist eine Netto-Long-Position (wir kaufen mehr Optionen, als wir verkaufen). Er weist daher die typischen Eigenschaften einer Long-Position auf: Wir profitieren von Kursbewegungen und steigender Volatilität, sind also long in Bezug auf Gamma und Vega. Aus dem gleichen Grund hat ein Backspread ein negatives Theta: Die Position wird mit der Zeit an Wert verlieren. Die gekauften Optionen verlieren stärker an Zeitwert, als die verkauften durch Zeitwertverfall gewinnen. Daher eignen sich Backspreads nur für starke Bewegungen mit gleichbleibender oder steigender Volatilität in relativ kurzer Zeit.

Call Backspread

Call Backspreads können eingegangen werden, wenn wir von einer starken Aufwärtsbewegung im Preis des Basiswertes mit gleichbleibender oder steigender Volatilität ausgehen. Wir gehen einen Call Backspread ein, indem wir einen Call verkaufen, der nah am Geld oder im Geld ist. Von der Einnahme kaufen wir mehrere Calls, die weiter aus dem Geld liegen. Damit bauen wir eine bullische Position auf.

Um das Prinzip zu verdeutlichen, bauen wir einen Call Backspread auf die Apple-Aktie auf. Der Chart zeigt, dass die Aktie in einem stabilen Aufwärtstrend ist. Wir wollen von weiter steigenden Kursen profitieren. Da unsere Position dem Zeitwertverfall unterliegt, wählen wir eine Laufzeit von mindestens drei Monaten. Unser Ziel ist, eine Position aufzubauen, die uns erlaubt, mit unserer Markteinschätzung daneben zu liegen. Auch wenn der Kurs fällt, sind wir im Gewinn. Wir verkaufen einen Call mit Strike \$ 125 und erzielen damit eine Einnahme von \$ 7,40. Davon kaufen wir zwei Calls mit Strike \$ 135 für ein Debit von jeweils \$ 3,45. Schauen wir uns zunächst den Chart des Basiswertes und dann das Risikoprofil dieser Position an:

Abb. 41: Chart der Apple-Aktie als Grundlage für einen Call Backspread

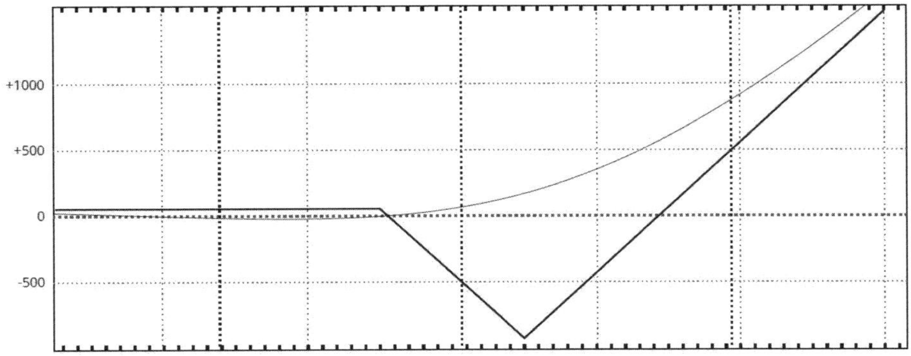

Abb. 42: Risikoprofil beim Call Backspread

Das Risikoprofil unterscheidet sich deutlich von den vorher besprochenen Strategien: Wir sehen, dass wir im Fall des Kursrückganges am Laufzeitende einen Gewinn von $ 50 realisieren (das gilt, sofern der Preis unter dem Short Strike von $ 125 bleibt). Auf der Oberseite haben wir ein unbegrenztes Gewinnpotenzial durch die Long Calls: Steigt die Aktie entsprechend unserer Erwartung, partizipieren wir unbegrenzt an deren Kursanstieg. Das Risiko macht sich bemerkbar, wenn die Aktie zwischen $ 125 und $ 135 verharrt: Der verkaufte Call verpflichtet uns, die Aktie für $ 125 zu verkaufen. Sind aber unsere Long Calls aus dem Geld beziehungsweise nicht genug im Geld und liegt der Kurs des Basiswertes über $ 125, entsteht ein Verlust. Dieser Verlust ist begrenzt, aber dennoch nicht unerheblich: Unser maximales Risiko in dieser Position beläuft sich auf über $ 900.

Gewinnpotenzial dieses Trades in zwei Szenarien

Falls der Kurs steigt: Gewinnpotenzial unbegrenzt

Falls der Kurs fällt: Gewinnpotenzial = eingenommene Prämie - investierte Prämien = $ 7,40 - (2 * $ 3,45) = $ 0,5 ($ 50 bei 100 Aktien pro Kontrakt)

Dieses Risikoprofil macht den Backspread so beliebt: Wir dürfen uns in dieser Position irren, was unsere Kurserwartung betrifft, und können trotzdem Gewinne machen. Aber jede Medaille hat auch eine Kehrseite. Die Kehrseite des Backspreads ist das maximale Risiko in der »Delle«, die wir im Risikoprofil sehen. Verharrt der Kurs des Basiswertes bis zum Laufzeitende auf diesem Niveau, kann uns ein Verlust entstehen. Wir berechnen den maximal möglichen Verlust wie folgt:

Maximaler Verlust = Long Strike - Short Strike - Netto-Credit (bzw. + Netto-Debit) = $ 135 - $ 125 - $ 0,5 = $ 9,50 ($ 950 bei 100 Aktien pro Kontrakt)

Diese Berechnungen machen den Charakter eines Backspreads deutlich: Wir dürfen uns irren, was die Marktrichtung anbetrifft. Entweder der Kurs entwickelt sich komplett entgegen unseren Erwartungen oder er steigt stark an und überwindet die Delle im Risikoprofil. In diesem Fall entwickeln sich unsere Long Calls sehr gut und wir erzielen Gewinne. Schauen wir uns aber das Risikoprofil noch einmal an: Der maximale Verlust entsteht, wenn wir die Position bis zum Verfall halten. Während der Laufzeit interessiert uns aber vor allem die dünne Linie, die unsere Auszahlung zum heutigen Tag repräsentiert. Wir erkennen, dass die dünne Linie keine Delle hat, sondern ansteigt, wenn der Kurs steigt. Das ist eine sehr wichtige Eigenschaft des Backspreads, auf die wir noch im Detail zu sprechen kommen werden.

Um den Break-even der Position am Laufzeitende zu bestimmen, wenden wir folgende Formel an (alternativ schauen wir auf das Risikoprofil und bestimmen, wo die dicke Linie die Nulllinie schneidet).

Break-even = [(Anzahl Long Calls * Break-even Long Call) - (Anzahl Short Calls * Break-even Short Call)]/(Anzahl Long Calls - Anzahl Short Calls) = [(2 * $ 138,43) - (1 * $ 132,39)] / (2-1) = **$ 144,47**

Kapitalbedarf

Der Kapitalbedarf des Backspreads ist gleich dem maximalen Risiko, das wir in der Position halten. Wenn wir einen Backspread aufsetzen, wird der Broker Kapital in Höhe unseres maximalen Risikos blocken, im angeführten Beispiel $ 950. Wir können keinen ROI kalkulieren. Denn bei dieser direktionalen Strategie haben wir eine Gewinnchance, die unbegrenzt hoch ist, sofern unsere Markterwartung aufgeht.

Put Backspread

Put Backspreads können eingegangen werden, wenn wir von einer starken Abwärtsbewegung im Basiswert mit gleichbleibender oder steigender Volatilität ausgehen. Unsere Einschätzung kann auf fundamentalen oder charttechnischen Überlegungen beruhen, zum Beispiel einem Ausbruch aus einer Chartformation oder einem starken Trend. Wir gehen einen Put Backspread ein, indem wir einen Put verkaufen, der nah am Geld oder im Geld ist. Mit der Einnahme kaufen wir mehrere Puts, die aus dem Geld sind, und bauen damit eine bärische Position auf.

Als Beispiel sei ein Put Backspread auf Apple erläutert. Unsere Einschätzung ist bärisch und wir wollen von fallenden Kursen profitieren. Da unsere Position dem Zeitwertverfall unterliegt, wählen wir eine Laufzeit von drei Monaten. Unser Ziel ist es, eine Position aufzubauen, die uns erlaubt, mit unserer Markteinschätzung danebenzuliegen. So sind wir auch in dem Fall, dass der Kurs steigt, im Gewinn. Wir verkaufen einen Put mit Strike $ 130 für eine Einnahme von $ 8,80 und kaufen zwei Puts mit Strike $ 120 für ein Debit von jeweils $ 4,05.

Schauen wir uns zunächst den Chart des Basiswertes und dann das Risikoprofil dieser Position an:

Abb. 43: Chart der Apple-Aktie als Grundlage für einen Put Backspread

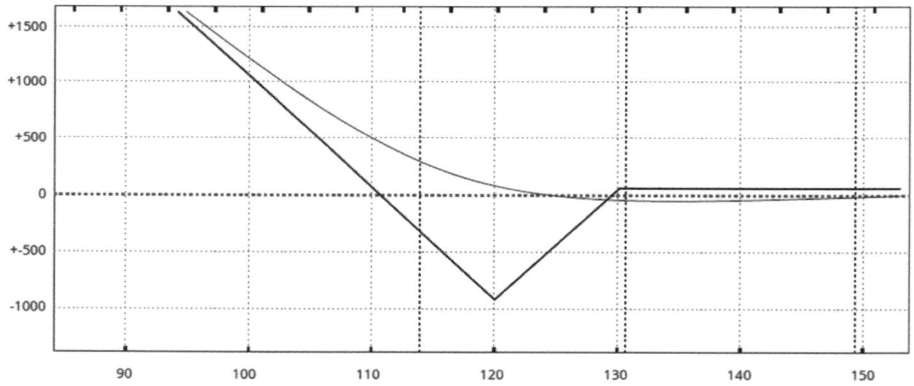

Abb. 44: Risikoprofil bei einem Put Backspread

Wir sehen, dass wir im Fall des Kursanstieges einen Gewinn von $ 70 am Verfallsdatum realisieren, falls der Preis über dem Short Strike von $ 130 bleibt. Auf der Unterseite haben wir ein unbegrenztes Gewinnpotenzial durch die Long Puts: Fällt die Aktie entsprechend unserer Erwartung, partizipieren wir am Kursverfall. Risiko entsteht, wenn die Aktie zwischen $ 130 und $ 120 verharrt: Der verkaufte Put verpflichtet uns, die Aktie für $ 130 zu kaufen. Sind aber unsere Long Puts aus dem Geld beziehungsweise nicht genug im Geld und liegt der Kurs des Basiswertes unter $ 130, entsteht uns ein Verlust. Dieser Verlust ist begrenzt, aber trotzdem nicht unerheblich: Unser maximales Risiko in dieser Position liegt bei über $ 900.

Gewinnpotenzial bei diesem Trade in Abhängigkeit vom Szenario

Falls der Kurs fällt: Gewinnpotenzial unbegrenzt

Falls der Kurs steigt: Maximales Gewinnpotenzial = eingenommene Prämie - investierte Prämien = $ 8,80 - (2 * $ 4,05) = $ 0,7 ($ 70 bei 100 Aktien pro Kontrakt)

Dieses Risikoprofil macht den Backspread beliebt: Gewinne sind auch möglich, wenn unsere Kurserwartung nicht eintritt. Aber das maximale Risiko zeigt die »Delle«, die wir auch hier im Risikoprofil sehen. Bleibt der Kurs des Basiswertes bis zum Laufzeitende auf diesem Niveau, endet die Position im Verlust. Wir berechnen den maximal möglichen Verlust wie folgt:

Maximal möglicher Verlust = Short Strike - Long Strike - Netto-Credit (bzw. + Netto-Debit) = $ 130 - $ 120 - $ 0,7 = $ 9,30 ($ 930 bei 100 Aktien pro Kontrakt)

Diese Berechnungen zeigen: Wir dürfen uns irren, was die Marktrichtung anbetrifft. Entweder der Kurs entwickelt sich komplett gegen unsere Erwartungen oder er fällt stark und überwindet die Delle im Risikoprofil. In diesem Fall entwickeln sich unsere Long Puts sehr gut und wir realisieren Gewinne. Schauen wir uns aber das Risikoprofil noch einmal an: Der maximale Verlust entsteht, wenn wir die Position bis zum Verfall halten. Während der Laufzeit interessiert uns vor allem die dünne Linie, die unsere Auszahlung zum heutigen Tag repräsentiert. Wir erkennen, dass sie keine Delle hat, sondern ansteigt, wenn der Kurs steigt.

Um den Break-even der Position am Laufzeitende zu bestimmen, wenden wir folgende Formel an (oder wir schauen uns das Risikodiagramm an):

Break-even = [(Anzahl Long Puts * Break-even Long Put) - (Anzahl Short Puts * Break-even Short Put)]/(Anzahl Long Puts - Anzahl Short Puts) = [(2 * $ 115,94) - (1 * $ 121,17)]/(2 - 1) = **$ 110,71**

Kapitalbedarf

Der Kapitalbedarf des Backspreads ist gleich dem maximalen Risiko, das wir in der Position halten. Wenn wir einen Backspread aufsetzen, wird der Broker Kapital in Höhe unseres maximalen Risikos blocken, im angeführten Beispiel sind das $ 950. Wir können keinen ROI kalkulieren, denn bei dieser direktionalen Strategie haben wir eine unbegrenzte Gewinnchance, wenn unsere Markterwartung zutrifft.

Auswahl der Strikes und der Laufzeit in einem Backspread

Die Auswahl der Strikes bestimmt maßgeblich, ob die Position ein Netto-Credit oder Netto-Debit wird und wie hoch unser maximaler Verlust werden kann. Wir verkaufen eine Option, die nahe am Geld oder im Geld ist, um die höchste Einnahme zu bekommen, und müssen uns entscheiden, wie viel wir für die Long-Optionen ausgeben. Die Auswahl der Long Strikes hängt von unserer Markterwartung ab: Je mehr Potenzial wir der Bewegung einräumen, desto weiter können wir aus dem Geld gehen. Je weiter wir aus dem Geld sind, desto günstiger können wir die Long-Optionen kaufen, desto größer wird aber auch das maximale Verlustrisiko. Bei der Auswahl der richtigen Strikes ist das Risikoprofil ein wichtiges Instrument. Denn daran können wir ablesen, wie hoch unser maximales Risiko wird und wo die Break-even-Punkte liegen.

Ein Backspread verliert wie alle Long-Positionen an Zeitwert. Je schneller der Zeitwert verfällt, desto schneller nähert sich die dünne Linie der dicken und desto größer wird die Delle, in der wir Verluste erleiden. Doch könnten wir den Zeitwertverfall und damit auch unser Risiko, in der Delle zu landen, senken, indem wir lange Laufzeiten wählen. Da wir Optionen mit gleicher Laufzeit verkaufen und kaufen, kostet eine länger laufende Position unwesentlich mehr, reduziert aber unser Risiko deutlich. Als Faustregel sollten wir Optionen wählen, die mindestens zwei bis drei Monate Restlaufzeit haben, je länger, desto besser. Mit der längeren Laufzeit kaufen wir mehr Zeit ein, in der unsere Markterwartung eintreten kann.

Es ist selten vorteilhaft, einen Backspread bis zum Verfall zu halten. Entwickelt sich der Kurs entsprechend unseren Erwartungen, können wir die Position schließen und einen Gewinn realisieren. Schauen wir uns das Risikoprofil genau an, so erkennen wir, dass der Zeitwert in der Position sich auf unseren Gewinn auswirkt: Wir realisieren höhere Gewinne, wenn die Position noch einen restlichen Zeitwert hat und wenn unsere Markteinschätzung richtig war. In diesem Fall sollten wir die Position schließen und den Gewinn mitnehmen.

Hat sich der Kurs komplett gegen unsere Erwartung entwickelt, wird die Position einen unwesentlichen Verlust beziehungsweise Gewinn machen (je nachdem, ob wir Netto-Credit oder Netto-Debit sind). Hier ist der Zeitwertverfall nicht relevant und rechtfertigt kaum das gebundene Kapital. Wir schließen folglich die Position, sobald sich herausstellt, dass unsere Markteinschätzung falsch war.

Volatilität

Wir haben gesehen, dass ein Backspread von steigendem Vega profitiert. Unsere Position gewinnt an Wert, wenn die Volatilität ansteigt. Im Umkehrschluss wird sich eine fallende Volatilität negativ auf die Position auswirken. Sie verliert dann an Zeitwert, wodurch sich die dünne Linie im Risikoprofil näher an die dicke anschmiegt und die Delle größer wird. Fällt die Volatilität deutlich, zum Beispiel weil Quartalszahlen veröffentlicht wurden, ohne dass eine Preisbewegung im Basiswert einsetzt, kann die Position quasi über Nacht deutlich an Wert verlieren. Wir sollten daher einen Basiswert mit niedriger impliziter Volatilität auswählen, wenn wir den Backspread aufsetzen. Wir sollten auch vermeiden, einen Backspread einzugehen, wenn Quartalszahlen oder sonstige Unternehmensmeldungen anstehen. Denn solche Nachrichten könnten dafür sorgen, dass die implizite Volatilität über Nacht fällt, und aus der Delle ein Loch wird.

Trade-Management

Ein Backspread ist eine Netto-Long-Position und hat daher ein begrenztes Risiko. Das bietet uns ein gewisses Level an Komfort. Das Risiko in einem Backspread ist aber nicht unerheblich und sollte daher gemanagt werden. Verluste entstehen, wenn die erwartete Preisbewegung nicht einsetzt, der Preis des Basiswertes auf der Stelle tritt und der Zeitwertverfall beziehungsweise die fallende Volatilität den Wert der Position erodiert. Ein Backspread ist eine Momentum-Strategie und sollte nicht lange gehalten werden. Trader verlieren mit Backspreads vor allem durch das »Prinzip Hoffnung«: Sie halten die Position zu lange, wenn die erwartete Bewegung nicht eingesetzt hat, anstatt sich konsequent von ihr zu trennen.

Wir wissen jedoch, dass das »Prinzip Hoffnung« sich an der Börse meistens nicht bezahlt macht. Wir können dennoch die Position anpassen, wenn die Preisbewegung anders ausfällt, als wir erwartet haben. Uns stehen folgende Möglichkeiten zur Verfügung:

1. **Position schließen:** Das ist wahrscheinlich die beste und einfachste Strategie, um Risiken zu senken. Ein Backspread ist eine Momentum-Strategie. Tritt die erwartete Bewegung nicht ein, war unsere Markteinschätzung falsch. Wir sollten uns das eingestehen und die Position schließen. Es macht wenig Sinn, in einer bullischen Position zu bleiben, die jeden Tag am Zeitwert verliert, wenn sich die ursprüngliche Markteinschätzung als falsch herausgestellt hat.

2. **Ratio ausgleichen und die Position zu einen Debit Spread ändern:** Entwickelt sich der Preis gegen den Backspread und gehen wir von einer Fortsetzung der Bewegung aus, können wir das Ratio ausbalancieren und ein Long-Short-Verhältnis von 1:1 herstellen. Dadurch ändern wir die Position zu einem Debit Spread ab. Wir gehen dazu eine weitere Option short oder schließen die Long-Optionen. Der daraus resultierende Debit Spread profitiert von der Fortsetzung der Bewegung. Schauen wir uns zur Verdeutlichung unser Beispiel an:

Call Backspread auf die Apple-Aktie

Wir haben ein Verhältnis Short:Long von 1:2 und gehen dadurch eine bullische Position ein. Fällt nun der Preis entgegen unseren Erwartungen, können wir einen der Long Calls verkaufen oder die Short-Position ausbauen, indem wir einen weiteren Call verkaufen. Das Risikoprofil zeigt uns die Auswirkungen dieser Anpassung: Sollte der Preis weiter fallen, wird unsere Position deutlich an Wert gewinnen. Statt der ursprünglichen $ 50 beläuft sich der maximal mögliche Gewinn nun auf $ 390 (wenn wir einen der Long Calls verkaufen) beziehungsweise $ 790, wenn wir die Short-Position ausbauen. Das maximale Risiko steigt aber auch an: im ersten Fall auf $ 605, im zweiten auf $ 1210. Welche der beiden Möglichkeiten wir wählen, hängt von unserer Risikotoleranz und der weiteren Markteinschätzung ab.

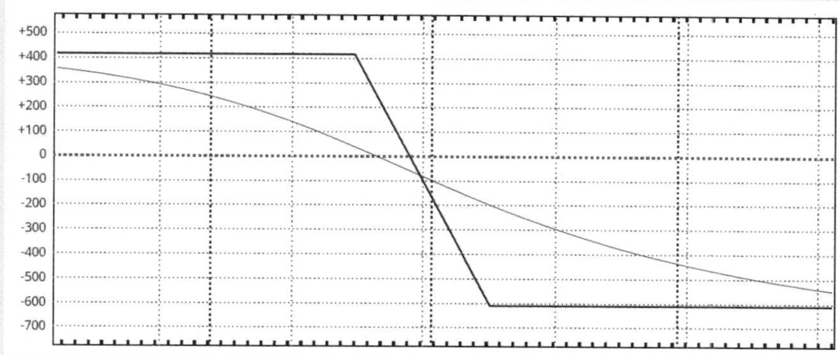

Abb. 45: Risikoprofil nach Anpassung des Call Backspreads

3. **Verkauf weiterer Optionen:** Wollen wir an der Position festhalten, können wir unser Investment und das Verlustrisiko senken, indem wir weitere Optionen verkaufen, die aus dem Geld sind. Ähnlich wie im Debit Spread können wir einen maximalen Kurs festlegen, bis zu welchem wir dem Basiswert Kurspotenzial zutrauen. Kursgewinne darüber hinaus können verkauft werden, um unsere Investition in der Position zu senken. So können wir im Fall des Call Backspreads zu der Einschätzung gelangen, dass der Kurs von Apple auf maximal $ 150 steigen kann. Wir verkaufen die Option mit Strike $ 145 für einen Credit, wodurch wir unser maximales Risiko um die eingenommene Prämie reduzieren. Wir begrenzen zwar unsere Gewinne auf der Oberseite, verringern dafür aber auch die Risiken. Zudem steigt der mögliche Gewinn, wenn der Kurs fällt, von $ 50 im Ausgangsfall auf $ 189. Unsere Position sieht nun wie folgt aus:

- 1 Short 125 Call
- 2 Long 135 Call
- 1 Short 145 Call

Betrachten Sie dazu das folgende Risikoprofil:

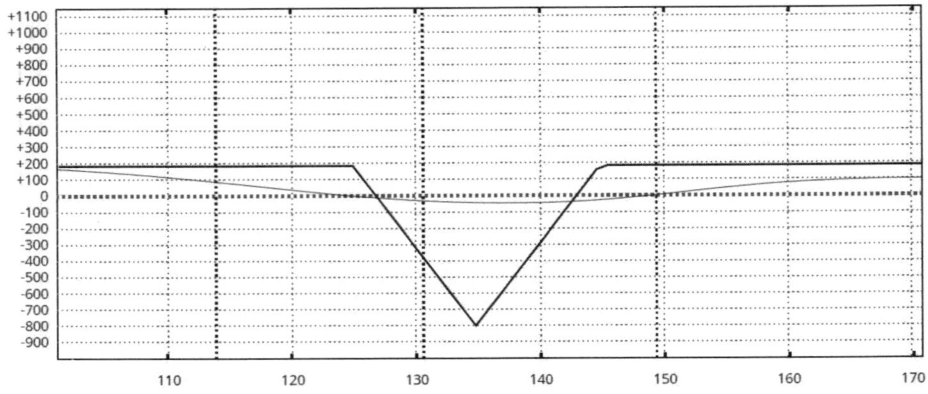

Abb. 46: Risikoprofil nach Anpassung eines Call Backspreads durch den Verkauf weiterer Optionen

Wir haben die Position zu einem »inverse Butterfly« umgewandelt, bei dem wir durch die verkauften Calls die maximalen Gewinne begrenzt und das Risiko reduziert haben.

Zusammenfassung und Bewertung

Ein Backspread kann als Netto-Debit oder Netto-Credit konstruiert werden. Wir können sowohl bullische wie auch bärische Backspreads eröffnen. Ein Backspread ist ein Momentum-Trade, der von einer starken Bewegung des Basiswertes ausgeht und Absicherung bietet, falls sich der Kurs entgegen unserer Erwartung entwickelt. Das Risiko entsteht in der »Delle« im Risikoprofil. Wir machen Verluste, wenn der Kurs nur moderat in die erwartete Richtung geht oder auf der Stelle tritt. Ein Backspread profitiert von einer Kursbewegung in die erwartete Richtung und steigender Volatilität. Wir können die Position in einen Straddle oder einen Debit Spread umwandeln, wenn unsere Markerwartung nicht aufgeht.

Strategie	Markter-wartung	Delta	Vega	Theta	Gewinn	Risiko
Call Backspread	stark bullisch	long (steigende Kurse helfen)	long (steigende Vola hilft)	short (sinkende Laufzeit schadet)	unbegrenzt	begrenzt

Tab. 17: Einflussfaktoren bei einem Call Backspread

Strategie	Markter-wartung	Delta	Vega	Theta	Gewinn	Risiko
Put Backspread	stark bärisch	short (fallende Kurse helfen)	long (steigende Vola hilft)	short (sinkende Laufzeit schadet)	unbegrenzt	begrenzt

Tab. 18: Einflussfaktoren bei einem Put Backspread

Besuchen Sie unsere Webseite www.optioneniq.de und testen Sie Ihr Wissen, bevor Sie mit den weiteren Kapiteln fortfahren. Sie finden in unserem Portal Anwendungsbeispiele und Schulungsvideos, die Ihr Verständnis vertiefen.

TEIL III: ANWENDUNG

Kapitel 15: Volatilität verstehen und handeln

Das Konzept der Volatilität zu verstehen ist für jeden Anleger wichtig. Für einen Optionstrader ist dieses Verständnis jedoch absolut notwendig. Es entscheidet über Erfolg oder Misserfolg der meisten hier beschriebenen Strategien. Die meisten Trader haben lediglich eine vage Vorstellung davon, was Volatilität ist. Üblicherweise denken sie an starke Schwankungen des Preises, wenn von starker Volatilität die Rede ist.

Volatilität ist nichts anderes als ein Maß für die Stärke der Kursbewegungen eines beliebigen Basiswertes. Preise steigen und fallen. Die Stärke dieser Bewegungen ist die Volatilität.

Verstehen wir das Konzept der Volatilität, können wir die Schwankungen zu unserem Vorteil nutzen. Wir können dadurch spezielle Strategien anwenden, die von der Volatilität profitieren. Zudem können wir dann bewerten, ob eine Option überteuert oder unterbewertet ist. Denn ohne jeden Zweifel ist es für einen Optionshändler sinnvoll zu erkennen, ob eine Option gerade günstig oder teuer ist. Wir müssen daher das Konzept der impliziten Volatilität verstanden haben, bevor wir irgendeine Optionsstrategie anwenden. Und wir müssen uns auch eine Meinung über die zukünftige Entwicklung der Volatilität bilden können, um erfolgreich zu sein.

Es gibt zwei Arten der Volatilität: die historische und die implizite Volatilität. Die **historische Volatilität** ist ein Maß für die Schwankung des Basiswertpreises in der Vergangenheit. Sie sagt aus, wie stark sich der Preis innerhalb eines Betrachtungszeitraumes bewegt hat, ohne eine Aussage über die Richtung dieser Bewegung zu treffen. Üblicherweise wird die historische Volatilität bestimmt, indem die prozentualen Veränderungen der Tagesschlusskurse in einem bestimmten Zeitraum analysiert werden. Der Durchschnitt dieser prozentualen Veränderungen ergibt die historische Volatilität. Die Volatilität wird in Prozent angegeben und immer auf einen jährlichen Zeitraum hochgerechnet, unabhängig davon, ob der eigentliche Betrachtungszeitraum kürzer oder länger war. Da jede gute Charting-Software die Volatilität anzeigt, müssen wir diese nicht manuell kalkulieren, weshalb auf die Darstellung der Berechnungsformeln verzichtet werden kann. Viel wichtiger ist es, das Konzept zu verstehen und anwenden zu können. Zum besseren Verständnis werden daher nur die einzelnen Schritte der Berechnung kurz dargestellt.

Zunächst wird die tägliche Veränderung des Preises im Basiswert über einen bestimmten Zeitraum gemessen. Wir wissen nun, um wie viele Prozent sich der Preis des Basiswertes pro Tag in der Vergangenheit bewegt hat. Anschließend berechnen wir den Durchschnitt dieser Schwankungsbreite, indem wir die einzelnen Tagesschwankungen addieren und durch die Anzahl der betrachteten Tage teilen. Wir erhalten damit die durchschnittliche Schwankungsbreite pro Tag. Um Ausreißer zu eliminieren, wird berechnet, wie stark die Preise vom Durchschnitt abweichen. Anschließend wird die Volatilität auf ein Jahr hochgerechnet, um einen vergleichbaren Wert zu erhalten.

In der Praxis sagt die historische Volatilität aus, wie stark der Preis in der Vergangenheit geschwankt hat. Haben sich die Preise wild hin- und herbewegt oder blieben sie in einer engen Spanne? Wir können aus der Schwankungsbreite der Vergangenheit Aussagen über die zukünftige Schwankungsbreite des Preises ableiten.

Implizite Volatilität (abgekürzt IV) ist die Erwartung der Marktteilnehmer an die Schwankungsbreite des Basiswertes in Zukunft. Sie wird aus den Optionspreisen, insbesondere aus dem Zeitwert, abgeleitet. Die Implizite Volatilität (Kennzahl Vega) ist maßgeblich dafür verantwortlich, wie viel die Option kostet. Sie wissen aus dem ersten Teil dieses Buches: »Der Preis einer Option wird von mehreren Einflussfaktoren bestimmt«: dem Preis des Basiswertes, der Laufzeit, dem Strike-Preis, eventuell anfallenden Dividenden und so weiter. Die wichtigsten Komponenten sind zudem die Preisbewegung (Delta), die implizite Volatilität (Vega) und der Zeitwertverfall (Theta). Während wir alle anderen Komponenten beobachten und messen können (wir wissen, wo der Preis steht, wie weit die Option in oder aus dem Geld ist und wie lange die Restlaufzeit ist), ist die implizite Volatilität diejenige Komponente, die wir nicht direkt messen können. Sie kann aber bestimmt werden, wenn alle anderen Variablen bekannt sind.

Die implizite Volatilität wird ebenfalls in Prozenten ausgedrückt. Sie ist für jede einzelne Option auf einen Basiswert unterschiedlich für verschiedene Laufzeiten und Strikes. Der Durchschnitt aller impliziten Volatilitäten der verschiedenen Optionen auf einen Basiswert ergibt die implizite Volatilität des Basiswertes. Die implizite Volatilität kann steigen oder fallen. Das hängt davon ab, wie die Bewegungen des Basiswertes in der Vergangenheit aussahen und wie in dieser Hinsicht die Erwartung an die Zukunft ausfällt.

Die implizite Volatilität repräsentiert die Erwartung der Marktteilnehmer an die zukünftigen Preisbewegungen. Sie kann als »Risikoaufschlag« interpretiert werden. Wie viel mehr zahlen die Marktteilnehmer für eine Option über den inneren Wert und den Zeitwert hinaus? Eine hohe implizite Volatilität sagt aus, dass die Marktteilnehmer erwarten, dass der Preis auch in Zukunft schwankungsfreudig bleibt. Dagegen sagt eine geringe implizite Volatilität aus, dass die Marktteilnehmer glauben, dass die Schwankungsamplitude künftig gering sein wird. Die Analyse der impliziten Volatilität kann uns aber noch viel mehr interessante Erkenntnisse bringen.

Verstehen wir die implizite Volatilität (IV) als den Risikoaufschlag, den die Teilnehmer zahlen, kann sie auch als ein »Thermometer« für die Gesamtstimmung im Markt verstanden werden. Steigen die Preise, fällt üblicherweise die IV. Die Marktteilnehmer freuen sich über steigende Kurse und geben weniger Geld für Absicherungen aus. Fällt der Markt hingegen, steigt die IV sprunghaft an, die Marktteilnehmer bekommen es mit der Angst zu tun und sehen einen Mehrwert darin, sich abzusichern. Folglich steigen die Preise der Optionen und damit die IV. Üblicherweise steigt durch einen Preisverfall die IV des Basiswertes stark an. Sie signalisiert Nervosität der Marktteilnehmer und ihr Bedürfnis, sich gegen Risiken abzusichern. Daher bringt die Betrachtung der IV wichtige Erkenntnisse über den Zustand des Marktes.

Analysiert man die implizite Volatilität über alle Basiswerte, bekommt man ein Gefühl dafür, ob der gesamte Markt nervös (hohe IV) oder sehr ruhig (geringe IV) ist. Die Chicagoer Optionenbörse CBOE misst auf Tagesbasis die IV in allen Optionen auf alle S&P500 Aktien und fasst diesen Wert im sogenannten VIX zusammen (Volatility Index der CBOE). Der VIX zeigt, wann die IV im Markt ansteigt. Typischerweise steigt die IV mit fallenden Kursen.

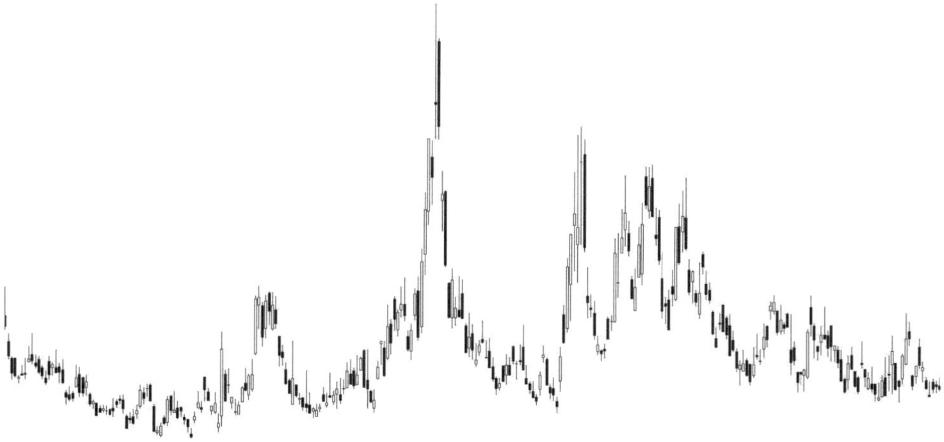

Abb. 47: VIX-Entwicklung: Starke Ausprägungen nach oben sind vor allem bei fallenden Kursen zu beobachten

Während die Veränderung im Preis des Basiswertes der wichtigste Einflussfaktor auf den Preis einer Option ist, ist die IV der zweitwichtigste. Da die IV einen starken Einfluss auf den Optionspreis hat, führt ihr Anstieg zu höheren Optionspreisen. Es kann sogar so weit gehen, dass ein Long Call (der in Bezug auf das Vega long ist) trotz des Preisverfalls im Basiswert teurer wird, nur weil die IV gestiegen ist. Optionstrader, die mit dem Konzept nicht vertraut sind, haben Schwierigkeiten, diesen Preisanstieg nachzuvollziehen.

Einer der wichtigsten Schritte zum erfolgreichen Optionshandel ist die Fähigkeit einzuschätzen, ob eine Option überteuert oder gerade günstig ist. Offensichtlich können wir den Wert einer Option nicht direkt aus dem Preis ableiten. Ob eine Option teuer oder günstig ist, bestimmen wir, indem wir die IV anschauen. Ein Investor, der konsequent unterbewertete Optionen kauft und überbewertete verkauft, wird einen großen Vorteil im Trading haben. Tatsächlich wird die Fähigkeit, über- und unterbewertete Optionen zu identifizieren, über Gewinn oder Verlust entscheiden. Daher ist es für jeden Optionstrader von kritischer Bedeutung, den fairen Wert einer Option einschätzen zu können.

Unterbewertete und überteuerte Optionen

Wir können zunächst festhalten: Optionen mit hoher IV werden relativ teuer sein. Ist die IV hoch und gehen wir von gleichbleibender oder fallender IV aus, macht es Sinn, Optionsverkäufer zu sein (wir wollen etwas verkaufen, das teuer ist). Indem wir Optionen verkaufen, bauen wir eine Short-Position auf das Vega auf, die bei fallendem IV an Wert gewinnt.

Optionen mit geringer IV werden relativ günstig sein. Ist die IV gering und gehen wir von gleichbleibender oder steigender IV aus, ist es ratsam, Optionskäufer zu sein (wir wollen etwas kaufen, das günstig ist). Indem wir Optionen kaufen, bauen wir eine Long-Position auf das Vega auf, die bei steigender IV an Wert gewinnt.

Wie können wir nun bestimmen, ob die IV gerade hoch oder niedrig ist? Und wie können wir einschätzen, wie sich die zukünftige IV entwickeln wird? Es gibt durchaus ökonometrische Berechnungsmodelle, um die weitere Entwicklung vorherzusagen, so wie GARCH (Generalized AutoRegressive Conditional Heteroscedasticity), die hauptsächlich von institutionellen Tradern eingesetzt wird. Während die Auseinandersetzung mit GARCH den Rahmen dieses Buches sprengen würde, möchte ich eine viel einfachere und intuitivere Methode vorstellen, die für jeden Leser sofort nachvollziehbar und einsetzbar ist.

Eine der interessanten Eigenschaften der impliziten Volatilität ist die Rückkehr zum Mittelwert. Das bedeutet, dass die IV meistens in einer Range schwankt oder anders gesagt: um den Mittelwert herum oszilliert. Sie wird steigen und fallen, aber meistens im Rahmen einer vorgegebenen Schwankungsbreite. Ist die IV demnach sehr hoch, können wir erwarten, dass sie bis auf den Mittelwert fällt. Ist die IV im Vergleich zum historischen Mittelwert gering, können wir von einer steigenden IV in naher Zukunft ausgehen.

Eine weitere Möglichkeit, die zukünftige Entwicklung der IV einzuschätzen, ist, das Verhältnis zu der historischen Volatilität zu analysieren. Wir schauen uns einfach an, wie hoch die IV im Verhältnis zur historischen Volatilität ist und ob der Abstand zwischen den beiden groß ist. Typischerweise sind wir bullisch in Bezug auf die IV, falls sie heute geringer ist als die historische Volatilität. Wir sind bärisch in Bezug auf die IV, wenn sie heute viel höher ist als die historische Volatilität.

Lassen Sie uns ein Beispiel anschauen. Die folgende Abbildung zeigt die implizite und die historische Volatilität eines Basiswertes. Diese Werte können auf der Website www.iVolatility.com für jeden Basiswert kostenlos eingesehen werden. Alternativ lassen sich die Volatilitäten auch als Indikatoren in guter Charting-Software darstellen.

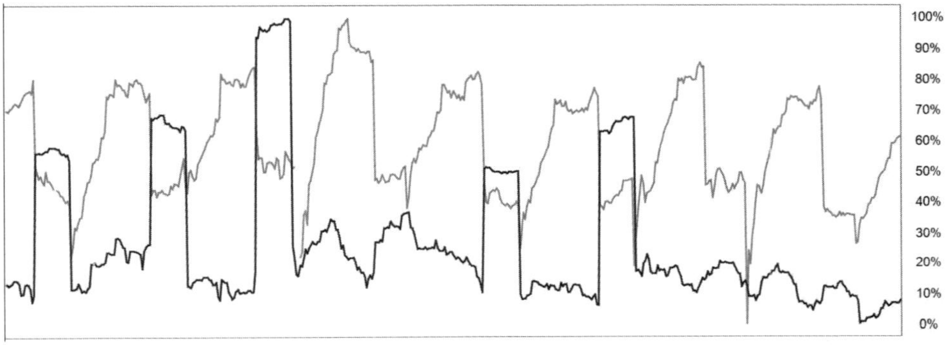

Abb. 48: Historische versus implizite Volatilität

Als Erstes können wir festhalten, dass sich sowohl die historische als auch die implizite Volatilität in einem Korridor bewegen: die historische Volatilität (schwarze Linie) zwischen 15 und 60 Prozent, die implizite (graue Linie) zwischen 10 Prozent und 80 Prozent. Wir können diesen Korridor visuell darstellen, indem wir horizontale Linien in den Chart einzeichnen. Nehmen Sie bitte einen Stift und zeichnen Sie in diese Abbildung eine horizontale Linie bei 10 Prozent und eine bei 80 Prozent ein, um den Kanal, innerhalb dessen sich die IV bewegt, zu visualisieren.

Wir sehen: Es ist sehr einfach festzustellen, ob die Volatilität gerade relativ hoch oder gering ist im Vergleich zu ihrer historischen Schwankungsbreite. Bereits jetzt können wir festhalten, dass die momentane IV in unserem Beispiel relativ hoch ist (sie rangiert mit über 60 Prozent im oberen Bereich des Korridors). Folglich werden die Optionen relativ teuer sein. Wir können somit die grundsätzliche Einschätzung treffen, dass wir bärisch auf die weitere Entwicklung der IV sind und daher eher in Bezug auf das Vega short gehen sollten (Optionen verkaufen).

Als Zweites können wir uns das Verhältnis der impliziten zur historischen Volatilität ansehen. Wir schauen uns an, wie groß der Abstand der impliziten von der historischen Volatilität ist, um eine Prognose über die zukünftige Entwicklung zu treffen. Ist die implizite Volatilität wesentlich größer als die historische, können wir die grundsätzliche Einschätzung treffen, dass wir bärisch auf die weitere Entwicklung der IV sind und daher Vega-short gehen sollten (Optionen verkaufen). Die implizite Volatilität neigt dazu, von der historischen wie ein Magnet angezogen zu werden, und Divergenzen sind nicht von langer Dauer.

Hier also unsere Schlussfolgerungen, die wir als Regeln definieren können:

- Wir erwarten eine fallende implizite Volatilität bis zum Mittelwert oder sogar in den unteren Bereich der Range, wenn die IV auf Hochs innerhalb der Range notiert und über der historischen Volatilität ist. Je größer der Unterschied zwischen der impliziten und der historischen Volatilität ist, desto wahrscheinlicher die Bewegung.

- Wir erwarten eine steigende implizite Volatilität bis zum Mittelwert oder sogar in den oberen Bereich der Range, wenn sie auf Tiefs innerhalb der Range notiert und unter der historischen Volatilität ist. Je größer der Unterschied zwischen der impliziten und der historischen Volatilität ist, desto wahrscheinlicher die Bewegung.

Im dargestellten Beispiel können wir eine ziemlich gute Einschätzung abgeben, wie sich die IV zukünftig entwickeln wird. Ausgehend von den aufgestellten Regeln sollten wir Strategien in Betracht ziehen, bei denen wir Vega-short gehen, um von der in Zukunft fallenden IV zu profitieren.

In seltenen Fällen können wir eine starke Bewegung in der Volatilität sehen, die über die historischen Werte weit hinausgeht. Sie können aufgrund von außergewöhnlichen Nachrichten oder ungewöhnlich starken Bewegungen entstehen. Diese starken Ausschläge bieten eine exzellente Gelegenheit, auf fallende Volatilität zu setzen (in Bezug auf das Vega short zu gehen). Es ist mit großer Wahrscheinlichkeit anzunehmen, dass die IV nach einem starken Ausbruch wieder zum Mittelwert zurückkehren wird. Es erscheint ausgesprochen sinnvoll, nach einem außergewöhnlichen Ereignis auf die Rückkehr zur Normalität zu setzen. Damit die Volatilität eines Basiswertes sich nachhaltig verändert, muss eine strukturelle Veränderung im unterliegenden Basiswert stattfinden. Denkbar ist zum Beispiel der Zusammenschluss mit einem anderen Unternehmen, der den Charakter des Unternehmens nachhaltig und signifikant verändert.

Volatilitätsbasierte Optionsstrategien

Wer das Prinzip der impliziten Volatilität verstanden hat, kann auch Handelsstrategien darauf aufbauen. Es gibt folgende Möglichkeiten:

Den Unterschied zwischen historischer und impliziter Volatilität handeln

Die einfachste und gleichzeitig die effektivste Anwendung der Strategie ist es, Optionen mit aktuell relativ geringer IV im Verhältnis zur historischen Schwankung zu kaufen und mit relativ hoher IV zu verkaufen. Wir können diese Positionen Delta-neutral konstruieren (zum Beispiel Iron Condor oder Straddle/Strangle), um keinen Einfluss der Preisveränderung auf die Position zu haben. Diese Position wird allein aufgrund der Veränderung der IV Gewinne generieren.

Covered-Strategien

Covered Calls und Covered Puts sind eine der beliebtesten Strategien zur Ausnutzung der IV-Veränderung. Die Auswahl der zu verkaufenden Optionen und damit die Profitabilität der Strategie kann dramatisch verbessert werden, wenn wir die IV in die Überlegungen einbeziehen. Covered Calls generieren den höchsten Gewinn, wenn die verkaufte Option am Verfallstag im Geld ist. Der erste Schritt ist folglich, einen Basiswert zu finden, auf dem wir moderat bullisch sind.

Im zweiten Schritt sollten wir uns die IV anschauen, denn sie ist direkt dafür verantwortlich, wie hoch unsere Prämieneinnahme aus dem Verkauf des Calls sein wird. Es mag auf den ersten Blick verlockend sein, einen Basiswert mit der höchsten IV zu wählen, weil die Prämieneinnahme hierbei am größten ist. Das Prinzip ist zwar richtig, doch ist es dennoch nicht immer die beste Wahl, den Basiswert mit der höchsten Volatilität zu wählen. Ist die historische Volatilität sehr hoch, neigt der Basiswert dazu, wilde Sprünge zu produzieren. Dadurch erhöht sich unser Risiko maßgeblich (zum Beispiel weil wir ausgestoppt werden oder die Option ins Geld läuft). Daher sind die besten Kandidaten für eine

Covered-Strategie nicht die Optionen mit der höchsten Volatilität, sondern die mit dem größten Unterschied zwischen der IV und der historischen Volatilität. Wir suchen also nach einem Basiswert, bei dem die IV heute relativ hoch ist im Verhältnis zu der üblichen Range und höher als die historische Volatilität.

Schauen wir uns ein Beispiel an. Durch die Betrachtung der Volatilität können wir gute Kriterien für einen Covered Call identifizieren – nämlich dann, wenn die IV auf Höchstständen war und deutlich über der historischen Volatilität lag. Diese Punkte lassen sich ohne Weiteres identifizieren.

Short Put (der Verkauf von Puts für Credit)

Einen Put zu verkaufen, ist ebenfalls eine sehr weitverbreitete Strategie, deren Profitabilität wir durch die Beachtung der IV maßgeblich verbessern können. Verkaufen wir einen Put, erklären wir uns bereit, den Basiswert zu übernehmen, falls der Preis am Verfallstag unter dem Short Strike steht. Indem wir überteuerte Puts systematisch identifizieren und verkaufen, erhöhen wir unsere Erträge. Auch sollten wir uns von Basiswerten fernhalten, bei denen wir einen Anstieg der IV erwarten. Denn der verkaufte Put wird durch den Anstieg der IV teurer und für uns wird es schwieriger, eine solche Position ohne Verluste zu schließen. Basiswerte hingegen, bei denen die IV bei Bewegungen kaum steigt, sind sehr geeignete Kandidaten.

Debit Spreads

Einen Call gleichzeitig long und short zu gehen (Call Spreads) oder einen Put gleichzeitig long und short zu gehen (Put Spreads) sind beliebte Strategien, die ein begrenztes Risiko bieten. Viele Trader haben jedoch Probleme damit, einen Spread nach der erwarteten Bewegung mit Profit zu schließen, ganz einfach deshalb, weil die implizite Volatilität gefallen ist. Die gefallene implizite Volatilität hat die Optionen verbilligt.

Schauen wir uns ein Beispiel an: Wir sind einen Call Debit Spread mit Strikes $ 50 (Long Strike) und $ 55 (Short Strike) eingegangen. Nachdem der Kurs des Basiswertes auf $ 55 oder darüber hinaus gestiegen ist, wollen wir die Position schließen, um Gewinne mitzunehmen. Bei einem Kurs von $ 55 ist der Short

Call im Geld und weist daher die höchste Sensibilität in Bezug auf die IV auf. Ist die IV des Basiswertes gestiegen, werden wir den Short Call zu einem höheren Preis zurückkaufen müssen, was die Profite schmälern kann. Ist die IV hingegen gefallen, können wir den Short Call günstig zurückkaufen und dadurch den Gewinn erhöhen.

Implizite Volatilität vor Quartalszahlen und Nachrichten

Die vierteljährliche Veröffentlichung der Finanzergebnisse eines Unternehmens ist einer der wenigen Marktkatalysatoren, deren genaues Datum bekannt ist. Diese Veröffentlichungen können Trading-Chancen bieten. Es ist dabei aber wichtig zu verstehen, wie sich der Markt auf diese Ereignisse vorbereitet und darauf reagiert, bevor wir handeln.

Implizite Volatilität kann als die Erwartung der zukünftigen Volatilität des Aktienkurses beziehungsweise als Maß für »Unsicherheit« interpretiert werden. Unsicherheit über die zukünftige Kursentwicklung tritt zwangsläufig auf, wenn Nachrichten anstehen. Schließlich kann deren positiver oder negativer Einfluss auf den Aktienkurs nicht eingeschätzt werden. Dies gilt insbesondere für die Veröffentlichung von Quartalszahlen, denn niemand weiß, ob das Unternehmen die Erwartungen des Marktes verfehlen, erfüllen oder übertreffen wird.

Wir beobachten regelmäßig, dass die implizite Volatilität im Vorfeld von Quartalszahlen steigt, um kurz nach der Veröffentlichung zu kollabieren. Dieser Effekt ist auch als »Volatility Crush« bekannt. Er bietet uns interessante Möglichkeiten, von diesem Zyklus zu profitieren. Die IV wächst über Wochen vor den Quartalszahlen an und bricht ein, sobald das ungewisse Ereignis überstanden ist. Der Anstieg in der impliziten Volatilität sorgt regelmäßig für steigende Preise von Optionen auf diesen Basiswert. Nach der Veröffentlichung der Nachrichten entweicht die IV aus der Optionsprämie. Dadurch verliert die Option deutlich an Wert. Folgende Grafik zeigt, wie sich die implizite Volatilität um den Zeitpunkt der Veröffentlichung von Quartalszahlen herum erhöht. Die Pfeile zeigen die Termine, an denen die Quartalszahlen veröffentlicht wurden. Wir können nur staunen, wie robust das Konzept ist: Wir sehen einen stetigen Anstieg der IV bis zur Veröffentlichung und einen rapiden Verfall nach der Be-

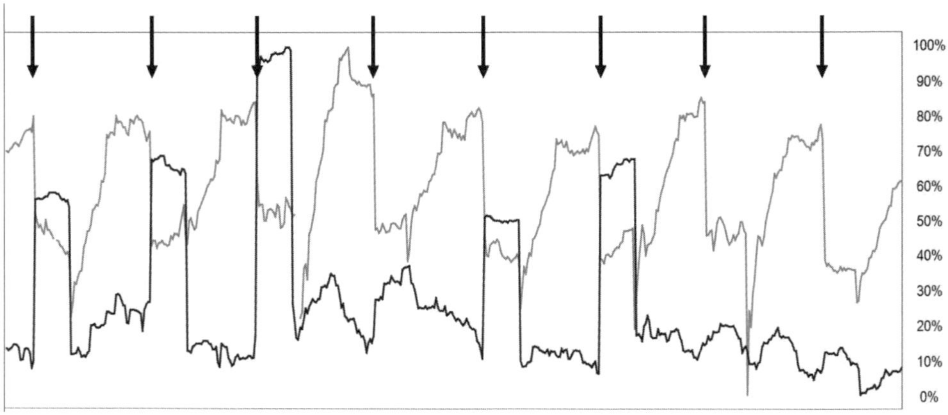

Abb. 49: Anstieg der impliziten Volatilität vor der Bekanntgabe der Quartalszahlen

kanntgabe. Diese Muster lassen sich in jedem beliebigen Chart eines Unternehmens wiederfinden.

Typischerweise werden kurzlaufende Optionen von steigender IV vor den Quartalszahlen stärker betroffen als die langlaufenden. Eine mögliche Strategie kann daher sein, einige Wochen vor den Quartalszahlen Vega-long zu gehen (Optionen zu kaufen), idealerweise in einer Delta-neutralen Position, zum Beispiel einem Straddle. Die Position wird von steigender IV im Basiswert profitieren. Kurz vor den Quartalszahlen können wir diese Long-Positionen schließen und Vega-short gehen (Optionen verkaufen), um vom zu erwartenden Volatilitätsverfall zu profitieren, zum Beispiel Iron Condor. Es gibt eine Reihe von Strategien, die auf diesem bekannten Zyklus beruhen und regelmäßig gute Ergebnisse liefern.

Zusammenfassung und Bewertung

Die Fähigkeit, Aussagen über die zukünftige Entwicklung der IV zu treffen, ist eine Schlüsselfähigkeit für den Erfolg im Optionshandel. Zwar ist der Preis des Basiswertes der wichtigste Einflussfaktor in Bezug auf den Preis der Option, doch ist die implizite Volatilität der zweitwichtigste.

Indem wir eine Einschätzung über die zukünftige Entwicklung der IV treffen, können wir uns bullisch, bärisch oder neutral in Bezug auf die zukünftige Entwicklung der IV positionieren. Sind wir zum Beispiel bullisch, was die Preisentwicklung eines Basiswertes anbetrifft, gehen aber von fallender IV aus, wählen wir sinnvollerweise eine Strategie, bei der wir Netto-Optionsverkäufer sind. Dadurch sind wir auch Vega-short, was uns zusätzliche Gewinnmöglichkeiten einräumt. Umgekehrt sollten wir Optionskäufer sein (und damit Vega-long), wenn wir bullisch im Hinblick auf die zukünftige Entwicklung der IV sind.

Ferner erlaubt uns das Verständnis der Zyklen in der IV, Strategien einzugehen, die auf eine reine Veränderung von Vega abzielen. Wir haben damit quasi eine neue Anlageklasse und können Trades eingehen, die Delta-neutral sind, also nicht von einer Veränderung des Basiswertpreises abhängen. Wir profitieren dann ausschließlich von den Veränderungen der IV. Institutionelle Anleger richten ihren Fokus mehr auf die Veränderungen der IV als auf die Veränderungen im Preis des Basiswertes, was einmal mehr die Bedeutung der Volatilität hervorhebt.

Besuchen Sie unsere Webseite www.optioneniq.com und testen Sie ihr Wissen, bevor Sie mit den weiteren Kapiteln fortfahren. Sie finden in unserem Portal Anwendungsbeispiele und Schulungsvideos, die Ihr Verständnis vertiefen.

Kapitel 16: Fundamentalanalyse – den richtigen Basiswert finden

Die Fundamentalanalyse ist der Ausgangspunkt aller Überlegungen, wenn wir planen, eine Position in den Märkten zu eröffnen. Wir können den gesamten Markt fundamental analysieren, um Aussagen über die zukünftige Marktentwicklung abzuleiten. Wir sollten uns die Fundamentaldaten des Basiswertes ganz genau anschauen, bevor wir eine Entscheidung über unsere Positionierung treffen.

Die Trader-Community teilt sich in zwei Lager auf, die mitunter miteinander auf Kriegsfuß stehen: Die Charttechniker (technische Analysten), die ihre Investmententscheidungen am Chartverlauf ausrichten, und fundamental orientierte Investoren, die ihre Investmententscheidungen aus den Kennzahlen eines Unternehmens ableiten. Die Fundamentalanalyse trifft eine Aussage darüber, **was** wahrscheinlich passieren wird. Allerdings können wir aus der Fundamentalanalyse nicht ableiten, **wann** etwas passieren wird. Die Frage des Timings beantwortet die Charttechnik. Beides ist ausgesprochen wichtig: zu wissen, was passieren wird, und zu wissen, wann es passieren wird.

Ich bin überzeugt, dass beide Ansätze ihre Berechtigung haben. Wir können sowohl die fundamentale als auch die technische Analyse nutzen, um uns eine fundierte Marktmeinung zu bilden. Wenn uns beide Instrumente zur Verfügung stehen, warum sollten wir uns auf nur eine beschränken?

Das folgende Kapitel fasst die wichtigsten fundamentalen Kennzahlen kurz zusammen. Für eine tiefergehende Auseinandersetzung mit der Fundamentalanalyse sei auf die empfehlenswerten Bücher *Regel Nr. 1* von Phil Town und *Wie man mit Aktien Geld verdient* von William O'Neil hingewiesen. William O'Neil ist der Autor der berühmten Can-Slim-Methode, die exzellente Ansätze für fundamental orientierte Anleger bietet.

Die fundamentale Bewertung von Unternehmen basiert unter anderem auf der Betrachtung folgender Unternehmensdaten:

- Umsätze
- Gewinne
- Vermögenswerte
- Verbindlichkeiten

Die meisten Kennzahlen, die heute angewendet werden, sind Ableitungen dieser Daten beziehungsweise eine Kombination dieser Elemente. Der Kurs einer Aktie ist die Reflexion der Wahrnehmung des Marktes in Bezug auf die Frage, wie wertvoll ein Unternehmen ist. Wachsen die Umsätze eines Unternehmens Jahr für Jahr, sind zudem die Verbindlichkeiten konstant gering und die Gewinne konstant hoch, wird der Wert des Unternehmens und damit der Aktienpreis voraussichtlich steigen.

Viele Kennzahlen, die von Fundamentalanalysten eingesetzt werden, analysieren die Vergangenheit des Unternehmens (Kurs-Buchwert-Verhältnis, Gewinn- oder Umsatzwachstum in der Vergangenheit und so weiter). Ich möchte diese Kennzahlen nicht schlechtreden. Doch müssen wir uns ständig bewusst sein, dass an den Börsen in erster Linie die Erwartung an die Zukunft gehandelt wird. Es interessiert somit weniger, was in der Vergangenheit stattgefunden hat, vielmehr ist die mutmaßliche Zukunft des Unternehmens für die Kursveränderungen verantwortlich. Die Betrachtung der Vergangenheit ist bekannt und im Kurs bereits eingepreist. Die Vergangenheit kann uns mit Sicherheit Schlussfolgerungen über die Zukunft erlauben. Wir können uns aber auch Kennzahlen anschauen, die auf die Zukunft ausgerichtet sind. In der weiteren Betrachtung konzentrieren wir uns vor allem auf Kennzahlen, welche die Zukunft eines Unternehmens bewerten.

Eines der entscheidendsten Kriterien für zukünftigen Unternehmenserfolg ist ein gutes Management. Wie können wir beurteilen, ob das Management gut ist? Während Fondsmanager oft das Unternehmen persönlich besuchen, bevor sie eine Anlageentscheidung treffen, ist diese Methode für uns zu aufwendig. Zudem ist es fraglich, ob wir als Privatinvestoren eine Audienz beim Management erhalten. Falls doch, werden wir bei solch einem Besuch trotzdem immer nur die Schokoladenseite des Unternehmens zu sehen bekommen. Es gibt eine viel bessere Methode, die Fähigkeiten des Managements einzuschätzen: anhand der Ergebnisse, die erzielt worden sind.

Das mit Abstand wichtigste Ergebnis, das ein gutes Management erzielt, ist Umsatzwachstum. Alles kommt vom Wachstum der Umsätze. Ohne ordentliches Umsatzwachstum befindet sich das Unternehmen in der Defensive. Denn die Kosten für Rohstoffe und Personal steigen stetig und der Wettbewerb schläft nie. Wollen wir Wachstumsunternehmen finden, sollten wir nach Unternehmen Ausschau halten, die ein **jährliches Umsatzwachstum von 15 bis 20 Prozent** aufweisen und für die Zukunft konstante Wachstumsraten erwarten.

Investoren bewerten Unternehmen ferner nach ihrer Fähigkeit, Gewinne zu generieren. Umsatzwachstum ist zwar wichtig und kann das Gewinnwachstum positiv beeinflussen. Wenn aber gleichzeitig mit dem Umsatz auch die Kosten steigen, werden die Gewinne nicht größer. Eine der Kennzahlen, die sich Investoren anschauen, ist deshalb das Verhältnis des Aktienkurses zu den Gewinnen. Die betreffende Kennzahl ist das Kurs-Gewinn-Verhältnis (KGV). Steigen die Gewinne eines Unternehmens, ist zu erwarten, dass auch der Aktienkurs steigen wird. Steigen die Gewinne stärker als der Kurs, sinkt das KGV und die Aktie wird als »unterbewertet« wahrgenommen. Viele fundamental orientierte Investoren halten gezielt Ausschau nach unterbewerteten Unternehmen mit geringem KGV. Daher sollten die Gewinne mindestens genauso stark wachsen wie die Umsätze. Wollen wir zum Beispiel, dass unsere Aktien 20 Prozent pro Jahr wachsen, dann sollten die Gewinne des Unternehmens mindestens genauso stark wachsen, damit der Kursanstieg nachhaltig ist. Ein Kursanstieg ohne fundamentales Wachstum ist nichts anderes als eine Preisblase, die jederzeit platzen kann.

William O'Neil schlägt vor, nach Unternehmen Ausschau zu halten, die etwas Neues in ihrem Portfolio haben. Er favorisiert Unternehmen, die neue Produkte entwickeln oder neue Nischen besetzen. In seinem Buch identifiziert er folgende Kurstreiber:

- hohe oder anziehende Quartalsgewinne und -umsätze pro Aktie
- starkes jährliches Wachstum der Gewinne
- neue Produkte, neues Management, neue Kurshochs
- starke Marktnachfrage nach den Produkten des Unternehmens beziehungsweise des Segments
- Marktführerschaft auf einem Gebiet
- institutionelles Interesse am Unternehmen

Wir sehen, dass William O'Neil dem institutionellen Interesse Bedeutung beimisst. Institutionelle Anleger bewegen große Summen und sind oft die eigentlichen Treiber hinter den Kurssteigerungen. Wenn wir wissen, was die »großen Jungs« tun, können wir es ihnen gleichtun und auf der Welle schwimmen, die durch den Zufluss institutioneller Gelder hervorgerufen wird. Unter anderem ist steigendes Handelsvolumen ein Indikator für ein gestiegenes Interesse der Institutionen an einem Unternehmen. Steigendes Handelsvolumen zieht wiederum das Interesse anderer Investoren an und kann zu einer nachhaltigen Rallye im Aktienpreis führen. Bedenken Sie, dass Institutionen meistens Millionen bewegen und langfristig Aktien akkumulieren. Es kann daher nie verkehrt sein, diese Unternehmen auf dem Radar oder im Portfolio zu haben.

Eine der komplexeren Kennzahlen, welche die wichtigsten fundamentalen Faktoren eines Unternehmens darstellt und in letzter Zeit immer stärker beachtet wird, ist das PEG-Ratio (Price Earnings Growth Ratio). Es handelt sich dabei um das Verhältnis des KGV's zum prognostizierten Wachstum der Unternehmensgewinne. Das PEG wird oft genutzt, um unterbewertete Unternehmen mit guten Wachstumsaussichten zu finden. Hat das Unternehmen gute Wachstumsaussichten und ist das PEG eines Unternehmens kleiner als eins, können wir von einem unterbewerteten Unternehmen sprechen. Viele Investoren suchen gezielt nach Unternehmen mit geringem PEG, um unterbewertete Unternehmen zu finden.

Im Internet stehen uns Ressourcen zur Verfügung, mit denen wir gezielt Aktien nach bestimmten Kennzahlen filtern können. Wir können mit wenigen Mausklicks aus der gesamten Zahl von Unternehmen diejenigen finden, die unseren Ansprüchen genügen. Eines der besten Hilfsmittel ist die Webseite www.finviz.com. Wir können dort unsere Filter eingeben und die besten Unternehmen finden. Nachfolgend sehen Sie einen Screenshot der Webseite mit eingegebenen Filtern.

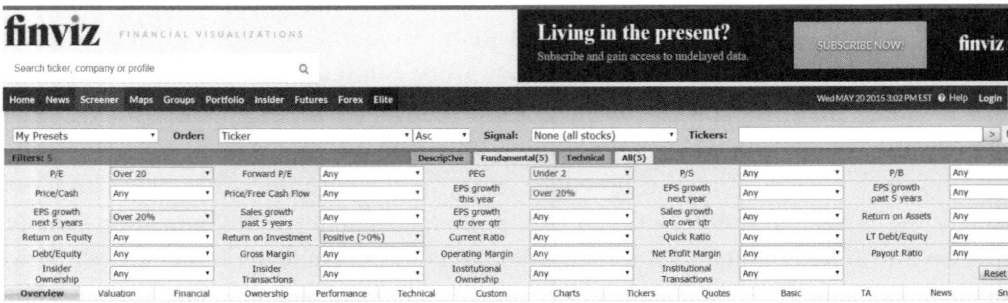

Abb. 50: Internetseite von www.finviz.com, die eine Unternehmenssuche mit Filtern ermöglicht

Folgende fundamentalen Kennzahlen beziehungsweise Filter setze ich ein, um Wachstumschampions zu finden:

- KGV (P/E Ratio) < 20
- Erwartetes Wachstum der Gewinne pro Aktie (EPS Growth) > 20 Prozent pro Jahr
- PEG kleiner oder gleich 2

Suchen wir hingegeben bereits reife Unternehmen, von denen wir erwarten, dass sie in Zukunft seitwärts laufen werden (zum Beispiel um einen Iron Condor aufzusetzen), können wir diese Kriterien aufweichen.

Die Fundamentalanalyse ist insbesondere für langfristig orientierte Anleger interessant, denn sie bietet einen langfristigen Betrachtungshorizont. Dass ein Unternehmen günstig bewertet ist, bedeutet noch lange nicht, dass morgen eine Rallye einsetzen wird. Die Fundamentalanalyse erlaubt uns eine langfristige Einschätzung der Wachstumsaussichten und beantwortet die Frage: WAS wird passieren? Wollen wir eine Aussage darüber treffen, WANN etwas passieren wird, steht uns die technische Analyse zur Verfügung, die vor allem für kurzfristig orientierte Trader eine sehr hohe Bedeutung hat (siehe nächstes Kapitel).

Besuchen Sie unsere Webseite www.optioneniq.com und testen Sie Ihr Wissen, bevor Sie mit den weiteren Kapiteln fortfahren. Sie finden in unserem Portal Anwendungsbeispiele und Schulungsvideos, die Ihr Verständnis vertiefen.

Kapitel 17: Charttechnik für Optionstrader

Da Sie dieses Buch lesen, ist die Wahrscheinlichkeit hoch, dass Sie bereits etwas über die technische Analyse (Charttechnik) gehört oder gelesen haben. Es gibt eine Reihe guter Bücher zu diesem Thema. Zudem können Sie online vielfältige Informationen über Kerzenkörper, Kerzenmuster oder Indikatoren gratis abrufen. Die Grundlagen der Charttechnik sind nicht Gegenstand dieses Buches. Falls Sie Informationen darüber suchen, besuchen Sie die Website www.traderiq.net, die Informationen rund um die Charttechnik bietet. Ziel dieses Kapitels ist, Ihnen einen Werkzeugkoffer mit Instrumenten zu geben, die Ihnen einen Vorteil im Umgang mit Optionen verschaffen und die Möglichkeit eröffnen, als Optionskäufer und -verkäufer höhere Gewinne zu erzielen.

Wenn wir die technische Analyse oder technische Indikatoren einsetzen, möchten wir eine Einschätzung über die zukünftige Entwicklung der Märkte treffen. Wie wahrscheinlich ist es, dass die aktuelle Preisbewegung anhält? Wo könnte ein Wendepunkt entstehen? Welches Kurspotenzial trauen wir dem Basiswert zu? Diese Einschätzungen sind von zentraler Bedeutung, bevor wir uns für eine Optionsstrategie entscheiden. Wir bilden uns zunächst eine Meinung über den Markt, um anschließend eine passende Strategie auszusuchen.

Wir werden uns in diesem Kapitel auf einige wenige Indikatoren beschränken, die es uns erlauben, eine Meinung über die zukünftige Preisentwicklung zu bilden. Es gibt über 1000 unterschiedliche Indikatoren. Sie alle haben ihre Berechtigung. Wir konzentrieren uns auf die, die einen vorauslaufenden Charakter haben und vor allem auf die zukünftige Entwicklung des Preises abzielen. Jeder Trader wünscht sich eine Kristallkugel, die ihm die Zukunft voraussagen kann. Natürlich gibt es eine solche Kugel nicht. Durch die Kombination der hier besprochenen Instrumente können wir die Zukunft nicht mit Sicherheit vorhersagen. Dennoch können wir die Wahrscheinlichkeit auf einen Erfolg maßgeblich erhöhen.

Wenn wir die technische Analyse einsetzen, können wir folgende Ziele verfolgen:

- Wir können den ROI der Strategien verbessern, indem wir Wendepunkte identifizieren und dahinter Credit Spreads platzieren. Sind wir in der Lage, eine Option näher am Kurs zu verkaufen, wird die Optionsprämie und damit auch unsere Einnahme höher sein.
- Wir können ruhiger schlafen, indem wir weniger Risiken eingehen und weiter aus dem Geld gehen, weitere Spreads aufbauen und zuschauen, wie der Kurs sich von unserem Short Strike wegbewegt. Es ist ein äußerst befriedigendes Gefühl zuzuschauen, wie sich der Preis vom verkauften Strike wegbewegt und dadurch Gewinne produziert.
- Wir können mit vorauslaufenden Indikatoren Preisniveaus identifizieren, bei denen die Wahrscheinlichkeit einer Trendumkehr hoch ist. Platzieren wir an diesen Niveaus einen Spread, bekommen wir den höchsten ROI.

Preisverhalten

Das Verhalten des Kurses ist mit Abstand der wichtigste Faktor bei der technischen Analyse. Der Preis ist der König, denn *alle* Indikatoren sind eine Ableitung des Preises und des Volumens, das dürfen wir niemals vergessen. Rein technisch orientierte Trader gehen davon aus, dass alle im Markt verfügbaren Informationen bereits im Preis enthalten, also »eingepreist« sind. Die Marktteilnehmer verhalten sich entsprechend den verfügbaren Informationen. Indem wir ihr Verhalten (die Bewegung des Preises) beobachten, können wir Rückschlüsse auf die Stimmung der Marktteilnehmer und ihre Einschätzung der Zukunft gewinnen.

Horizontale Unterstützungen und Widerstände

Eine der grundlegendsten und effektivsten Methoden, um gute Positionen einzugehen (zum Beispiel Iron Condors oder Credit Spreads), ist die Identifikation starker Unterstützungen und Widerstände im Chart. Sind wir in der Lage, diese Unterstützungen und Widerstände zu identifizieren, können wir nach dem Abprallen des Kurses von dem entsprechenden Kursniveau einen Spread verkaufen, der nahe am Geld ist. Anschließend können wir dabei zuschauen, wie sich der Kurs von unserem Short Strike wegbewegt. Folgende Abbildung verdeutlicht dieses Konzept.

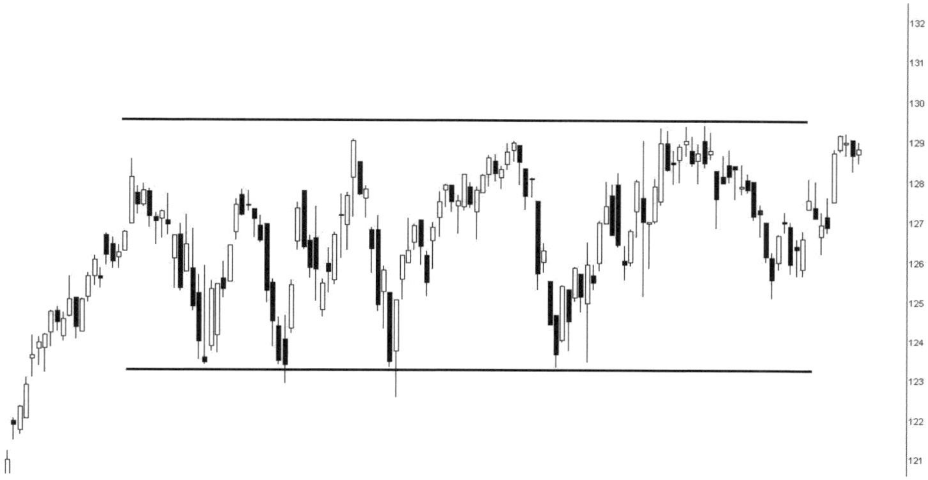

Abb. 51: Unterstützungen und Widerstände als Voraussetzung für einen Iron Condor oder Credit Spread

Wir sehen einen Chart, in dem wir eine starke Unterstützung bei $ 64 und einen Widerstand bei $ 74,35 haben. Ein solches Chartbild lädt quasi dazu ein, einen Iron Condor mit Short Strike jenseits der Widerstände zu platzieren. Alternativ lässt sich auch ein Credit Spread an der Ober- oder Unterseite des Korridors etablieren. Der Preis prallt immer wieder von den eingezeichneten Linien ab. Somit stehen die Chancen gut, dass sich dieses Muster fortsetzt. Immer wenn der Preis von diesen Linien abprallt, haben wir exzellente Möglichkeiten, Credit Spreads zu verkaufen. Diese Signale sind sehr mächtig, aber leider relativ selten.

Trendkanäle

Wenn wir regelmäßig Charts anschauen, stellen wir fest, dass sich der Preis meistens in Kanälen bewegt. Der Preis bewegt sich niemals nur in eine Richtung, vielmehr erfolgt die Bewegung in Wellen, bei denen sich Preisanstieg und Konsolidierungen abwechseln. Der Preis bewegt sich hin und her und folgt dem

Prinzip: zwei Schritte nach vorne, einen zurück. Ein Beispiel für einen Trendkanal liefert folgende Abbildung:

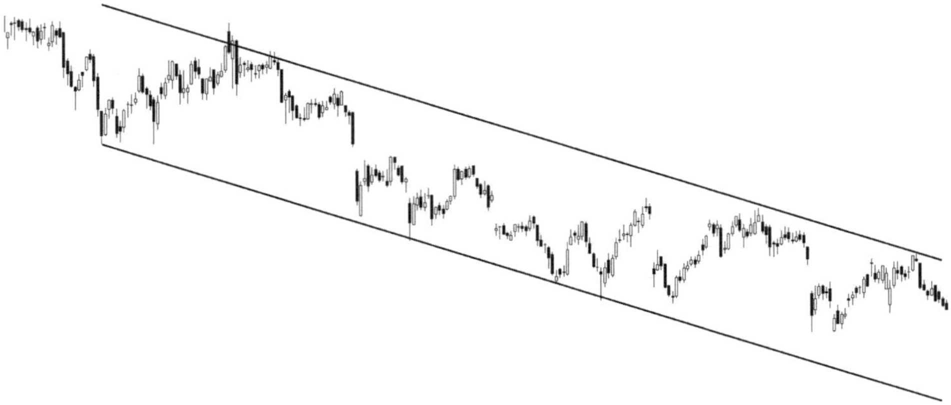

Abb. 52: Beispiel für einen Trendkanal

Hat sich ein Trendkanal etabliert, können wir Credit Spreads oberhalb und unterhalb des Kanals verkaufen, nachdem der Preis von den Kanalbegrenzungen abgeprallt ist. Positionen, die wir nach dem Konzept der Trendkanäle eingehen, können eine hohe Gewinnwahrscheinlichkeit und hohen ROI aufweisen.

Chartmuster

Wahrscheinlich haben Sie schon von fallenden Dreiecken, Wimpeln oder bullischen Flaggen gehört. Wenn nicht, schauen Sie unbedingt auf unserer Webseite www.traderiq.net vorbei. Wir haben viele Chartmuster für Sie zusammengetragen und ausführlich kommentiert. Es macht Freude, sich Wissen zu gängigen Chartmustern anzueignen. Ich persönlich liebe es, mich kreativ im Chart auszutoben und alle möglichen Chartmuster zu identifizieren. Das Problem dabei ist: Es ist eine subjektive Angelegenheit. Nach einer Weile fangen Sie an, alle möglichen Chartmuster zu erkennen, die mitunter zu widersprüchlichen Erkenntnissen führen. Schlimmer noch: Die selektive Wahrnehmung führt dazu, dass Sie nur Chartmuster erkennen, die Ihre bereits vorhandene Marktmeinung untermauern. Unsere Wahrnehmung funktioniert nämlich auf diese Weise: Wir suchen unbewusst immer nach einer Bestätigung für unsere Meinung. Faktoren, die dieser Meinung widersprechen, blenden wir leider allzu oft aus.

Wir wollen uns daher auf lediglich zwei zentrale Regeln konzentrieren. Die meisten Chartmuster folgen diesem Prinzip:

- Fallende Chartmuster neigen dazu, nach unten aufgelöst zu werden.
- Steigende Chartmuster neigen dazu, nach oben aufgelöst zu werden.

Wenden wir diese Regeln auf den Optionshandel an, können wir folgende Handlungsempfehlungen ableiten:

- Platzieren Sie einen Bear Call Spread nach einem Ausbruch aus einer fallenden Chartformation oberhalb der gebrochenen Unterstützungslinie.
- Platzieren Sie einen Bull Put Spread nach einem Ausbruch aus einer steigenden Chartformation unterhalb der gebrochenen Widerstandslinie.

Natürlich gibt es viele weitere Chartformationen, die beachtet werden können (Schulter-Kopf-Schulter-Formationen, Flaggenformationen, symmetrische Dreiecke und mehr). Aber allein wenn wir die beiden oben genannten Ansätze verfolgen, können wir die Profitabilität unserer Strategien deutlich verbessern. Mittlerweile gibt es Filter, bei denen wir online nach Basiswerten suchen können, die eine bestimmte Chartformation ausgebildet haben. Auf www.finviz.com können wir kostenfrei nach Chartformationen suchen, um passende Basiswerte zu finden. Gehen wir auf »Screener« und wählen »Technical« aus, können wir unter »Pattern« eine Chartformation auswählen. Wir bekommen eine Auflistung von Charts, die dieses gesuchte Chartmuster aufzeigen. Nachfolgend ein Screenshot von finviz.com:

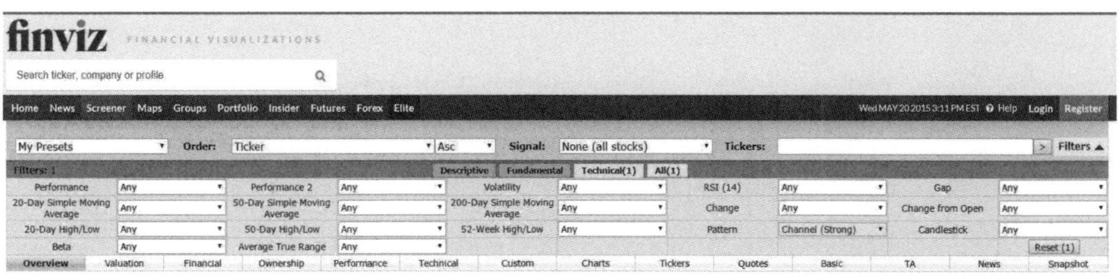

Abb. 53: Die Website www.finviz.com hilft bei der Suche nach Chartformationen

Technische Indikatoren

Bestimmte technische Indikatoren können ebenfalls eine wertvolle Hilfe dabei sein, aussichtsreiche Optionsstrategien und Basiswerte zu identifizieren. Wir beschränken uns hier auf die Darstellung desjenigen, der im Optionshandel die größte Rolle spielt.

ADX

Halten wir fest: Preise bewegen sich in Wellen, einer Aufwärtsbewegung folgt in den meisten Fällen eine Konsolidierung. Wie wäre es, wenn wir marktneutrale Positionen eingehen könnten, zum Beispiel einen Iron Condor, und zwar genau zu dem Zeitpunkt, in dem der Markt von einer impulsiven Bewegung in eine Seitwärtsphase übergeht? Und wie wäre es, wenn wir wüssten, dass eine impulsive Bewegung kurz bevorsteht und wir deshalb mit einer direktionalen Strategie den höchsten Gewinn erzielen können? Wir können entsprechende Aussagen über die anstehende Marktphase treffen, wenn wir den Indikator ADX anschauen.

Der ADX ist ein Trendstärke-Indikator. Er misst die Stärke der Bewegung und des Trends. Er ist richtungsunabhängig. Das bedeutet, er trifft keine Aussage darüber, in welche Richtung der Trend geht. Er stellt lediglich fest, ob ein Momentum (also ein starker Auf- oder Abwärtsdruck) vorhanden ist oder nicht. Wir können aus dem Verhalten des ADX ableiten, ob der Trend an Stärke zunimmt und wir mit einer starken Bewegung rechnen sollten – oder ob der Trend abnimmt und wir in eine Seitwärtsbewegung übergehen.

Schauen wir uns den Chart mit der zugehörigen ADX-Darstellung an. Wir können aus dem ADX folgende Regeln ableiten:

- Der ADX steigt, wenn der Trend stärker wird. Der ADX fällt, wenn der Trend schwächer wird.
- Ist der Wert des ADX unter 20, ist kein Trend zu beobachten.
- Steigt der ADX über 20 an, können wir von einem beginnenden Trend ausgehen.
- ADX-Werte über 30 signalisieren einen starken Trend.

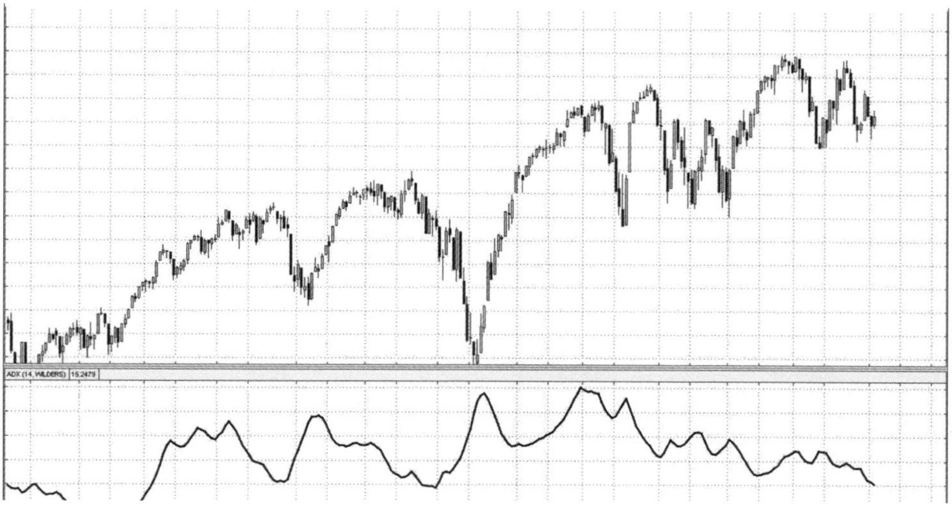

Abb. 54: Eine ADX-Darstellung unter dem Chart zeigt die Stärke einer Bewegung an

Wie können wir diesen Indikator einsetzen, um zum Beispiel einen Iron Condor aufzusetzen? Nachdem der Trend vorbei ist, gehen die Märkte meistens in eine Seitwärtsbewegung über. Eine Seitwärtsbewegung ist das ideale Umfeld für einen erfolgreichen Iron Condor. Ist der Markt hingegen seit Längerem in einer Konsolidierung, steigt die Wahrscheinlichkeit einer direktionalen Bewegung. Wir können aus dem ADX folgende Regeln ableiten:

- Steht der ADX unter 20 und steigt er, können wir von einer bevorstehenden Bewegung ausgehen. Der Markt war längere Zeit in einer Konsolidierungsphase. Jetzt steht eine Bewegung kurz bevor. Eine Bestätigung dafür bekommen wir, wenn der ADX über 20 ansteigt.

- Steht der ADX über 30, ist der Basiswert in einem starken Trend. Wir halten Ausschau nach einem Fall im ADX-Wert um mindestens vier Punkte von dem Höchststand. Das spricht dann für ein Ende der Bewegung. Wir können dann aggressiver auf eine Konsolidierung setzen.

Indem wir den ADX in dieser Weise einsetzen, haben wir einen vorlaufenden Indikator, der uns eine Vorstellung davon vermittelt, was wahrscheinlich als Nächstes passieren wird. Wer den Beginn und das Ende einer Bewegung antizipieren kann, trifft bessere Entscheidungen und verdient mehr Geld mit seinen Positionen.

Sentimentanalysen

In welcher Stimmung ist der Markt? Sentimentanalysen geben darüber Aufschluss und sind ebenfalls hilfreich bei der Identifikation von Marktchancen.

Market Forecast

Der Indikator »Market Forecast« hat in den vergangenen Jahren extrem an Popularität gewonnen und genießt mittlerweile Kultstatus. Einige Trader sehen in diesem Indikator den »Heiligen Gral« und richten ihre Anlageentscheidungen nach dessen Signalen aus. Die Webseite www.themarketforecast.com gibt einen tiefen Einblick in die Entstehung und Anwendung des Indikators.

Der »Market Forecast« ist ein Indikator mit drei unterschiedlichen stochastischen Linien, die unterschiedliche Zeitebenen repräsentieren: rot, grün und blau. Die grüne Linie repräsentiert den längsten Betrachtungszeitraum und die rote das Momentum und die kürzeste Zeitebene. Dazwischen liegt die blaue Linie, die als mittelfristige Zeitebene zu verstehen ist. Die Extremwerte (über 80 oder unter 20) werden als Umkehrzonen interpretiert.

Das Grundkonzept dieses Indikators besteht darin, Situationen zu identifizieren, in denen mindestens zwei der drei Linien gleiche Signale generieren. Es gibt zwei unterschiedliche Arten von Signalen, die der Indikator erzeugt: Cluster und Divergenzen.

Ein Signal tritt auf, wenn sich mehr als eine der Linien in der Umkehrzone befinden. Wir können folgende Regeln aus dem Indikatorverhalten ableiten:

- Ein schwaches Signal tritt auf, wenn sich die zwei kurzfristigen Linien (die rote als Momentum und die blaue als mittelfristige Zeitebene) in der Umkehrzone befinden. Ein Signal tritt auf, wenn beide Linien nun den Extrembereich verlassen. Der Kurs folgt dann der Richtung der Bewegung der Linien.

- Ein starkes Signal tritt auf, wenn die beiden langfristigen Indikatoren (die grüne als langfristige und die blaue als mittelfristige) in der Umkehrzone sind und den Extrembereich verlassen. Das Signal zeigt, dass wir uns in der überkauften oder überverkauften Zone befinden und eine Gegenbewegung ansteht, und es ist stärker als das »kleine Cluster«

- Ein volles Cluster tritt auf, wenn alle Zeitebenen in der Umkehrzone sind. Das ist das stärkste Signal. Es tritt nur wenige Male pro Jahr auf und produziert sehr verlässliche Signale.

Wir können mehrere schwache Signale pro Monat erwarten, die üblicherweise einen Pullback oder die Umkehr der Bewegung voraussagen. Üblicherweise sehen wir, zum Beispiel nach einem bärischen Signal, eine Korrektur des Kursanstieges. Starke Signale treten seltener auf, haben dafür aber auch eine stärkere Signalwirkung. Volle Cluster sagen meistens eine Trendumkehr voraus.

Ein weiteres Signal ist die Divergenz zwischen der blauen mittelfristigen Linie und dem Preisverhalten. Bildet zum Beispiel der Preis ein neues Tief aus, ohne dass die blaue Linie des Indikators dies nachbildet, sprechen wir von einer Divergenz. Dann gehen wir von einer Umkehr im Preisverhalten aus.

Relative-Stärke-Indikator: RSI (14)

Der Relative-Stärke-Indikator, abgekürzt RSI, ist einer der weitverbreiteten Indikatoren, die jede Charting-Software anzeigen kann. Dieser Indikator ist deswegen interessant, weil er eine breite Anwendung im institutionellen Handel findet. Er ist daher für den Fluss des institutionellen Geldes verantwortlich. Es ist immer besser, als Trader mit dem Strom zu schwimmen, statt sich gegen das große Geld zu stellen. Institutionelle Anleger haben viel Geld und damit die Marktmacht, den Preis eines Basiswertes zu beeinflussen. Aus diesem Grund ist es immer ratsam zu wissen, was die »großen Jungs« tun.

Institutionelle Anleger fangen oft an, Aktien aufzukaufen, wenn der RSI (14) unter den Wert 30 fällt und damit eine Unterbewertung signalisiert. Dieser Indikator beantwortet die Frage, wann eine Bewegung zum Erliegen kommt. Er ist besonders hilfreich, um mögliche Tiefs zu identifizieren, an denen der Preis umdrehen kann.

Wollen wir ein mögliches Tief identifizieren, suchen wir nach einem RSI, der unter 30 gefallen ist, insbesondere wenn gleichzeitig eine bullische Divergenz auftritt. Die Punkte, bei denen der RSI unter 30 gefallen ist, produzieren gute Signale für ein Swing-Tief. Einen Tiefpunkt zu treffen ist der Traum der meisten Anleger. Auch für reine Cashflow-Positionen kann es von hohem Wert sein, einen Boden zu identifizieren. Der RSI (14) kann uns dabei gute Dienste leisten.

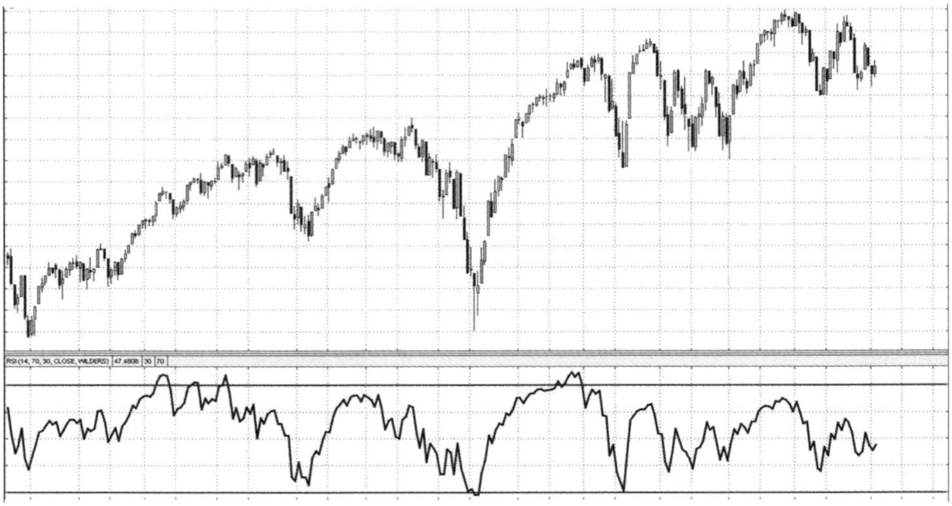

Abb. 55: Chart mit Darstellung des RSI (14)

Relative-Stärke-Indikator: RSI (2)

Während starker Trends können wir den RSI (2) einsetzen, um mögliche Wendepunkte zu finden. Das Konzept ist von den Autoren der Seite www.tradingmarkets.com entwickelt worden und wird »R2-Strategie« genannt. Diese Strategie liefert sehr gute Ergebnisse, um in einem Trend eine Konsolidierungszone zu identifizieren, und gute Eintrittspunkte nach dem Ende der Konsolidierung zu finden, um sich in einem sich fortsetzenden Trend zu positionieren.

Einfach dargestellt ist der Basiswert überkauft, wenn der RSI (2) über den Wert von 70 steigt. Überverkauft ist der Basiswert, wenn der Wert des RSI (2) unter 30 fällt. Das bietet uns eine gute Gelegenheit, auf ein Ende der Konsolidierung und Trendfortsetzung zu setzen, um eine direktionale Position einzugehen oder einen Cashflow-Trade unterhalb des lokal aufgetretenen Tiefs zu eröffnen.

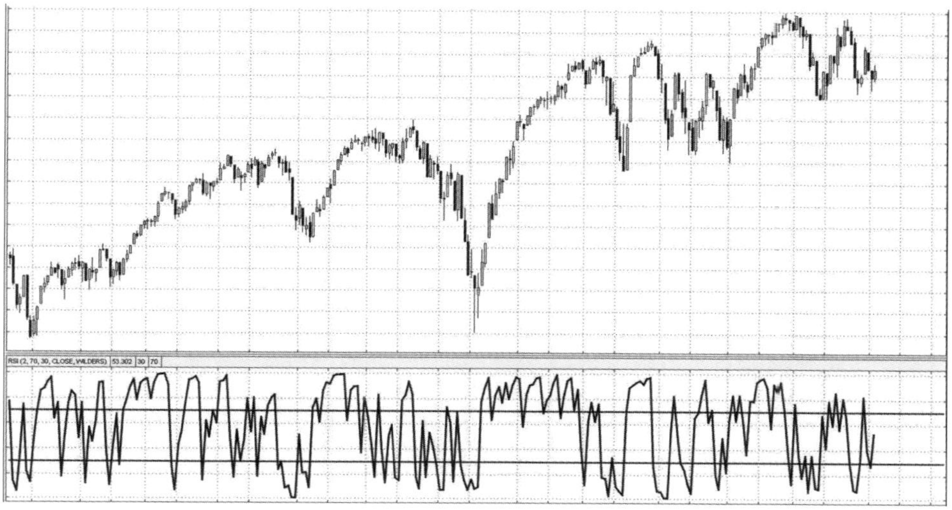

Abb. 56: Chart mit Darstellung des RSI (2)

Momentum-Indikatoren

Das Wort »Momentum« bezeichnet die Dynamik einer Kursbewegung. Um das Momentum zu identifizieren, stehen uns folgende Indikatoren zur Verfügung.

MACD-Histogramm

Werden die Preisausschläge größer, ist es von unschätzbarem Wert zu wissen, ob das Momentum dieser Bewegung anhält. Steigen die Preise, fällt aber das Momentum, bekommen wir eines der stärksten Signale der technischen Analyse: eine Divergenz im MACD-Histogramm.

Das MACD ist nicht der einzige Momentum-Indikator. Er bietet uns aber ein sehr verlässliches Signal, wenn sich eine Divergenz identifizieren lässt. Folgende Abbildung macht es deutlich: Während der Preis der Aktie auf neue, höhere Hochs ausbrach, bildete das MACD-Histogramm ein tieferes Hoch aus. Dieses Muster wird allgemein als »Divergenz« bezeichnet. Folgt ein Indikator nicht dem Preisverhalten, steigt die Wahrscheinlichkeit, dass der Preisanstieg nicht nachhaltig ist.

- Wir sprechen von einer bullischen Divergenz, wenn der Preis ein tieferes Tief ausbildet, das MACD-Diagramm aber nicht. Wir können dann von steigenden Kursen ausgehen.
- Wir sprechen von einer bärischen Divergenz, wenn der Preis ein höheres Hoch ausbildet, das MACD Diagramm aber nicht. Wir können von fallenden Kursen ausgehen.

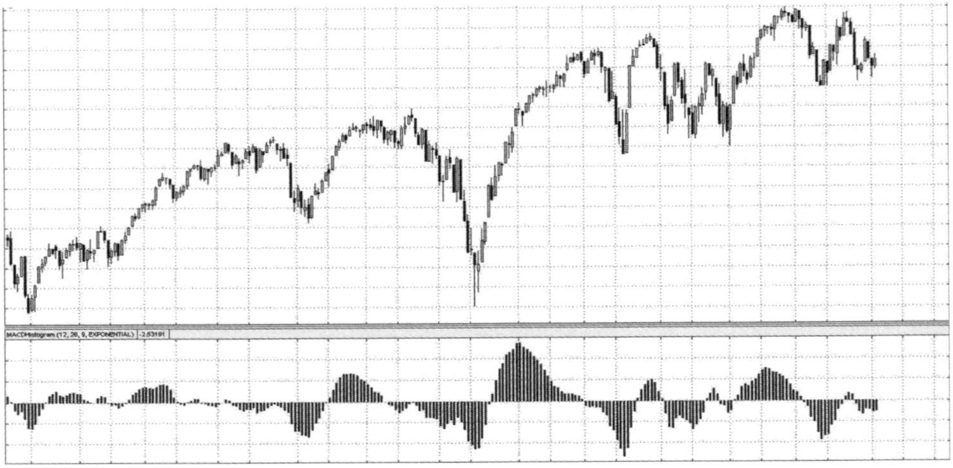

Abb. 57: Chart mit MACD-Divergenz beim letzten Hoch

Meine Erfahrung besagt, dass die Signale sehr früh kommen. Sie werden produziert, lange bevor der Trend sich verändert, insbesondere während langer, starker Trends. Das MACD-Histogramm ist ein Frühwarnsystem in Bezug auf einen bevorstehenden Trendwechsel. Allerdings müssen wir geduldig sein und den tatsächlichen Trendwechsel abwarten, bevor wir eine Position eingehen.

Stochastische Divergenz

Der Stochastik-Indikator ist in der Trader-Community weit verbreitet. Üblicherweise sehen Trader den Stochastik-Indikator als einen Oszillator an, der für überkaufte/überverkaufte Werte und Momentum-Crossovers verwendet wird. Dabei hat der Indikator noch eine weitere Verwendung, die eines der stärksten vorauslaufenden Signale produzieren kann: die stochastische Divergenz.

Um die Divergenzen zwischen dem Kursverhalten und dem Indikator festzustellen, schauen wir uns zunächst das Preisverhalten an. Wir identifizieren dabei die aktuellen Kurs-Tiefs und Kurs-Hochs. In einem Aufwärtstrend sollten unsere Tiefs steigen und der Kurs im Chart immer höhere Tiefs bilden. Danach müssen wir den Chart mit der Stochastik für denselben Zeitraum vergleichen. Unten sehen wir, dass der Indikator eine Reihe von niedrigeren Tiefs bildet. Dies ist eindeutig eine Divergenz.

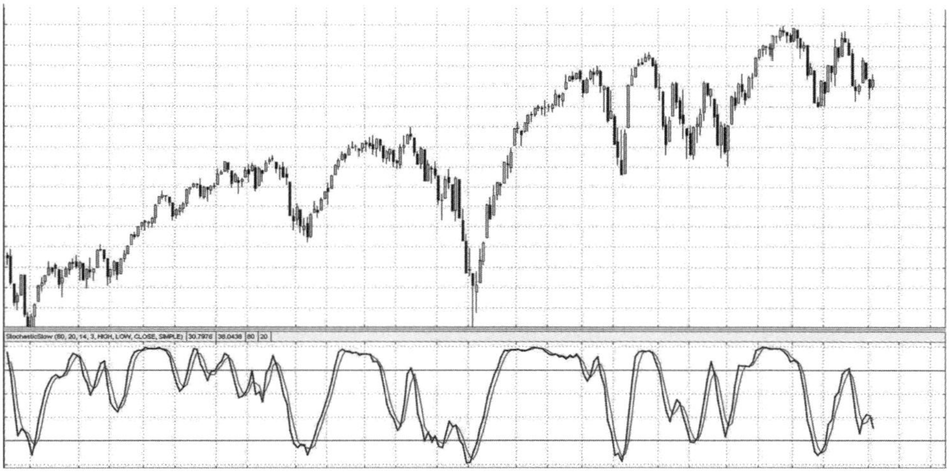

Abb. 58: Chart-Darstellung mit stochastischer Divergenz beim letzten Hoch

Können wir eine Divergenz identifizieren, zum Beispiel wenn der Preis ein neues Hoch ausgebildet hat, die Stochastik aber nicht, dann können wir davon ausgehen: Der Kursanstieg ist nicht nachhaltig und der Preis wird wieder zurückfallen. Umgekehrt gilt bei Tiefs: Ist der Preis auf ein neues Tief gefallen, folgt die Stochastik der Preisbewegung aber nicht, wird der Kurs voraussichtlich wieder steigen. Daraus können wir folgende Regeln ableiten:

- Wir sprechen von einer bullischen Divergenz, wenn der Preis ein tieferes Tief ausbildet, der Stochastik-Indikator aber kein tieferes Tief ausbildet. Wir können von steigenden Kursen ausgehen.

- Wir sprechen von einer bärischen Divergenz, wenn der Preis ein höheres Hoch ausbildet, der Stochastik-Indikator kein höheres Hoch ausbildet. Wir können von fallenden Kursen ausgehen.

Die stochastische Divergenz ist ein sehr mächtiges Werkzeug, um eine Umkehrbewegung im Preisverhalten frühzeitig zu identifizieren. Wir können dieses Wissen anwenden, um Cashflow-Trades zu eröffnen oder direktionale Trades einzugehen. Je länger der Betrachtungszeitraum, desto verlässlicher sind die Signale der Stochastik. Auf kurzfristigen Zeitebenen (Stundenchart und darunter) sind die Signale jedoch meist von geringer Aussagekraft. Können wir dagegen eine Divergenz im Tageschart oder sogar im Wochenchart identifizieren, sind diese Signale meist sehr verlässlich und wir können uns dadurch einen erheblichen Vorteil verschaffen.

Volatilitätsindikatoren

Wie wichtig die Volatilität beim Optionshandel ist, haben wir bereits besprochen. Folglich ist es auch sinnvoll, entsprechende Indikatoren als Entscheidungshilfe für bestimmte Trades heranzuziehen.

Bollinger-Bänder auf dem Preischart

Einer der Indikatoren, die wir ständig auf dem Radar haben sollten, sind die Bollinger-Bänder. Die Bollinger-Bänder gehören zu den besten Indikatoren, welche die Volatilität des Basiswertes sichtbar machen. Sie basieren auf der Standardabweichung des Preises. Das obere Bollinger-Band ist die zweifache Standardabweichung vom zentralen gleitenden Durchschnitt. Das Gleiche gilt für das untere Band. Das bedeutet, dass die Preisbewegung, statistisch gesehen, in 95 Prozent aller Fälle innerhalb der Bollinger-Bänder verläuft.

Welchen Nutzen hat diese Information für uns?

- Schließt der Preis außerhalb der Bollinger-Bänder, wird er voraussichtlich innerhalb der nächsten Tage in die Spanne zurückkehren, die von den Bollinger-Bändern flankiert wird. Diese Erkenntnis kann uns helfen, mögliche Hochs und Tiefs zu finden.
- Alle Preise außerhalb der Bollinger-Bänder sind nicht nachhaltig.

Folgende Abbildung zeigt, dass der Preis meistens innerhalb der Bänder verläuft. Schließt der Preis außerhalb der Bänder, ist das ein Signal dafür, dass der

Preis wahrscheinlich demnächst zurückkehren wird. Der Preis hat sich zu schnell zu weit bewegt, die Bewegung wird abflauen beziehungsweise muss korrigiert werden.

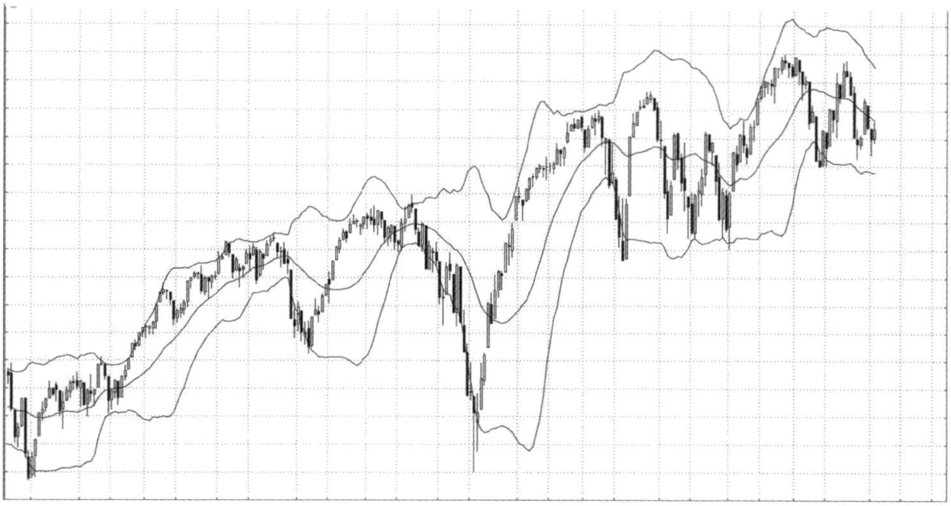

Abb. 59: Chart mit eingezeichneten Bollinger-Bändern

Im Chart lässt sich gut erkennen, dass sich der Preis innerhalb der Bänder frei bewegt. Wir können die Bänder mit den Begrenzungen eines Boxrings vergleichen: Die Boxer können sich innerhalb des Rings frei bewegen, doch wird ein Boxer gegen die Begrenzungen des Boxrings geschleudert, so wird er durch die elastischen Seile schnell wieder zurück in den Ring katapultiert.

VIX (Volatilitätsindikator der CBOE)

Der VIX ist der Volatilitätsindikator, der uns bei der Einschätzung helfen kann, wie die Marktteilnehmer das allgemeine Marktrisiko einschätzen. Der VIX wird auch als »Fieberthermometer« der Börse bezeichnet oder auch als »Angst-Indikator«. Wir können aus dem VIX die Bereitschaft der Marktteilnehmer, Geld für Absicherungen auszugeben, ableiten (vgl. Kapitel 15 zur impliziten Volatilität). Wenden wir die Bollinger-Bänder auf den VIX an, können wir die nicht nachhaltigen Ausschläge identifizieren. Sehen wir, dass der VIX die Begrenzung der

Bänder auf der Oberseite verlassen hat, können wir davon ausgehen, dass eine Rückkehr zum Mittelwert bevorsteht.

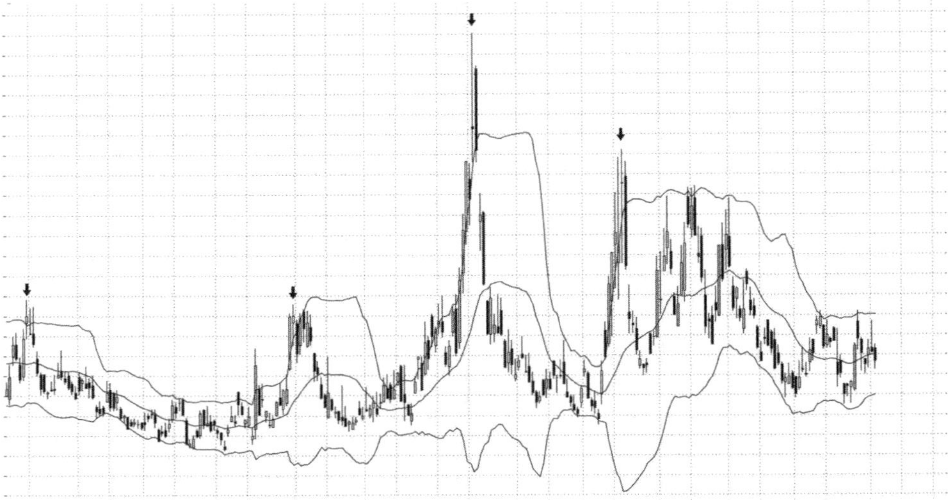

Abb. 60:VIX-Chart mit eingezeichneten Bollinger-Bändern

Schauen wir uns die Abbildung an, so erkennen wir, dass die extremen Ausschläge, die mit einem Pfeil markiert sind, schnell auskorrigiert wurden. Der VIX kehrte sofort zu seinem Mittelwert und damit quasi zur Normalität zurück. Aus dieser Beobachtung können wir einige Richtlinien für unser Trading ableiten:

- Schlägt der VIX stark nach oben aus und verlässt die Bollinger-Bänder, ist die Wahrscheinlichkeit für eine Rückkehr zum Mittelwert sehr hoch. Wir können Positionen eröffnen.

- VIX-Werte unter 10 mahnen zur Vorsicht, insbesondere bei bullischen Positionen. Ein geringer VIX-Wert impliziert eine hohe Wahrscheinlichkeit für anstehende fallende Preise.

Bevor wir anfangen, unsere Trading-Entscheidungen am Verhalten des VIX auszurichten, sollten wir beachten, dass der VIX bis zum Crash 2008 ein extrem guter Indikator war: Jeder Anstieg des VIX über 30 konnte sofort verkauft werden. Die Trefferquote lag damals bei nahezu 100 Prozent. Diese Strategie funktionierte exzellent bis zum Crash im Herbst 2008. Dann wurde jeder, der den VIX auf diese Weise verkaufte, von dem extremen Anstieg der Volatilität überrannt. In jüngster Vergangenheit haben wir immer wieder extreme Ausschläge im VIX gesehen, die eine entsprechende Stimmung der Marktteilnehmer widerspiegeln.

Kein Indikator kann eine hundertprozentige Trefferquote haben und einen »Heiligen Gral« gibt es nicht. Märkte verändern sich und passen sich ständig an. Daher ist es immer ratsam, Risikomanagement zu betreiben und pro Position keine übermäßigen Risiken einzugehen. Ich habe in diesem Kapitel die wichtigsten Hilfsmittel zusammengefasst, die dabei helfen, eine Meinung über die weitere Kursentwicklung zu bilden.

Zusammenfassung und Fazit

Jeder der genannten Indikatoren erhöht die Eintrittswahrscheinlichkeit, wenn er ein Signal ausbildet. Haben wir in mehreren Indikatoren die gleichen Signale, erhöht sich die Wahrscheinlichkeit eines Gewinns, wenn wir gemäß der angezeigten Richtung handeln. Wenn wir in der Lage sind, unser Risiko zu kontrollieren und die Positionen entsprechend den Marktsignalen anpassen, haben wir einen klaren Vorteil gegenüber Anlegern, die »blind« investieren, ohne die besprochenen Hilfsmittel zu nutzen.

Besuchen Sie unsere Webseite www.optioneniq.com und testen Sie Ihr Wissen, bevor Sie mit den weiteren Kapiteln fortfahren. Sie finden in unserem Portal Anwendungsbeispiele und Schulungsvideos, die Ihr Verständnis vertiefen.

Kapitel 18: Strategieauswahl

Optionen erlauben uns, das Portfolio nach Belieben zu formen und zu strukturieren. Während wir mit Aktien nur lineare Risikoprofile erzeugen können (der Kurs steigt um $ 1, der Gewinn oder Verlust steigt um $ 1), verlassen wir mit dem Einsatz von Optionen im Portfolio die lineare Welt und strukturieren Risikoprofile, die nicht linear sind. Wir haben uns mit den Risikoprofilen der einzelnen Strategien in den vorangegangenen Kapiteln ausführlich auseinandergesetzt.

Wir können eine Vielzahl von unterschiedlichen Risikoprofilen konstruieren, die eine Position exakt entsprechend unseren Markterwartungen anpassen. Indem wir Optionen kombinieren, entscheiden wir, welche Risiken wir zu tragen bereit sind und welche nicht, welche Risiken wir einkaufen und welche wir verkaufen. Die Herausforderung besteht in der Auswahl: Wer die Wahl hat, hat die Qual. Ich kann mir sehr gut vorstellen, dass die Vielzahl an dargestellten Strategien (und wir haben nur die wesentlichen besprochen) Sie vor die Frage stellt: »Und welche Strategie ist nun die richtige für mich?«

Zunächst möchte ich betonen, dass kein Optionshändler, und mag er noch so erfahren sein, alle Strategien simultan einsetzt. Vielmehr verfügt jeder Trader über ein Arsenal an Strategien, von welchen er nur wenige regelmäßig einsetzt. Eine Zeit lang habe ich mich im Kampfsport versucht und unser Trainer meinte immer: »Es geht nicht darum, tausend unterschiedliche Techniken einmal zu üben, sondern eine Technik tausendmal zu trainieren. Nur dadurch wirst du gut.« Dieser Satz ist mir im Gedächtnis geblieben. In unserem Kontext bedeutet das: Es ist besser, einige wenige Strategien wirklich gut zu meistern, als alle Strategien mehr schlecht als recht zu beherrschen. Die Flexibilität, die wir gewinnen, wenn wir mehrere Instrumente in unserem Werkzeugkoffer haben, besteht vor allem darin, unsere Positionen anzupassen, wenn sich der Markt oder unsere Marktmeinung geändert hat.

Die Auswahl einer Strategie ist ein mehrstufiger Prozess, den wir systematisch durchgehen, bevor wir eine Position eingehen. Wir wissen bereits: Die Bewegungen im Preis des Basiswertes sind zwar wichtig, aber sie sind nur für einen Teil der Preisveränderung einer Option verantwortlich. Zeit und Volatilität müssen ebenfalls berücksichtigt werden. Wenn wir nur auf die Preisbewegung fixiert sind und die anderen Faktoren außer Acht lassen, kann das zu empfindlichen Verlusten führen. Das gilt selbst dann, wenn wir die Preisbewegung richtig eingeschätzt haben.

Wenn wir Optionen handeln, müssen wir uns angewöhnen, mehrdimensional zu denken. Wir müssen den Faktor Zeit berücksichtigen, denn Optionen haben eine Laufzeit und verfallen danach. Die Zeit hat einen signifikanten Einfluss auf unsere Ergebnisse. Wir müssen die Distanz in die Betrachtung einbeziehen, die der Basiswert gemäß unserer Einschätzung in vorgegebener Zeit zurücklegen wird. Die Aussage, die wir formulieren müssen, lautet nicht nur: »Ich erwarte, dass der Basiswert steigen (beziehungsweise fallen) wird.« Vielmehr ist eine präzisere Aussage nötig, etwa: »Ich erwarte, dass der Basiswert innerhalb dieser Zeit um X Prozent steigen (beziehungsweise fallen) wird.«

Die in diesem Buch erwähnten Strategien sind in ihrer Basisform dargestellt. Es bleibt unserer Kreativität überlassen, sie zu kombinieren oder zu verändern, um sie an unsere Markterwartung anzupassen. Durch Kombinationen können wir neue, komplexe (oder sehr einfache) Risikofunktionen darstellen. Diese können sowohl unserer Marktmeinung als auch unserer Risikoneigung entsprechen. Ich möchte jeden Leser ermutigen, seine Kreativität auszuleben und sich nicht nur auf die dargestellten Basiskonzepte zu beschränken. Experimentieren Sie (gerne im Demo-Konto) herum und finden Sie Ihren persönlichen Stil im Optionshandel, mit dem Sie sich wohlfühlen.

Jede Strategie hat ihre Vor- und Nachteile. Für jeden Vorteil, den wir durch eine Anpassung erreichen, müssen wir einen anderen aufgeben. Es gibt keine objektiv richtige Strategie. Die Wahl basiert vielmehr auf Ihrer persönlichen Markteinschätzung und Ihrer Risikoneigung.

Angenommen, wir haben einen Basiswert gefunden, von dem wir erwarten, dass er steigen wird. Wir haben eine Vielzahl von Möglichkeiten, um ein bullisches Szenario abzubilden: Wir können einen Call kaufen oder einen Debit Spread beziehungsweise Backspread aufsetzen. Wir können den Basiswert erwerben und einen Call dagegen schreiben. Wir können aber auch einen Credit Bull Put Spread oder einen Shortput eingehen und den Zeitwertverfall kapitalisieren. Die Auswahl hängt maßgeblich mit unserer Einschätzung der anderen

Einflussfaktoren zusammen: Sind wir bullisch oder bärisch eingestellt in Bezug auf die implizite Volatilität? Wenn wir einen Grund zu der Annahme haben, dass die Volatilität steigen wird, dann können wir uns auf Strategien konzentrieren, bei denen wir Vega-long, also Netto-Käufer sind. Gehen wir von fallender Volatilität aus, sollten wir Volatilität-short gehen, indem wir Optionen verkaufen. Wahrscheinlich ist es keine allzu gute Idee, einen Straddle einzugehen, wenn wir von fallender Volatilität ausgehen.

Lassen Sie uns den Auswahlprozess also systematisieren und eine Checkliste aufstellen, anhand welcher Kriterien wir den Strategieauswahlprozess objektiv und nachvollziehbar gestalten können. Insgesamt sind es drei Faktoren, über die wir uns eine Meinung bilden müssen:

- Welches ist mein Ziel: Cashflow oder Kapitalzuwachs?
- Wie ist meine Einschätzung in Bezug auf die Kursentwicklung des Basiswertes?
- Wie ist meine Einschätzung in Bezug auf die Entwicklung der impliziten Volatilität?

Sie sehen also: Unsere Aufgabe ist, uns eine Meinung über die zukünftige Preisentwicklung des Basiswertes zu bilden. Die bereits angestellten Überlegungen zur Fundamental- und Chartanalyse sollten uns helfen, diese Meinung zu formen. Wir können bullisch, bärisch oder neutral in Bezug auf die weitere Preisentwicklung sein.

Unsere zweite Aufgabe ist nun, eine Meinung über die implizite Volatilität zu bilden: Sind wir bullisch, bärisch oder neutral auf die Entwicklung der IV? Die im Kapitel über Volatilität angestellten Überlegungen sollten uns helfen, eine Meinung zu bilden.

Immer wieder kommen wir in diesem Entscheidungsprozess zurück auf »die Griechen«, die wir stets betrachten sollten. Haben wir eine Meinung zum Delta (Preisbewegung), Vega (Volatilität) und Theta (Zeitwert), können wir anfangen, eine Strategie auszuwählen. Nehmen wir an, wir haben eine bullische Einschätzung bezüglich eines Basiswertes. Der Preis liegt heute bei $ 50 und wir trauen ihm zu, auf $ 60 zu steigen. Wir können aus dieser Einschätzung ableiten, dass wir uns auf bullische Strategien beschränken sollten. Durch die Betrachtung der Volatilitätscharts sind wir zum Entschluss gekommen, dass die implizite Volatilität steigen wird. Wir können damit die Auswahl auf Strategien beschränken, bei denen wir Netto-Käufer von Calls sind. Es liegt nahe, einen Call long zu gehen.

Nehmen wir nun an, dass die gleichen Bedingungen zutreffen, wir sind bullisch eingestellt in Bezug auf den Basiswert, aber bärisch in Bezug auf die implizite Volatilität. Hier gehen wir davon aus, dass sie fallen wird. Der Entschluss liegt nahe, eine Position einzugehen, die Vega-short ist. Wir sollten darüber nachdenken, einen Put short zu gehen oder einen Credit Spread zu eröffnen.

Es sind insgesamt sechs Bausteine, aus denen sich alle Strategien zusammensetzen:

- den Basiswert kaufen oder verkaufen
- einen Call kaufen oder verkaufen
- einen Put kaufen oder verkaufen

Alle Strategien sind eine Kombination dieser Bausteine. Durch Kombinationen und Veränderungen bilden wir alle erdenklichen Risikoprofile ab. Das gibt uns eine unendliche Anzahl von Kombinationsmöglichkeiten. Der Schlüssel zur Auswahl der richtigen Strategie ist, einen systematischen Ansatz zu haben.

Systematisierung der Strategien

Voraussetzung für die Auswahl einer Strategie ist eine Meinung in Bezug auf die zukünftige Preisentwicklung, die Entwicklung der Volatilität und den Zeitwertverfall. Sind wir in der Lage, eine Aussage zu treffen, und beruht diese Aussage nicht nur auf einem Bauchgefühl, sondern auf objektiven Kriterien, hilft die folgende Tabelle dabei, die Strategie auszusuchen, die unserer Erwartung entspricht.

Wir nutzen die Tabelle folgendermaßen: Zunächst treffen wir eine Entscheidung über unsere Erwartung in Bezug auf die Preisentwicklung. Sind wir sehr bullisch, moderat bullisch, sehr bärisch, moderat bärisch oder marktneutral? Wir können dann entsprechende Strategien aussuchen, die unserer Markteinschätzung entsprechen. Die oberen Strategien können für bullische Markteinschätzung interessant sein.

In der zweiten Spalte suchen wir nach der Strategie, die sich mit unserer Erwartung hinsichtlich der weiteren Entwicklung der impliziten Volatilität deckt. Sind wir zum Beispiel bullisch, was die Preisentwicklung und die Volatilität angeht, sollten wir überlegen, einen Long Call oder Debit Spread aufzusetzen. Gehen wir von steigenden Preisen und sinkender Volatilität aus, würde ein Covered Call, ein Short Put oder Bull Credit Spread unsere Erwartung widerspiegeln. Wir können ebenfalls die Spalte »Zeitwertverfall« zu Rate ziehen, um festzustellen, ob das Theta für oder gegen uns arbeitet. Möchten wir das gerade beschriebene Szenario (steigende Preise, sinkende Volatilität) kapitalisieren und den Zeitwertverfall auf unserer Seite haben, ist der Bull Credit Spread die Strategie unserer Wahl. Dafür müssen wir hinnehmen, dass das Gewinnpotenzial begrenzt ist.

Preisentwicklung	**Impl. Vola**	**mögliche Strategie**	**Zeitwertverfall**	**Gewinn**	**Verlust**
sehr bullisch	neutral	Long Basiswert	neutral	unbegrenzt	unbegrenzt
sehr bullisch	steigt	Long Call	schadet	unbegrenzt	begrenzt
bullisch	steigt	Bull Debit Spread	schadet	begrenzt	begrenzt
moderat bullisch	fällt	Covered Call	hilft	begrenzt	unbegrenzt
schwach bullisch	fällt	Short Put	hilft	begrenzt	unbegrenzt
schwach bullisch	fällt	Bull Credit Spread	hilft	begrenzt	begrenzt
egal	steigt	Strangle/Straddle	schadet	unbegrenzt	begrenzt
neutral	fällt	Iron Condor	hilft	begrenzt	begrenzt
schwach bärisch	fällt	Bear Credit Spread	hilft	begrenzt	begrenzt
schwach bärisch	fällt	Short Call	hilft	begrenzt	unbegrenzt
moderat bärisch	fällt	Covered Put	hilft	begrenzt	unbegrenzt
bärisch	steigt	Bear Debit Spread	schadet	begrenzt	begrenzt
sehr bärisch	steigt	Long Put	schadet	unbegrenzt	begrenzt
sehr bärisch	steigt	Short Basiswert	neutral	unbegrenzt	unbegrenzt

Tab. 19: Prognostizierte Entwicklungen und die dazu passenden Optionsstrategien

Diese Tabelle liefert alle notwendigen Informationen, um eine Vorauswahl zu treffen. Wir können die Auswahl auf zwei bis drei Strategien reduzieren, die wir uns dann anschließend genauer anschauen, um die endgültige Entscheidung zu treffen. Der folgende Abschnitt beschreibt den Auswahlprozess im Detail.

Auswahlprozess

Schauen wir uns zur Verdeutlichung ein Beispiel an. Die folgende Abbildung zeigt den Chart von ULTA Salons (Kürzel ULTA). Wir wollen den Selektionsprozess an diesem Beispiel verdeutlichen.

Abb. 61: Chart von ULTA Salons

Der Preis von ULTA liegt aktuell bei $ 141,96. Nehmen wir an, wir haben eine bullische Einschätzung auf die weitere Kursentwicklung: Der Preis ist von einer Unterstützung abgeprallt, das Marktumfeld ist bullisch, die Fundamentaldaten sind ausgezeichnet. Wir fangen nun an, uns weitere Fragen zu stellen: Wie bullisch ist unsere Einschätzung, stark oder moderat? Welche Meinung haben wir zu den »Griechen«? Nehmen wir an, wir sind moderat bullisch und trauen dem Basiswert zu, innerhalb der nächsten Zeit auf neue Hochs zu steigen.

Im nächsten Schritt bilden wir uns eine Meinung über die weitere Entwicklung der impliziten Volatilität. Das hilft uns bei der Entscheidung, ob wir lieber Netto-Käufer oder Netto-Verkäufer sein wollen. Dazu schauen wir uns den Volatilitätschart auf der Website www.iVolatility.com an. Die implizite Volatilität liegt im oberen Bereich der Range und ist zudem wesentlich höher als die historische. Die Entscheidung liegt nahe, bärisch auf die weitere Entwicklung der impliziten Volatilität zu werden und eine Strategie auszuwählen, bei der wir Vega-short sind, also Optionsverkäufer.

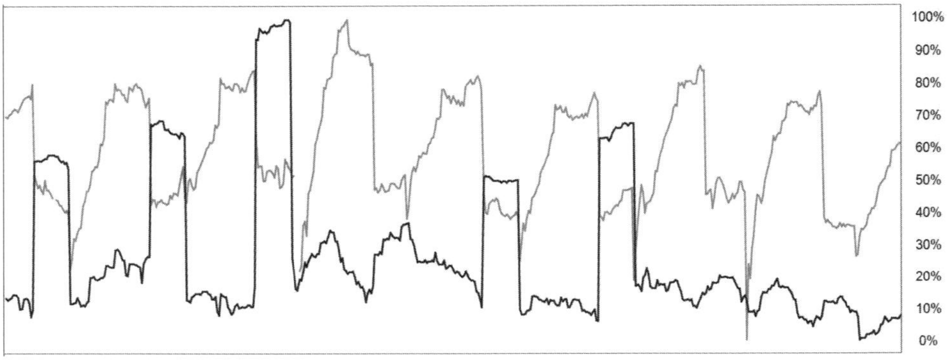

Abb. 62: Historische und implizite Volatilität bei ULTA Salons

Wir haben uns eine Meinung über die weitere Entwicklung der zwei wichtigsten Faktoren gebildet: der Preisrichtung und der impliziten Volatilität. Damit haben wir die Auswahl an möglichen Strategien bereits deutlich reduziert: Wir wollen nur Strategien berücksichtigen, die Delta-long und Vega-short sind. Schauen wir uns die Tabelle an, können wir gemäß diesen Kriterien folgende Strategien als potenziell geeignet identifizieren: Short Put, Covered Call oder Bull Put Credit Spread. Wir schauen uns diese Strategien nun im Detail an.

Die einfachste Strategie, um dieses Szenario zu kapitalisieren, ist, **einen Put zu verkaufen.** Wir müssen nun zwei Entscheidungen treffen: Welche Laufzeit und welchen Strike wollen wir verkaufen? Wir wissen, dass uns die kürzeste Laufzeit den höchsten Zeitwertverfall liefern wird. Den Strike sollten wir hinter den Verteidigungslinien wählen, in diesem Fall unter $ 138. Schauen wir uns die Optionskette für diesen Basiswert an:

Strikes: 6		PUTS						
Exp	Strike	**Bid**	**Ask**	**Delta**	**Gamma**	**Theta**	**Vega**	
							74,64 Prozent (±13,436)	
MAR 15	130	**2,15**	**2,30**	**-,21**	**,02**	**-,27**	**,07**	
MAR 15	135	**3,60**	**3,90**	**-,32**	**,02**	**-,33**	**,08**	
MAR 15	140	**5,50**	**5,90**	**-,43**	**,02**	**-,36**	**,09**	
MAR 15	145	**7,90**	**8,40**	**-,55**	**,02**	**-,35**	**,09**	
MAR 15	150	**10,90**	**12,60**	**-,65**	**,02**	**-,34**	**,08**	
MAR 15	155	**14,00**	**16,50**	**-,76**	**,02**	**-,28**	**,07**	
							43,40 Prozent (±15,78)	
APR 15	130	**2,85**	**3,40**	**-,24**	**,02**	**-,08**	**,14**	
APR 15	135	**4,40**	**5,10**	**-,33**	**,02**	**-,10**	**,16**	
APR 15	140	**6,40**	**6,90**	**-,43**	**,02**	**-,10**	**,18**	
APR 15	145	**8,90**	**9,80**	**-,53**	**,02**	**-,10**	**,18**	
APR 15	150	**11,80**	**13,10**	**-,63**	**,02**	**-,10**	**,17**	
APR 15	155	**14,70**	**17,10**	**-,73**	**,02**	**-,08**	**,15**	
							37,79 Prozent (±22,715)	
JUN 15	130	**5,50**	**6,20**	**-,29**	**,01**	**-,05**	**,26**	
JUN 15	135	**6,90**	**8,30**	**-,36**	**,01**	**-,05**	**,28**	
JUN 15	140	**9,40**	**10,30**	**-,43**	**,01**	**-,05**	**,29**	
JUN 15	145	**11,90**	**12,70**	**-,51**	**,02**	**-,05**	**,30**	
JUN 15	150	**14,30**	**16,10**	**-,58**	**,01**	**-,05**	**,29**	
JUN 15	155	**17,50**	**19,50**	**-,65**	**,01**	**-,05**	**,27**	

Abb. 63: Put-Liste für das beschriebene Szenario

Der nächste Put unter der Unterstützung von $ 138, der aus dem Geld ist, hat einen Strike von $ 135. Entsprechend können wir unseren Fokus auf diesen Strike richten. Welche Laufzeit wählen wir? Nun, als Optionsverkäufer wollen wir die Optionen mit der höchsten impliziten Volatilität verkaufen und den maximalen Zeitwertverfall bekommen. Die Höhe des Zeitwertverfalls wird durch Theta repräsentiert: Je größer das Theta, desto mehr verliert die Option pro Tag (das negative Vorzeichen bedeutet, dass die Option an Zeitwert verliert). Es wird deutlich, dass uns diejenigen Optionen mit dem nächsten Verfall (März) einen viel höheren Zeitwertverfall liefern als diejenigen mit längerer Laufzeit. Wir sehen, dass der März-Put mit Strike $ 135 unseren Zielen entspricht. Unsere Position würde nach dem Verkauf wie folgt aussehen:

	Position	Prämie	Delta	Delta-Position	Vega	Vega-Position	Theta	Theta-Position
ULTA								
Mrz PUT 135	-1	-$ 3,60	-0,32	0,32	0,08	-0,08	-0,33	0,33
Netto-Position		$ 360,00		0,32		-0,08		0,33

Abb. 64: Der Put unserer Wahl im beschriebenen Szenario

Unsere Einnahme aus dem Verkauf des Puts beträgt $ 360. Wie sehen »die Griechen« aus und was sagen sie uns? Das Delta der Position beträgt 0,32. Dieser Wert sagt aus, dass unsere Position für jeden Dollar Anstieg im Basiswert 32 Cent an Wert gewinnt, vorausgesetzt, alles andere bleibt konstant. Da die Option 100 Aktien beinhaltet, wird die Position um $ 32 zulegen, wenn der Basiswert um $ 1 steigt. Das ist gleichzusetzen mit dem Besitz von 32 Aktien, was den gleichen Effekt für unser Depot hätte. Wir dürfen jedoch nicht vergessen, dass sich alle Griechen dynamisch verändern und dass der aktuelle Wert lediglich eine Momentaufnahme ist. So wird das Delta stetig fallen, wenn sich der Kurs von unserem Short Strike wegbewegt und steigt, bis es bei null angekommen ist und wir den Maximalgewinn erreicht haben. (Erinnern wir uns: Das Gewinnpotenzial eines Short Puts ist auf die eingenommene Prämie begrenzt.)

Das Vega der Position liegt bei -0,08. Wir haben als Ziel definiert, Vega-short zu sein, um von der fallenden Volatilität zu profitieren. Was haben wir mit dieser Position erreicht? Fällt die implizite Volatilität um 1 Prozent, gewinnt unsere Position 8 Cent (bei 100 Aktien pro Kontrakt also $ 8). Das Theta der Position ist positiv: Jeder Tag, um den sich die Laufzeit verkürzt, bedeutet eine Einnahme von 33 Cent für uns (bei 100 Aktien pro Kontrakt sind das $ 33). Wir haben ein maximales Einnahmepotenzial von $ 330 und ein unbegrenztes Verlustpotenzial (wenn die Aktie fällt).

Können wir noch besser werden, wenn wir eine andere Strategie anwenden? Lassen Sie uns anschauen, wie die anderen Positionen im Vergleich zu dieser aussehen würden.

Die zweite Möglichkeit, die wir uns anschauen, ist der **Covered Call.** Wir kaufen 100 Aktien und verkaufen einen Call, der aus dem Geld ist. Schauen wir uns also die Optionskette für Calls an:

Delta	Gamma	Theta	Vega	Bid	Ask	Exp	Strike
,78	,02	-,29	,07	13,90	14,70	MAR 15	130
,69	,02	-,33	,08	10,20	11,00	MAR 15	135
,57	,02	-,36	,09	7,30	7,80	MAR 15	140
,45	**,02**	**-,36**	**,09**	**5,10**	**5,40**	MAR 15	145
,33	**,02**	**-,32**	**,08**	**3,10**	**3,40**	MAR 15	150
,23	**,02**	**-,27**	**,07**	**1,95**	**2,10**	MAR 15	155
0							
,76	,02	-,08	,14	14,30	15,80	APR 15	130
,67	,02	-,10	,16	11,60	12,00	APR 15	135
,57	,02	-,10	,18	8,30	9,00	APR 15	140
,46	**,02**	**-,10**	**,18**	**5,90**	**6,50**	APR 15	145
,36	**,02**	**-,10**	**,17**	**4,20**	**4,50**	APR 15	150
,27	**,02**	**-,08**	**,15**	**2,55**	**2,95**	APR 15	155
0							
,71	,01	-,05	,26	17,40	18,60	JUN 15	130
,64	,01	-,05	,28	13,70	15,30	JUN 15	135
,57	**,01**	**-,05**	**,29**	**11,40**	**12,10**	JUN 15	140
,49	**,02**	**-,05**	**,30**	**8,80**	**9,60**	JUN 15	145
,42	**,01**	**-,05**	**,29**	**6,90**	**7,70**	JUN 15	150
,35	,01	-,05	,27	4,90	6,00	JUN 15	155

Abb. 65: Call-Liste für das beschriebene Szenario

Auch hier ist der Zeitwertverfall beim nächsten Verfallstag am höchsten (ob das ein Zufall ist?). Wollen wir den nächsten Strike verkaufen, der aus dem Geld ist, um unsere Einnahmen zu maximieren, ist der März-Call mit Strike $ 145 unser Favorit. Wie sieht unsere Position mit 100 Aktien und Short Call $ 145 aus?

	Position	Prämie	Delta	Delta-Position	Vega	Vega-Position	Theta	Theta-Position
ULTA	1		1	1				
Mrz CALL 145	-1	$ 5,10	0,45	-0,45	0,09	-0,09	-0,36	0,36
Netto-Position		$ 510,00		0,55		-0,09		0,36

Abb. 66: Der Call unserer Wahl im beschriebenen Szenario

Was hat sich verändert? Ein Vergleich zwischen den beiden Positionen macht die Unterschiede deutlich: Wir haben ein höheres Delta von 0,55 statt zuvor 0,32. Die Aktien-Position hat ein Delta von 1 (sie macht die Bewegungen linear mit), von der wir den Short Call abziehen. Wir sind also bullischer positioniert als zuvor. Sollte die Aktie steigen (was unserer Erwartung entspricht), profitieren wir stärker davon. Die Kehrseite ist, dass ein fallender Kurs auch eine stärkere negative Auswirkung auf unsere Position hat.

Das Vega hat sich nicht wesentlich verändert: Wir sind nach wie vor bärisch. Statt -0,08 liegt das Vega nun bei -0,09. Das bedeutet, wir werden etwas mehr profitieren, wenn die implizite Volatilität fällt (der Unterschied ist $ 1 pro Prozentpunkt der IV). Zudem haben wir einen Zugewinn beim Theta: Statt $ 33 pro Tag bekommen wir $ 36 Cashflow pro Tag. Bedeutet das nun, dass wir uns für die zweite Variante entscheiden? Die Kehrseite hierbei ist, dass wir eine höhere Investition eingehen müssen (wir kaufen 100 Aktien des Basiswertes). Halten wir also fest: Der maximale Gewinn bei dieser Variante ist $ 510, der potenzielle Verlust ist allerdings unbegrenzt. Wir wollen uns deshalb noch die dritte Variante anschauen: den Bull Put Spread.

Beim **Bull Put Spread** verkaufen wir einen Put nahe am Geld und kaufen als Absicherung einen Put mit einem Strike, der weiter aus dem Geld ist. Für unser Beispiel ergibt sich daraus folgende Position (wir haben bereits festgestellt, welche Laufzeit uns den höchsten Zeitwertverfall bietet):

	Position	Prämie	Delta	Delta-Position	Vega	Vega-Position	Theta	Theta-Position
Mrz PUT 130	-1	$ 3,60	-0,32	0,32	0,08	-0,08	-0,33	0,33
Mrz PUT 135	1	$ 2,30	-0,21	-0,21	0,07	0,07	-0,27	-0,27
Netto-Position		$ 130,00		0,11		-0,01		0,06

Abb. 67: Bull Put Spread für das beschriebene Szenario

Hat sich etwas verändert? Schauen wir uns die Kennzahlen an: Das Delta ist wesentlich geringer geworden und beträgt nun nur noch 0,11. Die Position ist somit wesentlich weniger anfällig für Preisbewegungen im Basiswert. Wir sind fast neutral in Hinblick auf Kursveränderungen, was die implizite Volatilität anbetrifft, ist das Vega der Position minimal. Auch der Zeitwertverfall hat abgenommen: Die Position hat einen Cashflow von $ 6 pro Tag. Dafür bekommen wir ein wesentlich attraktiveres Risikoprofil: Wir haben einen potenziellen Maximalgewinn von $ 130 und ein maximal mögliches Risiko von $ 370. Stellen wir nun alle relevanten Entscheidungsfaktoren für diese Strategien gegenüber:

	Einnahme	Risiko	Margin	ROI	Delta	Vega	Theta
Short Call	$ 360,00	∞	$ 2484,00	14,49 %	0,32	-0,08	0,33
Covered Call	$ 510,00	∞	$ 3565,00	14,31 %	0,55	-0,09	0,36
Bull Credit Spread	$ 130,00	$ 370,00	$ 370,00	35,14 %	0,11	-0,01	0,06

Abb. 68: Vergleich der drei möglichen Handlungsalternativen

Wahrscheinlich sehen Sie die Situation genau wie ich: Jede Strategie hat Vor- und Nachteile. Richten wir uns ausschließlich nach den Griechen, sollten wir uns für den Covered Call entscheiden: Er bietet das höchste Delta und den höchsten Zeitwertverfall. Auch profitieren wir hierbei am meisten von dem erwarteten Verfall der Volatilität. Der ROI ist vergleichbar mit dem Short Call, aber wir haben noch das zusätzliche Potenzial eines Kapitalgewinnes, wenn unsere Erwartung aufgeht: Wir können zusätzliche $ 304 durch direktionale Gewinne erhalten, wenn wir die Aktie für $ 141,96 kaufen und für $ 145 verkaufen. Allerdings ist uns diese Einnahme nicht sicher, weshalb wir sie zwar im Hinterkopf behalten, aber nicht als gegeben ansehen können. Auf der anderen Seite ist der Kapitalbedarf hier am höchsten und wir müssen uns zusätzlich um das Risiko eines Kursverfalls der Aktie kümmern.

Der Short Put schneidet im Vergleich zum Covered Call schlechter ab: »Die Griechen« sind weniger attraktiv, wir haben einen geringeren Maximalgewinn, das Risiko ist unendlich und auch der Kapitalbedarf ist sehr hoch. Wir brauchen diese Strategie somit nicht weiter in Erwägung zu ziehen. Bleibt noch der Bull Put Spread. »Die Griechen« sind viel kleiner, aber wir haben ein begrenztes Risiko, was den Kapitalbedarf immens senkt. Dadurch steigt der ROI auf mehr als das Doppelte. Und was spricht dagegen, mehrere Spreads zu verkaufen? Damit wir nicht Äpfel mit Birnen vergleichen, können wir die Anzahl der Spreads erhöhen, bis die Kapitalbindung vergleichbar mit der beim Covered Call wird. Das ist ungefähr der Fall, wenn wir 10 Kontrakte statt nur einem handeln. Schauen wir uns die entsprechende Gegenüberstellung an:

	Einnahme	Risiko	Margin	ROI	Delta	Vega	Theta
Covered Call	$ 510,00	∞	$ 3565,00	14,3%	0,55	-0,09	0,36
Bull Credit Spread	$ 1300,00	$ 3700,00	$ 3700,00	35,14%	1,1	-0,10	0,60

Abb. 69:Vergleich von Covered Call und Bull Credit Spread

Der ROI bleibt beim Bull Credit Spread der Gleiche, unabhängig davon, wie viele Kontrakte wir handeln. Alles andere verändert sich jedoch: Wir haben nun ein viel höheres Gewinnpotenzial. Dagegen sieht der Covered Call blass aus (auch wenn wir den möglichen Kapitalzuwachs in den Vergleich einbeziehen). Das Risiko im Spread ist hoch, aber begrenzt. Die Margin-Anforderung ist ungefähr gleich dem Covered Call. Doch sind alle drei Griechen wesentlich besser: Ein höheres Delta bedeutet, dass wir mehr von dem antizipierten Kursanstieg profitieren werden (aber auch stärker getroffen werden, falls der Kurs fällt). Der Zeitwertverfall ist ebenfalls gestiegen: Wir nehmen dadurch pro Tag $ 60 aus der Position ein.

Zurück zu unserer ursprünglichen Frage: Welche Strategie ist die beste? Ich hoffe, dass diese Diskussion deutlich macht: Es kommt darauf an. Die Entscheidung hängt zum einen von Ihren persönlichen Präferenzen ab: Schmeckt Ihnen Pizza oder Pasta besser? Ich weiß, was mir besser schmeckt. Das bedeutet aber lange noch nicht, dass es auch Ihnen am besten munden wird.

Die folgenden Fragen können nur Sie für sich selbst beantworten. Aus den Antworten können Sie ableiten, welche Strategie für Sie persönlich die bessere ist. Wir haben durch diese objektive Analyse zwei mögliche Strategien identifiziert, die unserer Markterwartung entsprechen, nun ist es an Ihnen, die Wahl zu treffen.

- **Ziel:** Welches ist Ihr übergeordnetes Ziel? Cashflow oder Kapitalzuwachs? Wollen Sie vor allem den maximalen ROI erhalten oder wollen Sie Platz für direktionale Gewinne lassen? Je mehr Sie in Richtung maximalen ROI tendieren, desto eher sollten Sie den Spread bevorzugen.

- **Zeithorizont:** Wie langfristig planen Sie? Wollen Sie die Aktie über mehrere Monate, vielleicht sogar Jahre behalten, weil Sie vom Unternehmen überzeugt sind und die Position langfristig als Cash-Cow nutzen? Oder ist es ein kurzfristiger Trade aufgrund der Chartformation? Je längerfristig Sie planen, desto eher sollten Sie sich für den Covered Call entscheiden.

- **Kapitaleinsatz:** Wie viel Kapital haben Sie in Ihrem Depot zur Verfügung und wie viel davon wollen Sie riskieren? Können Sie $ 3500 auf den Tisch legen, um den Covered Call einzugehen, und sind Sie bereit, Verluste zu akzeptieren? Bis zu welchem Niveau? Wie sieht Ihre Absicherungs- beziehungsweise Exit-Strategie aus? Den höchsten ROI bietet uns der Spread. Zudem können Sie Ihr Risiko skalieren, indem Sie einen, zwei, zehn oder hundert Spreads verkaufen.

- **Risikotoleranz:** Sind Sie bereit, Verluste auszusitzen? Sind Sie bereit, der Aktie Platz nach unten zu lassen, oder wollen Sie diese eng absichern? Je längerfristiger Ihr Anlagehorizont, desto wahrscheinlicher sind Sie bereit, Verluste auszusitzen und Prämien einzunehmen. In diesem Fall ist der Covered Call wahrscheinlich die bessere Alternative.

- **Markterwartung:** Wie bullisch sind Sie denn nun wirklich? Wie sicher sind Sie, dass der Kursanstieg tatsächlich kommt? Je bullischer Sie sind, desto eher sollten Sie sich für den Covered Call entscheiden. Der Spread ist die sicherere Variante, denn Sie realisieren den Maximalgewinn auch in dem Fall, dass der Markt nicht steigt und nur seitwärts läuft oder moderat fällt. Zudem bietet er eine eingebaute Absicherung nach unten, falls der Kurs fällt.

Zusammenfassung

Wir haben nun eine Methode, um aus der Vielzahl der verfügbaren Strategien diejenige zu finden, die unserer Markterwartung, dem Risikoappetit und unserer Gesamtstrategie entspricht. Die vorgestellte Methode gibt uns objektive Entscheidungskriterien, aber letzten Endes kommt es auf Ihre Persönlichkeit und Ihre Ziele an. Erinnern Sie sich an die Einleitung zu diesem Kapitel: Es kommt nicht darauf an, alle Strategien ein bisschen zu beherrschen. Es kommt darauf an, einige wenige Strategien sehr gut zu beherrschen und konsequent anzuwenden. Die anderen Strategien behalten wir im Werkzeugkoffer, um notfalls Anpassungen und Reparaturen vorzunehmen.

Ohne eine Empfehlung abzugeben, kann ich von mir persönlich sagen, dass ich ein leidenschaftlicher Credit-Spread-Trader bin. Mein Ziel ist, aus meinem Depot regelmäßigen Cashflow zu generieren, um davon zu leben. Ich mag den hohen ROI und das begrenzte Risiko eines Spreads. Ich muss nicht recht haben, was meine Markteinschätzung betrifft. Ich darf nur nicht komplett danebenliegen. Und falls doch, kann ich den Spread nach vorne rollen und mir dadurch mehr Zeit einkaufen. Ich kann den Spread mit Investitionen in den Basiswert hedgen und zu einem Covered Spread und einer Long-Position verändern. Ich kann zwei Spreads aufsetzen, indem ich einen Iron Condor eingehe und die doppelte Prämie einnehme. Ich kann auch mit Leichtigkeit aus einem Spread einen Backspread machen, indem ich mehr Optionen verkaufe und mein Risikoprofil anpasse.

Für Ihre Entscheidungen möchte ich jedoch keine Empfehlung abgeben, denn sie wird und soll(!) höchst individuell ausfallen. Optionen sind unglaublich flexibel. Es ist schwer, eine eindeutige Empfehlung auszusprechen. Indem Sie mehrere Strategien beherrschen und miteinander vergleichen, können Sie wesentlich flexibler werden und Ihre Erträge maximieren. Wenn Sie aber irgendwo anfangen wollen, können Sie mit den Credit Spreads beginnen und nicht allzu viel falsch machen.

Besuchen Sie unsere Webseite www.optioneniq.com und testen Sie Ihr Wissen, bevor Sie mit den weiteren Kapiteln fortfahren. Sie finden in unserem Portal Anwendungsbeispiele und Schulungsvideos, die Ihr Verständnis vertiefen.

Kapitel 19: Zehn Regeln des Risikomanagements

Wenn wir eine neue Kampfsportart erlernen, etwa Boxen, dann wollen wir meistens zuerst lernen, richtig anzugreifen, um dem Gegner einen K.-o.-Schlag zu verpassen. Das ist in der Tat der aufregende Teil der Ausbildung. Ein guter Trainer wird allerdings damit anfangen, Ihnen zuallererst die Techniken zur Verteidigung beizubringen. Sie trainieren, wie Sie einen Schlag abblocken können. Wenn Sie nicht in der Lage sind, sich zu verteidigen, werden Ihnen die besten Angriffstechniken der Welt nicht viel bringen. Denn Sie werden gar nicht lange genug durchhalten, um Ihren Angriff auszuführen. Die meisten Anfänger übersehen die Bedeutung der Verteidigung. Im Sport sagt man oft: Die Verteidigung macht den Weltmeister aus. Es bringt auch im Fußball wenig, nur Tore schießen zu können. Ist eine Mannschaft nicht in der Lage, das eigene Tor zu verteidigen, und kann die Verteidigung den angreifenden Gegner nicht aufhalten, wird die Mannschaft nicht gewinnen.

Die Bedeutung der Verteidigung ist im Börsenhandel im Allgemeinen und im Optionshandel im Besonderen nicht zu unterschätzen. Anfänger und Profis richten ihr Hauptaugenmerk darauf, Positionen zu eröffnen (Tore zu schießen). Sie übersehen dabei aber die Bedeutung einer guten Verteidigung. Beim Börsenhandel werden wir keine Schläge einstecken müssen, aber wir riskieren unser Kapital. Auf dem Parkett konkurrieren wir mit einer Vielzahl von Marktteilnehmern, die ebenfalls gewinnen wollen. Die Börse ist nichts anderes als eine Umverteilungsmaschine. Stets wird das Geld von den Investoren, die sich nicht zu verteidigen wissen, zu denen umverteilt, die sowohl die Angriffs- als auch die Verteidigungsstrategien beherrschen. Es ist daher eine essenzielle Fähigkeit eines jeden Traders, sein Kapital zu verteidigen. Wenn wir zu viele Verluste zulassen, wird unser Kapital dahinschmelzen. Dann verlieren wir das Spiel. Daher sollten wir als Erstes lernen, uns zu verteidigen, bevor wir in den Ring steigen und angreifen.

In meinen Seminaren zeige ich gerne die folgende Abbildung, welche die Zeiteinteilung von Anfängern und Profis beim Trading darstellt:

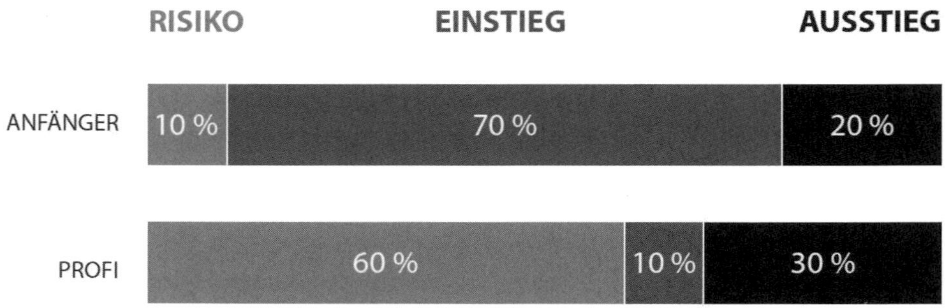

Abb. 70: Zeitaufwand beim Trading. Eigene Darstellung in Anlehnung an: 100 Prozent Trading, GeVestor Financial Publishing Group

Ein Anfänger verbringt am meisten Zeit damit, nach Einstiegsmöglichkeiten zu suchen. Er macht sich ein paar Gedanken um den Ausstieg aus der Position und er bringt nur circa 10 Prozent seiner Zeit für das Risikomanagement auf. Sein Fokus ist darauf gerichtet, den richtigen Schlag zu finden, und nicht darauf, sich zu verteidigen. Ein Profi hingegen verbringt nur 10 Prozent seiner Zeit mit der Suche nach dem Einstieg, dieser wird meistens von seinem Handelssystem nach objektiven Kriterien vorgegeben. Sein Hauptaugenmerk liegt auf dem Risikomanagement: Mindestens 60 Prozent seiner Zeit verbringt er damit. Das tut er nicht, weil er schlecht im Angriff ist, sondern weil er weiß, wie wichtig die Verteidigung für seinen Erfolg ist. Wir wissen, dass Profis meistens erfolgreicher sind als Anfänger. Es ist daher von hoher Bedeutung, dass Sie Ihre Zeit entsprechend einteilen. Verbringen Sie nicht die meiste Zeit damit, nach Einstiegen zu suchen, sondern damit, Ihre Positionen zu verwalten und anzupassen!

Risikomanagement ist eine Disziplin, die jeder Investor intensiv studiert haben muss. Dazu gehören unter anderem Money- und Trade-Management. Zu wissen, wie wir das Risiko in jedem einzelnen Trade und in unserem Gesamtdepot kontrollieren und managen können, ist überlebenswichtig, um das Kapital zu schützen. Viele Teilnehmer meiner Seminare berichten von der Erfahrung, mehrere Trades hintereinander im Gewinn geschlossen zu haben. Das führt oft zu Überheblichkeit und zur Bereitschaft, höhere Risiken einzugehen. Prompt passiert es anschließend häufig, dass die betreffenden Anleger, geblendet von ihren Erfolgen, zu hohe Risiken eingehen, sich quasi zu weit aus der Deckung wagen und schmerzhafte »Schläge« einstecken müssen. Stellen Sie sich vor, in einem Boxkampf für sechs Runden Ihren Gegner erfolgreich in Schach gehalten zu haben. In der nächsten Runde steigen Sie deshalb mit verbundenen Händen und Augen in den Ring, weil Sie an Ihre haushohe Überlegenheit glauben. Damit gelingt es Ihrem Gegner aber garantiert, Sie mit ein paar Schlägen auszuknocken. Wenn Sie das Risikomanagement vernachlässigen, handeln Sie genauso: Sie steigen in den Ring mit verbundenen Händen und Augen.

Ich bin davon überzeugt, dass der Unterschied zwischen Erfolg und Misserfolg auf die Fähigkeit zurückgeführt werden kann, das Risiko zu managen. Ich möchte nicht die Bedeutung der Fundamental- und Chartanalyse infrage stellen. Wollen Sie jedoch langfristig das Spiel mit dem Optionshandel erfolgreich bestreiten, müssen Sie die Prinzipien des Risikomanagements verinnerlicht haben und konsequent anwenden. Als menschliche Wesen tragen wir alle die Emotionen »Angst« und »Gier« in uns. Um diese zu kontrollieren und uns nicht davon blenden zu lassen, brauchen wir ein starres Korsett an Regeln. Diese Regeln sollten wir jedes Mal objektiv anwenden, unabhängig von unserer Laune und der Anzahl vorher gewonnener oder verlorener Trades.

Das Konzept des Risikos

Wenn wir an der Börse Geld verdienen wollen, müssen wir bereit sein, Risiken einzugehen. Es geht allerdings nicht darum, unkontrollierte Risiken einzugehen, sondern eben darum, das Risiko zu managen und zu steuern. Erinnern wir uns an das alte Klischee: Es braucht Geld, um Geld zu machen. Wir müssen unser Kapital aufs Spiel setzen, um Trades einzugehen und die Belohnung zu erhalten. Die Belohnung ist quasi der Anreiz, die Risiken überhaupt einzugehen. Jeder gute Investor sollte in erster Linie ein guter Risikomanager sein. Das ist die Erfolgsformel der Börse. Wir müssen wissen, wie hoch unser Risiko ist und wie hoch die potenzielle Belohnung, bevor wir einen Trade eingehen. Haben wir zwei Investitionsgelegenheiten, welche die gleiche Belohnung versprechen, aber unterschiedliche Risiken mit sich bringen, werden wir intuitiv die Alternative mit dem geringeren Risiko wählen. Das in diesem Buch oft angesprochene Konzept, Risiken und Gelegenheiten miteinander zu vergleichen, ist der Return on Investment. Wir haben gelernt, diejenigen Trades auszuwählen, die den attraktiveren ROI haben. Im Folgenden schauen wir uns die wichtigsten Regeln eines guten Risikomanagements an:

Regel 1: Das maximale Verlustrisiko vor dem Trade bestimmen

Wir müssen in der Lage sein, die wichtigsten Kennzahlen des möglichen Trades zu bestimmen, das maximale Risiko und den (realistisch) möglichen Gewinn sowie die Break-even-Punkte, ab denen wir im Gewinn und Verlust sind. Diese Informationen vor dem Trade zu bestimmen, sollte zu unserem Mantra werden, sollte uns in Fleisch und Blut übergehen. Ich empfehle jedem angehenden Investor, zuerst das Risiko zu bestimmen und dann erst den möglichen Gewinn einzuschätzen. Das hilft, auf dem Boden zu bleiben und nicht von den Möglichkeiten geblendet zu werden, die der Trade bietet.

Regel 2: Sich selbst in erster Linie als Risikomanager verstehen

Die meisten Anleger denken zuerst an den möglichen Gewinn, den sie aus einem Trade mitnehmen können. Sie vergessen, dass sie Geld riskieren müssen, um zu gewinnen. So finden zum Beispiel viele Investoren den Gedanken verführerisch, Optionen nackt zu verkaufen, denn sie können sofort eine hohe Optionsprämie einstecken. Sie werden geblendet von ihrer Gier und vergessen, an die erheblichen Risiken zu denken, die der nackte Optionsverkauf mit sich bringt. Gier trübt ihre Wahrnehmung bezüglich Risiken, was zu teuren Fehlern führen kann. Wenn Sie nur auf die möglichen Gewinne schauen, werden Sie eine teure Lektion lernen müssen, die Ihnen möglicherweise den Spaß an der Strategie gehörig vermiest beziehungsweise Sie finanziell hart trifft.

Schauen Sie sich zuallererst an, wie viel Geld Sie in dem Trade verlieren können. Das wird Sie in die richtige mentale Verfassung eines Risikomanagers bringen. Nachdem Sie festgestellt haben, wie hoch Ihr Risiko ist, können Sie eine klare Entscheidung treffen, ob Sie bereit sind, dieses Risiko zu akzeptieren. Das wird Sie in die Lage versetzen, Entscheidungen zu treffen, die nicht auf ungezügelter Gier basieren, und Ihnen erlauben, das Risiko zu quantifizieren und zu kontrollieren.

Bei der Analyse einzelner Strategien haben wir festgehalten, wie hoch das maximale Risiko ist. In einzelnen Strategien haben wir unbegrenztes Verlustpotenzial, das wir durch Stops begrenzen können. Bitte handeln Sie sorgfältig, was Ihre Risikobegrenzung mit Stops betrifft. Es reicht nicht zu sagen: »Wenn der Preis gegen meine Position läuft, werde ich rechtzeitig aussteigen.« Definieren Sie *vor* jedem Trade, wo Ihre maximale Schmerzgrenze liegt und wie Sie handeln werden, wenn diese erreicht ist. Der schlimmste Fehler, den ein Anleger machen kann, ist, emotional an die Position gebunden zu sein. Läuft der Kurs gegen den Trade, wird ein solcher Anleger nicht bereit sein, rechtzeitig auszusteigen. Er wird den Stop-Loss absenken und dem Trade immer mehr Platz einräumen, sich doch noch entsprechend seiner (trügerischen) Hoffnung zu entwickeln. Eine solche Vorgehensweise führt unweigerlich zu hohen Verlusten und kann das gesamte Depot gefährden. Es sind genug Geschichten bekannt, bei denen das Ego eines einzelnen institutionellen Traders seinem Arbeitgeber enorme Verluste bescherte und die gesamte Bank zu Fall brachte. Und das nur, weil er sich weigerte, den Verlust zu begrenzen.

Bevor wir uns der weiteren Betrachtung des Risikomanagements widmen, sollten wir uns mit dem Konzept der »Belohnung« auseinandersetzen. Die »Belohnung« ist schlussendlich dafür verantwortlich, dass wir überhaupt an die Märkte gehen und Risiken akzeptieren. Diese Belohnung ist ebenfalls dafür verantwortlich, dass rationale, vorsichtige Menschen ihr Hab und Gut aufs Spiel setzen, um sie zu erhalten. Es ist daher von äußerster Wichtigkeit, dass wir die Mythen rund um das Thema »Belohnung« entzaubern und einen klaren Blick auf die Möglichkeiten entwickeln, die uns der Handel mit Optionen wirklich bietet.

Regel 3: Den Optionshandel nicht als »Werde über Nacht reich«-Strategie sehen

Der potenzielle Ertrag aus dem Optionshandel ist enorm, jedoch sollten wir uns davon nicht blenden lassen. Beim Optionshandel geht es nicht darum, möglichst schnell möglichst viel Geld zu erspielen. Dafür sind Casinos besser geeignet. Falls Sie in sich den Drang nach Adrenalin verspüren, sollten Sie ein solches Haus aufsuchen – Sie werden in viel gepflegterer Umgebung agieren und auch von vornherein wissen, wie hoch Ihr Budget für den Abend ist. Wenn Sie mit dem Ziel an die Börse gehen, möglichst schnell möglichst viel zu verdienen, werden Sie von Ihren Emotionen geblendet. Sie werden dann von Gier geleitet anstatt von sachlichen Risikoanalysen. Sie werden nachlässig, wenn es darum geht, einen guten Basiswert und eine gute Strategie auszuwählen. Denn Sie sind auf der Suche nach dem nächsten Trade, der Ihnen den erwarteten Gewinn bescheren soll. Sie missachten Ihre eigenen Regeln und nehmen zu viel Risiko auf sich, um mehr Gewinne zu machen, was nur zu größeren Verlusten führt. Insbesondere wenn Sie mit diesem Ansatz einen Gewinn verbuchen konnten, werden Sie gewillt sein, mehr zu riskieren, und am Ende alles verlieren. Planen Sie daher langfristig und setzen Sie sich realistische Ziele!

Regel 4: Investieren ist ein Marathon und kein Sprint

Die Wahrheit über Belohnung ist, dass wir für unsere Arbeit und unsere Zeit belohnt werden. Es ist einfach unrealistisch anzunehmen, dass wir aus $ 1000 innerhalb eines Jahres $ 100.000 machen können. Wir sollten daher einen realistischen Plan haben, welchen Gewinn wir in welchem Zeitraum erarbeiten können. Mit Optionen Geld zu verdienen, setzt eine Menge Disziplin und Engagement voraus. In Optionen zu investieren, kommt der Gründung eines Unternehmens gleich. In der Gründungsphase braucht es Energie und Arbeitseinsatz, um das Unternehmen aufzubauen und in die Gewinnzone zu führen. Die Anfänge, ob im Unternehmertum oder im Trading, können daher oft frustrierend sein. Es verlangt eine Menge Eigenmotivation und Überzeugung, um durchzuhalten und das Notwendige zu tun, auch wenn sich zunächst keine Erfolge einstellen. Wenn Sie jedoch Durchhaltevermögen und Charakterstärke mitbringen und bereit sind, die Gründungsphase durchzuhalten, werden Sie später reichlich belohnt.

Das Konzept des Risikomanagements

Nachdem wir uns mit der Bedeutung der Belohnung und des Risikos für unser Trading auseinandergesetzt haben, können wir verstehen, warum Risikomanagement essenziell für unseren Trading-Erfolg ist. Optionen sind ein exzellentes Instrument zum Traden und erlauben uns, das Maß des eingegangenen Risikos exakt zu bestimmen und anzupassen. Wir können uns entscheiden, welche Risiken wir bereit sind zu tragen, welche wir ins Portfolio einkaufen (indem wir Preisgarantien abgeben) und welche Risiken wir verkaufen (indem wir uns Rechte einkaufen). Bevor wir eine Position eingehen, müssen wir uns im Klaren darüber sein, welche Risiken wir eingehen und wie hoch diese sind.

Während der erste Schritt darin besteht, das eingegangene Risiko genau zu kalkulieren, ist der nächste Schritt, sich eine Strategie zu überlegen, wie wir aus dem Trade aussteigen, falls er gegen uns läuft. Zwar wollen wir, dass jede Position, die wir eingehen, Gewinne bringt. Es wird aber unweigerlich dazu kommen, dass die Märkte einem anderen Plan folgen als wir. Folglich brauchen wir eine Exit-Strategie, die auf dem Preis des Basiswertes, auf der Kursveränderung unserer Positionen und auf unserer maximalen Verlusttoleranz basiert. Diese Parameter geben vor, wann wir den Trade schließen, wenn er gegen uns läuft. Unsere nächste Regel ist demnach nur folgerichtig.

Regel 5: Für jede einzelne Position die Ausstiegsstrategie definieren

Fangen wir erst an, uns Überlegungen zur Ausstiegsstrategie zu machen, wenn wir bereits in der Position sind, laufen wir Gefahr, emotionale Aspekte in unsere Entscheidung einfließen zu lassen. Wir sind bereits emotional an die Position gebunden und es wird uns schwerfallen, objektiv zu bleiben. Wenn Sie Ihre Exit-Strategie vor dem Trade ausgearbeitet haben, dann treffen Sie Entscheidungen, bevor Ihr Geld im Risiko ist und Ihre Wahrnehmung emotional getrübt wurde. Indem wir unsere Strategie im Voraus ausarbeiten, treffen wir sachliche Entscheidungen zum maximalen Risiko der Position. Warten wir hingegen, bis die Position an Wert verliert, sind wir den Emotionen Angst oder Frust ausgesetzt und können Fehler machen oder falsche Entscheidungen treffen.

»Die Aktie muss sich erholen und wieder steigen, sie kann nicht einfach fallen«, »Der Wert wird sich erholen und so lange bleibe ich in der Position«. Wenn ich diese Sätze von Anfängern höre, dann weiß ich, wie es um ihre Erfolgsaussichten bestellt ist. Wir nennen diese Haltung auch den »Kontrollverlust«, denn in dieser Situation haben wir die Kontrolle über den Trade verloren. Vielmehr kontrolliert der Trade uns. Wir weigern uns, die Position zu schließen und den Verlust zu begrenzen, weil wir in der trügerischen Hoffnung gefangen sind, dass der Basiswert sich erholt. Wir tun dann gar nichts, missachten das maximale Risiko und verlieren noch mehr Geld. Die Aktie hat nicht die Verpflichtung, wieder zu steigen, nur weil wir sie halten oder weil wir das so zusammenanalysiert haben. Diese Denkweise ist falsch. Und sie führt gleich zur nächsten Regel.

Regel 6: Laufend auf den Markt achten

Wenn unsere Aktie oder Options-Position an Wert verliert, sind wir in der Hitze des Gefechts. Wir können kaum mehr eine rationale Entscheidung hinsichtlich unseres Risikomanagements treffen. Unsere Wahrnehmung ist verzerrt, weil wir Geld verlieren und verzweifelt nach Zeichen Ausschau halten, dass sich die Situation ändert. Wir werden dann Zeichen entdecken, die gar nicht da sind, aber die Erwartungshaltung untermauern. Die Psychologie nennt dieses Phänomen »selektive Wahrnehmung«: Wir sehen immer (nur) das, was unsere Meinung untermauert.

Sagt uns der Markt, dass der Preis unserer Aktie fällt, wird es unser Wunsch sein, dadurch kein Geld zu verlieren. Wir werden daher offensichtliche Signale ignorieren. Daher kann es nicht oft genug gesagt werden: Wir brauchen eine objektive Exit-Strategie, bevor wir den Trade eingehen. Dadurch können wir die Verluste jeder einzelnen Position begrenzen und verhindern, dass ein einziger Trade die Bemühungen von vielen Wochen oder Monaten zunichtemacht. Damit das funktioniert, ist eine weitere Regel essenziell.

Regel 7: Mit Disziplin am ursprünglichen Trading-Plan festhalten und nur gemäß objektiven Kriterien Veränderungen vornehmen

Eine Entscheidung, den ursprünglichen Plan zu verändern, kann durchaus gerechtfertigt sein. Entwickelt sich der Markt anders, als ursprünglich geplant, können wir mit Positionsanpassungen auf die Marktveränderungen reagieren. So weit, so gut. Die Gefahr dabei ist, emotional basierte Entscheidungen zu treffen, die nicht auf rationalen Überlegungen beruhen. Wir sollten daher niemals den ursprünglichen Ausstiegspunkt infrage stellen und das maximale Risiko erhöhen. Vielmehr zielen alle Anpassungen und Reparaturen darauf ab, das Risiko zu senken oder den Gewinn zu erhöhen.

Die Anpassungen der Position sollten aus objektiven Ereignissen im Markt abgeleitet werden und schon vor dem Trade definiert werden. Wir können eine Entscheidung treffen. Zum Beispiel: »Bricht die Aktie aus der Chartformation XY aus, ist das ein bullisches Signal. Entsprechend passen wir unsere Positionierung von marktneutral zu bullisch an, indem wir weitere Calls long gehen.« Diese Überlegungen basieren auf objektiven Faktoren und können uns helfen, die Ergebnisse unseres Handelns zu verbessern. Hingegen sind Sätze tabu, die in etwa so klingen: »Sollte der Preis fallen, werde ich der Aktie mehr Platz einräumen, weil ich davon ausgehe, dass der Preisverfall nur temporär ist.« Das führt uns direkt zu der nächsten Regel.

Regel 8: Objektive Wenn-dann-Bedingungen aufstellen

Versuchen Sie nicht, schlauer als der Markt zu sein oder sich gar gegen den Markt zu stellen. Er wird Sie überrollen. Es ist niemals ratsam, sich gegen jemanden zu stellen, der viel stärker ist. Wir müssen daher lernen, mit dem Markt zu schwingen und seine Verfassung zu verstehen. Eine große Hilfe dabei sind Wenn-dann-Bedingungen. Stop-Market-Orders sind klassische Wenn-dann-Bedingungen: »*Wenn* der Preis über $ 50 steigt, *dann* kaufe 100 Aktien.« Ich arbeite fast ausschließlich mit Stop-Market-Orders, weil ich mir eine Bestätigung vom Markt holen möchte, bevor ich eine Position eröffne.

Wir haben unsere Analysen angestellt, haben uns fundamental- und charttechnisch eine Meinung gebildet und sind zum Entschluss gekommen: Die Wahrscheinlichkeit ist hoch, dass der Kurs steigen wird. Statt nun das eigene Ego spielen zu lassen (»Meine Analyse ist schon richtig«) und sofort in den Markt einzusteigen, können wir abwarten, ob der Markt bei unserer Erwartung mitmacht. Wir holen uns eine Bestätigung von der Kursentwicklung. Wenn unsere Analyse richtig war, sind wir in der Position. Wenn wir hingegen falsch lagen und der Preis in die andere Richtung läuft, wird der Trade erst gar nicht eröffnet und wir haben auch keine Verluste. Mit Stop-Orders zu arbeiten und uns eine weitere Bestätigung zu holen, ist ein sehr effektives Risikomanagement-Tool. Es hält uns aus Fehlanalysen heraus und senkt die Anzahl der Verlustpositionen.

Regel 9: Einen Plan entwickeln, um Gewinne mitzunehmen

Wir gehen einen Trade ein, um Gewinne zu machen. Wir machen uns intensive Gedanken über unser Risikomanagement, den maximalen Verlust und den Ausstiegspunkt, wenn die Kurse gegen uns laufen. Das sind wichtige Voraussetzungen für Erfolg, zweifelsohne. Aber haben wir einen Plan, wie und wann wir Gewinne mitnehmen, wenn der Trade aufgeht? Wann werden Sie die Position schließen? Wie lange planen Sie, sie zu halten? Viele Trader haben zwar einen Plan für den Ausstieg im Verlustfall, aber nicht im Gewinnfall. Wie können wir dann wissen, wann wir die Gewinne mitnehmen, wann der richtige Zeitpunkt für den Ausstieg gekommen ist? Die meisten Trader scheitern tatsächlich daran. Sie steigen entweder zu früh aus der Position aus, weil sie Angst haben, die Gewinne wieder abgeben zu müssen. Oder sie verbleiben zu lange in der Position, nur um zuzuschauen, wie die Gewinne wieder wegschmelzen.

Die meisten Anleger tendieren dazu, einfach nur zu kaufen und zu halten, ohne eine klare Strategie für Gewinnmitnahmen zu haben. Vielleicht haben Sie das im Casino beobachtet: Ein Spieler, der im Gewinn ist, wird sich sehr schwertun aufzuhören und die vermeintliche »Gewinnserie« zu beenden. Er wird weiter zocken, bis er seine Gewinne vollständig wieder abgegeben hat. Gutes Risikomanagement beinhaltet folglich auch die Überlegungen zu Gewinnmitnahmen.

Wenn wir keinen klaren Plan für Gewinnmitnahmen haben, ist das ein Indiz dafür, dass wir keine klaren Vorstellungen über die erwartete Bewegung haben. Wir erwarten, dass die Aktie oder Option im Wert steigt, aber keine Aktie steigt unendlich weit. Haben wir keine klaren Vorstellungen darüber, wird es uns sehr schwerfallen, einen guten Ausstiegszeitpunkt zu finden. Wir werden entweder zu früh aussteigen und unsere Gewinne unnötig begrenzen oder zu lange bleiben und unsere Rendite nachteilig beeinflussen. Wir müssen daher die Gewinne genauso managen wie die Verluste.

Bevor wir den Trade eingehen, entwickeln wir also einen Plan über die erwarteten Gewinne. Wenn das Ziel erreicht ist, können wir die Position schließen. Wir können das Gewinnziel von der Charttechnik ableiten oder in Prozent unseres Risikos ausdrücken. Eine weitverbreitete Strategie besteht darin, eine Hälfte der Position zu schließen, wenn das erste Gewinnziel erreicht worden ist. Ein solches Gewinnziel kann sein, das Risiko in der verbleibenden Position zu refinanzieren. Haben wir so viel verdient, wie unser Restrisiko in der verbleibenden Position ist, haben wir eine Position, die nicht mehr verlieren kann. Der sogenannte »Risk Free Trade« erlaubt es uns, ohne weitere Risiken in der Position zu verbleiben, falls wir dem Basiswert weiteres Potenzial einräumen. Ein gutes Konzept!

Regel 10: Gewinne durch Trade-Anpassungen maximieren

Mögliche Trade-Anpassungen sollten wir ebenfalls vor dem Trade definieren. Haben wir Möglichkeiten, unseren Gewinn zu erhöhen, wenn die Bedingung X eintritt? Was machen wir, wenn der Preis um xy Prozent steigt oder einen Widerstand überwindet? Wollen wir die Position ausbauen, die Strategie anpassen, weiteres Geld in die Position investieren? Wir haben im zweiten Abschnitt die verschiedensten Anpassungsmöglichkeiten zu den einzelnen Strategien diskutiert. Diese Anpassungen haben das Ziel, das Risiko zu senken oder den Gewinn mitzunehmen. Überlegungen vor dem Trade helfen uns, die Möglichkeiten zu erkennen, die uns die Position auch bei veränderten Szenarien bietet. Wie schon diskutiert, werden Sie kaum einen klaren, kühlen Kopf bewahren, wenn Sie bereits in der Position sind. Studieren Sie daher intensiv die vorgestellten Anpassungsmöglichkeiten und stellen Sie Ihren persönlichen Spielplan auf, der Ihren Vorstellungen entspricht.

Zusammenfassung

Risikomanagement ist eine der zentralen Aufgaben jedes Traders. Wir müssen unser Risiko kontrollieren oder es wird uns kontrollieren. Kapitalerhalt geht vor Kapitalzuwachs. Wir müssen immer sicherstellen, dass wir nicht in eine Situation geraten, in der die Verluste größer werden als geplant. Große Verluste sind sowohl psychologisch als auch finanziell eine Belastung und können unser Trading-Business schlagartig vernichten.

Als Trader müssen wir Risiken eingehen. Wir können diese Risiken aber beherrschen, indem wir vor dem Trade eine Strategie ausarbeiten und diese einhalten. Indem wir vor dem Trade Klarheit über das maximale Risiko, unser Gewinnziel und mögliche Anpassungsstrategien haben, vermeiden wir überschnelle Entscheidungen im Gefecht. Durch Wenn-dann-Bedingungen holen wir uns eine Bestätigung vom Markt. Dadurch vermeiden wir, gegen den Strom zu schwimmen. Indem wir ein offenes Ohr für die Marktstimmung haben und unsere Strategie entsprechend anpassen, können wir Risiken senken und Gewinne erhöhen.

Besuchen Sie unsere Webseite www.optioneniq.com und testen Sie Ihr Wissen, bevor Sie mit den weiteren Kapiteln fortfahren. Sie finden in unserem Portal Anwendungsbeispiele und Schulungsvideos, die Ihr Verständnis vertiefen.

Kapitel 20: Schritt für Schritt – die Entwicklung eines Trading-Plans

Nachdem wir ein Verständnis für die Bedeutung von Risikomanagement und Trading-Strategie entwickelt haben, werden wir uns eine Formel anschauen. Diese Formel haben wir bei der Trader IQ entwickelt, um unseren Studenten eine Systematik an die Hand zu geben, mit der sie ihre Trades planen und ausführen können. Das System besteht aus sieben Schritten, die einer nach dem anderen abgearbeitet werden können. Nachfolgend sehen Sie das System grafisch dargestellt:

Abb. 71: Vorgehen von der Eröffnung bis zur Schließung eines Trades

Schritt 1: Anlageziel definieren

Ein alter Spruch unter Seefahrern sagt »Wenn Sie kein Ziel haben, ist kein Wind der richtige.« Bevor wir also die Segel setzen, müssen wir uns über unser Ziel für den Trade im Klaren sein. Suchen wir nach einer Kapitalzuwachsmöglichkeit oder wollen wir möglichst attraktives Cashflow-Kapital? Wie hoch soll die Rendite sein? Wie lang ist unser Anlagehorizont? Es macht einen großen Unterscheid, ob Sie einen Basiswert für Covered Calls suchen, den Sie über einen längeren Zeitraum als Investor halten wollen, oder ob es ein kurzfristiger Trade sein soll, zum Beispiel ein Spread. Sind wir als Investoren unterwegs, planen wir üblicherweise, den Basiswert zu halten. Dann spielen fundamentale Überlegungen eine große Rolle. Dividendenzahlungen und langfristige Wachstumsaussichten sollten in diesem Fall in unsere Entscheidung einfließen. Der Anlagehorizont wird ebenfalls eine Rolle bei der Auswahl der Laufzeiten spielen.

»If you fail to plan, you plan to fail«, sagen die Amerikaner, was frei übersetzt bedeutet: »Wenn du keinen Plan hast, hast du schon verloren.« Ein Hilfsmittel für die Bestimmung des Anlageziels kann unsere persönliche Einkommensbilanz sein. Es können aber auch unsere Ziele sein, die wir schriftlich ausformuliert haben. Oder es kann eine Mindestrenditeerwartung an das Depot sein.

Schritt 2: Geeigneten Basiswert bestimmen

Nachdem wir das Anlageziel definiert haben, geht es darum, den besten Basiswert für dieses Ziel zu finden. Uns stehen Tausende von unterschiedlichen Aktien zur Verfügung, auch Rohstoffe, Indexe und Währungsrelationen könnten geeignet sein, um unser Ziel zu erreichen. Suchen wir nach Kandidaten für einen marktneutralen Trade? Oder suchen wir nach Trendaktien, deren Bewegung wir mit Optionskäufen kapitalisieren wollen?

In dieser Phase kommen die Fundamental- und die Charttechnik zum Einsatz. Wie ist es um die Fundamentaldaten eines potenziellen Kandidaten bestellt? Entsprechen die Kennzahlen meinen Vorstellungen für ein langfristiges Investment? Sind die Aktien bereits teuer oder noch günstig? Die Fundamentalanalyse wird uns verraten, was wahrscheinlich langfristig mit dem Unternehmen passieren wird. Sie sagt aber wenig über das Momentum der Aktie, über die kurzfristigen Kursbewegungen und deren Dynamik aus. Hier kommt die Charttechnik zum Einsatz.

Wie sieht der Chart aus? Haben wir einen Trend? In welche Richtung könnte sich der Preis des Basiswertes entwickeln? Warum erwarten wir eine Bewegung in eine bestimmte Richtung? Wie schnell wird diese Bewegung stattfinden? Die Charttechnik liefert uns Antworten auf diese Fragen. Wir sollten diese Fragen klar beantwortet haben, bevor wir zum nächsten Schritt übergehen. Eine Regel, die ich sehr früh gelernt habe, lautet: »Wenn es nicht klar ist, ist es nicht da.« Es hilft nichts, aus einem Chart Signale herauszupressen, die nicht da sind, nur weil wir den Basiswert mögen. Treffen Sie eine nüchterne Analyse über die mögliche weitere Entwicklung des Preises und suchen Sie dann die für diese Erwartung angemessene Strategie.

Als Optionshändler sollten wir auch einen Blick auf die Liquidität der Optionen auf diesen Basiswert werfen. Stehen überhaupt Optionen für den Basiswert zur Verfügung? Gibt es auch wöchentliche Optionen? Wie groß ist der Bid/Ask-Spread? Können wir den Trade wieder günstig schließen, falls unsere Einschätzung sich als falsch herausstellt? Haben wir genug Liquidität im Markt, ist der Open Interest hoch genug? Wie hoch ist das Handelsvolumen dieser Optionen? Mit welchem Strike-Abstand werden die Optionen angeboten und passt dieser Abstand zu unserem Risikomanagement? Bei Aktien, die über \$ 100 kosten, ist es nicht unüblich, dass die Strikes \$ 2,5 oder \$ 5 auseinanderliegen. Wenn wir einen Credit Spread auf einem Basiswert konstruieren wollen, der auf einen Strike-Abstand von \$ 5 bei Optionen setzt, müssen wir bereit sein, mindestens \$ 500 zu riskieren, um die Position einzugehen. Passt das dann noch zu unserem maximalen Risiko pro Trade?

Die Auswahl von geeigneten Basiswerten ist mitunter eine der zeitintensivsten Aufgaben beim Optionshandel. Oft genug müssen wir an dieser Stelle abbrechen und einen interessanten Basiswert verwerfen, weil eine der Bedingungen nicht erfüllt ist. Die Suche nach einem geeigneten Basiswert kommt der Suche nach einem Lebenspartner gleich: Ein guter Partner ist schwer zu finden, und wenn wir ihn gefunden haben, wollen wir ihn nie wieder loslassen. Eine gute Watchlist kann uns das Leben wesentlich erleichtern: Haben wir einen guten Basiswert gefunden, sollten wir ihn nicht wieder gehen lassen, sondern immer wieder prüfen, wie es um ihn steht. Beobachtet man Profis über einen längeren Zeitraum, so stellt man fest, dass sie nicht ständig ihre Partner wechseln. Sie haben einige gute Basiswerte identifiziert, mit denen sie sich intensiv beschäftigen. Sie kennen ihre Fundamentaldaten und das Preisverhalten, sie kennen sich sozusagen mit der Persönlichkeit der Aktie aus. Immer wieder platzieren sie Trades auf den betreffenden Basiswert und streichen ihre Gewinne auch darum ein, weil sie ihren Partner gut kennen.

Schritt 3: Strategie auswählen

Wir haben jetzt einen Basiswert identifiziert, der unseren Vorstellungen über einen guten Partner entspricht. Wir haben uns außerdem eine Meinung über die zukünftige Preisentwicklung gebildet und über die Zeitebene, auf der wir handeln wollen. Jetzt können wir eine Strategie auswählen, die dieser Einschätzung entspricht. Im Kapitel »Strategieauswahl« haben Sie viele Informationen erhalten, welche Kriterien für die Wahl der Strategie entscheidend sind und welches Vorgehen sich empfiehlt, um zu der Strategie zu finden, die den eigenen Vorstellungen am besten entspricht. Die Überlegungen zur Preisbewegung, der Entwicklung der impliziten Volatilität und des Zeitwertverfalls haben wir ausführlich diskutiert.

Eine große Rolle bei der Auswahl der Strategie spielt aber auch die Depotzusammensetzung: Haben wir bereits viele Covered-Call-Positionen im Depot, ist es ratsam, nach Spread-Gelegenheiten Ausschau zu halten – und umgekehrt. Wie sieht die Gesamtdepotpositionierung aus? Wie steht es um die einzelnen »Griechen«? Es empfiehlt sich, unterschiedliche Strategien im Depot zu mischen, um dadurch eine Diversifikation zu erreichen (vgl. Kapitel 21, Portfoliomanagement).

Schritt 4: Trade-Management ausformulieren

Unsere Aufgabe ist es als Nächstes, Überlegungen zum Preisverhalten des Basiswertes anzustellen und die Ein- und Ausstiegspunkte zu definieren. Wann steigen wir in die Position ein, welche Bedingungen müssen dafür erfüllt sein? Haben wir die Wenn-dann-Bedingungen ausformuliert, um den Trade zu eröffnen und zu schließen? Wo ist der Break-even-Punkt der Position und wann steigen wir aus der Position im Gewinn- oder Verlustfall aus? Diese Informationen lassen sich aus dem Chart und unserem Risikomanagement ableiten. An welchem Punkt ist unser maximaler Verlust erreicht und wo wird der Trade im schlimmsten Fall geschlossen? Haben wir eine Möglichkeit, den Trade anzupassen, wenn der Markt nicht in die geplante Richtung läuft?

Wir haben gesehen, wie wichtig es ist, vor dem Trade entsprechende Überlegungen zur Anpassung des Trades anzustellen. Diese Überlegungen sollten Sie schriftlich ausformulieren. Das zwingt Sie zur Disziplin. Aber: Die besten Regeln helfen nichts, wenn Sie sich nicht daran halten. Und die besten Trade-Management-Überlegungen helfen Ihnen nicht weiter, wenn Sie sich nicht daran halten oder wenn Sie es versäumen, sie vor dem Trade auf Papier festzuhalten. Gehen Sie verantwortungsbewusst mit Ihren Plänen um. Lassen Sie sich nicht von Ihren Emotionen beeinflussen. Formulieren Sie schriftlich, wie Ihr Management aussieht, falls der Markt in die eine oder andere Richtung läuft.

Schritt 5: Trade eingehen

Vielleicht wundert es Sie, dass wir diesen Punkt separat besprechen. Das ist doch der einfachste Teil, sollte man meinen! Ich habe schon viele Trader gesehen, die ihre Analysen äußerst sorgfältig anstellen, einen Plan ausarbeiten und dann an der Umsetzung scheitern! Hier spielt die Psychologie eine große Rolle, denn um eine Position zu eröffnen reicht es nicht, die Analysen sorgfältig durchzuarbeiten. Es gibt jede Menge Analysten und Börsenkommentatoren, die eine sehr fundierte Meinung haben, aber selbst nie einen Trade eingehen. Um einen Trade einzugehen, müssen Sie den Mut aufbringen, den Knopf zu drücken und ins kalte Wasser zu springen. Sind Sie bereit, Ihr Geld aufs Spiel zu setzen?

In Coachings mit meinen Studenten sehe ich ab und zu den Fall, dass ein Student alles richtig macht, aber keine Belohnung für seine Mühen bekommt, weil er nicht scharf schießt. Er ist von Zweifeln geplagt und überlegt immer wieder, was alles schiefgehen könnte. Tatsächlich kann man jede gute Idee schlechtreden. Es finden sich für jeden Trade genug Gegenargumente, um ihn nicht einzugehen. Ich muss gestehen, dass ich auch nicht frei von solchen Patzern bin. Ab und zu passiert es mir, dass ich mir einen guten Plan zusammenstelle, alles sorgfältig vorbereite und sage: »Morgen gehe ich diesen Trade ein.« Am nächsten Tag stehen aber 1000 andere Dinge auf der Agenda, und bevor ich mich's versehe, ist das Set-up weg, und die Aktie ist mir davongelaufen. Solche Situationen können sehr frustrierend sein und ich möchte Ihnen diese Erfahrung ersparen. Deswegen sage ich: Ergebnisse kommen vom Handeln. Tun Sie es einfach, wenn Sie Ergebnisse sehen wollen!

Schritt 6: Überwachen und anpassen

Nachdem der Trade eröffnet ist, müssen wir die Position überwachen und gegebenenfalls anpassen. Das ist ähnlich wie bei der Familiengründung: Es reicht nicht, einem Kind das Leben zu schenken. Wenn wir uns nicht um das Kind kümmern, können wir nicht erwarten, dass es uns Freude beschert. Genauso mit dem Trading: Der Trade ist Ihr Baby, kümmern Sie sich also darum! Wir haben uns viel Arbeit gemacht und ausformuliert, wie wir uns um den Trade kümmern. Tun Sie es auch! Aufgrund unserer Vorarbeit ist dieser Teil der einfachste, vorausgesetzt, wir haben einen Plan. Wir brauchen nur Disziplin, um unseren Plan einzuhalten, und dürfen nicht zulassen, dass Emotionen unsere Wahrnehmung verzerren.

Eine der größten Herausforderungen in dieser Phase besteht darin, die Balance zwischen Disziplin und Flexibilität zu halten. Die Risikoparameter können sich ändern und es kann passieren, dass eine andere Vorgehensweise besser geeignet ist als die ursprünglich geplante. Wenn wir uns nun starr an den alten Plan halten, kann das zu Nachteilen führen. Wir sollten aber objektive Gründe haben, vom ursprünglichen Plan abzuweichen. Halten Sie diese vor dem Trade ebenfalls fest. Lassen Sie sich abermals nicht in die Falle locken, Ihren Emotionen zu folgen.

Schritt 7: Trade schließen

Durch die sorgfältige Planung und Ausführung steigt die Wahrscheinlichkeit, dass der Trade sich so entwickelt, wie wir es uns vorgestellt haben und unsere Position im Gewinn ist. Um diese Gewinne zu realisieren, müssen wir die Position schließen. Es mag sich einfach anhören, wird aber oft genug missachtet. Wenn wir einen Plan bezüglich des Ausstiegs aufgestellt haben, sollten wir uns daran halten. Ausstiegsstrategien begrenzen das Risiko und erhöhen die Gewinne. Sie funktionieren aber nur, wenn wir uns daran halten.

Ist die Position im Gewinn, können wir durch entsprechende Anpassungen die Position weiter ausbauen, wenn wir das Gefühl haben, dass der Trend weitergeht. Einen Teil unserer Gewinne können wir aber auch mitnehmen. Indem wir einen Teil der Position schließen und Gewinne vom Tisch nehmen, reduzieren wir das Restrisiko im Trade und sind weiter in der Position. Auf der Verlustseite hingegen sollten wir viel konservativer mit Anpassungen umgehen. Denn ein kleiner Verlust kann durch Anpassungen schnell zum großen Verlust werden. Haben wir eine Position mit einem Verlust, steigen wir aus oder passen den Trade so an, dass der Verlust nicht noch größer werden kann.

Nachdem wir den Trade geschlossen und den Gewinn oder Verlust realisiert haben, empfehle ich, die Ergebnisse schriftlich in einem Trading-Tagebuch festzuhalten. Wir können gerne den Trade kommentieren. Denn hinterher ist man immer schlauer. Die besten Erkenntnisse kommen, wenn wir den Trade nachträglich auswerten. Wie gut war unsere Einschätzung vor dem Trade? Haben wir die Marktrichtung richtig eingeschätzt? Haben wir uns an unseren Plan gehalten oder sind wir abgewichen? Wie hat sich das auf das Ergebnis ausgewirkt? Und wie wären die Ergebnisse, wenn wir uns an den ursprünglichen Plan gehalten hätten? Wir können von Erfolgen und Misserfolgen nur lernen. Typischerweise lernen wir aus Fehlern am meisten. Wenn Sie sich die Einstellung aneignen, dass es keine Fehler, sondern nur Lernerfahrungen gibt, werden Sie an jeden Trade mit der Frage herangehen: »Was kann ich daraus lernen? Was kann ich beim nächsten Mal besser machen?«

Je mehr Sie lernen, desto schneller werden Sie besser und profitabler. Haben Sie daher keine Angst, etwas falsch zu machen. Es hat seinen Sinn, wenn Sie daraus eine Lektion ziehen können. Viel schlimmer ist es, sich nicht weiterzuentwickeln und stehen zu bleiben. Insbesondere wenn Sie mehrere Trades erfolgreich abschließen konnten, wird sich der Eindruck einschleichen: »Ich bin unbesiegbar.« Auch diese Lektion gehört zum Werdegang eines Traders und eine schmerzhafte Erfahrung kann Sie vor Fehlern in Zukunft schützen. Seien Sie daher offen für Feedback aus dem Markt. Bleiben Sie lernbereit und versuchen Sie, aus jedem Fehler eine Lektion zu ziehen, um ihn in Zukunft nicht zu wiederholen.

Kapitel 21: Portfoliomanagement

Eine der Basisfragen, die sich jeder Trader stellen sollte, ist die Aufteilung des verfügbaren Kapitals auf unterschiedliche Positionen, Strategien und Ansätze in seinem Depot. Insbesondere Optionstradern steht eine Fülle von unterschiedlichen Strategien zur Verfügung. Wir werden uns in diesem Kapitel der Frage widmen, wie eine sinnvolle Portfolio-Architektur aussehen kann. Es geht darum, mit verschiedenen Ansätzen unser Kapital optimal einzusetzen, um eine bestmögliche Verzinsung bei minimalem Risiko zu erreichen.

Portfoliomanagement ist eine Disziplin für sich. Die Position eines Portfoliomanagers ist bei größeren Investmenthäusern, Banken und Vermögensverwaltungen sehr angesehen. Denn sie erfordert eine Menge Know-how, Erfahrungen und mathematisches Verständnis. Wir werden uns nicht der Betrachtung von mathematischen Wahrscheinlichkeitsmodellen widmen. Vielmehr werden wir einen Ansatz erarbeiten, der für jeden nachvollziehbar und vor allem anwendbar ist. Ich wage, den Mehrwert eines Modells anzuzweifeln, das niemand umsetzen kann. Daher präsentiere ich Ihnen lieber einen Ansatz, der mir in meinem Trading viel Spaß, Sicherheit und gute Ergebnisse bringt.

»Wie sollen wir unser Portfolio strukturieren?« Bevor wir diese Frage beantworten können, müssen wir uns folgende Fragen stellen:

1. Wie lautet mein Ziel?
2. Wie viel Kapital steht mir dafür zur Verfügung?
3. Welche Rendite brauche ich, um mein Ziel zu erreichen?

Das mag sich banal anhören. Aber am Anfang sämtlicher Überlegungen steht die Zieldefinition. In meinen Seminaren treffe ich immer wieder angehende, aber auch erfahrene Investoren. Stets stelle ich ihnen diese Frage. Und es überrascht mich immer wieder, wie wenige Anleger ein klares Ziel für sich und ihr Handeln ausformuliert haben. Wie oft höre ich Sätze wie »Ich möchte Geld verdienen« oder »Ich möchte möglichst schnell Geld an der Börse machen«! Das zeigt mir, dass der betreffende Anleger sein Ziel niemals erreichen wird, denn er kennt es gar nicht. Ich erinnere noch einmal an den alten Seefahrerspruch:

»Wenn du kein Ziel hast, ist kein Wind der richtige.« Das gilt für das Trading genauso wie für jeden anderen Lebensbereich. Bevor Sie also anfangen zu überlegen, welche Instrumente für Sie die richtigen sind, brauchen Sie ein klares Ziel. Idealerweise definieren Sie dieses Ziel gemäß den SMART-Kriterien: »SMART« steht als Abkürzung für:

- Spezifisch
- Messbar
- Attraktiv
- Realistisch
- Terminiert

Definieren Sie also im ersten Schritt Ihr Ziel, das Sie erreichen wollen. Ein SMARTes Ziel könnte zum Beispiel lauten: »Ich möchte in meinem Depot eine Rendite von 5 Prozent im nächsten Monat erreichen.« Dieses Ziel ist spezifisch und messbar, denn Sie können feststellen, ob Sie es erreicht haben oder nicht. Dieses Ziel ist hoffentlich auch attraktiv genug, um sich die Mühe zu machen, den Stoff zu studieren und regelmäßig umzusetzen. Es ist realistisch, denn es würde nichts bringen, die Latte zu hoch zu legen. »Ich möchte innerhalb eines Monats mein Kapital verdoppeln« ist ein Beispiel für ein unrealistisch hohes Ziel. Bleiben Sie auf dem Boden, damit Sie nicht enttäuscht werden. Dadurch vermeiden Sie zudem, überproportionale Risiken eingehen zu müssen, um das allzu hoch gesteckte Ziel zu erreichen. Wenn Sie mehr schaffen, Glückwunsch! Es ist durchaus möglich, auch bessere Ergebnisse zu erreichen. Wenn Sie das schaffen, werden Sie stolz sein. Wenn Sie sich aber ein zu hohes Ziel gesteckt haben, und es nicht erreichen, erleben Sie stattdessen Frust und Enttäuschung. Wir werden das Ziel »Depotverzinsung von 5 Prozent pro Monat« für die weiteren Überlegungen zum Portfoliomanagement als Beispiel nehmen.

Im nächsten Schritt sollten Sie definieren, welches Kapital Sie einsetzen wollen, um damit zu arbeiten. Offensichtlich ist die Kapitalausstattung des Depots ein wichtiges Entscheidungskriterium im Hinblick darauf, welche Strategien überhaupt in Betracht kommen. Werden Sie ein großes Depot handeln, in dem Sie größere Positionen eingehen können? Oder fangen Sie mit überschaubarem Kapital an, um Erfahrungen zu sammeln? Das wird die Auswahl Ihrer Strategie maßgeblich beeinflussen.

Bitte bedenken Sie: Es handelt sich dabei um Risikokapital und Sie sollten nur so viel einsetzen, wie Sie zu verlieren bereit sind. Verwetten Sie nicht Haus und Hof, insbesondere wenn Sie noch Anfänger im Optionshandel sind und handwerkliche Fehler nicht ausgeschlossen sind. Das Wort »begreifen« kommt von »greifen«. Sie brauchen Erfahrungen, bevor Sie sicher im Umgang mit Optionen werden. Ich empfehle allen Neueinsteigern, die Konzepte in einem Musterdepot für ein paar Monate zu üben, bevor sie mit Echtgeld starten. Es ist noch kein Meister vom Himmel gefallen und ein Lehrling produziert bekanntlich auch nicht am ersten Tag ein Meisterwerk. Die ersten Werkstücke eines Lehrlings werden Ausschuss sein. Das ist ganz normal. Betrachten Sie sich als Lehrling, der ein neues Handwerk erlernt. Üben Sie im Musterdepot, um kostspielige Fehler zu vermeiden. Erst nachdem Ihnen die Bedienung der Plattform vertraut ist, sollten Sie anfangen, mit Echtgeld Erfahrungen zu sammeln. Aber auch da werden Sie Zeit brauchen, bis Sie die Meisterschaft erreichen!

Nehmen wir für weitere Überlegungen an, dass Sie die Übungsphase erfolgreich hinter sich gelassen haben. Nun wollen Sie ein Depot von $ 10.000. Wir werden also festlegen, dass wir mit $ 10.000 eine monatliche Rendite von 5 Prozent erreichen wollen, unser Ziel ist also, einen Cashflow von $ 500 zu verdienen. Sie können sich durchaus höhere Ziele stecken. Bedenken Sie aber, dass eine höhere Rendite immer mit einem höheren Risiko einhergeht.

Nachdem wir unser SMARTes Ziel definiert haben und uns über unsere Kapitalausstattung klar sind, können wir überlegen, wie wir das Kapital auf unterschiedliche Strategien aufteilen. Wie bereits besprochen, ist es ratsam, sich auf einige wenige Strategien zu konzentrieren, um diese meisterhaft anzuwenden. Sie werden feststellen, dass bestimmte Strategien Ihnen entsprechend Ihrer Risikotoleranz und Persönlichkeit mehr liegen als andere. Machen Sie nicht den Fehler, alle Strategien auf einmal anwenden zu wollen. Erreichen Sie lieber Meisterschaft in ein bis zwei Strategien, bei denen Ihnen niemand mehr was vormachen kann. Das ist besser, als alle auf einmal anzuwenden und sich dabei zu verzetteln. Lassen Sie uns annehmen, dass wir für uns die Entscheidung getroffen haben, vor allem als Optionsverkäufer Cashflow zu produzieren und uns dabei auf Credit Spreads und Covered Calls konzentrieren wollen. Selbstverständlich können Sie für sich eine andere Strategie festlegen.

Wir sind nun relativ weit gekommen: Wir haben ein SMARTes Ziel, wir wissen, wie viel Kapital wir zur Verfügung haben und welche Strategien wir schwerpunktmäßig einsetzen wollen. Nun geht es darum, Klumpenrisiken zu vermeiden und eine gute Balance hinzubekommen. Ein gutes Portfolio diversifiziert das Risiko auf unterschiedliche Märkte, Basiswerte, Strategien und Zeitebenen. Unser Ziel ist ein neutrales Portfolio, das in unterschiedlichen, nicht korrelierten Märkten investiert ist und eine gute Performance liefert unabhängig davon, ob die Märkte steigen oder fallen.

Klumpenrisiken sind Portfoliorisiken, die durch einen großen Anteil eines bestimmten Vermögensgegenstandes entstehen. Es kann sich auch um eine Gruppe von Gegenständen handeln, die in hohem Maße voneinander abhängig sind. Wenn Sie zum Beispiel einen Großteil Ihres Portfolios in eine einzige Aktie oder in mehrere Aktien der gleichen Branche investiert haben, unterliegen Sie einem Klumpenrisiko. Bei der Auswahl der Basiswerte sollten wir daher darauf achten, dass wir in unterschiedlichen Branchen investiert sind. Wir sollten zudem nicht nur Positionen in Aktienmärkten, sondern auch in Rohstoffen oder Edelmetallen haben. Wir können unserem Portfolio mit Volatilitäts-Positionen zusätzliche Diversifizierung geben. Ferner empfiehlt es sich, verschiedene Positionen zu haben, die sowohl auf steigende als auch auf fallende und seitwärts laufende Märkte ausgerichtet sind.

Eine gute Faustregel, die ich für mich aufgestellt habe, ist, für jede bullische Position eine bärische einzugehen und für jede Aktien-Position eine Position in anderen Märkten zu eröffnen. Um Klumpenrisiken zu vermeiden, können wir also folgende Diversifikationsregeln aufstellen:

- Aktien- und Rohstoff-Positionen kombinieren
- bullische und bärische Trades kombinieren
- unterschiedliche Strategien kombinieren
- unterschiedliche Zeitebenen kombinieren

Wie setzen wir diese Überlegungen nun in der Praxis um? Wenn wir das verfügbare Kapital nun aufteilen, kann das für unser $ 10.000-Depot folgendermaßen aussehen:

Covered-Call- und Cash-Secured-Put-Positionen: Covered Calls und Puts sind langfristige Positionen, die wir über mehrere Monate und Jahre halten. Dabei verkaufen wir konsequent Calls oder Puts gegen die Position. Suchen Sie einen Basiswert, der Sie fundamental und charttechnisch überzeugt und dem Sie zutrauen, über längere Zeit moderat zu steigen (für einen Covered Call). Durch die Investition in den Basiswert halten Sie dessen Kursrisiko. Diese Positionen sind auch am kapitalintensivsten und Sie werden mit ein bis zwei Positionen bis zu 40 Prozent Ihres Kapitals binden. Die Alternative zum Covered Call ist der Put-Verkauf mit dem Ziel, den Basiswert zu erwerben. Sie können mit dem Verkauf des Puts anfangen, um den Basiswert zu erwerben. Sobald Sie den Basiswert physisch im Depot halten, fangen Sie an, Calls zu verkaufen. Sollte der Call ins Geld laufen, können Sie ihn entweder rollen oder den Basiswert abgeben, um wieder Puts zu verkaufen. Diese Strategie ist als »Wheel of Fortune« bekannt.

Das »Wheel of Fortune« beinhaltet folgende Schritte

- Verkaufe Puts, um den Basiswert zu erwerben. Entweder die Puts verfallen wertlos (dann wiederholen wir den Schritt) oder sie laufen ins Geld und wir bekommen den Basiswert.
- Wir halten den Basiswert und verkaufen Covered Calls gegen die Position. Entweder die Calls verfallen wertlos (dann wiederholen wir den Schritt) oder sie laufen ins Geld und wir geben die Aktien ab.
- Beginne erneut mit Schritt 1.

Rohstoff-ETFs: Klumpenrisiken lassen sich vermeiden, indem wir in unterschiedliche Märkte investieren. Rohstoffe sind wenig korreliert mit den Aktienmärkten, sie haben ihre eigenen Zyklen und Saisonalitäten. So sind zum Beispiel Edelmetalle negativ mit den Aktien korreliert: Der Goldpreis neigt zum Preisverfall, wenn die Aktienmärkte steigen – und umgekehrt. Die Preise auf Agrarrohstoffe hängen oft mit der Ernte zusammen und die Preise für Öl oder Erdgas mit dem Angebot und der Nachfrage nach Energieträgern. Saisonalitäten und Rohstoffkorrelationen sind ein eigenes Thema, auf das in diesem Buch nicht näher eingegangen wird. Es gibt aber exzellente Bücher zu diesem Thema, deren Lektüre ich Ihnen wärmstens empfehle. Wir können in Rohstoffe am einfachsten über ETFs investieren, die das Preisverhalten der Basiswerte exakt nachbilden. Der Vorteil von ETFs ist, dass wir diese physisch erwerben können. Alternativ dazu könnten wir Futures-Optionen handeln. Auch hier können wir ein »Wheel of Fortune« auf den jeweiligen Basiswert aufsetzen, indem wir abwechselnd im Basiswert investiert sind (und Calls verkaufen) oder durch Short Puts Kapital ins Depot holen, mit dem wir dann den Basiswert erwerben.

Bullische und bärische Credit Spreads: Spreads bringen eine sehr gute Verzinsung auf das eingesetzte Kapital und der Kapitalbedarf ist sehr gering. Wir können also mehrere Spreads aufsetzen und dabei bullische und bärische Spreads kombinieren. Da wir als Optionsverkäufer den höchsten Zeitwertverfall erreichen wollen, gehen wir kurzlaufende Spreads ein. Das ist eine eher kurzfristige Positionierung, während das »Wheel of Fortune« langfristige Positionen darstellt. Spreads bringen einen höheren Return on Investment als die Covered Calls. Wir brauchen aber mehrere Spreads, um entsprechend viel Kapital zu binden und entsprechende Erträge zu erhalten. Insgesamt können 25 bis 30 Prozent des verfügbaren Kapitals in Spreads investiert sein. Bei einem Depot von $ 10.000 entsprechen 30 Prozent der Summe von $ 3000. Wenn wir 1 Prozent Risiko eingehen und $ 100 in einem Spread binden, können wir also 30 Positionen eingehen. Das wäre aber ein Fehler, den Sie besser nicht machen. Zu viele Positionen aufzubauen ist einer der größten Fehler im Trading. Wir haben gesehen, dass es nicht darum geht, viele Positionen zu halten, sondern wenige gute. Wenn wir zu viele Positionen auf unterschiedlichen Basiswerten haben, diversifizieren wir zwar unser Risiko. Aber der Zeitaufwand, um die Positionen zu managen, steigt ebenfalls an. Ich würde sogar behaupten, dass ein Depot mit 20 Positionen nicht mehr adäquat zu managen ist. Ein guter Richtwert ist maximal 10 Spread-Positionen. Dabei kombinieren wir bullische und bärische Spreads, um ein ausgewogenes Depot zu haben. Sie können für jeden bullischen Spread einen bärischen aufbauen oder Sie setzen gleich einen Iron Condor auf, der beide Positionen kombiniert. Auch hier können Sie auf unterschiedliche Märkte setzen und damit das Gesamtrisiko senken.

Für unser Beispieldepot mit $ 10.000 gehen wir also maximal 10 Positionen ein, ein Iron Condor zählt dabei als zwei Positionen (weil er aus einem bärischen und einem bullischen Spread besteht). Wir können damit beispielsweise drei bullische Spreads, drei bärische Spreads und zwei Iron Condors platzieren. Auf diese Weise erreichen wir eine Aufteilung, die ich in folgender Tabelle dargestellt habe. Wir haben insgesamt 10 Positionen, die jeweils unterschiedliche Renditen, unterschiedliche Strategien und Laufzeiten aufweisen. Gehen wir von einer Zielrendite von 5 Prozent für Covered-Positionen aus, 10 Prozent für Spreads und 20 Prozent für Iron Condors, erreichen wir einen Cashflow von $ 600, was sogar über dem definierten Ziel von $ 500 liegt. Wir können also etwas defensiver agieren und unser Risiko in den einzelnen Positionen reduzieren, ohne das Ziel zu verfehlen.

GESAMTDEPOT: $ 10.000	Anteil	Kapitalbindung	Verzinsung	Cashflow
1 x Wheel of Fortune auf Aktien	20 %	$ 2000	5 %	$ 100,00
1 x Wheel of Fortune auf Rohstoff-ETF	20 %	$ 2000	5 %	$ 100,00
3 x bullische Spreads	10 %	$ 1000	10 %	$ 100,00
3 x bärische Spreads	10 %	$ 1000	10 %	$ 100,00
2 x Iron Condors	10 %	$ 1000	20 %	$ 200,00
GESAMT	**70 %**	**$ 7000**	**8,3 %**	**$ 600,00**

Abb. 72: Beispielhafte Depotaufteilung

Wir haben somit rund 70 Prozent unseres Depots investiert, um unser Minimalziel zu erreichen. Ein großer Anfängerfehler besteht darin, das gesamte verfügbare Kapital zu investieren und keinen Puffer für Reparaturen zu haben. Wenn wir komplett investiert sind, haben wir überhaupt keinen Spielraum, um Positionen anzupassen und notfalls zu reparieren. Das aber würde das ganze Konzept des Positionsmanagements ad absurdum führen. Wir sollten immer mindestens 20 Prozent unseres Kapitals als Puffer in Reserve halten, um entsprechende Positionsveränderungen vorzunehmen.

Ein weiterer Vorteil von frei verfügbarer Liquidität ist die Möglichkeit, auf sich ergebende Chancen reagieren zu können. Wir können einen Teil des Puffers nutzen, um zum Beispiel direktionale Gelegenheiten wahrzunehmen, indem wir Long-Positionen oder Debit Spreads eingehen. Nichts ist ärgerlicher als ein wunderschönes Set-up, das wir aufgrund mangelnder Liquidität nicht wahrnehmen können. Oft genug war ich selbst als Anfänger in dieser Position und musste tatenlos zusehen, wie das perfekte Set-up sich genauso entwickelte, wie ich angenommen hatte. Doch konnte ich nicht dabei sein, weil mein Kapital im Depot bereits voll investiert war. Wenn Sie darüber hinaus nicht in der Lage sind, Ihre Positionen anzupassen, weil Sie nicht genug Kapitalreserven eingeplant haben, kann das sogar zu Verlusten führen.

Nun haben wir also unser idealtypisches Portfolio, das unseren Zielen und Risikomanagementregeln entspricht. 40 Prozent des Kapitals sind in Covered Strategien investiert, wobei wir zwischen dem Verkauf von Calls und Puts wechseln und auf unterschiedlichen Märkten investiert sind. 30 Prozent des Depots sind in Spreads investiert, die ebenfalls auf unterschiedliche Märkte eingegangen sind und ein ausgewogenes Verhältnis zwischen bullischen und bärischen Strategien aufweisen. 10 Prozent des Depots setzen wir für direktionale Positionen ein, um sich ergebende Chancen auf Kapitalzuwachs wahrzunehmen. Und 20 Prozent stehen uns für Reparaturen und sonstige Anpassungen zur Verfügung. Ich möchte darauf hinweisen, dass es sich hierbei nur um Beispiele aus der Praxis handelt, wie ein Depot strukturiert werden kann. Sie sollten dies nur als Anregung verstehen, Ihre eigenen Überlegungen zu der Aufteilung Ihres Depots anzustellen. Jeder Anleger wird seine eigene Vorstellung von Risiko und Performance haben. Sie können dieses Beispiel so modifizieren, dass es Ihren Vorstellungen entspricht.

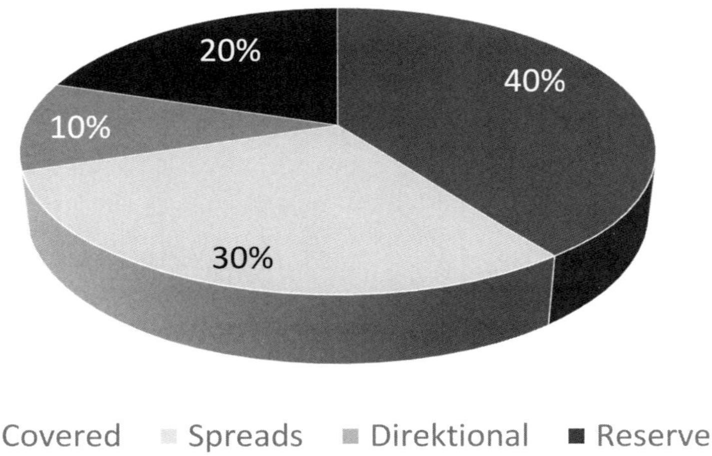

Abb. 73: Depotaufteilung nach Strategien (Beispiel)

Die »Griechen« des gesamten Depots

Wir haben gelernt, wie wir mithilfe von Delta, Vega und Theta die Positionierung der einzelnen Strategien überprüfen. Nun können wir dieses bekannte Konzept auf das gesamte Depot anwenden und feststellen, wie unsere Gesamtpositionierung aussieht. Sind wir in der Summe bullisch oder bärisch, und entspricht das unserer Markteinschätzung? Wie sind wir in Bezug auf die Volatilität positioniert? Wird eine steigende Volatilität unserem Depot guttun oder nicht? Und wie hoch ist der Zeitwertverfall des Depots, wie viel Geld bekommen Sie pro Tag? Oder bezahlen Sie pro Tag Geld für Ihre Positionierung? Indem wir die Griechen der einzelnen Positionen addieren, beantworten wir genau diese Fragen.

Nachfolgend sehen Sie die Summen der einzelnen Positionen eines Musterdepots, das wir zusammen mit unseren Teilnehmern im VIP-Trading-Club führen. Es ist ein $ 10.000-Depot, das wir nach den oben vorgestellten Regeln zusammengestellt haben und wöchentlich in Webinaren besprechen und anpassen. Ich verstehe unseren Club nicht nur als einen Börsendienst. Er dient vor allem der praktischen Anwendung der vorgestellten Strategien. Es werden Trade-Ideen präsentiert und die Teilnehmer haben die Möglichkeit, das theoretische Wissen in der Praxis anzuwenden. Ich denke, dass gerade die Kombination aus Theorie und Praxis dazu beiträgt, dass unsere Studenten innerhalb kürzester Zeit selbst sehr gute Ergebnisse erzielen. Mehr über unseren Trading-Club erfahren Sie unter www.viptradingclub.de

	Delta	**Vega**	**Theta**
Aktien	0,2564	0,2887	0,5317
Rohstoffe	1,3756	0,2856	0,0705
GESAMT	1,6320	0,5743	0,6022
		Cashflow/Tag:	**$ 60,22**

Abb. 74: Gesamtbilanz der »Griechen« im Depot

Wenn wir uns die Summen anschauen, können wir feststellen, wie wir in diesem Depot positioniert sind. Wir sehen, dass wir mit einem Delta von 0,26 leicht bullisch in Bezug auf die Aktienmärkte eingestellt sind. Das entspricht unserer aktuellen Markteinschätzung. Bei Rohstoffen sind wir mit einem Delta von 1,38 noch bullischer positioniert. Wir würden überproportional von steigenden Kursen in den Rohstoffmärkten profitieren. Wir sind Vega-long und profitieren somit von steigender Volatilität, sowohl in Aktien- wie in Rohstoffmärkten. Unser Theta im gesamten Depot liegt bei 0,6022, was einem Zeitwertverfall von $ 60,22 pro Kalendertag entspricht. Die konsequente Überprüfung der Griechen hilft uns bei dem Management des Portfolios sehr. Entspricht unsere Positionierung dem Marktausblick? Erreichen wir unsere Ziele mit dem aktuellen Zeitwertverfall? Diese Fragen sind für das Portfoliomanagement von zentraler Bedeutung und können mit den vorgestellten Methoden leicht beantwortet werden.

Hedgen des Depots

Nachdem wir unsere Ziele und die Kapitalausstattung definiert und über unterschiedliche Strategien, Märkte und Laufzeiten diversifiziert und die gesamte Depotpositionierung mithilfe der griechischen Kennzahlen ausgewertet haben, bleibt noch die letzte Frage zu klären: Wie können wir unser Depot gegen einen Crash schützen? Das englische Wort für Absicherung lautet »Hegde«. Durch Hedgen können wir unser Gesamtdepot absichern.

Uns stehen zwei Möglichkeiten zur Verfügung: Die Erste ist eine sorgfältige Delta-neutrale Positionierung. Indem wir bullische und bärische Strategien kombinieren, vermeiden wir eine übermäßige Anfälligkeit für Marktbewegungen mit klarer Richtung. Nun ändert sich das Delta permanent mit der Bewegung des Marktes und unser sorgfältig ausgewogenes Depot kann eine ungesunde Schieflage bekommen, falls der breite Markt einbricht und sich das Delta unserer Positionen verändert.

Eine bewährte Technik, um die Gesamtrisiken im Depot abzusichern, ist der Erwerb langlaufender Optionen auf den breiten Markt, in dem wir investiert sind. Angenommen, wir haben viele Positionen im amerikanischen Markt und unser Delta ist positiv (wir profitieren somit von steigenden Märkten). Dann lässt sich unser Depot ausbalancieren, indem wir langlaufende Puts auf Dow Jones oder S&P 500 kaufen. Diese Puts sichern uns gegen Crashs ab. Denn die Puts werden im Wert steigen, falls der breite Markt zusammenbricht.

Insbesondere für Anleger mit großen Aktien-Positionen ist diese Strategie sehr empfehlenswert. Denn dadurch lässt sich das Depot gegen Abwärtsrisiken absichern. Sie können das Delta Ihres Depots überprüfen. Falls es Ihnen zu groß erscheint, senken Sie es gezielt mit Puts auf einen Index (Puts haben ein negatives Delta). Gerade wenn Sie die Ratschläge aus dem Kapitel zur Fundamentalanalyse beherzigt haben, werden Sie Champions im Depot haben, die besser performen als der breite Markt. Damit haben Sie gleich einen doppelten Gewinn: Ihre Champions werden mit Sicherheit von den Marktturbulenzen mitgerissen, sie werden aber gegenüber dem Durchschnitt eine relative Stärke haben. Als Besitzer der Puts profitieren Sie von der Schwäche des Marktes, die Puts sichern Ihr Depot ab und können Ihnen Gewinne bringen, wenn Sie diese nach einer Korrektur verkaufen. Ihre Aktienpositionen verlieren hingegen vergleichsweise wenig an Wert.

Zusammenfassung und Fazit zum Portfoliomanagement

Portfoliomanagement ist eine der zentralen Aufgaben eines jeden Anlegers. Bevor wir anfangen, Positionen einzugehen, sollten wir über unsere Ziele, über die Kapitalausstattung und über den Investitionszeitraum Klarheit haben.

Indem wir unser Depot über Strategien, Märkte und Zeitebenen diversifizieren und eine Balance zwischen bullischen und bärischen Positionen halten, machen wir es krisensicher. Wir können Klumpenrisiken vermeiden und eine gute Performance unabhängig von der Marktentwicklung erreichen, indem wir unsere Positionierung anhand der griechischen Kennzahlen überprüfen. Langlaufende Optionen auf den gesamten Markt helfen uns dabei, das Depot auszubalancieren.

Wir sollten in unserem Depot Positionen auf maximal 10 Basiswerte halten und dabei maximal 70 Prozent des verfügbaren Kapitals investieren, um Spielraum für Anpassungen und Veränderungen zu haben. Indem wir uns auf zwei bis drei Strategien konzentrieren, erreichen wir Meisterschaft in diesen Disziplinen und erzielen damit die besten Ergebnisse.

Kapitel 22: Zusammenfassung dieses Handbuchs

Hoffentlich hat Ihnen das Lesen dieses Buches wertvolle Einsichten in die Welt der Optionen gegeben. Sie haben nun das Rüstzeug, um als Optionshändler regelmäßigen Cashflow durch Verkäufe und Kapitalzuwachs als Käufer zu erzielen.

Sie haben sicherlich bemerkt, dass einige zentrale Konzepte im Laufe des Buches immer wieder betont wurden:

- Das Verkaufen von Optionen, wenn korrekt umgesetzt, gibt uns Vorteile gegenüber Anlegern, die ausschließlich direktionale Gelegenheiten wahrnehmen.
- Ein tiefes Verständnis für das gehandelte Instrument ist Voraussetzung für den Erfolg.
- Optionsverkäufe bringen regelmäßigen Cashflow.
- Verluste, falls nicht begrenzt, können die Bemühungen von mehreren Wochen und Monaten zunichtemachen.

Jedes Kapitel beinhaltet wichtige Erkenntnisse, die wie folgt zusammengefasst werden.

Im **ersten Kapitel** haben wir die Grundlagen der Optionen diskutiert. Wir haben gesehen, welche Rechte und Pflichten eine Option ausmacht und wie diese Rollen zwischen Käufern und Verkäufern aufgeteilt sind. Optionen sind ein wichtiges Risikomanagementinstrument für die Industrie und ihre Geschichte reicht weit in das Agrarzeitalter zurück. Der Preis einer Option setzt sich aus dem inneren Wert und dem Zeitwert zusammen. Der Zeitwert hängt von der Laufzeit und der impliziten Volatilität des Basiswertes ab. Die Einflussfaktoren auf den Optionspreis werden durch die griechischen Kennzahlen Delta, Gamma und Vega gemessen. Der Zeitwertverfall nimmt zum Ende der Laufzeit zu.

Im **zweiten Kapitel** haben wir besprochen, welche Vorteile Optionen gegenüber Aktien bieten. Optionen sind günstiger als Aktien, wir können damit mehr Diversifikation erreichen und das Risiko effektiv begrenzen. Das systematische

Risiko eines Basiswertes können wir beeinflussen, indem wir fundamental attraktive Basiswerte aussuchen und in Stärke investieren. Das unsystematische Marktrisiko können wir steuern, indem wir unsere Positionierung beeinflussen und in bullische und bärische Strategien gleichermaßen investieren. Wir können auf Stop-Loss-Marken verzichten und dadurch das Risiko reduzieren, durch die Marktvolatilität ausgestoppt zu werden. Mit Optionen stehen uns neue Anlageklassen zur Verfügung, in die wir investieren können, zum Beispiel die Volatilität, die wir kaufen oder verkaufen können. Ebenfalls können wir marktneutrale Positionen eingehen, die ausschließlich auf den Zeitwertverfall setzen. So gewinnen wir unabhängig von der Preisbewegung des Basiswertes allein durch den Zeitwertverfall der Optionen.

Im **dritten Kapitel** haben wir den Unterscheid zwischen Kapitalzuwachs und Cashflow besprochen. Ein Kapitalzuwachs entsteht, wenn wir den Basiswert besser verkaufen können als den Einkaufspreis. Dazu müssen wir die zukünftige Marktentwicklung richtig vorhersagen, wir sprechen von direktionalen Gewinnen. Auf der anderen Seite haben wir den Gedanken der regelmäßigen Einnahmen wie bei vermieteten Immobilien. Indem wir Optionen für Cashflow verkaufen, bekommen wir regelmäßige Auszahlungen aus dem Besitz des Basiswertes, ohne ihn verkaufen zu müssen. Marktneutrale Cashflow-Strategien liefern gute Ergebnisse unabhängig davon, ob die zugrunde liegenden Wertpapiere im Preis steigen oder fallen. Indem wir direktionale Strategien mit Cashflow-Strategien kombinieren, können wir viel flexibler auf die Marktschwankungen reagieren, unsere Positionierung anpassen und in jeder Marktphase Geld verdienen.

Im **vierten Kapitel** widmeten wir uns dem Verständnis der Mechanik des Optionskaufes. Wir haben gesehen, dass wir beim Optionenkauf nur die investierte Prämie riskieren, nicht mehr. Die Position bietet uns die Möglichkeit, von direktionalen Bewegungen im Basiswert zu profitieren. Sie unterliegt aber dem Zeitwertverfall. Wir können die Option vor Laufzeitende verkaufen, um Gewinne zu realisieren. Puts können als Absicherung für bestehende Positionen gekauft werden oder als Spekulationsobjekte, um von fallenden Kursen zu profitieren. Wir müssen den Zeitwertverfall im Auge behalten, denn die erworbenen Optionen haben eine Laufzeit und verfallen wertlos, falls die erwartete Bewegung während der Laufzeit nicht einsetzt.

Das **fünfte Kapitel** stellt die Sicht der Optionsverkäufer dar. Als Verkäufer von Optionen übernehmen wir Verpflichtungen, wofür wir bezahlt werden. Dadurch nehmen wir die Position des Casinos ein, die Wahrscheinlichkeiten einer Short-Position liegen aufseiten der Verkäufer: 70 bis 80 Prozent der Optionen verfallen wertlos. Der Gewinn des Optionsverkäufers ist auf die eingenommene Prämie begrenzt. Risiken entstehen aus der übernommenen Verpflichtung und müssen gemanagt werden. Das Ziel des Short-Selling ist die Maximierung der Einnahmen aus den Optionsprämien.

Im **sechsten Kapitel** haben wir besprochen, welchen Vorteil der Optionsverkauf bietet. Als Verkäufer haben wir den Vorteil, dass die Zeit für uns arbeitet. Die Wahrscheinlichkeit ist hoch, dass die verkaufte Option wertlos verfällt. Wir haben eine vom Beginn an definierte Laufzeit des Trades und einen maximalen Gewinn, die uns die Mitnahme von Gewinnen erleichtern. Wir müssen nicht recht haben über die zukünftige Marktentwicklung, wir dürfen nur nicht komplett falschliegen. Das richtige Timing des Einstiegs ist nicht mehr so entscheidend für den Erfolg. Wir können die Position flexibel anpassen und haben ein klar definiertes Risiko.

Im **zweiten Teil des Buches** widmeten wir uns den unterschiedlichen Strategien, die wir mit Optionen eingehen können. Im **siebten Kapitel** analysierten wir die Strategie des Covered Calls, bei der wir den Basiswert besitzen und eine Call-Option darauf verkaufen, um regelmäßige Cashflow-Einnahmen zu generieren. Bei einem Covered Call überlassen wir das Aufwärtspotenzial des Basiswertes über den verkauften Strike dem Optionskäufer und bekommen dafür die Optionsprämie. Wir halten das Kursrisiko des Basiswertes und sichern es durch Stop-Loss-Marken oder Optionen ab. Der Kapitalbedarf für einen Covered Call ist das Investment in den Basiswert. Der ROI kann variieren, je nachdem, ob die Option am Verfallstag im Geld oder aus dem Geld ist. In einem Margin-Konto können wir eine höhere Verzinsung des eingesetzten Kapitals erreichen. Die Entscheidung über den zu verkaufenden Strike ist immer eine Abwägung zwischen möglichem, aber nicht sicherem Kapitalzuwachs und dem garantierten Cashflow aus der Optionsprämie. Je näher wir ans Geld gehen, desto höher ist die Prämieneinnahme und desto geringer ist der potenzielle Kapitalzuwachs. Wir verkaufen Optionen mit dem höchsten Zeitwertverfall, um die Verzinsung zu maximieren. Der verkaufte Call kann gerollt werden, um auf Preisveränderungen zu reagieren.

Im **achten Kapitel** widmeten wir uns der Strategie der Covered Puts, die eine spiegelverkehrte Strategie zu den Covered Calls darstellt. Als Put-Verkäufer gehen wir die Verpflichtung ein, innerhalb der Laufzeit den Basiswert zu einem festgelegten Preis zu kaufen. Wir covern die Short-Position durch Leerverkäufe des Basiswertes. Die Aktien, die wir leerverkaufen, werden uns vom Broker geliehen. Der Kapitalbedarf für den Covered Put ist die Sicherheitshinterlegung des Brokers (Margin) für die Leerverkaufsoption. Analog zum Covered Call haben wir bei dieser Strategie einen maximalen Gewinn in Höhe der eingenommenen Prämie und ein unbegrenztes Verlustpotenzial, das wir durch Stops oder Call-Käufe begrenzen. Uns stehen mehrere Möglichkeiten zur Verfügung, die Position bei Preisveränderungen anzupassen. Covered Puts sind in zwei von drei möglichen Marktentwicklungen profitabel: Bei fallenden Märkten erhalten wir den Maximalgewinn, der aus dem Kapitalzuwachs und der Optionsprämie besteht. Laufen die Märkte seitwärts, erhalten wir die Einnahme aus der Optionsprämie. Steigen die Preise, besteht zwar die Gefahr eines Verlustes. Diese sollten wir mit Risikomanagement begrenzen.

Im **neunten Kapitel** haben wir besprochen, wie wir Optionen verkaufen, ohne das Kursrisiko des Basiswertes zu tragen. Indem wir Investitionen in den Basiswert vermeiden, bis die verkaufte Option ins Geld läuft, senken wir das Kursrisiko. Wir eröffnen die Position im Basiswert nur, wenn abzusehen ist, dass wir die Verpflichtung aus der verkauften Option erfüllen müssen. Wir eröffnen nach diesem Wenn-dann-Prinzip die Position beim Erreichen des Strikes, um die Verpflichtung zu hedgen. Falls unser Short Strike nicht erreicht wird, sind wir gar nicht in dem Basiswert engagiert, die verkaufte Option verfällt wertlos. Der Kapitalbedarf für eine Cash-Covered-Position ist die Margin-Anforderung für einen nackten Call-Verkauf. Der Vorteil einer Cash-Covered-Position ist, dass wir kein Kursrisiko haben, solange die Stop-Order nicht ausgelöst wird. Wir haben nicht das Risiko des Aktienbesitzes, nehmen aber die volle Prämie aus dem Optionsverkauf ein. Der Trade-off besteht darin, dass wir auf die möglichen Kapitalzuwächse aus dem Aktienbesitz verzichten. Weiteres Risiko dieser Strategie sind Gaps, die dazu führen können, dass die Stop-Buy-Order zu einem schlechteren Kurs als dem Stop ausgeführt wird.

Im **zehnten Kapitel** widmeten wir uns den Credit Spreads. Mit dieser Strategie haben wir hundertprozentige Sicherheit über den möglichen Gewinn und Verlust und schließen Gap-Risiken aus. Einen Spread eröffnen wir, indem wir eine Short- und eine Long-Position auf den gleichen Basiswert mit gleicher Laufzeit, aber unterschiedlichen Strikes eingehen. Wir bekommen für diese Transaktion einen Credit, der unseren maximalen Gewinn darstellt. Spreads bieten die Möglichkeit, einen hohen ROI zu erzielen. Wir unterscheiden bullische und bärische Spreads, die wir je nach unserer Markteinschätzung einsetzen können, um mit begrenztem Risiko und geringer Margin-Anforderung die besten Renditen zu erhalten. Der Credit Spread ist eine der beliebtesten Methoden, um Einkommen mit begrenztem Risiko, geringer Kapitalbindung und hohem ROI zu generieren. Gehen wir einen Credit Spread ein, müssen wir mit unserer Annahme, wie sich der Kurs entwickeln wird, nicht richtigliegen. Solange der Kurs des Basiswertes nicht den verkauften Strike überrennt, erhalten wir den Maximalgewinn. Sollte sich der Kurs des Basiswertes komplett entgegen unserer Erwartung entwickeln, können wir die Position schließen, anpassen oder in die Verlängerung gehen, indem wir zum Beispiel den Spread rollen und dafür weiteren Credit einnehmen.

Im **elften Kapitel** haben wir eine Strategie für Seitwärtsmärkte besprochen: den Iron Condor. Der Iron Condor stellt die Krone des marktneutralen Tradens dar. Er bietet uns die Möglichkeit, bei seitwärts laufenden Märkten die höchste Rendite auf das eingesetzte Kapital zu bekommen. Er besteht aus einer Kombination von zwei Credit Spreads, dem Bull Put Spread und dem Bear Call Spread auf den gleichen Basiswert mit gleicher Laufzeit. Damit stellen wir einen Korridor auf, innerhalb dessen wir die Kursschwankungen erwarten. Solange der Kurs des Basiswertes am Laufzeitende innerhalb dieses Korridors bleibt, realisieren wir den maximalen Gewinn. Sowohl die maximal mögliche Einnahme als auch das Risiko der Position sind begrenzt. Mit einem Iron Condor gehen wir eine marktneutrale Position ein und partizipieren nicht an der Kursbewegung. Unsere Idealvorstellung ist, dass der Basiswert über die Laufzeit seitwärts läuft. Wir haben mehrere Regeln aufgestellt, um mit Iron Condors erfolgreich zu sein.

In den folgenden Kapiteln widmeten wir uns direktionalen Strategien. Das **zwölfte Kapitel** setzte sich mit Straddles und Strangles auseinander, bei denen wir keine Erwartung bezüglich der Marktrichtung haben, aber von einer starken Marktbewegung ausgehen. Dabei positionieren wir uns gleichzeitig long und short im Basiswert. Wir profitieren von einer Bewegung im Basiswert und verlieren, wenn der Kurs seitwärts läuft. Wir kaufen einen Call und einen Put gleichzeitig entweder mit gleichem Strike (Straddle) oder mit Abstand (Strangle). Wir müssen keine Aussagen über die zukünftige Marktentwicklung treffen, tragen dafür aber den Zeitwertverlust der Position. Das Gewinnpotenzial ist unbegrenzt, das Risiko auf die investierte Summe begrenzt. Durch Anpassungen der Position können wir das Risiko weiter senken.

Im 13. **Kapitel** betrachteten wir die Debit Spreads. Indem wir eine Option kaufen und eine günstigere wieder verkaufen, eröffnen wir Möglichkeiten für einen direktionalen Gewinn. Das Risiko beschränkt sich dabei auf die Differenz zwischen dem Kauf- und dem Verkaufspreis. Bei einem Spread haben wir sowohl ein begrenztes Gewinnpotenzial als auch ein begrenztes Verlustpotenzial. Durch die Auswahl der Strikes können wir die Investition selbst bestimmen, genau wie unser Gewinnpotenzial. Das Chance-Risiko-Verhältnis ist, anders als beim Credit Spread, positiv. Das sehr geringe Risiko macht diese Strategie für viele direktionale Trader attraktiv. Damit die Position Gewinne bringt, muss sich der Preis des Basiswertes entsprechend unserer Erwartung entwickeln.

Im **14. Kapitel** analysierten wir die Strategie der Backspreads. Wenn wir das Verhältnis der Long- und Short-Positionen im Spread verändern, erhalten wir einen Backspread. Mit einem Backspread können wir erreichen, dass die Position im Gewinn bleibt, auch wenn der Preis sich komplett gegen unsere Erwartung entwickelt. Ein Backspread wird aufgebaut, indem wir eine Option verkaufen und mit den Erlösen mehrere weiter aus dem Geld liegende Optionen kaufen. Backspreads eignen sich insbesondere für starke Bewegungen mit gleichbleibender oder steigender Volatilität in relativ kurzer Zeit. Ein Backspread kann als Netto-Debit oder Netto-Credit konstruiert werden. Es ist ein Momentum-Trade, der von starker Bewegung im Basiswert ausgeht und Absicherung bietet, falls sich der Kurs entgegen unserer Erwartung entwickelt.

Der **dritte Teil des Buches** widmet sich der Anwendung und Umsetzung der vorgestellten Strategien. Im **15. Kapitel** besprachen wir ausführlich die Bedeutung der impliziten Volatilität für Optionstrader. Volatilität ist ein Maß für die Stärke der Bewegungen des Preises eines beliebigen Basiswertes. Implizite Volatilität ist die Erwartung der Marktteilnehmer an die Schwankungsbreite des Basiswertes in der Zukunft und kann als »Risikoaufschlag« interpretiert werden. Hohe implizite Volatilität sagt aus, dass die Marktteilnehmer erwarten, dass der Preis auch in Zukunft schwankungsfreudig bleibt. Durch die Analyse der impliziten Volatilität können wir feststellen, ob eine Option unterbewertet oder überteuert ist. Die implizite Volatilität hat die Eigenschaft, zum Mittelwert zurückzukehren, was uns interessante Möglichkeiten eröffnet. Die Fähigkeit,

Aussagen über die zukünftige Entwicklung der impliziten Volatilität zu treffen, ist eine Schlüsselfähigkeit für den Optionshandel.

Im **16. Kapitel** stellten wir Überlegungen zur Fundamentalanalyse an. Die Fundamentalanalyse ist insbesondere für langfristig orientierte Anleger interessant. Sie erlaubt uns eine langfristige Einschätzung der Wachstumsaussichten eines Unternehmens und beantwortet die Frage: »Was wird passieren?« Wir haben gesehen, welche Kennzahlen für die fundamentale Bewertung von Unternehmen herangezogen werden können. Wir konzentrierten uns vor allem auf Kennzahlen, welche die Zukunft eines Unternehmens bewerten. Wir haben Parameter festgelegt, um Wachstumschampions zu finden, und gesehen, wie wir Online-Filter nutzen können, um geeignete Unternehmen zu finden.

Kapitel 17 widmete sich der Charttechnik für Optionstrader. Charttechnik erlaubt uns, eine Meinung über den Markt zu bilden, um eine passende Strategie zu finden. Indem wir das Preisverhalten analysieren, können wir Rückschlüsse auf die Stimmung der Marktteilnehmer und deren Einschätzung der verfügbaren Informationen treffen. Eine der grundlegendsten und effektivsten Methoden, um gute Positionen einzugehen, ist, starke Unterstützungen und Widerstände im Chart zu finden. Wir können Trendkanäle identifizieren, innerhalb derer der Preis oszilliert. Das Studium der Chartmuster ist eine wichtige Disziplin, die uns erlaubt, zukünftige Bewegungen vorherzusagen. Wir haben außerdem technische Indikatoren, Sentimentanalysen und Momentum- sowie Volatilitätsindikatoren besprochen.

Im **18. Kapitel** stellten wir eine Systematik auf, um eine geeignete Strategie aus der Vielfalt der Möglichkeiten auszuwählen. Indem wir Optionen kombinieren, entscheiden wir, welche Risiken zu tragen wir bereit sind und welche nicht, welche Risiken wir einkaufen und welche wir verkaufen. Die Auswahl einer Strategie ist ein mehrstufiger Prozess, den wir systematisch verfolgen, bevor wir eine Position eingehen. Jede Strategie hat ihre Vor- und Nachteile. Für jeden Vorteil, den wir durch eine Strategie erreichen, müssen wir einen anderen aufgeben. Es gibt keine objektiv richtige Strategie, die Wahl basiert vielmehr auf der persönlichen Markteinschätzung und der Risikoneigung. Voraussetzung für die Auswahl einer Strategie ist eine Meinung in Bezug auf die zukünftige Preisentwicklung, die Entwicklung der Volatilität und den Zeitwertverfall. Indem wir mehrere Strategien beherrschen und miteinander vergleichen, können wir flexibel agieren und die Erträge maximieren.

Im **19. Kapitel** haben wir die Regeln des Risikomanagements besprochen. Risikomanagement ist eine Disziplin, die jeder Investor beherrschen sollte. Es beinhaltet unter anderem Money- und Trade-Management. Zu wissen, wie wir das Risiko in jedem einzelnen Trade und in unserem Gesamtdepot kontrollieren und managen können, ist überlebenswichtig, um das Kapital zu schützen. Wir können das Risiko beherrschen, indem wir vor dem Trade eine Strategie ausarbeiten und uns daran halten. Indem wir vor dem Trade Klarheit über das maximale Risiko, unser Gewinnziel und die Anpassungsstrategie haben, vermeiden wir vorschnelle Entscheidungen im Gefecht. Durch Wenn-dann-Bedingungen holen wir uns eine Bestätigung vom Markt und stellen uns niemals gegen den Strom.

Im **Kapitel 20** ging es um einen Trading-Plan für jede Position. Das System besteht aus sieben Schritten, die nacheinander abgearbeitet werden. Es schützt uns vor psychologischen Risiken, bietet uns eine klare Handlungsstrategie und gibt uns eine Anleitung vor, nach der wir arbeiten können.

Im **Kapitel 21** besprachen wir das Portfoliomanagement und die Frage, wie ein Depot strukturiert werden sollte. Indem wir das Depot über Strategien, Märkte und Zeitebenen diversifizieren und eine Balance zwischen bullischen und bärischen Positionen halten, machen wir es krisensicher. Wir können Klumpenrisiken vermeiden und eine gute Performance unabhängig von der Marktentwicklung erreichen, wenn wir unsere Positionierung anhand der griechischen Kennzahlen überprüfen. Langlaufende Optionen auf den gesamten Markt helfen uns dabei, das Depot auszubalancieren.

Diese zusammengestellten Informationen sind das Ergebnis vieler Jahre Trading-Aktivität. Es gehört dazu, Erfahrungen zu sammeln, Neues auszuprobieren, Fehler zu machen und sich immer wieder zu korrigieren. Ich habe unzählige Stunden in das Studium der Literatur und das Sammeln praktischer Erfahrungen investiert, um ein System zu erarbeiten, das in jeder Marktphase profitabel ist. Ich hoffe, dass diese Erfahrungen Ihnen helfen, ein profitabler Optionstrader zu werden. Ich wünsche Ihnen jedenfalls viel Erfolg bei der Umsetzung!

ÜBER DEN AUTOR

© Pavlo Slobodnychenko

Andrei Anissimov ist seit vielen Jahren als Trader und Investor an der Börse finanziell unabhängig. Im Anschluss an eine internationale Investoren- und Trader-Ausbildung hat der studierte Betriebswissenschaftler sein fundiertes Wissen in der Zusammenarbeit mit führenden internationalen Trainern ausgebaut. Der gefragte Trainer und Redner gründete 2013 die Trader IQ GmbH – eine Investoren-Akademie, in der er mit Workshops und Seminaren sein Wissen weitergibt. Anissimov zeigt dort Wege auf, mit Wertpapierhandel finanziell unabhängig zu werden.

STICHWORTVERZEICHNIS